SILVIA MAZURA

Die preußische und österreichische Kriegspropaganda im Ersten und Zweiten Schlesischen Krieg

Historische Forschungen

Band 58

Die preußische und österreichische Kriegspropaganda im Ersten und Zweiten Schlesischen Krieg

Von

Silvia Mazura

Duncker & Humblot · Berlin

Die Deutsche Bibliothek – CIP-Einheitsaufnahme

Mazura, Silvia:
Die preussische und österreichische Kriegspropaganda im
Ersten und Zweiten Schlesischen Krieg / von Silvia Mazura. –
Berlin : Duncker und Humblot, 1996
  (Historische Forschungen ; Bd. 58)
  Zugl.: Bonn, Univ., Diss., 1995
  ISBN 3-428-08734-8
NE: GT

Fremddatenübernahme und Druck:
Berliner Buchdruckerei Union GmbH, Berlin
Printed in Germany
ISSN 0344-2012
ISBN 3-428-08734-8

Gedruckt auf alterungsbeständigem (säurefreiem) Papier
entsprechend ISO 9706 ∞

Vorwort

Die vorliegende Studie ist im Wintersemester 1994/95 von der Philosophischen Fakultät der Universität Bonn als Inauguraldissertation angenommen worden. Gefördert wurde sie durch ein zweijähriges Promotionsstipendium der Gerda Henkel Stiftung in Düsseldorf, die durch ihre großzügige finanzielle Unterstützung die erforderlichen Archivaufenthalte und Quellensammlung erst ermöglicht und auch die Drucklegung unterstützt hat.

Viele haben zu ihrer Verwirklichung beigetragen. An erster Stelle seien hier meine Eltern, Eugen und Elvira Schilke, genannt. Sie haben mir mit unschätzbarer Gelassenheit und Zuversicht weit mehr als nur diesen nicht alltäglichen Ausbildungsweg eröffnet. Aus ganzem Herzen gilt ihnen mein Dank und mein Stolz gleichermaßen.

Zu ganz besonderem Dank bin ich meinem akademischen Lehrer, Herrn Professor Konrad Repgen, verpflichtet. Er hat das Thema der vorliegenden Studie angeregt und ihre Fertigstellung durch entscheidende Ratschläge und eingehende Kritik begleitet und gefördert. Es erfüllt mich mit Stolz, zum Kreis seiner Schüler zu gehören.

Dank sei an dieser Stelle auch Herrn Professor Johannes Kunisch gesagt für seine wohlwollende Befürwortung der Drucklegung meiner Doktorarbeit. Für ihre fachliche und freundliche Unterstützung danke ich darüber hinaus Frau Dr. Antje Oschmann und Herrn Dr. Thomas Brockmann sowie Frau Annette Jürgens, die sich der Mühe des Korrekturlesens unterzogen hat.

Danken möchte ich auch den Mitarbeitern des Haus-, Hof- und Staatsarchivs in Wien, die mir durch ihre zuvorkommende Hilfe dort manches erleichtert haben. Ein herzliches Dankeschön gilt ebenso den Mitarbeiterinnen und Mitarbeitern des Lesesaals und der Ausleihe in der Universitätsbibliothek Bonn; sie alle haben mir auf vielfältige Art sehr geholfen.

Den größten persönlichen Anteil am Zustandekommen der vorliegenden Studie aber hat mein Mann. Er hat in mir nicht nur das Zutrauen geweckt, eine solche Herausforderung überhaupt anzugehen, sondern mir auch den entscheidenden persönlichen Rückhalt während der zweieinhalb Jahre der Bearbeitung gegeben. Je mehr sich der in dieser Arbeit behandelte Papierkrieg selbst zu einem solchen auswuchs, um so unentbehrlicher wurde mir seine Begleitung. Durch seine Unterstützung und Rücksichtnahme, durch seine Anregungen und Kritik hat er wesentlich zur Vollendung dieser Dissertation beigetragen. Deswegen – und auch aus noch weit wichtigeren Gründen – sei ihm diese Studie gewidmet.

Bonn, im September 1995   *Silvia Mazura*

Inhaltsverzeichnis

I. **Einleitung** 11

   1. Krieg und Propaganda – die Schlesischen Kriege und die zeitgenössische Publizistik 11

   2. Staatliche Propaganda in der frühen Neuzeit – der Forschungsansatz 16

   3. Preußische und österreichische Propaganda in den Schlesischen Kriegen – der Forschungsstand 21

   4. Preußische und österreichische Kriegspropaganda im Ersten und Zweiten Schlesischen Krieg – Fragestellung, Quellen und Methode 26

II. **Die ideellen und organisatorischen Grundlagen staatlicher Propaganda** 32

   1. Ziele und Aufgaben 32

   2. Mittel und Wege 43

III. **Die inhaltlichen Gemeinsamkeiten staatlicher Propagandaschriften** 55

   1. Die wichtigsten Topoi 55

   2. Die grundlegenden Argumentationsmuster 67

IV. **Die Kriegslegitimationen der beiden Mächte** 72

   1. Recht und Gelegenheit – der Erste Schlesische Krieg 72

     a) Entstehung und Grundlagen der preußischen Kriegslegitimation 1740 72

     b) Grundlinien der österreichischen Kriegslegitimation 1740/41 88

   2. Für und wider das Reich – der Zweite Schlesische Krieg 103

     a) Entstehung und Grundlagen der preußischen Kriegslegitimation 1744 103

     b) Die österreichische Gegen-Kriegslegitimation 1744 126

V. **Die Schwerpunktthemen der publizistischen Auseinandersetzung** 151

   1. Recht 151

     a) Die schlesische Rechtsfrage 151

     b) Die Pragmatische Sanktion 174

    2. Moral 188
        a) Der Attentatsplan 188
        b) Die Kleinschnellendorfer Konvention 194
        c) Die Affaire Botta 201

    3. Religion 205
        a) Die Konfessionsfrage in Schlesien 205
        b) Die Säkularisationspläne 214

    4. Exkurs – die Kriegsberichterstattung 219

VI. Die wichtigsten Adressaten 222

    1. Opfer oder Nutznießer – das Reich 222

    2. Freunde und Feinde – die europäischen Staaten 236

VII. Politik und Propaganda – Zusammenfassung der Ergebnisse 249

Quellen- und Literaturverzeichnis 256

    1. Schriftenverzeichnis 256

    2. Ungedruckte Quellen 267

    3. Gedruckte Quellen und Literatur 271

Personen-, Orts- und Sachregister 294

Abkürzungsverzeichnis

ADB	Allgemeine Deutsche Biographie
AHVN	Annalen des historischen Vereins für den Niederrhein
AÖG	Archiv für österreichische Geschichte
ARG	Archiv für Reformationsgeschichte
FbpG	Forschungen zur brandenburgisch-preußischen Geschichte
fol.	folio, folii
FrA	Friedensakten
GC	Große Correspondenz
GWU	Geschichte in Wissenschaft und Unterricht
HHStA	Haus-, Hof- und Staatsarchiv
HJb	Historisches Jahrbuch
HVjS	Historische Vierteljahresschrift
HZ	Historische Zeitschrift
KrA	Kriegsakten
MIÖG	Mitteilungen des Instituts für österreichische Geschichtsforschung
MÖStA	Mitteilungen der Österreichischen Staatsarchive
NL	Nachlaß
o.fol.	ohne Foliierung
ÖA	Österreichische Akten
p.	pagus, Druckseite
PC	Politische Correspondenz Friedrichs des Großen
PJbb	Preußische Jahrbücher
PStSch	Preußische Staatsschriften
Q	Quelle, Fundort
RQ	Römische Quartalsschrift
RK	Reichskanzlei
StA	Staatenabteilung
StK	Staatskanzlei
SW	Sämtliche Werke
ZHF	Zeitschrift für historische Forschung
ZpGLk	Zeitschrift für preußische Geschichte und Landeskunde
ZRG	Zeitschrift der Savigny-Stiftung für Rechtsgeschichte

I. Einleitung

1. Krieg und Propaganda – die Schlesischen Kriege und die zeitgenössische Publizistik

Im Dezember 1740 ließ der preußische König Friedrich der Große seine Truppen in das zum Habsburgerreich gehörende Schlesien einrücken und eröffnete damit den Ersten Schlesischen Krieg. Die gegnerischen Parteien stritten nicht allein um den Besitz Schlesiens; Brandenburg-Preußen suchte zugleich der führenden Rolle Habsburgs innerhalb des Reiches ein eigenes Gewicht entgegenzusetzen. Mit der Eroberung Schlesiens leitete Friedrich den preußisch-österreichischen Dualismus im Römischen Reich ein. Seither erhob Preußen Anspruch auf die Stellung einer der führenden Mächte in Europa.

Zugleich löste der preußische König damit den Ausbruch eines europäischen Krieges aus, der in den folgenden Jahren auf fast den gesamten Kontinent übergriff[1]. Eine Krise im europäischen Mächtegefüge war allgemein seit einigen Jahren erwartet worden, denn die österreichische Linie der Habsburger drohte ohne männliche Erben auszusterben. Um den Fortbestand seiner Monarchie zu sichern, hatte der habsburgische Kaiser Karl VI. im Jahre 1713 eine neue Erbfolgeordnung erlassen, die die Unteilbarkeit der habsburgischen Länder und den Vorrang der eigenen karolinischen Linie auch in weiblicher Erbfolge festlegte. Da der Kaiser ohne überlebende Söhne blieb, war seine älteste Tochter Maria Theresia nach den Bestimmungen dieser Pragmatischen Sanktion[2] als rechtmäßige Erbin vorgesehen. Obwohl Karl VI. die Anerkennung und Garantie dieser Erbfolgeregelung durch zahlreiche europäische Staaten und durch das Reich[3] erreicht hatte, war der Regierungsantritt Maria Theresias nach dem überraschend frühen Tod Karls VI. im Oktober 1740 keineswegs gesichert. Denn vor allem Bayern, Sachsen und Spanien erhoben aufgrund familiärer Verbindungen Ansprüche auf das österreichische Erbe.

---

[1] Über die Schlesischen Kriege und den Österreichischen Erbfolgekrieg gibt es keine neuere Monographie. Vgl. zum folgenden die umfassenden Werke von *L. v. Ranke*, SW XXVII-XXIX; *J. G. Droysen*, Politik V 1-2; *A. v. Arneth*, Maria Theresia I-III; *R. Koser*, Friedrich I; *C. Grünhagen*, Geschichte. Zum Österreichischen Erbfolgekrieg: *K. Th. Heigel*, Erbfolgestreit; *M. Sautai*, Debuts; *F. Wagner*, Karl VII.

[2] Vgl. *G. Turba*, Pragmatische Sanktion; *W. Michael*, Original und *Ders.*, Entstehung; Michael hat plausibel dargelegt, daß die Erbfolgeregelung erst im Jahre 1719 erfolgte und daß im Jahr 1713 lediglich die innerfamiliäre Regelung aus dem *Pactum mutuae successionis* von 1703, das den Vorrang der josephinischen vor der leopoldinischen Linie festlegte, verkündet worden sei.

[3] Vgl. *G. Turba*, Grundlagen I und II; *H. v. Zwiedineck-Südenhorst*, Anerkennung.

Nach dem preußischen Einfall in Schlesien versuchten die übrigen Prätendenten, ihre dynastischen Ansprüche ebenfalls mit militärischen Mitteln durchzusetzen; sie versicherten sich französischer und preußischer Unterstützung bei ihrem Vorgehen gegen Habsburg und verbanden sich zu einer antipragmatischen[4] Koalition. Während Frankreich bereits nach dem ersten militärischen Erfolg Preußens ein Bündnis mit Friedrich geschlossen hatte, erklärte sich England für Maria Theresia.

Die Bildung dieser Koalitionen wirkte sich auch auf die Machtverteilung im Reich aus. Seit dem Tode Karls VI. war der Kaiserthron vakant. Als aussichtsreichster Kandidat hatte zunächst der Gatte Maria Theresias gegolten; Franz Stephan von Toskana, seit 1736 mit Maria Theresia verheiratet, war von ihr kurz nach ihrem Herrschaftsantritt zum Mitregenten und zum Koadjutor an der böhmischen Kur ernannt worden, um seine Wahl zu erleichtern.

Doch im November 1741 beschloß das Kurfürstenkolleg, die kurböhmische Stimme bei der anstehenden Kaiserwahl auszuschließen. Mit preußischer und französischer Unterstützung wurde im Januar des folgenden Jahres Karl Albrecht von Bayern als Karl VII. gewählt. Erstmals seit dreihundert Jahren stammte damit der Kaiser des Römischen Reiches nicht aus dem Hause Habsburg. Österreich bestritt die Rechtmäßigkeit des Wahlverfahrens und legte Verwahrung ein. Unter wechselnden thematischen Vorzeichen dauerte die bayerisch-österreichische Auseinandersetzung bis zum Tode Karls VII. im Januar 1745 an.

Auch die militärische Situation gestaltete sich wechselhaft. Nachdem Maria Theresia den antipragmatischen Truppen in der zweiten Jahreshälfte 1741 fast unterlegen war und sich nur durch einen geheimen Waffenstillstand mit Preußen hatte retten können, veränderte sich die militärische Lage zunehmend zu ihren Gunsten. Schon im Frühjahr 1742 konnte sie vorübergehend die bayerischen Lande besetzen, und im folgenden Jahr erhielt sie von England und den Generalstaaten erstmals Truppenhilfe. Nach Erfolgen dieser sogenannten Pragmatischen Armee mußten sich die französischen Armeen über den Rhein zurückziehen. Sachsen wechselte die Partei und schloß sich Österreich an. Am Reichstag gelang die Diktatur der österreichischen Verwahrungsurkunden; Österreich warf dem Kaiser vor, wider die Interessen und Gesetze des Reiches zu handeln und die Säkularisation katholischer Bistümer geplant zu haben[5].

Diese diplomatisch und publizistisch geführten Auseinandersetzungen zwischen Österreich und dem Kaiser nahm der König von Preußen zum Anlaß, erneut in den Krieg einzutreten. Er hatte im Sommer 1742 in einem Sonderfrieden mit Maria Theresia die Abtretung Schlesiens erreicht und war aus der antihabsburgischen Koalition ausgeschieden. Doch seit den militärischen Erfolgen Habsburgs war seine Besorgnis um den Erhalt dieser Provinz gestiegen; so verbündete er sich 1744 er-

---

4 Die Begriffe „antipragmatisch" und „pragmatisch" fassen wir im folgenden – im Unterschied zur heutigen Wortbedeutung – als Bezeichnung für Bestrebungen, die sich entweder gegen oder für die Pragmatische Sanktion richteten.

5 Zu den Säkularisationsplänen vgl. *Th. Volbehr* sowie *W. v. Hofmann*.

neut mit den Gegnern der Königin. Gemeinsam mit Frankreich und Bayern sollten die Österreicher aus Bayern vertrieben und zusätzlich Böhmen für den wittelsbachischen Kaiser erobert werden. Im August 1744 begann der preußische Vorstoß nach Böhmen und Mähren. Dieser Feldzug endete als militärischer Fehlschlag, aber Preußen konnte nach mehreren Siegen über Österreicher und Sachsen seine schlesischen Eroberungen im Dresdner Frieden im Dezember 1745 behaupten.

Der Friede von Dresden beendete den Österreichischen Erbfolgekrieg unter den deutschen Kriegführenden. Nach dem Tode des Kaisers hatte Österreich bereits zuvor mit dem neuen bayerischen Kurfürsten Frieden geschlossen und im September 1745 die Kaiserkrone für Franz Stephan erlangt[6].

Drei Jahre später konnte der Friede auch zwischen den übrigen Parteien wiederhergestellt werden. Der Aachener Frieden von 1748 bestätigte die Bestimmungen des Dresdner Friedens. Friedrich der Große erhielt eine englische und französische Garantie für den Besitz Schlesiens. Maria Theresia hatte den Fortbestand des Habsburgerreiches gesichert und die Kaiserkrone für ihr Haus wiedererlangt. Aber in Preußen war Habsburg ein Konkurrent um die Vormachtstellung im Reich erwachsen. Im Kreis der führenden europäischen Staaten hatte sich Preußen nach den Schlesischen Kriegen als eine Macht von erstem Rang etabliert.

Die politischen und militärischen Ereignisse dieses Krieges wurden begleitet von einer Flut publizistischer Erzeugnisse. Neben einer Vielzahl von Zeitschriften- und Zeitungsberichten erschienen umfangreiche Broschüren, Flugschriften oder einzelne Blätter, die Nachrichten verbreiteten und Geschehnisse erläuterten oder bewerteten. Die tatsächliche Menge dieser zeitgenössischen Publikationen läßt sich heute nicht mehr genau angeben. Ihr großer Umfang ist jedoch angesichts der überlieferten Bestände evident. Die Erkenntnisse der neueren Presseforschung[7], die Flugschriftensammlungen verschiedener Bibliotheken[8] und die zeitgenössi-

---

6 Vgl. M. *Schwann* sowie neuerdings A. *Schmid*, Kaiserwahl und *Ders.*, Außenpolitik.

7 Vgl. M. *Welke*, Pressepolitik 174 f.: Demnach gab es im deutschen Sprachraum um die Mitte des achtzehnten Jahrhunderts etwa 90 bis 100 Nachrichtenblätter, deren Gesamtauflage 70.000 bis 80.000 Exemplare betrug. Manche Zeitungen erreichten auch weit über 10.000 Exemplare pro Auflage, vgl. M. *Welke*, Zeitung 75 ff. Zur Entwicklung des Zeitungswesens seit dem siebzehnten Jahrhundert vgl. die Tagungsbände „Presse und Geschichte I und II"; O. *Groth*, Zeitung; J. *Wilke*, Auslandsberichterstattung; *Ders.*, Nachrichtenauswahl; P. *Baumert*.

8 Allein in der Königlich Niederländischen Bibliothek in Den Haag werden 398 Druckschriften vornehmlich in niederländischer Sprache aus den Jahren 1740 bis 1745 aufbewahrt, vgl. W. P. C. *Knuttel* IV 133-187. Für die folgenden Jahre bis zum Aachener Frieden, in denen sich das Kriegsgeschehen in den niederländischen Raum verlagerte, sind noch einmal 688 Drucke aufgeführt, vgl. ebenda 187-271.
Zu verweisen ist hier auch auf die umfangreichen Flugschriftenbestände der Bayerischen Staatsbibliothek, München, und der Staatsbibliothek Preußischer Kulturbesitz, Berlin, sowie der Staats- und Stadtbibliothek Augsburg. Die – soweit zu sehen ist – darüber hinaus einzigen katalogisierten deutschen Sammlungen verzeichnen dagegen außer einigen Schlachtenberichten nur wenige Druckschriften aus den Jahren nach 1740, vgl. P. *Hohenemser* 413 f., A. *Dresler* 303-306.

schen Sammelwerke solcher Druckschriften[9] legen beredtes Zeugnis für die Intensität dieser publizistischen Debatten ab.

Die europäischen Kabinette nahmen daran regen Anteil. Die auswärtigen Vertreter erstatteten regelmäßig Bericht über Neuerscheinungen und sandten Exemplare
„zur Vervollständigung derer Akten"[10] ein. Allein aus den diplomatischen Korrespondenzen österreichischer Vertreter in den wichtigsten europäischen Staaten
können über 350 Titel von Druckschriften für den Zeitraum zwischen 1740 und
1745 erfaßt werden[11]. Neben der Anzahl der einzelnen Titel ist die Menge der
Neuauflagen, Nachdrucke und Übersetzungen nicht minder bezeichnend: Für zahlreiche Druckschriften lassen sich Übertragungen in mehrere Sprachen, mehrfache
Nachdrucke und Raubdrucke nachweisen. Es ist sehr wahrscheinlich, daß für die
Buchhändler ein kaufmännisches Interesse mit der Herstellung begehrter Druckschriften verbunden war[12]; häufig berichten die Gesandten über eine rege Nachfrage nach entsprechenden Schriften und mitunter sind sie aus Mangel an verfügbaren
Druckexemplaren nur in der Lage, eine Abschrift einzusenden.

Die Regierenden der europäischen Staaten ließen diese Schriften nicht nur sam-
meln, sondern zeichneten selbst für zahlreiche Veröffentlichungen verantwortlich.
Oftmals waren hochrangige politische Amtsträger als Publizisten in staatlichem
Auftrag tätig; sie verfaßten oder beaufsichtigten die Publikation von Texten ver-
schiedenster Art, in denen die Regierenden ihre Handlungen erläuterten und rechtfertigten[13]. Neben den offiziellen Verlautbarungen veröffentlichten die Regieren-

---

[9] Vgl. hierzu den grundlegenden Überblick von *R. Koser*, Friedrich IV 119 ff. sowie *Ders.*,
Lebensbeschreibungen. Bereits während der Schlesischen Kriege erschienen meist mehrbän-
dige Kompendien der wichtigsten Veröffentlichungen; zusätzlich beruhten zahlreiche zeitgenössische Darstellungen der Ereignisse ebenfalls auf den betreffenden Publikationen, in der
Regel werden darin die entsprechenden Schriften auszugsweise wiedergegeben.

[10] Bericht des österreichischen Reichstagsresidenten Gurski vom 8. Mai 1744, HHStA,
StK Regensburg öst. Gesandtschaft 106, fol. 172-179', hier 172, stellvertretend für zahlreiche
Bemerkungen dieser Art.

[11] Erfaßt sind hier die Berichte der österreichischen Vertreter in England, den Generalstaaten, Frankreich, Preußen und Polen, vgl. hierzu die im Archivalienverzeichnis aufgeführten
Bestände. Zu berücksichtigen ist hierbei, daß diese Zahl den spanischen, italienischen, polnischen und russischen Sprachraum nicht einschließt; daneben sind die englischen, französischen und holländischen Druckschriften nicht in ihrer Gesamtheit erfaßt, wie ein Vergleich
der bei Knuttel und Schlenke verzeichneten Titel mit den in der Korrespondenz der österreichischen Gesandtschaften in Den Haag und London ergab, vgl. *M. Schlenke*, England
410 ff. sowie *W. P. C. Knuttel* IV, passim. Ebenso sind die einzelnen eingesandten Zeitungsartikel in diese Zahl nicht einbezogen.

[12] Auf entsprechende Einzelbelege, wie sie bereits Reinhold Koser in reicher Zahl anführte, wird in der vorliegenden Studie noch zurückzukommen sein, vgl. hierzu vor allem
Kapitel II. Zu einem ähnlichen Ergebnis gelangt Wolfgang Dienstl in seiner Dissertation über
die Publizistik zum Spanischen Erbfolgekrieg, vgl. *W. Dienstl* 473 f.

[13] Vgl. hierzu die Kapitel II.1. und II.2. dieser Studie; ebenso „Preußische Staatsschriften
aus der Regierungszeit Friedrichs II.", im folgenden zitiert als PStSch; hier PStSch I,
XXXIII. Zu dieser Edition ausführlicher in Kapitel I.3. dieser Studie.

den der europäischen Staaten auch Schriften, die sich den Anschein gaben, als seien sie aus privatem Antrieb entstanden; für eine beträchtliche Anzahl der anonym erschienenen Schriften läßt sich der Ursprung aus einem der europäischen Kabinette nachweisen[14].

Diesen staatlich veranlaßten Publikationen widmet sich die vorliegende Studie. Ihr Ziel ist es, die preußische und österreichische Propaganda während der Schlesischen Kriege zu untersuchen und miteinander zu vergleichen.

Propaganda wird dabei verstanden als Bemühen, auf politisch relevante Ansichten oder auf das Verhalten anderer im eigenen Interesse Einfluß zu nehmen; die Bezeichnung Kriegspropaganda meint dabei alle publizistischen Bemühungen, die sich auf die Ereignisse des Krieges beziehen oder im Zusammenhang damit entstanden sind.

Auf der Grundlage der von Preußen und Österreich veröffentlichten Schriften handelt die vorliegende Studie also vom staatlichen Werben um Zustimmung zur eigenen Politik. Sie befaßt sich mit der Meta-Ebene des tatsächlichen Geschehens, indem sie untersucht, wie die verantwortlichen Zeitgenossen ihre Handlungen und Motive öffentlich darstellten. Dabei gilt es vor allem, die Leitlinien der Argumentationen und die einzelnen Sachaussagen der Schriften in den ereignisgeschichtlichen Zusammenhang ihrer Entstehung zu rücken. Die Aktivitäten und Inhalte staatlicher Propaganda aus der Perspektive der Verantwortlichen und vor dem Hintergrund der politischen und militärischen Ereignisse zu behandeln, erscheint „besonders wertvoll, weil die Argumentation einerseits den direkten Bezug zur politischen Realität wahrte, andererseits darauf zielen mußte, glaubwürdig und verständlich zu argumentieren. Was hier vorgetragen wurde, erhob den Anspruch, ernst genommen zu werden. Die Aussagen ergeben so einen Indikator für das, was im politischen Urteil der Zeit dem Anspruch, überzeugend zu wirken, genügte oder wovon man wenigstens meinte, daß diese Wirkung erreicht würde"[15].

Hinsichtlich dieses methodischen Ansatzes befindet sich die historische Forschung bei der Untersuchung staatlicher Propaganda in der frühen Neuzeit noch in den Anfängen.

---

[14] Der Anteil dieser scheinbar privaten Druckschriften an den staatlichen Publikationen insgesamt ist nicht mit Sicherheit anzugeben, da nicht für jede anonyme Schrift zweifelsfrei nachgewiesen werden kann, daß sie mit staatlicher Genehmigung erschienen ist; auf Einzelbelege wird im Verlauf der vorliegenden Studie einzugehen sein.

[15] *F. Bosbach*, Monarchia Universalis 15.

2. Staatliche Propaganda in der frühen Neuzeit –
der Forschungsansatz

Vielfalt und Reichhaltigkeit der von den europäischen Staaten der frühen Neuzeit veröffentlichten Propagandaschriften haben in der historischen Wissenschaft vergleichsweise wenig Interesse hervorgerufen[16]. Im Unterschied zu Arbeiten über Flugschriften im allgemeinen und deren Inhalte sind Untersuchungen zu staatlich veranlaßter Propaganda selten.

Das mag zum einen daran liegen, daß nach Franz Bosbach eine Unterscheidung zwischen regierungsamtlichen und privaten Publikationen aufgrund der Quellenlage nur in wenigen Fällen möglich ist[17]; zum anderen mag dies durch Schwierigkeiten in der begrifflichen Abgrenzung des Untersuchungsgegenstandes begründet sein, wie Karl Vocelka gemeint hat[18]. In der Tat reichen die Definitionen von sehr allgemeinen Formulierungen, welche Propaganda beschreiben als „jedes Bemühen, das auf die Ansichten, die Bewußtseinslage, die Haltung einzelner und ganzer Gruppen verändernd einwirken will"[19], bis zu Festlegungen der inhaltlichen Ausrichtung und der Adressaten, die davon ausgehen, daß sich staatliche Propaganda in erster Linie an die „Herrschaftsstützenden" und damit „unmittelbare kaiserliche Propaganda immer nur an die Obrigkeiten"[20] wende.

Diese Unterschiede in den Definitionen scheinen – ebenso wie die geringe Zahl der Forschungsbeiträge über staatliche Propaganda – in Vorwegannahmen über die Voraussetzungen staatlicher Propaganda begründet zu sein: Während einige Forscher die Bedeutung einer politisch interessierten Öffentlichkeit und das Bemühen der Herrscher betonen, diesem Rechnung zu tragen, bestreiten andere, daß ein solcher Meinungsdruck überhaupt bestanden habe und gehen vielmehr davon aus, daß die Herrscher keinerlei Interesse an einer öffentlichen Vertretung ihrer Politik hatten.

So betont Konrad Repgen den ständigen öffentlichen „Legitimationsdruck"[21], unter dem die Regierenden auch der frühen Neuzeit gerade im Hinblick auf ihre kriegerischen Unternehmungen standen: „wer Krieg führen will, muß moralisch begründen, warum"[22] – und Theodor Thelen bemerkt zu den Deduktionen um die Anerkennung der Pragmatischen Sanktion: „Es erstaunt, mit welcher Ernsthaftig-

---

[16] Vgl. hierzu grundlegend *K. Repgen*, Kriegslegitimationen, hier 77.

[17] Vgl. *F. Bosbach*, Monarchia Universalis 15.

[18] Vgl. *K. G. Vocelka*, Propaganda 11. Vocelka gibt an, daß die meisten Quellen nicht schriftlich seien und daß eine genaue Begriffsbestimmung schwierig sei; dabei geht er allerdings von einer sehr weiten Begriffsdefinition aus und behandelt die politische Propaganda Rudolfs II. im Gesamtzusammenhang herrscherlicher Repräsentation.

[19] *A. Sturminger*, Propaganda 444.

[20] *K. G. Vocelka*, Propaganda 84, 87 passim.

[21] *K. Repgen*, Kriegslegitimationen 70.

[22] Ebenda 76.

keit die [...] offiziellen Publikationen der Höfe, sekundiert von vielen privaten Abhandlungen, um die Gunst der öffentlichen Meinung stritten"[23].

Auch in den Überblicksdarstellungen zu propagandistischen Unternehmungen von der Antike bis zur Neuzeit, wie sie Alfred Sturminger, Wilhelm Bauer und Hanns Buchli bieten, wird die Intensität deutlich, mit der sich die Machthaber um öffentliche Anerkennung bemühten, wenngleich sich die Autoren nicht auf staatliche Propaganda beschränken[24].

Erich Everth hat sich 1931 in einer übergreifenden Abhandlung mit dem Umgang verschiedener Herrscherpersönlichkeiten mit der Öffentlichkeit beschäftigt; von Karl V. über Ludwig XIV. bis zu Napoleon gibt Everth einen zusammenfassenden Überblick über die von diesen Herrschern veranlaßte Publizistik und schildert deren außenpolitische Bedeutung[25].

Offizielle Publizistik im Mittelalter behandeln Carl Erdmann und Hans Martin Schaller; während Schaller die – zahlreichen – propagandistischen Schriften des Staufers Friedrich II. und seiner Gegner edierte, befaßte sich Erdmann 1936 mit dem Absetzungsbrief der Wormser Synode aus dem Jahre 1076 an Papst Gregor VII. unter politisch-publizistischen Gesichtspunkten und bezeichnete ihn als das erste Beispiel staatlicher Propaganda in Deutschland[26]. Neuerdings hat Peter Segl die politische Propaganda des Staufers Friedrich II. und seiner Gegner zusammenfassend dargestellt und betont, daß die Wirkung dieser „'Propaganda-Schlacht' auf die Zeitgenossen, sowohl auf die Eliten wie die Massen, [...] gar nicht hoch genug eingeschätzt"[27] werden könne. Während sich diese Arbeiten mit handschriftlich verbreiteten Propagandaschriften befassen, hat Konrad Repgen neuestens ein frühes Beispiel der gedruckten offiziellen Publizistik untersucht[28].

Unter dem Stichwort „monarchische Propaganda" behandelt Heinz-Dieter Fischer die historiographische Darstellung der Karolinger in Annalenwerken und unterstreicht deren „bewußte propagandistische Funktion"[29]. Mehrfach behandelt wurde auch die politische Propaganda Maximilians I.; geschildert wird sowohl die gezielte Selbstbeschreibung in historiographischen Werken als auch die konkrete politische Publizistik des Kaisers[30]. Alfred Schröcker kommt in seiner Untersuchung über die Verwendung des Begriffes ‚Deutsche Nation' im fünfzehnten Jahr-

---

23 *Th. Thelen* 197.

24 Vgl. *A. Sturminger*, Propaganda; *Ders.*, Weltgeschichte; *W. Bauer*, Grundlagen; *Ders.*, Forschung; *Ders., Weltgeschichte*; *H. Buchli*.

25 Vgl. *E. Everth*.

26 Vgl. *H. M. Schaller*; *C. Erdmann*.

27 *P. Segl* 61.

28 Vgl. *K. Repgen*, Manifest.

29 Vgl. *H. D. Fischer*, Monarchische Propaganda 133.

30 Vgl. *A. Lhotsky* 279 f.; *A. Walther* 330 f. sowie 348; *P. Diederichs*; *G. Wagner*; *E. Hönig*.

hundert zu dem Schluß, daß dieser als „stereotype Propagandaterminologie des allgemeinen Interesses" zu betrachten sei[31].

Für die frühe Neuzeit sind vor allem die Arbeiten von Reinhold Koser und Emanuel Münzer zu nennen[32], die sich direkt mit staatlicher Publizistik befassen. Koser beschreibt einige im Dreißigjährigen Krieg erbeutete gegnerische Aktenbestände, die zur Desavouierung des Gegners veröffentlicht wurden. Münzer gibt einen Überblick über die offiziellen Publikationen des Großen Kurfürsten in den Jahren 1658 bis 1678 und beschreibt deren wechselnde propagandistische Zielsetzung gegen Frankreich und gegen Schweden.

Daneben betonen einige Einzeluntersuchungen das Werben Karls V., Richelieus und Ludwigs XIV. um öffentliche Zustimmung zu ihrer Politik: Im Rahmen seiner Darstellung der kaiserlichen Kanzlei Karls V. geht John M. Headley in knapper Form auf die publizistischen Beiträge Gattinaras ein. William F. Church betont das konstante Bemühen Kardinal Richelieus um öffentliche Zustimmung zur eigenen Politik, deren Formen Hermann Weber neuerdings an einem Einzelbeispiel untersucht hat[33]. Ebenso unterstreicht Joseph Klaits in seiner Arbeit über gedruckte Propaganda Ludwigs XIV. die Bedeutung der öffentlichen Meinung und das Bemühen der Regierungen, diesem Rechnung zu tragen[34].

Im Jahre 1992 veröffentlichte Franz Bosbach einen Sammelband, der die lebhafte propagandistische Verwendung von Feindbildern in der politischen Publizistik des Mittelalters und der Neuzeit dokumentiert[35]. In seinem eigenen Beitrag geht Bosbach auf die Erbfeindthematik in der gegen Ludwig XIV. gerichteten Publizistik ein und stellt fest, daß das traditionelle antitürkische Feindbild im Zuge des politischen Normenwandels auf Frankreich übertragen worden sei[36]. Bereits 1894 veröffentlichte Alfred Francis Pribram eine Biographie des kaiserlichen Gesandten Franz Paul von Lisola; dort schildert er auch Lisolas – auf konkrete politische Wirkung berechnete – und unmittelbar gegen Frankreich gerichtete Publizistik[37].

Aus diesem knappen Überblick ist ersichtlich, daß die betreffenden Autoren staatliche Propaganda in der frühen Neuzeit für ein wichtiges Anliegen der politisch Verantwortlichen halten. Doch es gibt auch andere Stimmen.

---

[31] *A. Schröcker.* 137, vgl. auch 142 ff.

[32] Vgl. *R. Koser,* Kanzleienstreit; *E. Münzer.* Vgl. auch *R. Petong,* der sich gleichfalls teilweise mit staatlich veranlaßter Publizistik befaßt.

[33] Vgl. *H. Weber,* Legitimation.

[34] Vgl. *J. Klaits* 293; *J. M. Headley; W. F. Church;* vgl. ebenso die überblicksartige Darstellung der politischen Propaganda und herrscherlichen Repräsentation Ludwigs XIV. bei *R. Mandrou* 57-72.

[35] Vgl. *F. Bosbach,* Feindbilder.

[36] Vgl. *F. Bosbach,* Erbfeind.

[37] Vgl. *A. F. Pribram* besonders 351-366.

So verweist Fritz Wagner zwar auf die Intensität des publizistischen Meinungs-
kampfes während des Österreichischen Erbfolgekrieges und spricht von einer „Un-
zahl schreibseliger Federn" und einer „papiernen Flut"[38], die die europäischen
Staaten mit staatsrechtlichen und politischen „Kampfschriften"[39] überzog, hält dies
aber gleichwohl für bedeutungslos: „Für die Staatsmänner genügte es, daß sich die
Staatsrechtslehrer sowohl für als gegen die österreichische Erbfolgeregelung in
den Haaren lagen"[40].

Auch die neueste Monographie über staatliche Propaganda in der frühen Neuzeit
vermittelt den Eindruck, als habe sich das Bemühen um politische Beeinflussung
auf einen sehr engen Aktionsradius und Adressatenkreis beschränkt. 1981 veröffentlichte Karl Vocelka eine Untersuchung, in der er sich sowohl den verschiedenen Arten der generellen herrscherlichen Repräsentation als auch der direkten politischen Propaganda Rudolfs II. widmet[41]. Dabei unterscheidet Vocelka bei anonymen Druckschriften aufgrund der schwierigen Quellenlage nicht zwischen Veröffentlichungen, die vom Kaiser oder seinem Hof ausgingen, und Schriften anderen
Ursprungs, sondern faßt unter dem Begriff ,kaiserliche Propaganda' alle inhaltlich
mit der offiziellen Publizistik Rudolfs II. übereinstimmenden Texte zusammen[42].
Vocelka geht davon aus, daß staatliche Propaganda in erster Linie eine herrschafts-
sichernde Funktion habe – daher wende sich „unmittelbare kaiserliche Propaganda
immer nur an die Obrigkeiten"[43].

Ebenso wie Vocelka scheinen auch andere davon auszugehen, daß insbesondere
der absolutistisch[44] regierte Staat kein Interesse an einer Vertretung der eigenen
Politik vor einer breiteren Öffentlichkeit gehabt habe, sondern ein „wirksames Sy-
stem der Gedanken- und Verhaltenskontrolle"[45] geschaffen habe. Die betreffenden
Arbeiten stützen sich dabei auf eine Theorie des Philosophen Jürgen Habermas aus
dem Jahre 1961, wonach in der frühneuzeitlichen Ständegesellschaft nur von einer
„repräsentativen Öffentlichkeit" der politischen Eliten gesprochen werden
könne[46]. Im Gegensatz zu den Ergebnissen zahlreicher Arbeiten über Umfang und
Inhalte der Flugschriftenliteratur in der frühen Neuzeit sieht Habermas eine poli-

---

[38] *F. Wagner*, Karl VII. 70.

[39] Ebenda 74.

[40] Ebenda 77, vgl. insgesamt 70-78, besonders 75 ff.

[41] Vgl. *K. Vocelka*, Propaganda.

[42] Vgl. ebenda 95 und 105.

[43] Ebenda 87.

[44] Zur Problematik dieses Begriffes neuestens *H. Duchhardt*, Absolutismus.

[45] *U. Otto* 105. Entsprechendes findet sich auch in verschiedenen neueren Arbeiten über
die Zensur im achtzehnten Jahrhundert betont, vgl. *H. Wagner*; sowie die Beiträge in dem
Sammelband zur Zensurgeschichte von *H. G. Göpfert/E. Weyrauch*, hier besonders den Beitrag von *G. Gersmann/C. Schröder* 128 ff.

[46] Vgl. *J. Habermas*; diese Studie dürfte eine der meistzitierten Arbeiten über die Entwicklung des Öffentlichen und einer öffentlichen Meinung in der frühen Neuzeit sein; ähnlich wie Habermas auch *F. Schneider*; *K. Koszyk*.

tisch räsonnierende Öffentlichkeit – verstanden als eine wirtschaftliche und kulturelle Emanzipationsbewegung des Bürgertums – erst im Zeitalter der französischen Revolution aufkommen[47].

Obwohl diese Theorie bereits mehrfach als mit den Quellen für das sechzehnte und siebzehnte Jahrhundert – neuestens auch für das frühe achtzehnte Jahrhundert – unvereinbar zurückgewiesen wurde[48], schloß sich Vocelka noch 1985 ausdrücklich der Habermasschen Theorie an[49]. Wir können die Brauchbarkeit des Habermasschen Modells für die Mitte des achtzehnten Jahrhunderts nicht ausführlich diskutieren, da dies den Rahmen unseres Themas sprengen würde. Dies ist auch deshalb entbehrlich, weil man bezweifeln darf, ob ein solches idealtypisches Modell eine historische Annäherung an das Problem einer politisch interessierten frühneuzeitlichen Öffentlichkeit – und folglich auch den Umgang der Herrschenden damit – überhaupt erleichtert oder nicht vielmehr erschwert[50].

Vom Blickwinkel unserer Studie her ist es indessen naheliegend, ein durchaus reges Interesse an den kriegerischen und politischen Ereignissen in breiteren Schichten der Bevölkerung anzunehmen – denn die Verantwortlichen in den europäischen Kabinetten haben dies offensichtlich vorausgesetzt: Politische Propaganda bindet Kräfte; es wäre schwer verständlich, daß vielbeschäftigte und hochrangige staatliche Funktionsträger die Zeit aufgebracht hätten, in einer Vielzahl von Publikationen ein (breites) Publikum zu unterrichten, wenn die Verantwortlichen dies nicht für politisch wichtig gehalten hätten.

Zeugnisse über die Intensität, mit denen die Verantwortlichen in unserem Zeitraum eine öffentliche Politikvertretung betrieben haben, sind reichlich vorhanden. Unter der Ägide Johann Gustav Droysens[51] leistete die preußische Historiographie im letzten Drittel des neunzehnten Jahrhunderts Wesentliches in der Bereitstellung und Beleuchtung des betreffenden Akten-und Schriftenmaterials. Neben Droysens eigenen Arbeiten und Editionen[52] ist hier vor allem die richtungweisende Edition

---

47 Vgl. *J. Habermas* 38 ff. Vgl. demgegenüber die gegenteiligen Bewertungen in den verschiedenen Arbeiten von *W. Bauer*; sowie *J. Haller*; *R. Petong*; *H. v. Zwiedineck-Südenhorst,* Öffentliche Meinung; *M. Born.*

48 Vgl. *R. Wohlfeil*, Reformatorische Öffentlichkeit; *P. Ukena; W. Schulze*; *H. -J. Köhler,* Erforschung. Für das achtzehnte Jahrhundert hat neuestens *A. Gestrich* die habermassche Theorie zurückgewiesen. Über die betreffende Diskussion in der Geschichtswissenschaft vgl. neuerdings *H. Talkenberger.*

49 Vgl. *M. C. Mandlmayr/K. G. Vocelka* 101 f.

50 Vgl. hierzu die deutlich skeptischen Hinweise bei *W. Schulze* 364 f.; am Beispiel der Türkenbedrohung betont Schulze im Widerspruch zu Habermas das intensive Informationsbedürfnis in allen gesellschaftlichen Schichten und dessen diskursive Auswirkungen.

51 Droysen hatte bereits 1864 auf die generelle Bedeutung des Tagesschrifttums für die Erforschung der frühen Neuzeit hingewiesen, vgl. *J. G. Droysen*, Quellenkritik 15-17. Wiederholt in *Ders.,* Flugschrift 93.

52 Vgl. *J. G. Droysen*, Kriegsberichte; *Ders.,* Flugschrift; *Ders.,* Lettres; *Ders.,* Dresdner Friede; *Ders.,* Zeitungen.

der preußischen Staatsschriften zur Zeit Friedrichs des Großen zu nennen[53]. Sie bricht allerdings mit dem Jahreswechsel 1756/57 ab und wurde seitdem nicht fortgesetzt. Auch scheint sie wenig Beachtung in der Geschichtswissenschaft gefunden zu haben, denn in neueren Forschungs- und Literaturberichten findet sich kein Hinweis auf die Betrachtung publizistischer Quellen zum Zeitalter Friedrichs des Großen[54]. Selbst in neuesten Handbüchern und Darstellungen sind entweder keine oder lediglich summarische Hinweise zu staatlich veranlaßter Propaganda während der Schlesischen Kriege enthalten[55].

Im Zuge der Untersuchung struktureller Ereigniszusammenhänge sowie der zugrundeliegenden Motive geriet die Bedeutung der zeitgenössischen staatlichen Propaganda zunehmend aus dem Blickfeld der Forschung. So konstatierte Konrad Repgen im Jahre 1984, daß sich die Geschichtswissenschaft zwar intensiv um die „Erforschung von Motiven, Kausalitäten und Kontinuitäten"[56] bemühe, den offiziellen Kriegsbegründungen aber insgesamt wenig Interesse entgegenbringe.

Für den Forschungsstand zu den Schlesischen Kriegen trifft dies in besonderem Maße zu. Die zentralen Inhalte der preußischen wie österreichischen Kriegspropaganda sind zwar bekannt; die übergreifenden ereignisgeschichtlichen Darstellungen erwähnen die wichtigsten Veröffentlichungen der Kriegsgegner an gegebener Stelle[57]. Aber bis auf wenige Ausnahmen zu eingegrenzten Themenbereichen wurde die beiderseitige Kriegspropaganda bislang nicht monographisch behandelt.

3. Preußische und österreichische Propaganda
in den Schlesischen Kriegen – der Forschungsstand

Die publizistischen Beiträge der kriegführenden Parteien während der Schlesischen Kriege sind in der historischen Forschung bislang nur selten unter propaganda-geschichtlichen Fragestellungen behandelt worden.

---

[53] Vgl. PStSch I, passim. Dazu ausführlicher in Kapitel I.3.

[54] Vgl. *P. Baumgart*, Fridericiana; *S. Skalweit*, Absolutismus; *Ders.*, Historiographisches Bild.

[55] Vgl. *M. Schlenke*, Preußische Geschichte; *G. Heinrich*, Geschichte Preußens; *H. Schilling* 463; *H. Duchhardt*, Altes Reich 37. Manfred Schort hat eine neue Monographie zur Propaganda während des Siebenjährigen Krieges angekündigt, die zur Zeit der Drucklegung unserer Studie jedoch noch nicht vorlag.

[56] *K. Repgen*, Kriegslegitimationen 77.

[57] Vgl. *J. G. Droysen*, Politik V 1-2, passim; *L. v. Ranke*, SW XXVII-XXIX; *R. Koser*, Friedrich I, passim; *A. v. Arneth*, Maria Theresia I-III, passim; *K. Th. Heigel*, Erbfolgestreit, passim; *C. Grünhagen*, Geschichte, passim; *M. Sautai*, Débuts; *F. Wagner*, Karl VII., passim. Insbesondere in den Werken von Droysen und Koser sind die wichtigsten propagandistischen Maßnahmen im ereignisgeschichtlichen Zusammenhang behandelt.

In den betreffenden Untersuchungen herrschen andere Gesichtspunkte vor. So wurden die Veröffentlichungen der Kriegsgegner vor allem im Zusammenhang mit der Debatte um die Berechtigung des preußischen Einfalls in Schlesien Gegenstand historischer Abhandlungen. Analog zur historiographischen Auseinandersetzung um die Kriegsschuldfrage 1756[58] galt das zentrale Interesse der Ermittlung der Tatsächlichkeit der öffentlichen Rechtfertigungen; während der britische Historiker George Peabody Gooch im Anschluß an Thomas Babington Macaulay und Onno Klopp die preußischen Legitimationen als „erbärmliche Heuchelei" bezeichnete[59], ist man in der preußischen Historiographie der friderizianischen Rechtfertigung weitgehend gefolgt[60].

Daneben hat die schriftstellerische Tätigkeit Friedrichs des Großen besonderes Interesse in der Geschichtswissenschaft hervorgerufen. Neben den historischen Werken und Essays konzentrierten sich die Untersuchungen hier auf die ersten publizistischen Erzeugnisse des Kronprinzen sowie auf spätere Flugschriften aus der Feder des Königs, allerdings vornehmlich unter literarischen[61] oder staatstheoretischen Gesichtspunkten. So bewertete Max Duncker 1871 erstmals die im Jahre 1738 entstandenen *Considérations sur l'état present du corps politique de l'Europe* als eine zur Veröffentlichung gedachte und gegen England gerichtete Flugschrift, nachdem die Forschung sie bis dahin als persönliche Reflexionen des Kronprinzen betrachtet hatte[62]. Auch in den zahlreichen Untersuchungen zu dem kurz nach Friedrichs Regierungsantritt erschienenen *Antimachiavell* herrschen politiktheoretische Fragestellungen vor; hier stand die Frage der Übereinstimmung der Aussagen des *Antimachiavell* mit der später tatsächlich verfolgten Politik Friedrichs im

---

[58] Vgl. *J. Weiss*; *H. Butterfield*; *Th. Schieder*, Geschichtswissenschaft 38 ff.; *W. Baumgart*.

[59] So hinsichtlich der preußischen Legitimationsbehauptung für den Zweiten Schlesischen Krieg, *G. P. Gooch* 31. Gooch nennt den Überfall auf Schlesien eines der „sensationellen Verbrechen der Geschichte der Neuzeit", ebenda 19. Vgl. ebenso *O. Klopp*, Nation 106 ff.; *Ders., Friedrich*.

[60] So steht für Reinhold Koser die moralische Berechtigung für Friedrichs Vorgehen im Dezember 1740 außer Zweifel; dagegen rückt er die preußische Rechtfertigung für den Zweiten Schlesischen Krieg in einen zweckrationalen Zusammenhang, vgl. *R. Koser*, Friedrich I 280 ff.; PStSch I 43 ff.; *R. Koser*, Zweiter Schlesischer Krieg. Uneingeschränkt scheint dagegen Johann Gustav Droysen die preußische Lesart der Wiener Reichspolitik zu teilen, wenn er angesichts der Diktatur der Verwahrungsurkunden im September 1743 von österreichischen „Fußtritten" gegen das Reich spricht, *J. G. Droysen*, Politik V 2, 185.

[61] Vgl. hierzu *J. D. E. Preuss*, Schriftsteller; sowie dessen Einleitung zu den historischen Werken Friedrichs des Großen, Œuvres VIII; ebenso *M. Posner*, Literarische Tätigkeit; sowie die verschiedenen Arbeiten von *V. Heydemann* zu Friedrichs Flugschriften aus der Zeit des Siebenjährigen Krieges.

[62] Vgl. *M. Duncker*, Flugschrift; vgl. ebenso PStSch I, XIII. Friedrich Meinecke konnte im Jahre 1917 anhand einer genauen Textanalyse wahrscheinlich machen, daß die *Considérations* in wesentlichen Zügen nachträglich überarbeitet wurden und ursprünglich an ein reichsständisches Publikum gerichtet waren, vgl. *F. Meinecke*, Considérations. Vgl. auch *D. Rohmer* 92 ff.

Zentrum des Interesses[63]. Die Arbeiten zum weiteren publizistischen Wirken des Königs widmen sich hauptsächlich der Zeit des Siebenjährigen Krieges[64].

Eingehender befaßte sich die Forschung auch mit der Beurteilung Friedrichs und seines Überfalls auf Schlesien durch die Zeitgenossen; am Rande wurde hierbei auch die staatliche Publizistik einbezogen. Während Gerhard Ritter 1954 behauptete, daß die Zeitgenossen Friedrichs Vorgehen gegen Schlesien nicht als außergewöhnlich empfunden hätten und daß die moralische Verurteilung erst im Rückblick auf die historischen Vorgänge übertragen worden sei[65], herrschen in der übrigen Literatur gegenteilige Angaben vor: Unter Berufung auf teilweise publizistische Quellen geben die betreffenden Autoren an, der König habe 1740 nach der gewaltsamen Inbesitznahme Schlesiens „das Rechtsgefühl in ganz Deutschland außerhalb Preußens gegen sich" gehabt[66], und nach dem Separatfrieden von Breslau im Jahre 1742 und dem erneuten Friedensbruch im August 1744 habe ihm der „Ruf als Friedensbrecher" bis zum Siebenjährigen Krieg angehangen[67].

Beide Interpretationen wurden durch die Untersuchungen von Manfred Schlenke und Stephan Skalweit modifiziert: Hinsichtlich der Beurteilung der Geschehnisse in England stellte Schlenke 1963 fest, daß weder eine einhellige Ablehnung des Preußenkönigs noch eine ungeteilte Unterstützung für Maria Theresia bestanden habe. In seiner Arbeit zog Schlenke neben internen Akten und englischen Zeitungsberichten auch einige Flugschriften heran; auf die Verbreitung der preußischen und österreichischen Publikationen in England sowie auf die Herkunft der anonym veröffentlichten Flugschriften, die für die eine oder die andere Seite Stellung bezogen, geht er allerdings nicht näher ein[68].

Skalweit untersuchte 1952 die wechselnde Beurteilung des Preußenkönigs in Frankreich[69]. Gestützt auf Urteile politisch-militärisch und philosophisch-literarisch interessierter Beobachter betont er die anhaltende Begeisterung über die mili-

---

[63] Zur Entstehungsgeschichte vgl. *W. v. Sommerfeld*; *E. Madsack*. Zur inhaltlichen Interpretation neuerdings *Th. Schieder*, Machiavelli; gleichlautend in *Ders.*, Friedrich 102–126; vgl. ebenso *K. S. Galera*; *A. Berney*, Entwicklungsgeschichte; *S. Skalweit*, Frankreich 52 ff.; *H. Fechner*, Theorie; sowie zusammenfassend *W. Mönch* 68 ff.; *V. Heydemann*, Antimachiavell.

[64] Vgl. hierzu *E. Cauer*, Flugschriften; *Ders.*, Polemik; *V. Heydemann*, Prosaische und dichterische Schriften; *Ders.*, Staats- und Flugschriften; *Ders.*, Flugschriften; *A. R. Ropes*; *R. Neuwinger*; *O. Klopp*, Religionskriege; *R. Koser*, Kampf.

[65] Vgl. *G. Ritter*, Staatskunst I 31; ähnlich auch *W. Hubatsch*, Österreich 92.

[66] *E. Everth* 344; Everth stützt sich auf entsprechende Zeugnisse aus dem Briefwechsel Friedrichs mit Jordan, der auch gegnerische Veröffentlichungen anführte, vgl. ebenda 343 f.

[67] Vgl. ebenda 351 f. passim; ähnlich – hier unter Bezug auf die österreichische Pressepolitik – *J. G. Droysen*, Zeitungen 8 ff.; ebenso *Th. Schieder*, Friedrich 118, 120 ff. und 142 ff. Mit ausdrücklicher Berufung auf zeitgenössische Flugschriften auch *K. Lory* 523: Friedrich sei bis 1763 ein „allgefürchteter Friedensstörer" gewesen.

[68] Vgl. *M. Schlenke*, England; die Ergebnisse zusammenfassend *Ders.*, Urteil; vgl. daneben auch die Untersuchung von *O. Hauser*.

[69] Vgl. *S. Skalweit*, Frankreich.

tärischen Leistungen Friedrichs ebenso wie die nachhaltige Enttäuschung über den preußischen Sonderfrieden von 1742; die Aufnahme der offiziellen preußischen Veröffentlichungen erwähnt er dagegen kaum.

Clemens Hamacher behandelte in seiner Dissertation aus dem Jahre 1915 die Beurteilung der Franzosen in der zeitgenössischen Publizistik von 1740 bis 1763[70]. Ohne dem Ursprung der Zeitungsberichte und Flugschriften im einzelnen nachzugehen, konstatiert er einen deutlichen Wandel der Wertungen je nach den bestehenden politischen Koalitionen.

Einem weiteren Teilaspekt staatlicher – vor allem preußischer – Publizistik hat sich die Forschung ebenfalls intensiv gewidmet: Zahlreiche Untersuchungen behandeln das Verhältnis Friedrichs des Großen zu den Zeitungen und betonen, wie sehr dem König an einer positiven Berichterstattung gelegen war[71]. Im Gegensatz dazu wurde die österreichische Pressepolitik bislang selten behandelt und auch durchaus unterschiedlich beurteilt[72].

Daneben ist auf einige ereignisgeschichtliche und biographische Studien zu verweisen, die im Rahmen ihrer Untersuchungsgegenstände auch publizistische Belange streifen[73]. Neben den Darstellungen der Geschehnisse am Reichstag[74] sowie den Untersuchungen zum Säkularisationsprojekt von 1743[75] ist hier vor allem die Biographie des Preußenkönigs zu nennen, die Theodor Schieder im Jahre 1983 veröffentlicht hat[76]. Im Zusammenhang mit der Darlegung der machtpolitischen Strategie Friedrichs vergleicht Schieder die preußischen Legitimationsbemühungen zu Beginn des Ersten Schlesischen und des Siebenjährigen Krieges miteinander; im Unterschied zur bisherigen Interpretation vor allem der preußischen Historiographie gelangte er dabei zu dem Ergebnis, daß der Preußenkönig 1756 entschieden mehr Gewicht auf seine öffentliche Rechtfertigung gelegt habe als bei

---

70 Vgl. *C. Hamacher.*

71 Vgl. *J. G. Droysen*, Zeitungen, besonders 35 ff.; *R. Fester*, Vorstudien 492-516; *Ders.*, Erlanger Zeitung; *F. Etzin*; *E. Consentius*, Zeitungszensur; *W. Görisch*; *K. Kurth*; *H. Jessen*, Anfänge; *Ders.* , Nachrichtenpolitik; *Ders.*, Wilhelm Gottlieb Korn; *M. Welke*, Pressepolitik; zusammenfassend *E. Everth* 324 ff.

72 Während Droysen angenommen hat, daß Österreich die öffentliche Meinung geschickt gelenkt habe, vgl. *J. G. Droysen*, Zeitungen 8 f., behauptete Martin Welke 1985, daß Maria Theresia es nicht verstanden habe, die Öffentlichkeit für sich zu gewinnen, vgl. *M. Welke*, Pressepolitik 177; ähnlich *F. Wagner*, Reichsidee 100 f.

73 Auf die übergreifenden Gesamtdarstellungen der Ereignisse, die gleichfalls die wichtigsten Veröffentlichungen der Kriegsgegner an gegebener Stelle erwähnen, wurde bereits in Kapitel I.2. hingewiesen.

74 Vgl. *W. Hein*; *F. Meisenburg*, die verschiedentlich auf propagandistische Maßnahmen eingehen. Für die Zeit des Siebenjährigen Krieges *M. Koch*; *A. Brabant*.

75 Vgl. *W. v. Hofmann*; *Th. Volbehr*. Beide Autoren verweisen zwar auf die „publizistische Kampagne" Österreichs gegen den Kaiser, vgl. *H. v. Hofmann* 245 – über Titel, Inhalt und Verbreitung der betreffenden Schriften wird jedoch nichts mitgeteilt.

76 Vgl. *Th. Schieder*, Friedrich. Im Vorabdruck erschienen zwei Kapitel, die unsere Fragestellung berühren, vgl. *Ders.*, Macht und Recht; *Ders.*, Machiavelli.

dem Einfall in Schlesien sechzehn Jahre zuvor[77]. Schieders Interpretation wurde in neuesten Forschungsbeiträgen, die allerdings ebenfalls eher systematischen Fragestellungen nachgehen, übernommen[78]. Da diese Bewertung den Untersuchungsgegenstand unserer Studie berührt, wird sie an späterer Stelle eingehend behandelt[79].

Insgesamt verdanken wir die ausführlichsten Informationen über staatliche Propaganda von seiten Preußens wie Österreichs den Studien von Johann Gustav Droysen und Reinhold Koser[80]. Daneben gibt es nur wenige Forschungsbeiträge, die sich direkt mit publizistischen Fragestellungen befassen: Ergänzend zu Reinhold Kosers Ergebnissen untersuchte Otto Seeländer im Jahre 1883 einige anonyme Flugschriften aus dem Jahre 1744 und konnte aufgrund inhaltlicher Analysen deren offiziöse Herkunft aus dem österreichischen und bayerischen Kabinett wahrscheinlich machen[81]. Im Anschluß an Droysens Edition der preußischen Kriegsberichte aus den Schlesischen Kriegen veröffentlichte Georg Scheele 1889 eine erläuternde und vertiefende Arbeit zum Ursprung der einzelnen Relationen[82]. In Einzelfällen konnte er die Angaben Droysens zur Verfasserschaft und Zweckbestimmung der Texte korrigieren. Scheele rückte die anonym erschienen Berichte in den militärischen und politischen Zusammenhang ihrer Entstehung und ermittelte so ihre „publicistische Bestimmung"[83].

Eine der wenigen Monographien über die veröffentlichten Staatsschriften und die darin enthaltenen Argumentationen ist die Dissertation von Theodor Thelen aus dem Jahre 1956, die sich den Publikationen für und wider die Pragmatische Sanktion widmet[84]. In diesem Zusammenhang behandelt Thelen auch die preußischen und österreichischen Staatsschriften aus der Anfangsphase des Ersten Schlesischen Krieges[85].

---

[77] Vgl. *Th. Schieder*, Friedrich 117 ff. und 141 ff. Die entsprechenden Abschnitte gleichlautend in den vorab publizierten Beiträgen *Ders.*, Macht und Recht; *Ders.*, Machiavelli.

[78] Vgl. *E. Weis* 316; *P. Baumgart*, Kalkül 8; *Ders.*, Friedrich 19; *J. Kunisch*, Friedrich 40; mit Abstrichen auch *G. Schöllgen*, Lageanalysen 30 f. (erneut in leicht veränderter Form veröffentlicht in: *Ders.*, Die Macht in der Mitte Europas. Deutsche Außenpolitik von Friedrich dem Großen bis zur Gegenwart, München 1992, 11-31, hier 20 f.).

[79] Vgl. hierzu Kapitel IV.1. a).

[80] Vgl. die im Literaturverzeichnis dieser Arbeit ausgewiesenen Titel. Die Ergebnisse der betreffenden Untersuchungen wollen wir hier im einzelnen nicht referieren, da sie an späterer Stelle behandelt werden, vgl. beispielsweise Kapitel IV.1. a), IV.2. a) und V.2. b).

[81] Vgl. *O. Seeländer*. Die wichtigsten der betreffenden Schriften hat Reinhold Koser bereits 1877 in seiner Edition der preußischen Staatsschriften aufgrund interner Akten als offiziöse Veröffentlichungen Bayerns und Österreichs kennzeichnen können, vgl. PStSch I 515 ff. Wir werden auf diese Schriften in Kapitel IV.2. a) dieser Studie eingehen.

[82] Vgl. *G. Scheele*.

[83] Ebenda 72.

[84] *Th. Thelen*.

[85] Vgl. ebenda 108 ff.

Einen ähnlichen Überblick über die wichtigsten Publikationen Preußens und Österreichs aus den Jahren 1740/41 und 1756 bietet Erich Everth; er verzichtet aber völlig auf eine Erwähnung der beiderseitigen Staatsschriften des Zweiten Schlesischen Krieges und begründet dies mit der Angabe, daß die „Verhältnisse im ganzen ähnlich" gewesen seien[86]. Es wird zu zeigen sein, daß diese Annahme zumindest hinsichtlich der grundlegenden preußischen Kriegslegitimation irrig ist[87].

Die Dissertation von Maria Benedicta Liechtenstein aus dem Jahre 1938 nennt zwar die wichtigsten Staatsschriften, beschränkt sich jedoch auf eine überblicksartige Inhaltsangabe[88], ein gleiches gilt für die Abhandlung von Schwerdfeger über eine Denkschrift von der Hand Franz Stephans aus dem Frühjahr 1742, die jedoch offensichtlich nicht allgemein publiziert wurde[89].

Als Ergebnis unseres Überblicks halten wir fest, daß eine eingehende Untersuchung der Ziele, Mittel und Inhalte der staatlichen Publizistik Preußens und Österreichs während der Schlesischen Kriege fehlt. Die vorliegende Studie will dazu beitragen, diese Lücke zu schließen.

4. Preußische und österreichische Kriegspropaganda im Ersten und Zweiten Schlesischen Krieg – Fragestellung, Quellen und Methode

Wir konzentrieren uns in der vorliegenden Studie auf die propagandistischen Auseinandersetzungen zwischen Preußen und Österreich während der Schlesischen Kriege. Unsere Untersuchung umfaßt also weder die gesamte Publizistik in diesem Zeitraum, noch behandelt sie die staatliche Propaganda aller in diesen Jahren kriegführenden Mächte[90]. Vielmehr sollen hinreichende Antworten auf die folgenden Fragen gegeben werden: Was? Wann? Wie? und Wozu? publizierten Preußen

---

[86] Vgl. *E. Everth* 344-349; Zitat ebenda 350.

[87] Vgl. hierzu die Kapitel IV.2. a) und b) über die grundlegenden Kriegslegitimationen Preußens und Österreichs von 1744.

[88] Vgl. *M. B. Liechtenstein*.

[89] Vgl. *J. Schwerdfeger*.

[90] Diese Beschränkung erklärt sich zum einen daher, daß Vollständigkeit kein historisches Prinzip darstellt, und zum anderen aus arbeitsökonomischen Gründen: Wie aus der anschließenden Schilderung der Vorgehensweise ersichtlich ist, wäre eine umfassende Bearbeitung sämtlicher staatlicher Propaganda in einem vertretbaren Zeitraum aufgrund der Vielzahl der zu berücksichtigenden – publizistischen und archivalischen – Quellen nicht zu leisten gewesen.
Der Verzicht auf die Einbeziehung der Rezipienten, also die Wirkungsseite, oder auf eine Untersuchung öffentlicher Meinungsäußerungen der Zeitgenossen erklärt sich umgekehrt aus dem mangelnden Quellenmaterial: Aussagen über Wirkung und über nicht-staatliche publizistische Beiträge beruhen aufgrund fehlender Quellenzeugnisse zu Ursprung und Aufnahme öffentlicher Propaganda weitgehend auf Spekulationen und lassen gesicherte historische Erkenntnisse kaum zu.

und Österreich während der Schlesischen Kriege? Ziel ist es, die Organisation, Mittel, Inhalte und Ziele der beiderseitigen Propaganda zu ermitteln und miteinander zu vergleichen.

Unsere Fragestellung orientiert sich somit an phänomenologischen ebenso wie an systematischen und übertragbaren Gesichtspunkten und folgt damit dem von Konrad Repgen und Franz Bosbach entwickelten Forschungsansatz[91]. Unsere Gliederung schreitet daher vom Allgemeinen zum Besonderen voran: In einem einführenden Abschnitt werden die ideellen und organisatorischen Grundlagen staatlicher Propaganda vorgestellt, indem einerseits die Aufgaben und andererseits die Instrumente sowie die Entstehung und Verbreitung der preußischen und österreichischen Veröffentlichungen umrissen werden. Das folgende Kapitel befaßt sich mit den grundlegenden und häufig wiederkehrenden Topoi und Argumentationsmustern, die Aufschluß über herrschende politische Normen geben.

Anschließend werden die zentralen Legitimationsargumentationen Preußens und Österreichs bei Ausbruch der beiden Schlesischen Kriege behandelt. Dabei gilt es, die Leitlinien der beiderseitigen Argumentationen zu ermitteln und zu vergleichen und sie vor dem ereignisgeschichtlichen Hintergrund ihrer Entstehung zu interpretieren.

In den folgenden Kapiteln werden die beherrschenden Themen der öffentlichen Debatten zwischen Preußen und Österreich im weiteren Kriegsverlauf sowie die Inhalte der beiderseitigen Propaganda gegenüber den wichtigsten Adressaten geschildert. Besonderes Augenmerk gilt hierbei den einzelnen Sachaussagen und der Entwicklung der Argumentationen vor dem Hintergrund der politisch-militärischen Ereignisse. Abschließend werden die wesentlichen Ergebnisse zusammengefaßt und mit Ausblicken für weiterführende Studien verbunden.

Aus diesem Überblick zu Fragestellung und Vorgehensweise ist ersichtlich, daß wir uns auf zwei unterschiedliche Quellengruppen stützen. Die von Preußen und Österreich publizierten Schriften und – soweit überliefert – deren Entwürfe stellen dabei die Hauptquellen der vorliegenden Untersuchung dar. Die Quellen zum Nachweis des staatlichen Ursprungs sowie zur Ermittlung der Entstehungszusammenhänge und der Verbreitungsformen dieser Staatsschriften sind interne Akten und Korrespondenzen, also Konferenzprotokolle und Referate sowie herrscherliche, ministerielle und diplomatische Korrespondenzen.

Die betreffenden preußischen Quellen sind für unsere Fragestellung in hinreichendem Umfang ediert; dies gilt sowohl für die internen Akten und hier inbesondere für den politischen Schriftverkehr des Königs mit den leitenden Ministern und auswärtigen Gesandten[92] als auch für die preußischen Publikationen. Hier ver-

---

[91] Vgl. die bereits zitierten Studien von *K. Repgen*, Kriegslegitimationen sowie *F. Bosbach*, Monarchia Universalis.

[92] Vgl. „Politische Correspondenz" Friedrichs des Großen, im folgenden zitiert als PC. Einzelne Zeugnisse für das persönliche Engagement des Königs in propagandistischer Hin-

fügen wir über die bereits genannte Edition der preußischen Staatsschriften, deren erste beiden Bände 1877 und 1885 von Reinhold Koser bearbeitet wurden; mit einer Fülle von editorialen Hinweisen über Entstehung und Verbreitung der Schriften versehen, erwies sich diese Edition als ausgesprochen wertvolle Grundlage für eine Untersuchung der friderizianischen Propaganda[93]. Kosers Edition enthält 68 Staatsschriften amtlichen preußischen Ursprungs aus der Zeit der beiden Schlesischen Kriege; siebzehn weitere sind jedoch nicht aufgenommen, da der Editor inhaltliche Wiederholungen vermeiden wollte[94].

Auf österreichischer Seite fehlen entsprechende Quelleneditionen für den betrachteten Zeitraum[95]. Hinsichtlich der Publikationen wurde daher soweit wie möglich auf zeitgenössische Originaldrucke zurückgegriffen. Im Haus-, Hof- und Staatsarchiv wurden sämtliche Druckschriftensammlungen herangezogen[96]. In den

---

sicht sind daneben auch in dessen privaten Korrespondenzen enthalten, die gleichfalls im Druck zugänglich sind, vgl. die betreffenden Editionen von *J. D. E. Preuss*, Œuvres XVIff.; *R. Koser/Droysen*; *G. B. Volz*, Briefwechsel. Einzelstücke in deutscher Übersetzung auch bei *M. Hein* sowie *O. Bardong*.

Vergleichend herangezogen wurden ferner die gleichfalls im Druck zugänglichen historischen Werke des Königs, welche die Ereignisse der Schlesischen Kriege kommentieren; die verschiedenen redaktionellen Fassungen der *Histoire de mon temps* aus den Jahren 1742, 1746 und 1775 bei *H. Droysen*; *M. Posner*; Œuvres II-III. Ferner wurden die politischen Testamente des Königs herangezogen, die in neuerer Edition von *R. Dietrich* vorliegen.

93 Vgl. PStSch I-III. Der erste Band enthält die preußischen Staatsschriften aus den Jahren 1740 bis 1745, der zweite diejenigen von 1746 bis 1756; den dritten Band bearbeitete Otto Krauske im Jahre 1892, hier sind die preußischen Staatsschriften aus dem ersten Halbjahr des Siebenjährigen Krieges enthalten.

Zu einigen Schriften sind auch Entwürfe entweder vollständig oder unter Kennzeichnung der Abweichungen zum veröffentlichten Text in die Herausgabe einbezogen; Koser nennt stets sämtliche ihm im Geheimen Preußischen Staatsarchiv vorliegenden Druckexemplare der edierten Texte und fremder Druckschriften sowie deren Abdrucke in zeitgenössischen Sammelwerken und Zeitungen.

94 Vgl. PStSch I, LIV. Dort die Verweise auf die Erwähnung der betreffenden Staatsschriften. Als einzige nicht-preußische Veröffentlichung enthält die Edition eine österreichische Staatsschrift von 1744, vgl. ebenda 495 ff. sowie Kapitel IV.2.b) dieser Studie. Daneben sind vier Schriften aufgenommen, die zwar nicht auf preußische Veranlassung entstanden, nach ihrem Erscheinen jedoch gezielt von preußischer Seite weiter verbreitet wurden, vgl. PStSch I 456 ff., 515 ff., 581 ff. und 623 ff.

95 Die edierten Korrespondenzen Maria Theresias beschränken sich weitgehend auf ihren familiären Umkreis oder setzen erst nach den Schlesischen Kriegen ein, vgl. die verschiedenen Editionen von *A. v. Arneth*; *W. Fred*. Wenig hilfreich sind auch die breiter angelegten Editionen von *L. Jedlicka* und *F. Walter* sowie die Denkschriften der Königin und das Tagebuch des Oberhofmeisters Khevenhüller-Metsch, vgl. *A. v. Arneth*, Denkschriften; *J. Kallbrunner*; Aus der Zeit Maria Theresias.

96 Als nicht ergiebig für den betrachteten Zeitraum erwiesen sich die Reihen ‚Flugschriftensammlung' und ‚Frankreich Druckschriften', die gleichfalls durchgesehen wurden, vgl. HHStA, Flugschriftensammlung 3; HHStA, StA Frankreich Druckschriften 2. Neben den Sammlungen des Haus-, Hof- und Staatsarchivs ist auf die Reihe ‚Alte Feldakten' des Wiener Kriegsarchivs zu verweisen, die laut Auskunft der Archivleitung ebenfalls zahlreiche Ori-

‚Deduktionen' der Reichskanzlei werden aus den Jahren 1741 bis 1745 58 Druckschriften zum Österreichischen Erbfolgekrieg und zum Zweiten Schlesischen Krieg aufbewahrt[97]. Daneben befinden sich in zwei Faszikeln der ‚Kriegsakten' 48 Druckschriften zum Österreichischen Erbfolgekrieg[98]; in der Handschrift *Miscellanea Politica et Publica* sind insgesamt 44 Druckschriften zu den Schlesischen Kriegen sowie zahlreiche Abschriften und Zeitungsartikel zusammengebunden[99]. In Einzelfällen wurden darüber hinaus auch zeitgenössische Sammelwerke herangezogen[100].

Hinsichtlich der österreichischen Quellen zu Entstehung und Verbreitung der Schriften stützt sich die vorliegende Studie ebenfalls auf den relevanten Aktenbestand des Haus-, Hof- und Staatsarchivs[101]. Als besonders aufschlußreich erwiesen sich hier die diplomatischen Korrespondenzen[102] und die Reihe ‚Vorträge' der

ginaldrucke bewahrt. Aus arbeitsökonomischen Gründen und weil diese Schriften nur einen zusätzlichen Fundnachweis für die bereits im HHStA gefundenen Schriften dargestellt hätten, wurde auf eine Durchsicht verzichtet.

Dagegen bewahrt die Österreichische Nationalbibliothek keine relevanten Druckschriftenbestände aus unserem Zeitraum auf, wie eine Anfrage ergab.

[97] Vgl. HHStA, RK Deduktionen 71, 83, 86, 126, 170 und 228; erschließbar über den Archivbehelf II/24 Band 1, fol. 232-234'. Diese Sammlung wurde zeitgenössisch angelegt, indem verschiedene von den diplomatischen Vertretern eingesandte Druckexemplare zusammengefaßt wurden.

Daß nicht sämtliche eingesandte Schriften auch in diese Sammlung gelangt sind, ergibt eine Durchsicht der diplomatischen Korrespondenzen, in der sich vielfach noch entsprechende Drucke als Beilage befinden; andere Beilagen fehlen, ohne daß sie in die ‚Deduktionen' aufgenommen wurden.

[98] Vgl. HHStA, KrA 381-382. Zum Teil sind hier mehrere Exemplare einer Druckschrift enthalten. In den übrigen herangezogenen Faszikeln der Kriegsakten sind darüber hinaus noch 18 weitere Originaldrucke zu finden.

[99] Vgl. HHStA, Handschrift W 539, *Miscellanea Politica et Publica (1740-1745) Tomus I.* Nach Auskunft der Archivare existiert kein zweiter Band dieser *Miscellanea*, wie der Titel glauben machen könnte.

[100] Vgl. die entsprechende Zusammenstellung im Quellen- und Literaturverzeichnis dieser Arbeit. Vgl. hierzu auch PStSch I , XXXVI. Da diese Abdrucke aber hinsichtlich der Textgenauigkeit und Vollständigkeit nicht immer zuverlässig sind, muß die Verwendung solcher Texte unter Vorbehalt geschehen, vgl. *R. Koser*, Lebensbeschreibungen 242 ff. und 250 ff.

[101] Vgl. hierzu im einzelnen das Archivalienverzeichnis.

[102] Herangezogen wurden im HHStA der Schriftverkehr mit den österreichischen Vertretern in Regensburg, in den Generalstaaten, Preußen, England, Frankreich und Polen sowie (sofern vorhanden) die entsprechenden Varia-Bestände, vgl. StK Regensburg öst. Gesandtschaft 4-6 (Weisungen) und 89-115 (Berichte); StA Holland 41-47 (Berichte) und 86-89 (Weisungen); StK Preußen 33-39 (Berichte und Weisungen), StK Preußen Collectanea 201 und 202; StA England 75, 77-79 (Berichte und Weisungen), StA England Varia 9 und 10; StA Frankreich 62, 65-70 (Berichte und Weisungen), StA Frankreich Varia 17-20; StA Polen II 18-21 (Berichte) und 72-74 (Weisungen), StA Polen III Specialia 26.

Die Gesandten bestätigten den Empfang ihnen zugesandter Staatsschriften und verbreiteten diese im Auftrag des Ministeriums. Daneben sandten sie Druckexemplare oder Abschriften neu erschienener Schriften nach Wien. In der Reihe ‚Regensburg' befassen sich außerordent-

Staatskanzlei, die wichtige Hinweise über Planung und Zielsetzung österreichischer Publikationen bietet[103]. Hierin sind jedoch nur selten Entwürfe oder Reinschriften von staatlichen Veröffentlichungen enthalten; solche fanden sich dagegen eher zufällig an entlegener Stelle[104]. Wenngleich sich durch diese internen Quellen durchaus ein abgerundetes Bild der österreichischen Propaganda nachzeichnen läßt, ist jedoch festzuhalten, daß die Überlieferung für die österreichische Seite insgesamt ungünstiger als für die preußische ist[105].

Aus der Themenstellung und dem Quellenbestand ergibt sich, daß die vorliegende Untersuchung über staatliche Propaganda in besonderem Maße auf methodische Sorgfalt angewiesen ist[106]; denn sie umgreift drei unterschiedliche Aussage-Ebenen, indem sie Texte interpretiert, die ihrerseits bereits eine Interpretation des tatsächlich Geschehenen darstellen. Diese drei Ebenen gilt es voneinander zu trennen.

Da die von uns untersuchten Propagandaschriften (außen-)politische Ereignisse beschreiben und kommentieren und damit zugleich selbst in die Ereignisse einzugreifen suchen, stellt das militärische und politische Geschehen einerseits den Ge-

---

lich viele Berichte mit gegnerischen – jedoch meist bayerischen – Publikationen; bislang unbekannte Informationen über einige anonyme Schriften bot auch die Korrespondenz des österreichischen Gesandten im Haag, vgl. hierzu Kapitel II.2. dieser Studie. Als wenig hilfreich für unser Thema dagegen erwies sich die Reihe ‚Reich‘ der Staatskanzlei, die diplomatische Akten im engeren Sinne und keine Hinweise auf die zeitgenössische Publizistik enthält, vgl. StK Reich 10-25.

[103] Vgl. HHStA, StK Vorträge 50-58. Diese Akten enthalten die Protokolle der österreichischen Staatskonferenz sowie interne Vorlagen für die Königin. Die Parallelüberlieferung zu den Vortragsakten der Staatskanzlei in den Reichskanzleiakten ergab keine zusätzlichen Hinweise, da hier die Vorträge für unseren Zeitraum nur spärlich überliefert sind, vgl. Rk Vorträge 6d.

[104] So ergab die Durchsicht der entsprechenden Faszikel der Reihe ‚Friedensakten‘ der Staatskanzlei überraschende Funde, vgl. StK Friedensakten 50-52; chronologisch und sachlich falsch einsortiert fand sich hier ein Entwurf für eine wichtige österreichische Staatsschrift von 1744, vgl. hierzu im einzelnen Kapitel IV.2.b). Als weiterhin aufschlußreich, aber gleichfalls unsystematisch in der Sammlung erwiesen sich auch die Kriegsakten, in denen zum Teil Drucke, aber in einigen Fällen auch Konzepte enthalten sind, vgl. KrA 337-354, 364 und 365, 376 und 377, 381-383.

[105] So weist die Überlieferung der Staatskanzleiakten für die Jahre 1740 und 1741 Lücken auf, die vermutlich mit der Umstrukturierung der Verwaltung und der militärisch außerordentlich bedrängten Lage des Hofes zusammenhängen. Aus diesem Zeitraum sind auch keine ministeriellen Korrespondenzen des vermutlich wichtigsten Verfassers von österreichischen Staatsschriften, des Staatssekretärs Bartenstein, erhalten (zu Bartenstein und vermutlichen sonstigen Verfassern ausführlich Kapitel II.2. dieser Studie). Außer einem Faszikel, in dem der Schriftverkehr zwischen Bartenstein und dem österreichischen Staatskanzler Ulfeld von 1742-1746 aufbewahrt ist, vgl. HHStA, GC 400, ergab die stichprobenartige Durchsicht des umfangreichen Bestandes an Korrespondenzen keine hilfreichen Hinweise, vgl. GC 247, 265, 312, 322.

[106] Grundlegend zur historischen Methode *E. Bernheim / A. Feder*; vgl. hierzu auch *K. Repgen*, Logik.

genstand und andererseits den Hintergrund dieser staatlichen Veröffentlichungen dar. Es gilt daher, die Ereignisgeschichte in unsere Darstellung einzubeziehen, ohne jedoch in eine Untersuchung des diplomatischen und außenpolitischen Geschehens abzugleiten.

Wichtig ist zudem, die Untersuchung der Propagandainhalte von einer Ermittlung der tatsächlichen Motive zu trennen[107]. Die von uns behandelten Schriften behaupten stets, den Leser wahrheitsgemäß über bestimmte Sachverhalte und Motive zu unterrichten. Es ist methodisch geboten, diese Erklärung weder pauschal für falsch noch für richtig auszugeben. Die betreffenden Aussagen sind vielmehr in den historischen Zusammenhang ihrer Veröffentlichung einzuordnen und vor diesem Hintergrund zu interpretieren.

---

[107] Zwar ergeben sich aus der Ermittlung des Entstehungshintergrundes verschiedentlich Hinweise auf die tatsächlichen Motive, aber dies ist bestenfalls ein Nebenprodukt der vorliegenden Studie und keineswegs ihr Ziel.

II. Die ideellen und organisatorischen Grundlagen staatlicher Propaganda

1. Ziele und Aufgaben

Staatliche Propaganda wirbt um Zustimmung zur eigenen Politik. Sie begleitet und kommentiert das staatliche Handeln insbesondere bei kriegerischen Unternehmungen und gehörte auch in der frühen Neuzeit zum Alltag der politisch Verantwortlichen[1].

Doch obwohl staatliche Propaganda rege betrieben wurde, besitzen wir nur wenige Zeugnisse über die Motive dafür. Die in unserem Zeitraum Verantwortlichen für die öffentliche Politikvertretung auf preußischer wie österreichischer Seite haben sich selten konzeptionell über Ziele und Aufgaben staatlicher Propaganda geäußert. In der Regel erfolgen entsprechende Bewertungen eher en passant, als daß sie programmatischen oder gar systematischen Charakter tragen. Wir sind daher darauf angewiesen, ihre *obiter dicta* nachträglich zu systematisieren.

Die Quellen hierfür fließen für die preußische Seite reichlicher als für die österreichische. In Preußen widmete sich der König selbst sehr intensiv der öffentlichen Vertretung seiner Politik; oft stammen die entsprechenden Texte aus seiner eigenen Feder oder sind in enger Anlehnung an seine Befehle konzipiert[2]. Die Ausführung solcher Anweisungen oblag dem Departement für Auswärtige Affairen und war somit der obersten (außenpolitischen) Regierungsbehörde in der preußischen Staatsverwaltung zugeordnet[3]. Hier wirkte der leitende Kabinettsminister Heinrich Graf von Podewils[4] federführend und verantwortlich für die staatliche Publizistik. Hinweise auf die generelle Zielsetzung, die Preußen mit seinen Veröffentlichungen verfolgte, lassen sich daher vor allem aus der Korrespondenz des Königs mit seinem Kabinettsministerium sowie mit Vertrauten ermitteln[5].

---

[1] Vgl. hierzu grundlegend K. *Repgen*, Kriegslegitimationen.

[2] Vgl. hierzu und zum folgenden die einleitenden Erläuterungen Reinhold Kosers in PStSch I, XIIIff. Die Einzelbelege für das ausgesprochen intensive Engagement des Königs in der staatlichen Publizistik folgen an gegebener Stelle.

[3] Vgl. zum Departement für die Auswärtigen Affairen oder dem Kabinettsministerium allgemein O. *Hintze*, Beamtenstaat; *Ders.*, Behördenorganisation; *W. Hubatsch*, Verwaltung. Vgl. zu Besetzung und Geschäftsgang *W. Hubatsch*, Verwaltung 228 ff.; *Ch. A. L. Klaproth/ C. W. Cosmar*; *H. C. Johnson*; sowie grundlegend für unsere Fragestellung PStSch I, XVIIff.

[4] Heinrich Graf von Podewils (1684-1760), vgl. ADB XXVI 344 ff.; PStSch I, XXIff.; O. *Hintze*, Behördenorganisation 74 ff.

Daß Friedrich oftmals versuchte, die öffentliche Meinung zu seinen Gunsten zu beeinflussen, ist in der historischen Forschung bereits vielfach betont worden[6]. Besonders am Beispiel der friderizianischen Zeitungspolitik und der schriftstellerischen Tätigkeit des Königs für die Nachwelt hat man die große Bedeutung hervorgehoben, die Friedrich seinem öffentlichen Ansehen grundsätzlich beigemessen hat[7]. Für unsere Fragestellung jedoch, die weniger das generelle Bedürfnis, sich „einen Namen zu machen"[8], sondern vielmehr Zielvorgaben für konkrete politische Propaganda im Auge hat, lieferten Reinhold Koser und Erich Everth entscheidende Beiträge[9]. Der folgende Vergleich zwischen der preußischen und österreichischen Bewertung staatlicher Propaganda fußt daher – für Friedrichs Sicht – im wesentlichen auf deren Erkenntnissen.

Ähnliche Untersuchungen fehlen für die österreichische Seite. Während das Verhältnis des Preußenkönigs zur Öffentlichkeit bereits mehrfach Gegenstand historischer Untersuchungen gewesen ist, wurde der Wiener Umgang mit der öffentlichen

---

5 Die publizistischen Anweisungen des Königs im Zusammenhang mit konkreten preußischen Veröffentlichungen sind von Reinhold Koser in der Edition der betreffenden Schriften aufgeführt, vgl. PStSch I und II; daneben sind die entsprechenden Befehle vielfach in der „Politischen Correspondenz" enthalten, vgl. PC I ff. Bedingt aufschlußreich für unsere Fragestellung sind die verschiedenen Abhandlungen des Königs über die zeitgenössische Publizistik, wie der *Discours sur les satiriques* und der *Discours sur les libelles* (1759), Œuvres philosophiques II 41-56; denn hier befaßte sich Friedrich nicht mit der eigenen Propagandatätigkeit, sondern in ironischer Distanzierung mit der seiner Ansicht nach anmaßenden Schreibart angeblich oder tatsächlich privater Pamphletisten, denen er jede Berechtigung zur Kritik an den Monarchen absprach.

6 Vgl. hierzu den Forschungsüberblick in der Einleitung zu der vorliegenden Studie.

7 Dabei ist in der Forschung angenommen worden, daß – insbesondere seit dem Jahreswechsel 1740/41 beziehungsweise mit dem Ende des Ersten Schlesischen Krieges – ein zunehmend bewußter und virtuoser Umgang Friedrichs mit der Öffentlichkeit festzustellen sei, vgl. *K. Kurth*; *H. Jessen*, Anfänge 319; *Th. Schieder*, Friedrich 117 ff. und 144 ff. Diese These übergeht allerdings die von Koser dokumentierte lebhafte Mitwirkung Friedrichs an der öffentlichen Begründung seines Vorgehens gegen den Bischof von Lüttich im September 1740, vgl. hierzu PStSch I 3 ff. Sie scheint zudem durch eine Interpretation der preußischen Propaganda bedingt zu sein, die Friedrich zu Beginn des Ersten Schlesischen Krieges wenig Interesse an seiner öffentlichen Rechtfertigung unterstellt; darauf werden wir im Zusammenhang mit der grundlegenden preußischen Kriegslegitimation von 1740 näher eingehen, vgl. Kapitel IV.1.a) dieser Arbeit.
In der folgenden Zusammenstellung stützen wir uns auf Zeugnisse aus den ersten Jahren der friderizianischen Regierungszeit; Hinweise auf einen grundlegenden Wandel in der Beurteilung der öffentlichen Politikvertretung lassen sich hieraus nicht gewinnen – zwar fliessen die Bemerkungen des Königs zu diesem Thema insbesondere während des Siebenjährigen Krieges reichlicher, doch ist in der Substanz kein Unterschied festzustellen.

8 So Friedrich selbst in der letzten Überarbeitung der *Histoire de mon temps* aus dem Jahre 1775 zu seinen eigenen Beweggründen für den Einfall in Schlesien 1740, vgl. *R. Koser*, Friedrich I 253.

9 Vgl. die Einleitung Kosers zur Edition der Preußischen Staatsschriften, PStSch I, Vff.; sowie die zusammenfassende Würdigung der vielfältigen, mitunter widersprüchlichen Aussagen Friedrichs zur Bedeutung der öffentlichen Meinung bei *E. Everth* 313 ff.

Meinung lediglich im Reflex auf das Verhalten Preußens behandelt[10]. Monographische Arbeiten zur österreichischen Publizistik und deren Selbstverständnis fehlen für die Zeit Maria Theresias durchaus[11].

Im Gegensatz zu Friedrich dem Großen besitzen wir auch kaum Quellenzeugnisse über die Einflußnahme oder gar Lenkung der Königin bei propagandistischen Unternehmungen[12]: Nur sehr vereinzelt enthalten die Akten der österreichischen Staatskanzlei Anweisungen Maria Theresias für publizistische Maßnahmen[13]. Ähnlich zuverlässige Aussagen wie über Organisation und Verantwortlichkeiten für die preußische Propaganda lassen sich daher für die österreichische Seite nicht treffen, doch ist aus den herangezogenen Quellen ersichtlich, daß auch hier die publizistische Begleitung der eigenen Politik der zentralen außenpolitischen Behörde, der Staatskanzlei[14], zugeordnet war: So erfahren wir aus den Sitzungsprotokollen und Referaten der Geheimen Staatskonferenz, daß dort über propagandistische Maßnahmen beraten und diese mit der Königin abgestimmt wurden[15].

---

[10] So verweisen Droysen und Koser in ihren Arbeiten über die preußische Propaganda meist einleitend auf entsprechende Wiener Aktivitäten, um sich anschließend der preußischen Reaktion zu widmen, vgl. *R. Koser*, Friedrich I; PStSch I-II; *J. G. Droysen*, Politik V 1-2; *Ders.*, Dresdner Friede, passim.

[11] Untersuchungen zur österreichischen Pressepolitik setzen beispielsweise erst nach der Zeit Maria Theresias ein, vgl. *M. Welke*, Pressepolitik; *M. Neugebauer-Wölk*; entsprechend fehlt in dem von Erich Zöllner herausgegebenen Sammelband über die öffentliche Meinung in der Geschichte Österreichs eine Arbeit über die Mitte des achtzehnten Jahrhunderts, vgl. *E. Zöllner*, Öffentliche Meinung.

[12] Die edierte Korrespondenz der Königin bietet hier keine Anhaltspunkte, denn diese konzentriert sich auf familiäre Belange und setzt erst nach dem Ende des Erbfolgekrieges ein; auch die beiden von ihr verfaßten Denkschriften erwähnen – im Unterschied zu historiographischen und theoretischen Abhandlungen des Preußenkönigs – keine publizistischen Ereignisse. Vgl. hierzu *A. v. Arneth*, Denkschriften; ebenso die zahlreichen Editionen des Briefwechsels von Arneth.

[13] So befiehlt die Königin im Juni 1742: „bartenstein wäre zu befehlen mir eine relation von beeden affairen zu machen vor das publicum so wohl als auch fremde ministre und ein wenig auffgebutzt bis sambstag wan es fertig sein könte", eigenhändige Weisung Maria Theresias ‚auf ein Schreiben Ulfelds vom 13. Juni 1742, HHStA, StK Vorträge 52, Konvolut „1742 I-VI", fol. 173.
Zwei Jahre später entscheidet die Königin auf eine Anfrage der Konferenz, wer die ausführliche Beantwortung der französischen Kriegserklärung verfassen solle, daß Bartenstein diese entwerfen solle, vgl. Vermerk Maria Theresias zu einem undatierten Referat der Geheimen Konferenz [vermutlich verfaßt von Bartenstein; Anfang Mai 1744], ebenda 54, Konvolut „1744 IV-V", fol. 91-94', hier 94 f.

[14] Vgl. zur österreichischen Staatsverwaltung im allgemeinen *F. Walter*, Zentralverwaltung; *I. Beidtel*. Zur Besetzung und zum Geschäftsgang in der Staatskanzlei zusammenfassend *G. Klingenstein*, Institutionelle Aspekte.

[15] Vgl. HHStA, StK Vorträge, passim. Gleichfalls erfahren wir aus vereinzelten Zeugnissen des Staatssekretärs Bartenstein, daß publizistische Vorhaben mitunter sehr detailliert in der Konferenz besprochen wurden und – vermutlich in den meisten Fällen – ihm die Ausführung übertragen wurde; so teilte er dem Staatskanzler Ulfeld im Mai 1742 mit, daß der Entwurf zu einer wichtigen Schrift „in plenissima Conferentia abgelesen" worden sei; er selbst

In der Staatskanzlei war vorrangig der Staatssekretär Johann Christoph von Bartenstein[16] mit der Ausarbeitung der schriftlichen Unterlagen betraut; in ihm haben wir auch den vermutlich wichtigsten Verfasser von österreichischen Staatsschriften während der Schlesischen Kriege vor uns[17]. Aus gelegentlichen Hinweisen in seiner Korrespondenz und in den Vorlagen für die Königin entnehmen wir daher hauptsächlich die Zeugnisse über Ziele und Aufgaben staatlicher Propaganda, wie sie von österreichischer Seite gesehen wurden. Im Vergleich zu den preußischen Quellen sind diese Hinweise allerdings erstens spärlicher und zweitens in ihrem Aussagewert weniger verbindlich, da Bartenstein als Parvenu galt und mitunter ministeriellen Anfeindungen ausgesetzt war, die auch Auswirkungen auf seine publizistische Tätigkeit hatten[18].

---

sei „zu dessen beförderung dreymahl ermahnet worden, gleichwohlen aber nachhero alles mir auffgebürdet worden", vgl. Bartenstein an Ulfeld, 22. Mai 1742, HHStA, GC 400, Konvolut A, fol. 30-30', hier 30.

[16] Johann Christoph Bartenstein (1689-1767), vgl. *C. v. Wurzbach* I 163 f.; ADB II 87-93; *A. v. Arneth*, Bartenstein; *M. Braubach*, Bartenstein; *J. Hrazky*; sowie *F. Walter*, Männer 19-38; *K. Müller* 35 f. Zur zeitgenössischen Einschätzung Bartensteins vgl. die Zusammenstellung der Berichte in PStSch I 515 ff.

[17] Die propagandistische Tätigkeit Bartensteins ist in der Forschung bislang nicht näher untersucht worden; Arneth hat angenommen, er habe sämtliche österreichischen Staatsschriften vom Ende der zwanziger Jahre bis zum Ende des Erbfolgekrieges verfaßt, vgl. *A. v. Arneth*, Maria Theresia I 71; dagegen *Th. Thelen* 200, Anm. 17, der verschiedene andere prohabsburgische Autoren nennt, ohne indessen österreichische Akten herangezogen zu haben. Schon die Zeitgenossen haben Bartenstein für den wichtigsten österreichischen Publizisten gehalten, vgl. PStSch I 515; diese Annahme dürfte richtig sein, denn für einige besonders wichtige Publikationen läßt sich die Verfasserschaft Bartensteins anhand eigenhändiger Entwürfe nachweisen; darüber hinaus betont er selbst, daß er sehr lebhaft publizistisch tätig gewesen sei. Insgesamt jedoch bietet die Überlieferung hier nur wenige konkrete Anhaltspunkte. – Zu den übrigen Verfassern von Staatsschriften vgl. das folgende Kapitel.

[18] Die Klagen des Staatssekretärs über entsprechende interministerielle Schwierigkeiten sind bereits mehrfach in der Literatur erwähnt worden, vgl. *Th. Thelen* 158 f.; *G. Klingenstein*, Bartenstein 247 f.; *F. Walter*, Männer 26 f.; vgl. besonders die Edition der rückblickenden Rechtfertigungsschrift Bartensteins aus dem Jahre 1762, *A. v. Arneth*, Bartenstein.
Am 11. Mai 1742 teilte Bartenstein dem österreichischen Hofkanzler Ulfeld mit, daß der Kabinettssekretär Koch moniert habe, es werde in Reichsangelegenheiten zuviel gedruckt; Bartenstein bemerkt dazu beinahe resigniert, Koch werde zukünftig „die feder in denen Reichs anliegenheiten zu führen belieben", er seinerseits könne nun „weder das gute befördern, noch das üble verhüten", Bartenstein an Ulfeld, 11. Mai 1742, HHStA, GC 400, Konvolut A, fol. 58- 58', hier 58.
Kurz darauf bedankte sich Bartenstein bei Ulfeld für dessen Unterstützung hinsichtlich des *Acten=maeßigen Unterrichts* und klagte gleichzeitig, „für allen eyffer hier keinen dank zu haben, sondern verfolgt zu werden", Bartenstein an Ulfeld, 22. Mai 1742, ebenda, fol. 30-30', hier 30. Ähnlich wiederholte Bartenstein dies in seinen 1743 verfaßten *Anmerckungen über den ehemaligen verlauff, und gegenwärtigen Stand der sachen in Europa*, vgl. HHStA, StK Vorträge 53, Konvolut „1743 s. d.", fol. 51-112', hier 87; neben seinem eigenen Einsatz in der publizistischen Verfechtung der habsburgischen Gerechtsame nennt er hier ausdrücklich seinen Schwiegersohn, Reichshofrat von Knorr; Einzelheiten über dessen Verfasserschaft fehlen indessen, so daß dieser Hinweis für uns wenig ergiebig ist, vgl. hierzu auch das folgende Kapitel.

Dennoch lassen sich aus den vereinzelten Mitteilungen wichtige Aufschlüsse über die zeitgenössische Einschätzung von Nutzen und Wert einer öffentlichen Politikvertretung gewinnen. Dabei ergibt sich in der grundlegenden Bewertung eine weitgehende Übereinstimmung zwischen der preußischen und österreichischen Beurteilung.

Politische Propaganda ist demnach ein genuines Mittel staatlicher Interessenvertretung. Die Metapher „feder und schwert" stellt geradezu exemplarisch die Bedeutung vor, die einer öffentlichen Rechtfertigung des eigenen Handelns im Verhältnis zur kriegerischen Durchsetzung von staatlichen Interessen von den Verantwortlichen beigemessen wurde. Hier rangiert Propaganda gleichberechtigt neben dem Krieg.

So schreibt Friedrich zu Beginn des Ersten Schlesischen Krieges an Podewils: „Adieu, cher ami, défendez-moi de la plume, comme je vous défendrai de l'épée, et tout ira bien, en dépit de nos enviers"[19]. Voller Enthusiasmus hatte er einige Wochen zuvor seinen Vertrauten Jordan[20] aufgefordert, der rhetorische „Cicero" der preußischen Rechtsgründe zu sein – er selbst wolle einem „Caesar" gleich die Waffen führen[21].

Auch in den Kommentaren des österreichischen Staatssekretärs findet sich diese Gleichrangigkeit betont: „Maßen kein Staat so wenig ohne der *feder*, als ohne dem *degen* bestehen kann, und wie dieser jenen zu unterstützen habe, also muß er untermeisten aus dem *beutel* nicht nur *zulänglich*, sondern auch *zeitlich* versorget werden. Dann wo es nur an einem eintzigen dieser stücken [...] ermangelt, weder *degen*, noch *feder* mehr helffen können, sondern Länder verlohren gehen"[22]. Im Rückblick auf die Ereignisse der Schlesischen Kriege plädiert Bartenstein für eine finanzielle Absicherung des Staates; zu den entscheidenden Instrumenten staatli-

---

Anderthalb Jahre später scheint sich der Rückzug des Staatssekretärs von der publizistischen Vertretung der Wiener Politik anzudeuten, wenn er zu zwei von ihm verfaßten Memoires mitteilt: „Ich habe es sehr ungern entworfen, und wäre mir nichts lieber, als wann möglich ware, für deren Verfasser nicht zu passiren. Giltet mir auch gantz gleich, was daran geändert, oder auch ob sie gar unterdrückt werden wollen", Bartenstein an Ulfeld, 21. Oktober 1744, HHStA, GC 400, Konvolut C, fol. 120-120', hier 120. Tatsächlich jedoch hat Bartenstein noch im Jahre 1744 die wichtigsten österreichischen Staatsschriften gegen Frankreich und Preußen selbst verfaßt, und zwar auf ausdrücklichen Befehl der Königin, vgl. hierzu Kapitel IV.2.b) dieser Studie.

[19] Friedrich an Podewils, 17. März 1741, PC I 207 f., hier 208. Vgl. zu dieser Metapher bei Friedrich *E. Everth* 314.

[20] Charles Etienne de Jordan (1700-1745); vgl. neuerdings *J. Häseler*.

[21] Vgl. Friedrich an Jordan, 14. Januar 1741, zitiert nach *E. Everth* 315. Umgekehrt versicherte Friedrich im Jahre 1742 dem Kaiser, „que ma plume La servira toujours", obwohl er ihn augenblicklich nicht militärisch unterstützen könne, vgl. Friedrich an Karl VII., 18. Juni 1742, PC II 205 f., hier 205.

[22] Vortrag Bartensteins an die Königin, 28. Dezember 1747, HHStA, StK Vorträge 58, Konvolut „1747 IX-XII", fol. 196-209', hier 209 [Hervorhebungen im Original].

cher Selbstbehauptung rechnet er aber gleichermaßen das Militär ebenso wie die Publizistik.

So bedeutsam indessen in den obigen Zitaten die publizistische Vertretung der eigenen Sache erscheint, zeigt die stete Gegenüberstellung zur militärischen Aktion jedoch, daß Propaganda keineswegs als wichtigstes Mittel der Politik verstanden wurde. In diesem Sinne machte der preußische Vertreter am Münchner Hofe den Kurfürsten nach der Vorlage einer bayerischen Deduktion darauf aufmerksam, daß man allein mit der Feder solche Ansprüche niemals durchsetzen könne[23]. Ebenso wie Bartenstein betonte Friedrich mehrfach: „Papier wird es nicht ausmachen, sondern vigoureuse Operationen"[24].

Im Zusammenspiel von Krieg und Propaganda erschließt sich daher die Bedeutung, die staatlich gelenkter Publizistik von den Verantwortlichen beigemessen wurde. Bartenstein formulierte dies so: „Dann gleich wie die erfahrung lehrt, daß mehrenmalen durch die feder das, was der degen bewürcket, ohnnütz gemacht werden kan; also ist nicht minder gantz natürlich, daß die feder krafftlos verbleiben müsse, so bald sie durch den degen nicht unterstützet ist"[25].

Grundsätzlich halten die leitenden Politiker es für wichtig, daß eine öffentliche Begründung für einen aufsehenerregenden Schritt überhaupt erfolgt. Vielfach finden bereits während der Planung besonderer politischer oder militärischer Maßnahmen Überlegungen statt, wie ein solches Verhalten öffentlich gerechtfertigt werden könne: So hob schon der Beschluß zur Übertragung der Mitregentschaft an Franz Stephan darauf ab, daß dies nicht als Verletzung der Pragmatischen Sanktion verstanden werden solle; daher sollte die offizielle Bekanntgabe entsprechend abgefaßt werden[26]. Auch hinsichtlich der geplanten Präventivmaßnahme in Italien traf der Wiener Hof Vorsorge, daß ein solches Vorgehen nicht als Aggression gedeutet würde[27].

---

[23] Vgl. *K. Th. Heigel*, Erbfolgestreit 96.

[24] *E. Everth* 315. Vgl. beispielhaft die Bewertung Bartensteins, Vortrag an die Königin vom 7. Dezember 1743, HHStA, StK Vorträge 53, Konvolut „1743 XII", fol. 8-24, hier 10: „Ohne nahmhaften progressen gegen frankreich würde die Englische nation des Kriegs, oder vielmehr ihres übel verwendenden geldgebens bald müde werden, und die französische anhänger in holland die oberhand immer mehr und mehr gewinnen". Vgl. die ähnliche Bewertung hinsichtlich Preußens in einem undatierten Vortrag Bartensteins, ebenda, Konvolut „1743 s. d.", fol. 113-130, hier 114 f.

[25] Referat Bartensteins [undatiert; Anfang Mai 1744], HHStA, StK Vorträge 54, Konvolut „1744 IV-V", fol. 81-84, hier 84. In ähnlichen Worten faßte der Staatssekretär dies bereits zwei Jahre zuvor: „[. . .] weilen die externa ohne besorgung derer internorum ohnmöglich gut gehen können, noch die feder, ohne vom degen unterstützet zu seyn, etwaz fruchten mag; zugleich als der degen durch die feder nicht irr gemacht werden muß", Schreiben Bartensteins [vermutlich an Ulfeld; 1742], HHStA, StK Vorträge 52, Konvolut „1742 I-VI", fol. 51-53', hier 53. Vgl. auch Bartensteins *Unschuldige Gedancken* vom 21. Januar 1744, in denen er feststellt: „Die feder muß durch den degen unterstützet werden", ebenda 54, Konvolut „1744 I-III", fol. 18-24, hier 23.

[26] Vgl. hierzu *F. Reinöhl*, Mitregentschaft, besonders 654 f.

Besonders deutlich ist die legitimatorische Vorbereitung von kriegerischen Unternehmen an den preußischen Quellen abzulesen. Entsprechende Überlegungen begleiten bereits die ersten Erwägungen zur Eroberung Schlesiens[28]. Vielfach war der König selbst als Publizist in eigener Sache tätig. Parallel zu den militärischen Planungen verfaßte Friedrich – oft mehrere Wochen vor der geplanten Kriegseröffnung – ausführliche Begründungsschriften, die die Öffentlichkeit von der Rechtmäßigkeit seines Tuns überzeugen sollten[29].

Dabei setzten die Veranwortlichen ihre politische Propaganda immer zweckorientiert ein. Die kommentierende Begleitung der tatsächlichen Politik wird als Faktor der (internationalen) politischen Urteilsbildung begriffen; insofern kann sie erhebliche realpolitische Auswirkungen haben, wenn sich ein negatives Urteil über eine bestimmte Maßnahme in einer Unterstützung des Gegners niederschlägt[30].

So meint Bartenstein im Jahre 1744 anläßlich einer geplanten Reise des Grafen Batthyàny nach Bayreuth, er sehe keinen Sinn darin, denn der Wiener Hof sei „ohnedas im gantzen Reich verschrieen, daß mehr für die übel- als wohlgesinnte getragen werde" – anschließend warnt Bartenstein ausdrücklich: „Welches schädlichere folgen hat, als man nicht glaubet"[31]. So wie der österreichische Staatssekretär hier

---

[27] Vgl. Weisung an Wasner vom 15. Januar 1741, HHStA, StA Frankreich 65, Konvolut „Maria Theresia an Wasner 1741 I-VI", fol. 6-7'.
Insofern ist Schieders Auffassung unzutreffend, daß die Unterscheidung zwischen Aggression und der Eröffnung von Feindseligkeiten, wie sie Preußen zu Beginn des Siebenjährigen Krieges als öffentliche Legitimation für das eigene präventive Vorgehen darlegte, in dieser Form bisher unbekannt gewesen und hier erstmals von Friedrich getroffen worden sei, vgl. *Th. Schieder*, Friedrich 509. Zu den publizistischen Vorbereitungen des Siebenjährigen Krieges vgl. PStSch III, passim.

[28] Vgl. hierzu im einzelnen Kapitel IV.1.a).

[29] Die einzelnen Beispiele hierfür werden in der vorliegenden Studie behandelt, vgl. Kapitel IV.1.a) und IV.2.b).

[30] In diesem Sinne berichten preußische Diplomaten während des Ersten Schlesischen Krieges über die Auswirkungen der ersten österreichischen Deduktionen: „Der hessen-darmstädtische Gesandte hat sich nicht enblödet, mir in das Gesicht zu sagen, dass man anjetzo, bis etwas neues und besseres unsererseits zum Vorschein kommen würde, vor Oesterreich sentieren müßte", Bericht des preußischen Residenten in Frankfurt vom 2. Mai 1741, PStSch I 138; Ähnliches meldet auch der Vertreter des Berliner Hofs in Nürnberg am 11. April, vgl. ebenda.

[31] Bartenstein an Ulfeld [undatiert; 1744], HHStA, GC 400, Konvolut C, fol. 137 f., hier 137. Ähnliche Verweise auf die schlechte Wirkung bestimmter Maßnahmen im Reich und entsprechende Warnungen davor finden sich häufig; so hatte die Konferenz im Jahr zuvor von der geplanten Veröffentlichung eines Dekretes, das den ehemaligen Reichshofräten die Fortführung ihrer Privilegien untersagte, sowohl grundsätzlich als auch hinsichtlich der Form einer öffentlichen Bekanntgabe abgeraten: „Hiernächst würde auch, wo der inhalt dieses decrets im Reich kundt würde, allda nicht zum besten ausgedeutet werden [. . .] zumahlen mit einer so scharffen und bedrohlichen feder, angekündigt worden: Wohlerwogen so gar auch in dem fall, da I. K. M. zu einer solchen entsetzung hätten schreiten wollen, so doch die gehorsamste Conferenz sich nicht beygehen lassen kan, den entschluß durch einen anderen canal kundt zu thun, weniger schein einer geringschätzung gehabt haben würde", HHStA, StK Vorträge 53, Konvolut „1743 s. d.", fol. 12-13', hier 13.

eine direkte negative Wirkung bestimmter Überzeugungen voraussagt, befürchtete auch der preußische König, dem Wiener Hof könne es gelingen, ihn „bei dem Publico odieus [zu] machen"[32]. Mit Rücksicht auf unliebsame politische Folgen verzichtete sowohl Österreich als auch Preußen verschiedentlich auf die Publikation einer öffentlichen Stellungnahme: Aus Sorge wegen „ein nicht allzu günstiges parallel" zum Vorgehen der österreichischen Truppen in Bayern unterdrückte der Wiener Hof eine bereits fertige Beschwerdeschrift über französische Exzesse in den Niederlanden[33]. Auch der Preußenkönig hielt seine öffentliche Rechtfertigung des Sonderfriedens mit Wien im Jahre 1742 aus politischen Erwägungen zurück[34].

Doch suchte man solche Wirkungen nicht nur durch passives Verhalten zu vermeiden, sondern – zum eigenen Vorteil – auch aktiv zu befördern: So wurde der österreichische Vertreter in den Generalstaaten im Jahre 1742 ausdrücklich angewiesen, durch die Verbreitung von österreichischen Schriften die Gegner Habsburgs „dem publico recht verhaßt zu machen"[35].

Die politische Absicht bestimmte folglich den Einsatz oder den Verzicht auf Propaganda. So empfiehlt Bartenstein 1743 mit Blick auf die weiterreichenden politischen Ziele der Hofburg, keineswegs auf die Veröffentlichung von Propagandaschriften in England und den Generalstaaten zu verzichten, selbst wenn man deshalb Beschwerden von seiten der Regierung zu erwarten habe, denn es gelte, die Nation zu gewinnen[36]. Abgestimmt nach der politischen Bundesgenossenschaft fanden auch publizistische Hilfsdienste und Kooperationen statt: So suchte man im Wiener Kabinett geeignete Unterlagen, die England seinerseits gegen Frankreich zu publizieren wünschte[37], und Preußen verbreitete eine von dem bayerischen Vertreter in Berlin verfaßte anonyme Schrift, die gegen Bartenstein gerichtet war[38].

---

32 Kabinettsordre vom 4. Dezember 1741, *E. Everth* 327; vgl. auch PStSch I 324, hier im Zusammenhang mit Berichten in holländischen Zeitungen, die Preußen nicht wohlgesonnen waren, vgl. *R. Koser*, Friedrich IV 120.

33 Vgl. Vortrag Bartensteins an Franz Stephan vom 7. Mai 1743, HHStA, StK Vorträge 53, Konvolut „1743 III-VI", fol. 59-62', hier 59 f. Ausdrücklich wird die Empfehlung der Staatskonferenz, auf eine Publikation der entsprechenden Schrift zu verzichten, damit begründet, daß eine zusätzliche „Verbitterung der gemüther" vermieden werden solle – indessen möge auf mündlichem Wege vom Inhalt der geplanten Veröffentlichung Gebrauch gemacht werden, vgl. ebenda.

34 Vgl. hierzu *R. Koser*, Flugschrift 92; *Ders.*, Friedrich I 397. Wir werden darauf in Kapitel VI.2. zu sprechen kommen.

35 Weisung an Reischach vom 9. Mai 1742 [Konzept Bartensteins], HHStA, StA Holland 86, fol. 144-146, hier 145'.

36 Vgl. hierzu Bartensteins *Anmerckungen über den ehemaligen verlauff, und gegenwärtigen Stand der sachen in Europa* aus dem Jahre 1743, HHStA, StK Vorträge 53, Konvolut „1743 s. d.", fol. 51-112' (Reinschrift), fol. 114-155'(eigenhändiges Konzept), hier fol. 108 f.

37 „Drittens kombt es auf die aufsuchung derer von Engeland zu publiciren anverlangender proben [an]", undatiertes Referat [Anfang Mai 1744], HHStA, StK Vorträge 54, Konvolut „1744 s. d.", fol. 91-94', hier 94. Auf die gleichfalls vertrauliche Absprache zwischen England und Österreich über österreichische Publikationen zum bayerischen Friedensprojekt zum Jahreswechsel 1742/43 wird in Kapitel V.3.b) einzugehen sein.

Diese Vorgänge zeigen, daß die Verantwortlichen mit einer konkreten Einfluß-
möglichkeit politischer Propaganda rechneten; sie glaubten, im Sinne ihrer politischen Interessen auf die Adressaten einwirken zu können. Daher ist die staatliche
Publizistik stets auf eine konkrete politische Wirkung ausgelegt.

Hinsichtlich der inhaltlichen Gestaltung sind hier zwei grundlegende Kriterien
auszumachen: Zunächst legen die Verantwortlichen Wert darauf, daß die öffentlichen Aussagen an zentraler Stelle festgelegt werden, und nicht eigenmächtig –
zum Beispiel von den diplomatischen Vertretern – ergänzt oder umgestaltet werden. Besonders der preußische König war darauf bedacht, keine abweichenden
Aussagen in die Öffentlichkeit gelangen zu lassen; dementsprechend verbat er sich
die publizistische Mitwirkung von Privatleuten ebenso wie von preußischen Diplomaten[39] und distanzierte sich offiziell von privaten Rechtsabhandlungen, die über
die preußischen Ansprüche hinausgingen[40].

Auf österreichischer Seite beklagte sich Bartenstein mehrfach über die mangelhafte Abstimmung der diplomatischen und publizistischen Maßnahmen des Wiener
Hofes und mahnte, daß es daher „schlechterdings umbsonst [sei], sich hier bey
denen Rescripten Entwürffen, oder auffsätzen schriftlicher vorstellungen, viel den
Kopff zu zerbrechen, als worvon allerdings vielmehr eine schädliche, dann gedey-
liche würckung zu erwarten stehet [...]"[41]. Auch österreichische Gesandte wurden
ebenso wie ihre preußischen Kollegen wegen publizistischer Eigenmächtigkeiten
verwarnt[42].

Zusätzlich werden die Publikationen gezielt nach der vermutlichen Interessenlage ihrer Adressaten ausgerichtet. So bemerkte der preußische König zu einer Deduktion der preußischen Ansprüche auf Schlesien, man solle diese vor allem dort

---

[38] Vgl. PStSch I 515 ff. Gemeint ist der *Conseil d'ami à M. de Bartenstein*, vgl. Kapitel
IV.2.b).

[39] Vgl. hierzu die verschiedenen Zeugnisse, die Koser für die Jahre 1741 bis 1743 zusam-
mengetragen hat, PStSch I, XVIII, Anm.: Mehrfach erhielten preußische Vertreter oder Ge-
lehrte einen abschlägigen Bescheid auf ihr Anerbieten, eigene Schriften im preußischen Interesse beizusteuern, indem ihnen bedeutet wurde, dies könne mehr schaden als nützen. In einigen Fällen jedoch, die an gegebener Stelle zu behandeln sind, griff der König auch publizistische Vorschläge von außerhalb auf, sofern diese ihm politisch geeignet schienen; der
bekannteste dieser Vorgänge ist der Vorschlag des Halleschen Professors Ludewig über preußische Rechtsansprüche auf Schlesien, vgl. hierzu Kapitel IV.1.a) und V.1.a).

[40] Vgl. PStSch I 289 ff.

[41] *Anmerckungen über den ehemaligen verlauff, und gegenwärtigen Stand der sachen in
Europa*, HHStA, StK Vorträge 53, Konvolut „1743 s. d.", hier fol. 108'. Über publizistische
Belange hinausgreifend brachte Bartenstein mehrfach solche Klagen vor, vgl. seine Notiz
vom 1. Oktober 1743, HHStA, StK Vorträge 53, Konvolut „1743 X-XI", fol. 1 f.: „Alle hiesige berathschlagungen, alle Rescripta, alle anstalten etc. seind schlechterdings umsonst, in
so lang Von eygenen Generalen solche Schrifften an die alliirte hinaus gegeben werden,
welche zur beschönigung des unvergnüglichsten Tractaten wiedrigen betrages dienen können".

[42] Vgl. *K. Müller* 347 f. Auf eine gewichtige Ausnahme auf österreichischer Seite wird im
folgenden Kapitel einzugehen sein.

publizieren, „où l'esprit de démonstrations juridiques règne"[43]. Ebenso empfahl der österreichische Staatssekretär nachdrücklich, die Wiener Schriften an englische Adressaten „nach dem Geschmack der Nation zu schreiben"[44].

Um die gewünschte Wirkung zu erzielen, sind neben den inhaltlichen auch formale Kriterien entscheidend: Besonders wichtig ist erstens, den gegnerischen Veröffentlichungen überhaupt eine Antwort entgegenzusetzen. Zweitens muß eine öffentliche Gegendarstellung rasch erfolgen und energisch formuliert sein.

Sowohl für die österreichische als auch die preußische Seite findet sich hier eine Vielzahl von entsprechenden Anweisungen: So verweist Bartenstein einmal darauf, daß es dem österreichischen Interesse offensichtlich geschadet habe, „in Fünff viertel Jahren gar alle französische anwürffe unbeantwortet gelassen zu haben"[45]. Mehrfach betont er, daß die Ausgabe von österreichischen Druckschriften rasch geschehen müsse, so 1744: „Es ist höchst nöthig, daß die gestern abgelesene schrift dem publico bald bekannt werde"[46]. Auch schien ihm die englische Antwort auf die französische Kriegserklärung zu zaghaft formuliert zu sein, um eine positive politische Wirkung zu erzielen: „Die Englische KriegsDeclaration kombt mir sehr schlecht vor, und bekräftiget die fürdauernde Zaghaftigkeit" – dagegen äußerte er sich zuversichtlich über die „krafft" der österreichischen Gegenkriegserklärung an Frankreich[47]. Mehrfach wies auch der preußische König seine Minister an, auf gegnerische Veröffentlichungen rasch und entschieden zu antworten[48].

---

[43] Friedrich an Podewils, 6. Februar 1741, PStSch I 120.

[44] So nochmals in Bartensteins *Anmerckungen über den ehemaligen verlauff, und gegenwärtigen Stand der sachen in Europa*, HHStA, StK Vorträge 53, Konvolut „1743 s. d.", fol. 51-112', hier 111.

[45] Ebenda. Auch andernorts betonte Bartenstein, „daß I. M. der Königin Dienst erheischete, die Fenelonische insinuation nicht unbeantwortet zu lassen, solte es auch nur per scriptum anonymum seyn", Bartenstein an Ulfeld [undatiert; 1742], HHStA, GC 400, Konvolut A, fol. 40 f., hier 40'.
Auch der österreichische Reichstagsgesandte Palm mahnte nachdrücklich die Veröffentlichung von Entgegnungsschriften an, „gehalten das stillschweigen nicht allein ungleich ausgeleget, sondern auch von denen Widersachern zu ihrem behuff gar sorgsam angezogen wird", P. S. zum Bericht Palms vom 10. März 1741, HHStA, StK Regensburg öst. Gesandtschaft 90, Konvolut „Berichte 1741 III-IV", fol. 60-80, hier 80.

[46] Bartenstein an Ulfeld [undatiert; 1744], HHStA, GC 400, Konvolut C, fol. 88. Vgl. auch Bartensteins Antwort an Ulfeld [undatiert; 1744]: „Je mehr nun die erfahrung bezeuget, daß durch die verzögerung der dictatur die sach beschwerlicher gemacht worden, umso weniger ist meines erachtens mit austheilung der gedruckten schrift zu verweylen, umb nicht in das nembliche inconvenienz zu verfallen", ebenda fol. 23 f., hier 23. Vgl. hierzu auch die gleichlautende Empfehlung in einem undatierten Referat von 1743, HHStA, StK Vorträge 53, Konvolut „1743 s. d.", fol. 1-2.
Hinsichtlich der Beantwortung der französischen Kriegserklärung an Österreich mahnte Bartenstein: „Mit der hiesigen gegen Kriegserklärung ist auch nicht zu saumen", Bartenstein an Ulfeld [undatiert; 1744], HHStA, GC, Konvolut C, fol. 39.

[47] Bartenstein an Ulfeld [undatiert; 1744], HHStA, GC 400, Konvolut C, fol. 59-59'. Daß die eigenen Veröffentlichungen „nachdrucksahm" formuliert sein sollten, hatte Bartenstein

Zusammenfassend ist festzuhalten, daß die öffentliche Begründung der eigenen Politik als Teil der staatlichen Interessenvertretung begriffen und gezielt eingesetzt wird; in weiterem Rahmen als durch die zwischenstaatliche Diplomatie vermag sich ein Staat auf diese Weise einem breiten Publikum darzustellen. Wir können an dieser Stelle auf den Begriff „publikum" nicht ausführlich eingehen[49]; für unseren Zusammenhang ist entscheidend, daß die Verantwortlichen deutlich zwischen den Adressaten rein diplomatischer Mitteilungen und einem breiteren – nicht definierten – Kreis derjenigen unterscheiden, die Zugang zu öffentlichen Verlautbarungen haben[50]. Jedenfalls sollte die überwiegende Mehrheit der staatlichen Veröffentlichung „zu jedermanns wissenschaft"[51] gelangen und so die eigene Argumentation „der Welt vor die Augen geleget werden"[52].

Insgesamt gilt daher die zusammenfassende Bewertung der friderizianischen Propaganda, die Erich Everth 1931 lieferte, auch für das Österreich Maria Theresias: Er kommt in seinem Überblick über Friedrichs Umgang mit der Öffentlichkeit zu dem Ergebnis, daß sie „nichts als ein Mittel und eine Schranke seines Willens [war], Schranke dann, wenn sie von anderen geschickt beeinflußt wurde. Nur in diesem Sinn brachte er ihr stets rege Anteilnahme entgegen"[53].

Zu ergänzen ist aber: Gerade in diesem Sinne – nämlich als ein machtpolitisches Instrument – widmeten die Verantwortlichen der öffentlichen Vertretung ihrer Politik intensives Interesse[54].

---

schon in den *Anmerckungen über den ehemaligen verlauff, und gegenwärtigen Stand der sachen in Europa* betont, vgl. HHStA, StK Vorträge 53, Konvolut „1743 s. d.", fol. 111.

[48] Vgl. die Beispiele bei *E. Everth*, passim, und PStSch I, XIIIff.

[49] Nach Hölscher bezeichnete der Begriff seit der Mitte des 18. Jahrhunderts „nicht nur den Geltungsbereich staatlicher Autorität, sondern zugleich den geistigen und sozialen Raum, in dem diese sich legitimieren und kritisieren lassen muß", *L. Hölscher* 438.

[50] Vgl. beispielsweise Bartensteins Vortrag an die Königin vom 29. August 1742, HHStA, StK Vorträge 52, Konvolut „1742 I-VI", fol. 43-44, hier 43'f.

[51] Weisung an Reischach vom 9. Mai 1742 [Konzept Bartensteins], HHStA, StA Holland 86, fol. 144-146, hier 144': „So hast du obige beylagen solchergestalten auszuteilen, damit deren Inhalt desto leichter zu jedermanns wissenschaft gelange". Entsprechende Anweisungen auf preußischer Seite bei Koser, vgl. PStSch I, passim.

[52] Bericht Reischachs vom 12. April 1745, HHStA, StA Holland 47, o. fol.

[53] *E. Everth* 323.

[54] Friedrich selbst hat sich mehrfach im Nachhinein in diesem Sinne geäußert: So schrieb er in der *Histoire de la guerre de sept ans* im Rückblick auf die nachhaltigen publizistischen Bemühungen Preußens, nicht als Aggressor zu erscheinen: „Et quant à nom si terrible d'agresseur, c'était un vain épouvantail, qui ne pouvait en imposer qu'à des esprits timides, auquel il ne fallait donner aucune attention dans une conjoncture importante [. . .]. Après tout, que les ennemis du Roi l'accusassent d'être agresseur, ou qu'ils ne le fissent point, cela revenait au même, et ne changeait rien au fond de l'affaire [. . .]", Œuvres IV 37 f. Vgl. auch die entsprechenden Zitate bei *E. Everth* 322 f.

2. Mittel und Wege

Das geeignetste Mittel, um staatliche Äußerungen einem breiteren Publikum zugänglich zu machen, war seit Gutenbergs Erfindung die druckschriftliche Herausgabe entsprechender Texte. So bedienten sich auch die europäischen Herrscher seit dem späten fünfzehnten Jahrhundert vornehmlich der Printmedien zur Verbreitung ihrer Kriegspropaganda[55]. Diese staatlich veranlaßten Publikationen stellen die Hauptquellen für die vorliegende Untersuchung dar. In Anlehnung an Reinhold Kosers Definition aus dem Jahre 1877 bezeichnen wir alle Veröffentlichungen, die im staatlichen Auftrag verfaßt oder aus privatem Antrieb entstanden, aber mit amtlicher oder herrscherlicher Genehmigung verbreitet wurden, als Staatsschriften[56].

Diese Publikationen lassen sich grob in zwei Gruppen einteilen: Zu unterscheiden sind diejenigen Schriften, die ihre staatliche Herkunft offen zu erkennen geben, von denjenigen, die sich den Anschein einer privaten Veröffentlichung geben. Zur ersten Gruppe gehören amtliche Patente, Deduktionen, Manifeste und offizielle Erklärungen sowie mittelbar diplomatische Schriftstücke, wie Reskripte und Schreiben an andere Herrscher, die veröffentlicht wurden. Zu der zweiten – minder stark vertretenen – Gruppe rechnen wir lancierte Zeitungsartikel und anonyme Flugschriften oder Broschüren.

Die Propagandamittel unterscheiden sich also einerseits durch dem Grad der Authentizität, den die betreffenden Schriften zu erkennen geben, und andererseits durch die Art ihrer Verbreitung. Dies ist entscheidend für eine sachgerechte inhaltliche Interpretation, denn die Wahl der Veröffentlichungsform korrespondiert eng mit dem Inhalt der Schrift[57]; die Verantwortlichen setzten nicht allein Propaganda generell gezielt ein, sondern nutzten auch – je nach Adressat und Anlaß einer bestimmten Verlautbarung – die breite Palette der verschiedenen Publikationsmöglichkeiten. Sowohl in Berlin wie in Wien trennte man zwischen solchen Verlautbarungen, die für ein breites Publikum verfaßt wurden, und anderen, die sich an spezielle Adressaten richteten und keineswegs zur allgemeinen Verbreitung gedacht

---

[55] Vgl. K. *Repgen*, Manifest 782 und 803.

[56] Vgl. Kosers grundlegende Klassifikation im ersten Band seiner Edition, PStSch I, VI-XIII. Hier bezog Koser sämtliche schriftlichen staatlichen Erzeugnisse ein, die nicht ausschließlich für den internen Verkehr gedacht waren. Da unser Untersuchungsziel nicht die Gesamtheit der zwischenstaatlich ausgetauschten Unterlagen umfaßt, sondern sich auf den Teil dieser Schriftstücke konzentriert, die – wenn auch mittelbar – zum Zweck der Veröffentlichung verfaßt wurden, werden wir im folgenden diplomatische Noten im engeren Sinne nicht als propagandistische Schriften behandeln.

[57] Wenn Heinz Schilling das *Unbillige Verfahren des Erzthauses Österreich gegen die Evangelische* aus dem Jahre 1756 als Beispiel für eine „protestantische Flugschrift" einführt, *H. Schilling* 463, so ist dies zwar zutreffend, könnte aber einen trügerischen Eindruck von Charakter der Schrift als private Veröffentlichung hervorrufen – tatsächlich war sie ein gezielt eingesetztes und geheim verbreitetes Agitationsmittel des Preußenkönigs zu konkreten politischen Zwecken, vgl. PStSch III 239 ff. und 256 ff.; sowie zur Verbreitung ebenso *G. Reymann*.

waren[58]; anonyme Schriften wurden zudem – oftmals mit abweichendem Inhalt zu den offiziellen Stellungnahmen – gezielt und heimlich ausgegeben[59].

Die äußere Erscheinungsform dieser Druckschriften ist sehr unterschiedlich[60]. Es begegnen umfangreiche, gebundene Broschüren im Quartformat, die oft mit einem farbigen Einband und Vignetten im Titelblatt oder auf der ersten Textseite und Zierstücken am Ende des Textes versehen sind. Bei manchen Exemplaren wurde im Titel neben dem üblichen Schwarz auch rote·Druckfarbe für einzelne Worte verwendet. In dieser Form wurden meist offizielle Erklärungen und Stellungnahmen, Kriegsmanifeste und Rechtsabhandlungen veröffentlicht.

Daneben finden sich weitgehend schmucklose Ein- oder Mehrbogendrucke in Octav oder Kleinoctav. Diese Drucke waren in der Regel ungebunden, meist sind die einzelnen Bögen entweder nur durch eine schmale Schnur befestigt oder einfach ineinander gelegt. Vielfach fehlt auch ein besonderer Einband; häufig ist die erste Seite unbedruckt gelassen und dient als Deckblatt. In dieser Gestalt begegnen fast alle anonym veröffentlichten Flugschriften, aber auch Kriegsberichte und Sonderdrucke aus Zeitungen. Preußen bevorzugte dieses handlichere Octavformat auch für kürzere Deklarationen und Legitimationsschriften.

Weniger umfangreiche Schriften wurden häufig ebenso im Quartformat gedruckt. Sie sind geringfügig verziert und ohne Einband oder Deckblatt versehen, zusammengehalten durch eine Schnur oder einfach als lose Druckbögen gefaltet und hintereinandergelegt. Vor allem Reskripte an die Gesandtschaften wurden so der Allgemeinheit im Druck zugänglich gemacht.

Oft finden sich auch verschiedene Druckfassungen derselben Schriften, zum Teil auch in unterschiedlichen Formaten. Mitunter sind die Drucke so umfangreich, daß Beilagen in einer gesonderten Fassung beigegeben wurden[61].

---

58 Als prägnantes Beispiel sei hier auf die eigenmächtige Veröffentlichung der *Raisons qui prouvent évidemment* durch einen preußischen Diplomaten verwiesen, der dafür einen nachhaltigen Tadel erhielt, vgl. Kapitel V.1.b).

59 Auf Beispiele für unseren Zeitraum wird im folgenden einzugehen sein, vgl. die Kapitel V.2. und V.3.

60 Im Anhang zum Quellen- und Literaturverzeichnis der vorliegenden Studie sind die einzelnen von uns behandelten Schriften inklusive des Fundortnachweises aufgeführt. Da unser Interesse jedoch nicht den druckspezifischen Besonderheiten der betreffenden Publikationen gilt, sondern sich deren Inhalten vor dem politischen Hintergrund ihrer Entstehung widmet, folgen wir in diesem Schriftenverzeichnis nicht den bibliographischen Kriterien, wie sie Weismann für die Verzeichnung frühneuzeitlicher Druckschriften empfohlen hat, vgl. *Ch. Weismann* 465 ff. Da die betreffenden Sammlungen zeitgenössisch angelegt wurden, vgl. Kapitel I.1. und I.3., ist anzunehmen, daß auch die oben beschriebene Bindung zeitgenössisch ist.

61 Zitiert werden die Schriften soweit möglich nach Kosers neuerer Edition oder nach den Originaldrucken. Bei den Originalausgaben geschieht die Zitation nach der meist enthaltenen Paginierung; für die Originalpaginierung verwenden wir dabei die Abkürzung „p.". Sind Beilagen in der Schrift enthalten, so erscheinen sie oft in einer anderen Lettertype und sind in

Die historische Forschung hat sich selten und auch nur am Rande mit den Veröffentlichungsformen befaßt. Johann Gustav Droysen hat gemeint, die österreichische Publizistik habe sich, anders als die preußische, auf Presseberichte und auf gedruckte Reskripte konzentriert[62]. Letztere nannte er „Pamphlete in Form von Noten"[63] und warf damit dem Wiener Hof zumindest andeutungsweise vor, ein diplomatisches Medium zu Propagandazwecken mißbraucht zu haben.

Tatsächlich bevorzugte der Wiener Hof – vor allem zu Beginn der verschiedenen Auseinandersetzungen mit Preußen – diplomatisch ausgerichtete Schriften als erste öffentliche Reaktion[64]. Wie zu zeigen sein wird, ist dies wahrscheinlich darin begründet, daß Preußen in unserem Zeitraum stets den Krieg – und damit auch die publizistische Auseinandersetzung eröffnete, während Österreich sich in der Defensive befand. Insgesamt aber läßt sich hinsichtlich der Wahl der Publikationsformen kein nennenswerter Unterschied zwischen Preußen und Österreich feststellen[65].

Auch Theodor Schieder hat aus der äußeren Form der Schriften entscheidend auf die propagandistische Absicht geschlossen; er widmete sich einem Vergleich der preußischen Publizistik zu den Kriegseröffnungen von 1740 und 1756. Er hat angenommen, daß Friedrich zu Beginn des Ersten Schlesischen Krieges nur geringes Interesse an einer öffentlichen Rechtfertigung gehabt habe, indem er nur eine nichtssagende Erklärung publiziert habe. Erst zwei Wochen später – zu spät, wie Schieder meint – habe er eine ausführlichere Kriegsbegründung veröffentlicht[66]. Im Unterschied dazu habe Friedrich im Jahre 1756 frühzeitig eine umfassende Rechtfertigungsschrift verfaßt und so unter Beweis gestellt, daß ihm sehr an einer

---

der Regel neu paginiert; die Paginierung der Texte beginnt meist ab der zweiten oder dritten Textseite, da über dem Texteingang meist eine kleine Vignette aufgenommen ist und für die Seitenzahl so im Satzspiegel kein Platz zur Verfügung stand. Vielfach sind in den Schriften einzelne Begriffe oder Textpassagen durch andere oder größere Lettern herausgehoben; auf solche Besonderheiten wird bei der Zitierung nicht gesondert hingewiesen.

[62] Vgl. *J. G. Droysen*, Zeitungen 8. Ähnlich Reinhold Koser, vgl. PStSch I, passim.

[63] Für diese Charakterisierung der österreichischen Publizistik übernahm er die zeitgenössische Beschreibung aus einer französischen Gesandtschaftsrelation, vgl. *J. G. Droysen*, Zeitungen 8.

[64] Vgl. hierzu im einzelnen die Kapitel IV.1.b) und IV.2.b). 1740 publizierte der Wiener Hof zwei Schreiben Maria Theresias an die europäischen Garanten der Pragmatischen Sanktion und an die Reichsstände; 1744 verbreitete Österreich die eigene Antwortnote auf die preußische Erklärung. In beiden Fällen weisen die österreichischen Quellen aus, daß man bewußt auf ein Gegenmanifest verzichtet habe, geben allerdings keine Gründe dafür an.

[65] Denn nach den uns vorliegenden – und dieser Untersuchung zugrundegelegten – Staatsschriften publizierte Preußen annähernd ebensoviele genuin diplomatische Schriften wie Österreich, vgl. hierzu das Schriftenverzeichnis unserer Studie.

[66] Vgl. *Th. Schieder*, Friedrich 119 ff. Er bezieht sich dabei auf die am 13. Dezember 1740 veröffentlichte *Declaration* und das am 31. Dezember an die preußischen Diplomaten versandte *Mémoire sur les raisons*, vgl. hierzu im einzelnen Kapitel IV.1.a) dieser Studie; dort auch zur inhaltlichen Interpretation Schieders insgesamt.

positiven öffentlichen Beurteilung gelegen war[67]. Schieder übersieht jedoch, daß sich das preußische Vorgehen von 1740 – weder hinsichtlich der Aussagekraft der ersten öffentlichen Erklärung noch hinsichtlich des Veröffentlichungszeitpunktes der ausführlicheren Kriegsbegründung – von demjenigen im Jahre 1756 unterscheidet, denn auch zu Beginn des Siebenjährigen Krieges erschien zunächst eine schlichte Erklärung, und erst zwei Wochen später folgte die ausführlichere Legitimationsschrift[68].

Wir können zwar das propagandistische Verfahren zu Beginn des Siebenjährigen Krieges nicht eingehend behandeln, doch bietet ein überblicksartiger Vergleich der formalen preußischen und österreichischen Vorgehensweise zu Beginn der drei Auseinandersetzungen um Schlesien wichtige Anhaltspunkte[69]:

Begleitend zu den preußischen Kriegseröffnungen von 1740 und 1756 ergingen zunächst bündig und kurz gehaltene Erklärungen, flankiert von nicht wesentlich ausführlicheren diplomatischen Erläuterungen, die gleichfalls oft gedruckt verbreitet wurden. Im Jahre 1744 war diese erste öffentliche Begründung zur Eröffnung der Feindseligkeiten vom Umfang her länger, jedoch nicht wesentlich aussagekräftiger; im Unterschied zu den beiden anderen war sie auch nicht als *Déclaration*, sondern als *Exposé des motifs* betitelt.

Der Natur der Sache nach bestanden die ersten offiziellen Verlautbarungen aus schlichten Ankündigungen der betreffenden Maßnahmen und deren Ursachen, nur im Zweiten Schlesischen Krieg geschah dies schon zu Kriegsbeginn ausführlicher und wurde zudem durch eine anonyme Schrift ergänzt[70]. Diese Kundgebungen bezeichnete Preußen in der Öffentlichkeit bewußt nicht als Kriegsmanifeste, obwohl die Entwürfe der betreffenden Schriften zum Teil diesen Titel führten[71]. Diese Bezeichnung wäre im Sprachgebrauch der Zeit wohl als Kriegsankündigung verstan-

---

67 Vgl. *Th. Schieder*, Friedrich 119 ff. Schieder bezieht sich hier auf das Anfang September 1756 publizierte *Exposé des motifs*, an dessen Entwürfen der König schon mehrere Wochen vor der Eröffnung der Feindseligkeiten, die am 31. August erfolgte, gearbeitet hatte, vgl. hierzu PStSch III 141 ff. Irritierend wirkt in diesem Zusammenhang Schieders Einschätzung, daß diese Schrift in ihren verschiedenen Entwürfen „das für die *innere Verfassung* des Königs vor Ausbruch des Siebenjährigen Krieges aufschlußreichste Dokument" darstelle, vgl. *Th. Schieder*, Friedrich 120 [Hervorhebung S. M.].

68 Vgl. hierzu grundlegend PStSch III 110 ff.

69 Zum Nachweis der im folgenden angeführten Publikationen sei einerseits auf die entsprechenden Kapitel der vorliegenden Studie, zum anderen auf den dritten Band der „Preussischen Staatsschriften" verwiesen, vgl. Kapitel IV.1. und IV.2.; PStSch III, passim. Zu den im folgenden genannten Staatsschrifttypen vgl. die bereits erwähnte Klassifikation Kosers, PStSch I, VIff.

70 Gemeint sind hier das *Exposé des motifs* von 1744 (unter demselben Titel veröffentlichte Preußen im Jahre 1756 die umfangreichere Legitimationsschrift gegen Österreich und Sachsen) und die anonymen *Remarques d'un bon Patriote*, vgl. hierzu Kapitel IV.2.a).

71 So die eigenhändigen Entwürfe des preußischen Königs für das *Exposé des motifs* von 1744 und 1756, vgl. PStSch I 450 und PStSch III 150.

den worden[72]; Preußen vermied diesen formalen Rechtsakt, indem es einen neutralen und erläuternden Schrifttyp für seine Kriegsbegründungen wählte. Auch in den anschließenden Publikationen bestand Preußen stets darauf, daß es keine Kriegserklärung ausgesprochen habe – ebenso nachdrücklich versuchte Österreich das Gegenteil nachzuweisen[73]. Die äußere Form ist also mitbestimmend für die inhaltliche Interpretation.

Kurz nach den ersten Schriften zum Kriegsbeginn ließ Preußen nähere Begründungen zum Beweis seiner Legitimationsbehauptungen folgen. Preußen begleitete also die Kriegseröffnung mit formal und inhaltlich aufeinander abgestimmten Publikationen und folgte damit einer vermutlich üblichen publizistischen Vorgehensweise, die in unserem Zeitraum auch Bayern und Sachsen bei der Eröffnung der Feindseligkeiten einsetzten[74].

Österreich verfuhr grundsätzlich ähnlich; nach oder in Verbindung mit seinen diplomatisch orientierten öffentlichen Reaktionen auf die ersten preußischen Kundgebungen versuchte auch der Wiener Hof, die eigene Argumentation in Folgepublikationen zu erhärten. Dies erfolgte beiderseits entweder durch meist umfangreiche juristische oder historisch-politische Abhandlungen oder durch die Publikation von angeblich authentischen Dokumenten. Sowohl auf die ersten Erklärungen als auch auf diese erläuternden und vertiefenden Schriften wurde in späteren Veröffentlichungen regelmäßig verwiesen; sie wurden – ungeachtet ihres mitunter abweichenden Inhalts zu den anschließenden Verlautbarungen – zu Fixpunkten der eigenen Legitimation erklärt[75].

---

[72] Vgl. hierzu PStSch I, VI; sowie *R. Koser*, Friedrich II 406. Daß wir hier nicht von einem ausschließlichen Verständnis als Kriegserklärung ausgehen, gründet sich auf den zeitgenössischen lexikalischen Auskünften bei *J. G. Zedler*, XIX 966 und *A. Furetière* III (ohne Paginierung), die beide einen zweifachen Bedeutungsinhalt angeben, und zwar sowohl als Kriegserklärung als auch als öffentliche Erklärung im allgemeinen.

[73] Auf die konkreten Beispiele hierfür wird im folgenden noch einzugehen sein, vgl. Kapitel IV.1. und IV.2. sowie V.1. dieser Studie.

[74] Vgl. zum publizistischen Vorgehen Bayerns und Sachsens im Jahre 1741, auf das wir in unserem Zusammenhang nicht näher eingehen werden, *Th. Thelen* 161 ff. Es ist allerdings darauf hinzuweisen, daß Bayern und Sachsen ihre allgemeinen Ankündigungen als Manifeste betitelten, was Preußen ausdrücklich vermied.
Hierbei von einem publizistischen Schema zu sprechen, verbietet die allzu geringe Quellengrundlage, da wir nur einen Zeitraum von wenigen Jahren übersehen; es scheint aber vielversprechend zu sein, die publizistischen Vorgänge bei anderen Kriegsanfängen in der frühen Neuzeit in formaler Hinsicht zu vergleichen. Dadurch wäre dann auch die Frage zu beantworten, ob Preußen unter Friedrich dem Großen eine „Sonderrolle" hinsichtlich der legitimatorischen Begleitung von Kriegseröffnungen zukommt.

[75] Zu den zahlreichen Verweisen auf frühere, grundlegende Schriften, vgl. beispielsweise für die Rechtsfrage im Ersten Schlesischen Krieg Kapitel V.1.a) dieser Studie; für die reichspolitische Legitimation Preußens im Zweiten Schlesischen Krieg Kapitel IV 2.a); für den Siebenjährigen Krieg, PStSch III, passim.
Diese Wandlungen der Legitimationsargumentation sind für die inhaltliche Interpretation von Bedeutung; soweit zu sehen, hat sich die historische Forschung bei der Beschreibung der Legitimationen auf die ersten Veröffentlichungen konzentriert, ohne die nachfolgenden

In den preußisch-österreichischen Auseinandersetzungen sind diese propagandistischen Debatten, die sich im Anschluß an die Kriegseröffnung entwickelten, formal und inhaltlich die wichtigsten. Diese Schriften erlebten den weitesten Verbreitungsradius, die meisten Auflagen und enthielten die politisch prägenden Inhalte[76].

In diesen und in den folgenden oder vorausgehenden Auseinandersetzungen bedienten sich Preußen wie Österreich grundsätzlich aller zur Verfügung stehenden Propagandamittel; abgestimmt auf das Thema, die Adressaten und den Anlaß wurden dabei offizielle und anonyme Schriften gleichermaßen eingesetzt. Die amtlichen Publikationen der Kriegsgegner beanspruchten, den Leser wahrheitsgemäß über die Sachlage und über die eigenen Motive zu informieren. Aufgrund des internen Charakters galt dies in besonderer Weise für gedruckte Reskripte und für die Veröffentlichung von – meist gegnerischen – Aktenstücken. Ebenso gaben die Rechtsabhandlungen an, auf unbestreitbaren Dokumenten und korrekter juristischer Auslegung zu beruhen. Authentische Informationen versprachen auch Nachrichtenblätter und Zeitungsberichte, die Meldungen über militärische oder politisch wichtige Vorgänge verbreiteten. Dagegen schienen anonyme Veröffentlichungen in Briefform ein Meinungsbild des Publikums zu liefern, indem sie entweder Tagesereignisse oder andere Schriften kommentierten.

Meist orientierte sich die Antwort auf eine publizistische Maßnahme des Gegners an dessen Vorgaben; sie war an dieselben Adressaten gerichtet oder erschien in derselben Form. Es lassen sich daher bestimmte Debattentypen umreißen, die sich manchmal aus mehreren Generationen von Antworten und Gegenantworten zusammensetzten[77]. Diese Debatten sind jedoch stets an die politische Aktualität ihres Anlasses gebunden und ebben mit zunehmender zeitlicher Entfernung zu den Ereignissen ab.

Die Entstehung – vom Auftrag bis zur Druckvorlage – und die Verbreitung dieser Staatsschriften hat Reinhold Koser in der genannten Edition für die preußische Seite bis ins Detail nachgezeichnet, wo die Aktenlage dies zuließ. Eine entsprechende Quellendichte steht für die österreichische Seite nicht zur Verfügung; nur in Einzelfällen enthalten die Wiener ministeriellen und diplomatischen Akten Hinweise über die Verfasser, über Nachdrucke und Inserierung in Zeitungen[78]. Das

---

Publikationen und deren – zum Teil abweichende – Aussagen zu verfolgen; zum Nachweis dieser These vgl. insbesondere die Kapitel IV.2.a) und V.1.a) dieser Studie.

76 Die entsprechenden Nachweise werden an gegebener Stelle geliefert, vgl. Kapitel IV. und V.

77 Das prägnanteste Beispiel dürfte die Debatte um die schlesische Rechtsfrage sein, vgl. hierzu Kapitel V.1.a). Ebenso in den preußisch-österreichischen Auseinandersetzungen mittels Zeitungsartikeln, Reskripten und Patenten. Ähnlich verliefen auch die publizistischen Debatten um die österreichische Erbfolgefrage, vgl. hierzu *Th. Thelen*, passim.

78 Vgl. die Auflistung der eingesehenen Akten im Archivalienverzeichnis dieser Studie. Am ergiebigsten für unsere Fragestellung waren hier die Reihe ‚Vorträge‘ der Staatskanzleiakten sowie verschiedene diplomatische Korrespondenzen. Vgl. auch die betreffenden

mag zum einen an der weniger konzentrischen österreichischen Staatsleitung liegen – zum anderen ist es wahrscheinlich durch die Kriegswirren und durch die Umstrukturierung der Verwaltung bedingt[79].

Über die Wiener Verfahrensweise bei der Erstellung propagandistischer Schriften lassen sich daher keine ähnlich präzisen Angaben machen, wie sie Reinhold Koser mit der Beschreibung der Zuständigkeiten von Überarbeitungen, Reinschriften und Übersetzungen im preußischen Kabinett bieten konnte[80]. Dennoch gestatten die wenigen einschlägigen Bemerkungen in den österreichischen Akten die Feststellung, daß dort ebenso wie in Preußen die öffentliche Politikvertretung zu den Aufgaben der obersten Staatsleitung gehörte und ähnlich zentral organisiert war. Auf Befehl oder aber mit der ausdrücklichen Genehmigung der Regierenden wurden hier die staatlichen Publikationen entworfen, korrigiert und für den Druck vorbereitet. In Preußen erfolgte dies im wesentlichen aufgrund der Initiativen des Königs selbst oder des leitenden Ministers Podewils; in Wien wurde über eine geplante Veröffentlichung zunächst in der Staatskonferenz beraten und diese anschließend von der Königin genehmigt[81].

Mitunter ging die Initiative für eine amtliche Veröffentlichung auch von Privatleuten aus, die sich mit Vorschlägen oder Entwürfen an staatliche Vertreter wandten[82]. In Einzelfällen betätigten sich die Diplomaten auch selbständig als staatliche Publizisten oder richteten entsprechende Anregungen an ihre Kabinette; für Österreich ist hier vor allem der Gesandte in den Generalstaaten, Baron Reischach[83], zu

---

Hinweise zu Konzeption und Leitung der österreichischen Propaganda im vorangegangenen Kapitel.

[79] So beklagte die österreichische Staatskonferenz im Jahre 1744, daß die erforderlichen Akten zu einer umfassenden und mit Beweisen angereicherten Beantwortung der französischen Kriegserklärung nicht verfügbar seien, denn entsprechende Unterlagen seien in den zwei Jahren nach Karls VI. Tod nicht in die Registratur gelangt, vgl. Referat [undatiert; Anfang Mai 1744], HHStA, StK Vorträge 54, Konvolut „1744 s. d.", fol. 91-94', hier 93 f. Die Mitarbeiter der österreichischen Staatskanzlei arbeiteten zudem unter beengten räumlichen Verhältnissen, vgl. hierzu G. *Klingenstein*, Institutionelle Aspekte.

[80] Vgl. PStSch I, XXIff.

[81] Vgl. hierzu die entsprechenden Nachweise im vorangegangenen Kapitel.

[82] Einige Beispiele für private Schriften, die unaufgefordert an das preußische Kabinett eingereicht wurden, sind von Reinhold Koser zusammengestellt worden, vgl. PStSch I 289 f. Der österreichische Gesandte im Haag, Baron von Reischach, berichtet am 6. Juli 1744, daß ein privater Verfasser sich an ihn mit der Bitte gewandt habe, die von ihm verfaßte anonyme Druckschrift, die für das habsburgische Interesse Stellung nehme, nach Wien einzusenden; Reischach schlägt vor, dem betreffenden Autor eine Donation von 12 Dukaten zukommen zu lassen, vgl. Reischach an Ulfeld, 6. Juli 1744, HHStA, StK Holland 46, o. fol. Eine Gratifikation für entsprechende Dienste zu verlangen, scheint üblich gewesen zu sein; auch der sachsen-weimarische Gesandte erwartete dies, vgl. die in Anm. 92 zitierten Berichte Palms aus dem Januar 1741.

[83] Judas Thaddäus von Reischach (1696-1782), vgl. C. v. *Wurzbach* XXV 242 f. sowie Repertorium II 72. Reischachs publizistische Tätigkeit ist in diesen beiden Werken nicht erwähnt und scheint auch in der historischen Forschung bislang noch nicht näher behandelt zu

nennen, der sowohl Druckschriften herausgab als auch im Auftrag der Staatskanzlei entsprechende Texte konzipierte und sie zur Korrektur nach Wien sandte; dabei
verfuhr er offensichtlich eigenveranwortlich, wenn auch mit Zustimmung des Wiener Kabinetts[84].

Auch in Preußen waren einzelne Diplomaten ermächtigt, selbständig zu publizieren, allerdings gleichfalls in grundsätzlicher Absprache mit dem Ministerium;
dies gilt vor allem für den preußischen Vertreter am Reichstag, Pollmann[85].

Doch in der Regel waren bestimmte, in publizistischen Belangen erfahrene Mitarbeiter der Kabinette die Verfasser staatlicher Publikationen. Hier lassen sich für
Preußen ebenso wie für Österreich – wenigstens im Groben – sachliche Zuständigkeiten unterscheiden: Manifeste und Erklärungen allgemein-legitimatorischen Inhalts verfaßten in Preußen meist der leitende Kabinettsminister Podewils oder der
König selbst; auf österreichischer Seite wurde hiermit meist Bartenstein betraut.
Die Entwürfe von Reskripten besorgte im preußischen Kabinettsministerium vielfach der Geheimrat Vockerodt[86], in Österreich war hierfür wiederum Bartenstein
zuständig[87]. Für Propagandatexte in Reichs- und Rechtsangelegenheiten beauf-

---

sein. Vereinzelte Bemerkungen hierzu finden sich neuestens bei A. *Gestrich* 309; hier allerdings mit der irrtümlichen Angabe, daß Reischach zu Beginn der vierziger Jahre als kaiserlicher Vertreter im Haag fungiert und eine ebenfalls kaiserliche Schrift verbreitet habe. Gemeint ist allerdings eine österreichische Publikation aus dem Jahre 1742 zur Auseinandersetzung um das böhmische Votum, die unter dem Titel *Acten=maeßiger Unterricht* – zudem in
insgesamt weit höherer Auflage als von Gestrich angenommen – verbreitet wurde, vgl. A.
Gestrich 198: Reischach erhielt nämlich wie alle übrigen österreichischen Gesandten im Februar 1742 einige Exemplare der deutschen Fassung dieser Schrift und sollte sie erstens ins
Französische übersetzen lassen und zweitens für ihre Bekanntgabe durch die Zeitungen sorgen; angekündigt wurde ihm zusätzlich eine in Wien demnächst erstellte lateinische Ausgabe
des *Acten=maeßigen Unterrichts*, vgl. Weisung an Reischach vom 11. Februar 1742, HHStA,
StA Holland 86, fol. 78.

[84] So berichten Reischach selbst und der österreichische Resident im Haag mehrfach, daß
sie Publikationen veranlaßt hätten, vgl. beispielsweise Aremberg an Ulfeld, 17. August 1742,
HHStA, StK Holland 43, Konvolut „Reischach an Ulfeld", fol. 226 [Beilage fehlt]. Als Beleg
für die rege Verfassertätigkeit Reischachs – auf die noch zurückzukommen sein wird – sei
hier auf eine Weisung an ihn aus dem Jahre 1742 verwiesen: Reischach wird befohlen, die
ihm aufgetragene Arbeit gegen Preußen in Ruhe zu vollenden und nach Wien einzusenden,
vgl. Weisung an Wasner und Reischach, 20. Juni 1742, ebenda 86, fol. 175-177'.
Reischach genoß offensichtlich beträchtlichen Freiraum in publizistischen Dingen, wie
eine Weisung aus dem folgenden Jahr zeigt: Der Baron möge nicht zögern, den Verlautbarungen des französischen Gesandten im Haag öffentlich entgegenzutreten und die betreffende
Schrift einsenden, vgl. Weisung an Reischach, 18. März 1743, ebenda 87, Konvolut „Weisungen 1743", fol. 17-18'. Auch Reinhold Koser berichtet nach den preußischen Akten über eine
österreichische „Staatsschriftentrafik" im Haag, vgl. PStSch I 332, Anm.1.

[85] Adam Heinrich von Pollmann (1696-1753), vgl. zu ihm und seinem publizistischen
Wirken PStSch I, XXXI. Ebenso wie Pollmann wurde der preußische Gesandte in England
aufgefordert, österreichischen Veröffentlichungen entgegenzutreten, vgl. PStSch I 75.

[86] Johann Gotthilf Vockerodt (1693-1756), vgl. PStSch I, XXIVff. Vockerodt fertigte zusätzlich auch französische Übersetzungen an.

tragte man in Berlin meist den preußischen Staatsminister und Juristen Samuel von Cocceji[88]. In Wien versah diese Aufgabe zunächst ebenfalls Bartenstein; daneben scheinen der Hofrat von Kannegießer[89] sowie in zunehmendem Maße auch Bartensteins Schwiegersohn, der Reichshofrat von Knorr[90], und der Diplomat und Kabinettssekretär der Königin, Ignaz von Koch[91], mit juristischen Publikationen befaßt gewesen zu sein. Vielfach wurden von beiden Seiten auch Fachleute mit der Abfassung bestimmter Schriften betraut, sofern dafür eine besondere – meist juristische – Sachkenntnis erforderlich war[92].

---

[87] Bartenstein fertigte zwischen 1732 und 1753 fast alle ausgehenden Reskripte und Instruktionen für die Gesandten, vgl. *K. Müller* 35 f. Daneben stammen in unserem Zeitraum auch fast alle Vorlagen für die Königin aus seiner Feder, vgl. HHStA, StK Vorträge 50-58, passim.

[88] Samuel von Cocceji (1679-1755), vgl. ADB IV 373-376; NDB III 301 f., wo jedoch die publizistische Tätigkeit Coccejis nicht erwähnt, sondern vorwiegend seine justizreformerischen Leistungen im preußischen Staatsdienst behandelt werden.

[89] Hermann Lorenz Kannegießer (Lebensdaten unbekannt), vgl. *C. v. Wurzbach* X 443 f. Schon Wurzbach bemerkte, es sei ihm nicht gelungen, die Titel der von Kannegießer verfaßten Schriften zu ermitteln, und auch wir vermögen aus den österreichischen Akten für unseren Zeitraum keine konkreten Angaben zu machen. Offenbar entfaltete sich die propagandistische Tätigkeit Kannegießers erst zu Beginn des Siebenjährigen Krieges vollständig; aus dem Jahr 1757 liegt im Haus-, Hof- und Staatsarchiv ein Gratulationsschreiben wegen dessen bewährter „geschickten feder", das Friedrich von Binder am 5. Februar an Kannegießer richtete, nachdem dieser eine Publikation gegen Preußen verfaßt hatte, vgl. HHStA, Nl Kannegiesser 3, Konvolut „Schreiben an Kannegießer", o. fol.

[90] Georg Christian von Knorr (1691-1762), vgl. *C. v. Wurzbach* XII 172. Die erste Nachricht über Knorrs publizistisches Wirken für den Wiener Hof stammt aus dem Jahre 1743: Bartenstein bedankt sich für die königliche Gnade zugunsten seines Schwiegersohns und verspricht, diesen „zu dero allerhöchsten diensten und des publici nutzen abzurichten", Bartenstein an Maria Theresia, 17. November 1743, HHStA, StK Vorträge 53, fol. 94-96', hier 94. Erneut betont der Staatssekretär in seinen *Anmerckungen über den ehemaligen verlauff, und gegenwärtigen Stand der sachen in Europa*, daß er selbst gemeinsam mit Knorr die österreichische Gerechtsame derart öffentlich verfochten habe, „daß wir uns dessen nicht zu schämen haben", ebenda, fol. 87. Die konkrete Verfasserschaft Knorrs für bestimmte Veröffentlichungen kann indessen aus den österreichischen Akten nicht ermittelt werden; für eine Deduktion aus dem Jahre 1741 liegen diplomatische Berichte vor, die Knorr für den Autor halten, vgl. hierzu Kapitel V.1.a).

[91] Ignaz von Koch (1707-1763), vgl. *C. v. Wurzbach* XII 181-183; *M. Braubach*, Satire 416. Über die publizistische Tätigkeit Kochs sind gleichfalls nur unpräzise Nachrichten erhalten: Im Frühjahr 1744 klagt Bartenstein gegenüber Ulfeld, Koch habe sich „sehr dolirt, daß zu viel zum druck befördert würde", und werde zukünftig selbst „die feder in denen Reichs anliegenheiten zu führen belieben", Bartenstein an Ulfeld, 11. Mai 1744, HHStA, GC 400, Konvolut A, fol. 58 f.

[92] Das bekannteste Beispiel ist auf preußischer Seite der Hallesche Professor Ludewig, der die zentrale Deduktion brandenburgischer Rechtstitel auf Schlesien verfaßte, vgl. hierzu Kapitel IV.1.a) und V.1.a).
Die Österreicher bemühten sich gleichfalls um juristische Experten: So schlug der österreichische Reichstagsvertreter der Staatskanzlei vor, doch den Juristen und sachsen-weimarischen Gesandten Pogarell mit der Abfassung der Gegendeduktion gegen Preußen zu beauftragen, da dieser in Rechtsmaterien sehr kundig sei und auch schon das Geschick seiner Feder

Die meisten staatlichen Publikationen wurden auf diese Weise kabinettsintern erstellt; bei offiziellen und zentralen Verlautbarungen wurde in der Regel eine französische wie eine deutsche Originalfassung vorbereitet[93]. In manchen Fällen wurden im Ministerium auch zusätzliche Übersetzungen angefertigt, meist waren hierfür jedoch die jeweiligen Auslandsvertreter zuständig. Für bestimmte Adressaten, wie der breiten Bevölkerung Polens oder Ungarns, die der diplomatischen Verkehrssprache des Französischen oder des Deutschen nicht hinreichend mächtig waren, wurden einige Schriften in lateinischer Sprache verfaßt[94]. Daneben veröffentlichte Preußen oftmals Kurzfassungen der Originalversionen, die gleichfalls in französischer und deutscher Sprache erschienen; Österreich hingegen scheint diese Form der zusätzlichen Verbreitung bestimmter Inhalte in unserem Zeitraum nicht genutzt zu haben, stattdessen verbreitete der Wiener Hof gesonderte deutsche Übersetzungen von fremdsprachigen Beilagen, ohne jedoch den Gesamttext der Schrift hierbei erneut zu publizieren[95].

Ebenso wie die Anfertigung eines propagandistischen Textes erfolgte meist auch der Druck an zentraler Stelle. Bei offiziellen Publikationen besorgten die amtlich privilegierten Druckereien die Vervielfältigung[96]; mitunter wandten sich auch kommerziell orientierte Buchhändler mit der Bitte um eine Nachdruckerlaubnis an die staatlich Verantwortlichen[97]. Anonym erscheinende Schriften wurden vorzugs-

---

unter Beweis gestellt habe, vgl. die Berichte Palms vom 13. und 17. Januar, HHStA, StK Regensburg öst. Gesandtschaft 89, Konvolut „Berichte 1741 I", fol. 97-122 und 209-238'. Der Frankfurter Jurist Heinrich Christian Senckenberg trat vielfach mit rechtstheoretischen Schriften im Interesse Maria Theresias (hier vornehmlich gegen die bayerischen Ansprüche) an die Öffentlichkeit und wurde als Anerkennung für dieses publizistische Wirken 1745 zum Reichshofrat ernannt, vgl. *Th. Thelen* 179 ff.; PStSch I 519.

[93] Entsprechend begegnen im Schriftenverzeichnis dieser Studie meist ein deutscher wie französischer Titel der wichtigsten Schriften; inhaltlich sind diese Sprachversionen in aller Regel identisch, auf eine bemerkenswerte Ausnahme auf preußischer Seite wird in Kapitel V.3.a) eingegangen.

[94] So im Falle der preußischen *Catholica Religio in tuto*, die sich vornehmlich an Polen richtete, oder der preußischen Patente an die ungarische Bevölkerung im Sommer 1744, vgl. PStSch I 472 ff. Darüber hinaus trugen die Verantwortlichen Sorge, auch die in den Originalversionen in französisch oder deutsch erschienenen Schriften ins Lateinische übersetzen zu lassen, vgl. hierzu ebenda, passim.

[95] Für Einzelbeispiele auf preußischer Seite – wie in der publizistischen Auseinandersetzung um die schlesische Rechtsfrage – vgl. Kapitel V.1.a) dieser Studie. Für die separaten Beilagenübersetzungen, die der Wiener Hof vermutlich zur Bekanntmachung im Reich veröffentlichte, vgl. Kapitel IV.2.b).

[96] In Preußen ist dies der Hofbuchdrucker Gäbert, vgl. PStSch I 98; in Wien Johann Peter van Ghelen; vgl. *A. Mayer* II 19 f.

[97] Der Frankfurter Buchhändler Eßlinger wandte sich am 22. August 1744 an den österreichischen Reichstagsgesandten Palm und bat ihn, ihm umgehend je ein Exemplar der erwarteten Gegenerklärung des Wiener Hofes gegen die preußische *Exposé* und des österreichischen Zirkularreskripts vom 21. August nach Frankfurt zu senden, damit er es vor Ort bekannt machen könne, vgl. Bericht Palms vom 25. August 1744, HHStA, StK Regensburg öst. Gesandtschaft 108, fol. 168-185, hier 171' (fol. 185: Beilage Nr. 4, Abschrift von Eßlingers

weise bei auswärtigen Druckereien und im tiefsten Geheimnis gedruckt[98] – gleich-falls galt dies bei publizistischen Vorbereitungen für eine überraschende Maß-nahme.

Die Auflagenhöhe der einzelnen Schriften ist unterschiedlich. Koser hat präzise Angaben für die preußischen Publikationen zusammengestellt. Wiederum sind wir nicht in der Lage, vergleichbare österreichische Quellen beizubringen, doch ist an-zunehmen, daß die Zahlen nicht entscheidend voneinander abweichen und daß in der Regel eine Erstauflage von einhundert bis dreihundert Exemplaren gedruckt wurde[99]. Bei dieser Mengenangabe ist zu berücksichtigen, daß sie die zahlreichen autorisierten und unautorisierten Nachdrucke, Übersetzungen und Kurzausgaben sowie die Abdrucke in Zeitungen und Sammelwerken nicht erfaßt; insgesamt wur-den von den meisten Schriften wohl mehrere tausend Exemplare gedruckt[100].

Die wichtigsten Verteiler für diese Erzeugnisse waren die diplomatischen Vertre-tungen. Den Gesandtschaften wurden – je nach Bedeutung des Staates, bei dem die Gesandten akkreditiert waren, und den jeweiligem Adressaten der Schrift – entwe-der einige wenige oder ganze Pakete mit gedruckten Exemplaren oder die zum Druck vorbereiteten Reinschriften zugesandt[101]. Manchmal folgte auch eine Nach-lieferung, meist jedoch waren die Gesandten selbst für eine entsprechende Verviel-fältigung zuständig; sie sorgten für die Bekanntmachung vor Ort, indem sie die Druckexemplare oder Abschriften davon verteilten, Nachdrucke auflegen ließen, Übersetzungen in die Landessprache entweder selbst vornahmen oder anfertigen ließen; zusätzlich waren die Gesandten angewiesen, für den Abdruck der betreffen-den Schriften in ortsansässigen Zeitungen zu sorgen.

Schreiben). Derselbe Buchhändler bat – wie zahlreiche andere – nach Kosers Angaben im Jahre 1756 auch das preußische Kabinettsministerium um die Erlaubnis, alle offiziellen Staatsschriften nachdrucken zu dürfen, vgl. PStSch I, XXXV Anm. 2.

[98] Einschlägige Beispiele für die preußische Verfahrensweise nennt Koser an zahlreichen Stellen, vgl. PStSch I, passim. Für die österreichische Seite fehlen uns entsprechende Anga-ben, da die Akten des Hofkammerarchivs, die eventuell über Druckbefehle und -vorgänge im einzelnen hätten Auskunft bieten können, wegen des unverhältnismäßig hohen Arbeitsauf-wandes nicht haben eingesehen werden können. Die Literatur verrät hierzu nichts, vgl. A. Mayer II 19 f.; H. Cloeter.

[99] Vgl. PStSch I, passim.

[100] So berichtet der österreichische Reichstagsgesandte am 11. Juli 1744, er habe „dem in dergleichen fällen üblichen herkommen gemäß" etwa dreihundert Exemplare an die Gesand-ten ausgeteilt, vgl. Bericht Palms, HHStA, StK Regensburg öst. Gesandtschaft 107, fol. 187-230, hier 107 f.

[101] Vgl. PStSch I, passim. Konkrete Zahlenangaben sind in den österreichischen diploma-tischen Korrespondenzen selten, meist bestätigen die Gesandten lediglich den Erhalt der Ex-emplare und beziffern deren Menge nur, wenn es sich um wenige handelt. Theodor Thelen hat hierzu – allerdings für die bayerische Seite – eine bemerkenswerte Zahlenangabe ermit-telt: Im August 1741 erhielten alle diplomatischen Vertreter Karl Albrechts je 50 Drucke zweier wichtiger bayerischer Deduktionen, vgl. Th. Thelen 165.

Die Gesandtschaften waren informelle Zentren für publizistische Belange; sie verbreiteten nicht nur die Veröffentlichungen des eigenen Hofes, sondern beobachteten vor allem auch die publizistische Tätigkeit der Gegner; sie sandten Neuerscheinungen an ihre Kabinette und sammelten Informationen zu Ursprung und Verfasser. Dabei wurden entsprechende Verlautbarungen nicht nur dann berücksichtigt, wenn sie als offizielle Kundgebungen gewissermaßen zum genuinen staatlichen Auftreten gehörten; auch – scheinbar oder tatsächlich – von privater Seite stammende Publikationen wurden eingesandt[102].

Zusätzlich wurden die staatlichen Veröffentlichungen auch von sonstigen Amtsträgern und Militärs verbreitet; so erinnert Bartenstein die Königin daran, daß man dem böhmischen Kanzler Graf Kinsky 50 Exemplare einer gegen Bayern gerichteten Schrift „zu deren ausbreitung in Böhmen zusenden möge"[103]; auch auf preußischer Seite wurden offizielle Publikationen oft den Armeeeinheiten mitgegeben, damit diese sie unter der Bevölkerung verteilten[104].

Grundsätzlich waren die europäischen Staaten an einer weitestmöglichen Verbreitung ihrer Erzeugnisse interessiert. Wenn jedoch die staatliche Urheberschaft verborgen bleiben sollte, wurden die Gesandten nur in Ausnahmefällen mit der Verbreitung betraut; in solchen Fällen bedienten sich die Regierenden entweder vertrauenswürdiger Kaufleute und Agenten, die die entsprechenden Drucke heimlich im Gepäck führen konnten, oder sie täuschten eine private Postsendung „unter ein fremdes Couvert" vor[105].

Zusammenfassend ist festzuhalten, daß staatliche Propaganda in unserem Zeitraum sowohl in Preußen wie in Österreich als gezielter Versuch einer politischen Einflußnahme gründlich geplant, vorbereitet und eingesetzt wird.

---

[102] In den jeweiligen diplomatischen Akten findet sich eine solche Vielzahl an Belegstellen hierzu, daß auf eine Nennung hier verzichtet wird. So verfügen wir nur aufgrund der Mitteilungen der preußischen Diplomaten in Wien über Hinweise auf den vermutlich österreichischen Ursprung einer anonymen Publikation Anfang 1746, der *Politischen Historie der Staatsfehler*, vgl. *J. G. Droysen*, Dresdner Frieden 512 ff. Die österreichischen Akten enthalten hierzu keine Informationen.

[103] Bartenstein an Maria Theresia, 19. November 1741, HHStA, StK Vorträge 52, Konvolut „1741 VII-XII", fol. 97.

[104] Vgl. PStSch I, passim. So erzählte Friedrich selbst in der *Histoire de mon temps*, die preußische Armee habe beim Einmarsch in Schlesien 1740 erläuternde Schriften verbreitet, vgl. Œuvres II 59. Die Angabe des Königs, es habe sich dabei um Deduktionen der preußischen Rechte gehandelt, ist indessen falsch, da die erste Rechtsabhandlung erst einige Wochen später fertiggestellt und veröffentlicht wurde, vgl. hierzu allgemein Kapitel IV.1. dieser Studie.

[105] Podewils an Ilgen, 19. August 1744, vgl. PStSch I 436. Für die österreichische Seite sind diese geheimen Verbreitungswege aus den vorhandenen Akten nicht vollständig zu rekonstruieren.

III. Die inhaltlichen Gemeinsamkeiten
staatlicher Propagandaschriften

1. Die wichtigsten Topoi

Staatliche Propaganda dient nicht allein der sachlogischen öffentlichen Vertretung der eigenen Politik in bestimmten Konfliktsituationen. Die von uns untersuchten Propagandaschriften sind vor allem darum bemüht, eine logisch zwingende und zugleich eindeutig wertende Darstellung der behandelten politischen Vorgänge und ihrer Motive zu liefern. Sie beschränken sich daher nicht auf die Schilderung der Sachlage oder den Austausch von Argumenten, sondern weisen darüber hinaus inhaltliche Gemeinsamkeiten auf, die jenseits ihres eigentlichen Gegenstandes liegen; sie enthalten begleitende und nicht begründete Wertungen und Charakterisierungen, die wir als Topoi bezeichnen. Damit werden sowohl Wesen und Absichten der eigenen Seite beschrieben als auch die des Gegners – meist entsprechend negativ – gekennzeichnet[1].

Diese Topoi decken ein weites Feld ab. Sie reichen von schlichten moralischen Kategorien bis zu konkreten politischen Zielvorgaben; unter Bezug auf einen ungeschriebenen Verhaltenskodex postulieren sie ein bestimmtes Verständnis von Herrschaft und des zwischenstaatlichen Verkehrs ebenso wie sie sich als Ziele der eigenen Politik auf das Gleichgewicht und den Frieden Europas, die Reichsverfassung, den Reichspatriotismus und die Abwehr des Despotismus berufen. Da die Topoi auf diese Weise abstrakte und konkrete Leitideen beschreiben, sind sie wichtige Indizien zur Ermittlung der herrschenden politisch-moralischen Normen[2].

Solche Leitideen sind in der historischen Forschung bereits verschiedentlich behandelt worden, allerdings meist unter Nichtbeachtung publizistischer Quellen[3]. Friedrich Meinecke hat gemeint, daß es in der europäischen Politik in der Mitte des achtzehnten Jahrhunderts „niemals in der Tat, weder vorher noch nachher, [...]

---

[1] Vgl. *K. Repgen,* Kriegslegitimationen 80, der feststellte, daß in frühneuzeitlichen Kriegsmanifesten „ausschließlich mit Schwarz und Weiß gemalt worden ist". Dies gilt, soweit zu sehen ist, auch für alle sonstigen staatlichen Propagandaschriften. Auf gelegentliche Ausnahmen in den von uns behandelten Staatsschriften hinsichtlich der Person des gegnerischen Herrschers und dessen Gesinnung werden wir unten zu sprechen kommen.

[2] Vgl. hierzu grundlegend die einführenden Bemerkungen bei *F. Bosbach*, Monarchia universalis. Ebenso *K. Repgen*, Kriegslegitimationen 77 f.

[3] Vgl. beispielsweise die Untersuchungen zum Patriotismus, zum Herrscherbild und zur frühneuzeitlichen Staatsräson sowie zum Begriff des Gemeinwohls von *R. Vierhaus*, Patriotismus; *C. Prignitz*; *H. Duchhardt*, Herrscherbild; *A. Kraus; H. Münkler* und *W. Merk*.

so wenig universaleuropäische Ideen und Interessen wie damals"[4] gegeben habe. In unserem Zeitraum behaupten allerdings gerade diese allgemeinen Ideen einen festen Platz in der zeitgenössischen Publizistik.

Nun können wir im Rahmen unserer Fragestellung kein umfassendes Bild der vorherrschenden Leitideen und Normen zeichnen, da wir erstens nicht die gesamte Publizistik der Jahre 1740 bis 1745 untersuchen und zweitens nicht über entsprechende historiographische Analysen für diesen Zeitraum verfügen[5]. Gleichwohl bietet ein überblicksartiger Vergleich der von Preußen und Österreich bevorzugt verwandten Topoi aufschlußreiche Anhaltspunkte zur Ermittlung der gültigen politischen Normen.

In unserem Zusammenhang ist eine eingehendere Betrachtung der wichtigsten Topoi jedoch nicht nur im Hinblick auf die politischen Leitideen von Interesse. Denn wie zu zeigen sein wird, verdichten sich die Topoi in der Kombination mit der sachlichen Darlegung der eigentlichen politischen Vorgänge und Motive zu bestimmenden Argumentationsmustern der beiderseitigen Kriegslegitimationen[6]. Die Topoi dienen dabei zur Qualifikation sowohl des eigenen als auch des gegnerischen Verhaltens, das in rechtlicher und politisch-moralischer Hinsicht jeweils eindeutig positiv oder negativ bewertet wird.

Insgesamt herrrschen bei den bevorzugt eingesetzten Topoi in der preußischen und österreichischen Publizisitik die Gemeinsamkeiten vor. Auch bei den daraus resultierenden Argumentationsmustern besteht weitgehende Übereinstimmung; die gegenseitigen Vorwürfe sind jedoch inhaltlich unterschiedlich akzentuiert.

In formaler Hinsicht zeigen sich auf beiden Seiten bestimmte Abstufungen; die Verantwortlichen haben die Bewertungen nicht wahllos in ihre Schriften aufgenommen, sondern sich an der politischen Gesamtsituation und am Typus der Veröffentlichung orientiert: Grundsätzlich wahren offizielle Verlautbarungen an die Adresse der Allgemeinheit sowie Publikationen im Zusammenhang mit ungeklärten Gegnerschaftsverhältnissen einen größeren Respekt vor dem jeweiligen Kontrahenten als anonyme Schriften und solche, die während eines bereits bestehenden kriegerischen Konfliktes verbreitet werden[7]. Die Intensität der Vorwürfe an den Gegner richtet sich also nach dem Grad der politischen Konfrontation und der Au-

---

[4] *F. Meinecke*, Idee der Staatsräson 404.

[5] Vgl. die, soweit zu sehen ist, von ihrem Untersuchungszeitraum her nächstgelegene Studie von *F. Bosbach*, Erbfeind, der sich mit dem Zeitalter Ludwigs XIV. befaßt.

[6] Vgl. hierzu Kapitel III.2. Es soll hier insbesondere die von Konrad Repgen entwickelte Typologie der frühneuzeitlichen Kriegslegitimationen zum Vergleich herangezogen werden, vgl. *K. Repgen*, Kriegslegitimationen 78 f.

[7] Als Beispiele für diese offenbar bewußte Abstufung sei auf die zunehmende Aggressivität der preußischen Publikationen gegen Österreich in den ersten Monaten des Jahres 1741 sowie auf die Zurückhaltung Österreichs in seinen öffentlichen Bekundungen hinsichtlich Frankreichs und Sachsens verwiesen, vgl. hierzu im einzelnen die Kapitel IV.1.a), IV.2.b) sowie V.1.a) und VI.2.

thentizität, den die betreffenden Schriften zu erkennen geben, und steigert sich mit zunehmender Ausprägung des Konfliktes.

Grundsätzlich erheben alle Veröffentlichungen den Anspruch, den Leser wahrheitsgemäß und sachgerecht zu informieren; sie betonen die eigene Aufrichtigkeit und berufen sich stets auf angeblich unbestreitbare Umstände und Beweise[8]; damit einher geht vielfach die Berufung auf eine offen zutage liegende Plausibilität der eigenen Sichtweise[9]. Die Verantwortlichen wenden sich nach Darlegung ihrer eigenen Motive und des Konflikthergangs oft an unparteiische Dritte und versichern, sich vertrauensvoll deren Urteil über die vorgetragenen Inhalte zu stellen[10].

Im Gegenzug wird den Anschuldigungen und Behauptungen von seiten des Gegners jegliche Berechtigung bestritten; dessen Ausführungen werden durchweg als „gehässige Beschuldigungen"[11] oder „schlechte Scheinursachen"[12] bezeichnet. Oftmals wird behauptet, daß das gegnerische Unrecht derart offensichtlich sei, daß sich eine Stellungnahme dazu eigentlich erübrige; dennoch halte man sich im Interesse der Aufklärung des Publikums für verpflichtet, den gegnerischen Publikationen etwas entgegenzusetzen[13].

---

[8] Da sich diese Behauptungen in allen Schriften finden, wird hier auf einen Nachweis im einzelnen verzichtet; vgl. generell die folgenden Kapitel dieser Studie. Grundlegend zur kategorischen Argumentationsweise in frühneuzeitlichen Kriegsmanifesten vgl. *K. Repgen*, Kriegslegitimationen 80.

[9] So betont Preußen in einer Rechtsabhandlung von 1741: „Es ist die Sach so sonnenklar, daß man einen Ekel findet, sich dabei weiter aufzuhalten", vgl. *Kurtze Remarquen*, PStSch I 227. Auf Wiener Seite verweist beispielsweise die *Beantwortung der von Herrn Grafen von Dohna vorgelesenen Declaration* von 1744 darauf, daß die eigene Argumentation „schlechter=dingen unablehnlich" sei, vgl. den Originaldruck in HHStA, KrA 382, o. fol., hier p. 10, vgl. auch ebenda p. 9.

[10] So betont beispielsweise die preußische *Beantwortung der Gegeninformation* von 1741, daß man „jeden vernünftigen Menschen" und „auch die barbarischen Heiden, welche nur einen Funken der Vernunft haben, urtheilen lasse", vgl. PStSch I 172 und 175. Ähnlich auch die wenig später erschienenen *Remarquen* in Antwort auf die gegnerischen Vorwürfe: „Ob aber die in der *Näheren Ausführung* allegirte Jura juristische Kunstgriffe sein und wer von beiden Theilen der Welt durch juristische Kunstgriffe irre zu machen suche, solches lässet man dem Publico zu beurtheilen über", ebenda 222. Ebenso behauptet die österreichische *Beantwortung der von Herrn Grafen von Dohna vorgelesenen Declaration* aus dem Jahr 1744, daß der Wiener Hof die Rechtmäßigkeit und Lauterkeit des eigenen Verhaltens „jeder unparteiischen Beurtheilung ohne Anstand unterwerffen" könne, vgl. *Beantwortung*, HHStA, KrA 382, o. fol., hier p. 16.

[11] So beispielsweise in dem preußischen Reskript an den Reichstagsgesandten Pollmann vom 20. Januar 1741, vgl. PStSch I 87.

[12] So in der österreichischen *Kurtzen Beantwortung der Näheren Ausführung* von 1741, PStSch I 266.

[13] Auf diese Art argumentiert die österreichische *Acten=maeßige und Rechtliche Gegen= Information* in Antwort auf die erste preußische Rechtsabhandlung von 1741, vgl. PStSch I 147 ff. sowie Kapitel V.1.a) dieser Untersuchung. Ähnlich verfährt wiederum die preußische Antwortschrift hierauf, vgl. ebenda.

Gemeinsames Merkmal aller Schriften ist also der grundsätzliche Wahrheitsanspruch, den man durch die öffentliche Präsentation der eigenen Motive und Handlungen dokumentiert. Gleichzeitig setzen sich die Verantwortlichen auf beiden Seiten zum Ziel, die vom jeweiligen Gegner verbreiteten angeblichen Unwahrheiten und Scheingründe zu entlarven und dessen in Wirklichkeit schädliche Absichten und Handlungen dem Publikum vor Augen zu legen.

Die im folgenden untersuchten Topoi beschreiben folglich den Ausgangspunkt ebenso wie die Zielvorgabe der preußischen und österreichischen Propaganda. Die Kontrahenten verwandten dabei weitgehend dieselben Inhalte: Preußen und Österreich schreiben sich selbst jeweils dieselben Eigenschaften und Ziele zu und operieren auch mit ähnlich ausgerichteten Vorwürfen gegeneinander.

Stetig wiederkehrende Elemente der Selbstbeschreibung sind die Friedensliebe, die Mäßigung sowie die Verständigungsbereitschaft. Diese Eigenschaften werden umgekehrt dem Gegner abgesprochen: So verweist Preußen zu Beginn des Ersten ebenso wie des Zweiten Schlesischen Krieges mit besonderem Nachdruck auf seine friedlichen Absichten und auf sein Bemühen um ein gütliches Einvernehmen[14]. Insgesamt häufiger als in den preußischen Schriften geschieht dies in den Wiener Publikationen, die beständig die „aufrichtigste Friedfertigkeit und sehnlichste Aussöhnungs=Begierde"[15] und ebenso die „unveränderliche Mässigung"[16] sowie die „übermäßige Gedult"[17] Maria Theresias unterstreichen.

Die Selbstbeschreibung in den propagandistischen Texten konzentriert sich also auf die Betonung jener Eigenschaften und Haltungen, die im zwischenstaatlichen Umgang in Erscheinung treten und die eine maßvolle und vermittelnde Politik vorsehen. Die Topoi bezeichnen also außenpolitische Herrschertugenden, die sich an tradierte Vorstellungen des idealen Herrschers anzulehnen scheinen[18]. In unserem Zusammenhang können wir dem Ursprung dieser Topoi nicht nachgehen; entscheidend für unsere Fragestellung ist vielmehr, daß die propagandistische Betonung der friedlichen und vermittelnden Haltung dem Nachweis der eigenen moralischen Integrität dient.

---

[14] Vgl. hierzu im einzelnen die Kapitel IV.1.a) und IV.2.a).

[15] So in der österreichischen *Beantwortung der von Herrn Grafen von Dohna vorgelesenen Declaration*, Originaldruck in HHStA, KrA 382, o. fol., hier p. 3, aus dem Jahre 1744 gegen Preußen. Ebenso betonte Österreich die eigene Friedensbereitschaft gegenüber dem Kaiser, vgl. *Extract Circular-Rescripts de dato Wienn den 10. ten Decembris 1740*, HHStA, KrA 381, fol. 32-34'.

[16] Österreichisches *Pro Memoria betreffend die von Franckreich aller Orthen falsch erhobenen Vorurtheile*, HHStA, KrA 382, fol. 382-383.

[17] *Circular-Rescript an all die jenige Ministros, welchen die hiesige Zuschrifft an Chur-Bayern von 30. Septemb. mitgetheilet worden*, HHStA, KrA 381, fol. 22-31', hier 22'. Dieser Originaldruck ist unpaginiert.

[18] Zu den Tugendkatalogen des idealen Herrschers im siebzehnten Jahrhundert vgl. *A. Kraus* und *H. Duchhardt*, Herrscherbild.

In diesem Sinne werden auch dem Gegner entsprechende Tugenden vollständig abgesprochen: So betont Preußen, daß der Wiener Hof weder friedensliebend noch verständigungsbereit sei[19]; und die österreichischen Schriften verweisen umgekehrt darauf, daß sich der preußische König keineswegs friedlich oder gar gemäßigt verhalte[20].

Doch die Verfasser der Propagandaschriften beschränkten sich nicht auf die schlichte Behauptung allgemeiner Tugendvorstellungen. Sie übertrugen diese auch auf konkrete Vorgänge und machten auf diese Weise über die abstrakte Norm grundsätzlicher Moderation hinaus einen Verhaltenskodex des internationalen Umgangs geltend. Hierbei ist der weitaus häufigste Topos die behauptete eigene Moderation in der öffentlichen Auseinandersetzung; meist geht damit die Beschwerde über den mangelnden Respekt von Seiten des Gegners einher:

Die Klagen über die „anzügliche Schreibart des gegnerischen Skribenten"[21] sind Legion. Diese Beschwerde wird in antwortenden Publikationen regelmäßig zurückgegeben, unterstützt durch die Versicherung, dem gegnerischen Beispiel nicht folgen zu wollen und es an Achtung vor Rang und Würde des Gegners nicht fehlen zu lassen; daher beobachte man selbst in bewußter Mäßigung einen moderaten Formulierungsstil[22].

In diesem Zusammenhang wird zudem stets betont, daß die eigenen Vorwürfe an die gegnerische Adresse keineswegs gegen die Person des Herrschers gerichtet seien; von dessen „grossmüthigen und gerechten Gesinnungen"[23] sei man vielmehr

---

[19] In dem *Rescript an Pollmann* vom 20. Januar 1741 heißt es, „dass von dem wienerischen Hofe niemals das Geringste, weder durch den Weg Rechtens, noch durch Güte zu erhalten gewesen" sei, PStSch I 85.

[20] Der Wiener Hof konstatierte vielmehr das Gegenteil, vgl. beispielsweise die *Acten=maeßige und Rechtliche Gegen=Information* von 1741, PStSch I 141 ff. Vgl. hierzu im allgemeinen die Kapitel IV.1.b) und IV.2.b) dieser Studie.

[21] So in der österreichischen *Acten=maeßigen und Rechtlichen Gegen=Information*, vgl. PStSch I 149. Als Beispiele für diese vielfach erhobene Klage und zum folgenden vgl. ebenda 227 f., 241, 256 f.

[22] So ausdrücklich in der österreichischen *Beantwortung der von Herrn Grafen von Dohna vorgelesenen Declaration*: Trotz der „bedrohlichen" Sprache der preußischen Erklärung habe der Wiener Hof seine Antwortnote moderat abgefaßt und werde „von der darbey gebrauchten höchst=mässigen und glimpflichen Schreibart nicht abgehen, weniger nach dem gegnerischen Vorgang derley Ausdruckungen sich bedienen wollen, welche unter gekrönten Häuptern je und allezeit unanständig seind, und allein darzu dienen, die Gedenckens=Art desjenigen Theils, die gebrauchet, mehrers an Tag zu legen".
Preußen wiederum beschwerte sich in seiner Anwortschrift über die „harten und ungegründeten Imputationen" und „diffuse und deklamatorische Schreibart" der österreichischen Schrift, vgl. *Widerlegung*, PStSch I 483.

[23] Hier die preußische *Widerlegung*, PStSch I 493. Ähnlich spricht Österreich von der „erleuchten Einsicht" Friedrichs und beteuert: „Man kan und will es also von des Königs von Preussen Majestät wahren Gesinnung nimmer= und nimmermehr vermuthen", *Beantwortung der von Herrn Grafen von Dohna vorgelesenen Declaration*, HHStA, KrA 382, p. 11. Gleichermaßen versichert Österreich auch Karl Albrecht von Bayern „unsere Hochachtung für

vollständig überzeugt. Die behaupteten ungerechten Handlungen und Absichten werden stattdessen auf ungenügende Information des Herrschers zurückgeführt oder schlechten Ratgebern zugeschrieben[24]. Mitunter wird zusätzlich versichert, daß man über zuverlässige Informationen verfüge, die das gegnerische Unrecht unzweifelhaft beweisen würden; aus Rücksicht auf die Person des Herrschers verzichte man aber auf deren Veröffentlichung[25]. Wenn solche internen – und für den Gegner prekären – Informationen dennoch der Öffentlichkeit preisgegeben werden, wird dies stets als *ultima ratio* bezeichnet, wozu man durch das Verhalten des Gegners gezwungen worden sei[26].

Die äußerlich respektvolle Form der öffentlichen Auseinandersetzung wurde also für wichtig gehalten. Dazu gehörte auch, daß der Gang an die Öffentlichkeit nicht vor einem diplomatischen Klärungsversuch erfolgte: Preußen und Österreich warfen sich gegenseitig vor, diese Regel mißachtet zu haben[27]. Mangelnde Auf-

---

deß Chur=Fürsten von Bayrn Lbden Lob=würdige Eigenschafften, und grosse Gemüths=Gaben", *Extract Circular-Rescripts de dato Wienn den 10. ten Decembris Anno 1740*, Originaldruck in HHStA, KrA 381, fol. 32-34', unpaginiert.

[24] Die in der vorigen Anmerkung zitierte *Widerlegung* versichert denn auch anschließend, daß Friedrich für Maria Theresia „alle ersinnliche Hochachtung und Consideration hegen, [. . .] als dass sie dergleichen verderbliche Anschläge Deroselben beimessen sollten, sondern halten solche vielmehr vor Suggestiones böser Rathgeber", die die Königin „durch allerhand scheinbarliche Vorbildungen zu Genehmigung dergleichen Consiliorum zu induciren sich angelegen sein lassen". Allerdings hatte das kurz zuvor veröffentlichte *Exposé des motifs* durchaus von reichsverfassungswidrigen Absichten der Königin selbst gesprochen, wenngleich unter dem Zusatz, Maria Theresia habe sich hierin den „maximes despotiques de son conseil" angeschlossen, vgl. PStSch I 446 f.
Ähnliche Hinweise auf schlechte Ratgeber auch in dem preußischen *Rechtsgegründeten Eigenthum* und in der *Beantwortung der Gegeninformation*, vgl. PStSch I 118 f. und 149.
Auf den preußischen Einfall in Schlesien reagierte Österreich mit der Versicherung, die Königin habe entsprechenden Gerüchten nicht glauben können, und vielmehr „uns nicht beykommen lassen können, noch wollen, daß des Königs von Preussen May. sich durch üble Rathgeber zur ausübung eines so gearteten ungerechten Vorhabens verleiten lassen sollten", Maria Theresias *Schreiben an die Reichsstände*, HHStA, KrA 340 o. fol.

[25] Vgl. die österreichische *Beantwortung des von der Chur= und Fuerstlich=Bayerischen Gesandschaft zu Franckfurth den 17. Martii 1744. übergebenen Memorialis*, HHStA, KrA 382, o. fol., hier p. 16: „Noch ein mehreres könte zur Darthuung des Ungrunds derer im pro Memoria enthaltener höchst unbescheidenen Beschuldigungen angeführet werden. Allein aus Glimpf wird mehr verschwiegen / als entdecket [. . .]".

[26] So betonte der Wiener Hof im Jahre 1742, er veröffentliche seine Verwahrungsurkunden nur deshalb im Druck, weil ihm alle anderen Wege, die eigene Rechtsauffassung den Reichsständen mitzuteilen, verwehrt worden seien, vgl. *Fernerer Nachtrag zu denen Verwahrungs-Uhrkunden*, HHStA, KrA 381, fol. 317-322', hier p. 13.
Ähnlich verwies der Wiener Hof in der Antwortschrift auf den preußischen Kriegseintritt im Jahre 1744 darauf, die Säkularisationsvorschläge des Königs „eintzig und allein aus obangedeuteter Rucksicht" bisher nicht veröffentlicht zu haben, „und ausser dem nunmehro äussersten Nothfall würde man annoch keine Erwehnung darvon gethan haben", vgl. *Beantwortung der von Herrn Grafen von Dohna vorgelesenen Declaration*, HHStA, KrA 382, o. fol., hier p. 12.

richtigkeit und fehlende Offenheit wurden ebenso im Hinblick auf den zwischenstaatlichen Umgang thematisiert: In den von uns behandelten Schriften sind oft Klagen über diplomatische Intrigen des Gegners enthalten; nicht allein Preußen und Österreich richteten solche Vorwürfe gegeneinander[28], sondern – soweit zu sehen ist – auch die übrigen Staaten[29].

Neben diesen postulierten Tugenden für den Umgang der Herrscher untereinander rekurrieren einige der untersuchten Schriften auch ausdrücklich auf die herrscherliche Verantwortung für die eigenen Untertanen. Das Topos einer von gegenseitiger Zuneigung geprägten Bindung an die Einwohner eines Landes wurde insbesondere im Zusammenhang mit dem Einmarsch in ein vom Gegner besetztes Gebiet oder aber in Verbindung mit Beschwerden über grausame Exzesse gegnerischer Truppen hervorgehoben. Besonders der Wiener Hof betonte Maria Theresias landesmütterliche Fürsorge[30], aber auch preußische, bayerische und französische Publikationen enthalten entsprechende Hinweise[31].

---

[27] Diesen Vorwurf richtete Preußen beispielsweise im Jahre 1744 an die Adresse des Wiener Hofes und umgekehrt, vgl. die österreichische *Beantwortung der von Herrn Grafen von Dohna vorgelesenen Declaration* und die preußische *Widerlegung*, PStSch I 482.

[28] So besonders nachdrücklich das österreichische *Schreiben an die Reichsstände* vom 29. Dezember 1740, vgl. Kapitel IV.1.b). Preußen wiederum warf dem Wiener Hof vor allem im Zusammenhang mit den Wirren um den russischen Zarenthron vor, intrigiert zu haben, vgl. hierzu PStSch I 383 ff. und 394 ff. sowie Kapitel V.2. c).

[29] So berief sich Preußen in seinem Manifest gegen Sachsen ausdrücklich auf dessen angebliche Intrigen gegen Preußen, vgl. PStSch I 685 ff., hier 693. Ebenso führte die französische Kriegserklärung an Österreich vom 26. April 1744 als einen der Gründe für den Waffengang geheime Vergleichsanträge an, die der Wiener Hof in intriganter Weise gemacht habe, um die französische Krone von ihren Verbündeten zu trennen, vgl. *Ordonnance du Roi*, HHStA, KrA 382, o. fol., hier p. 1.

[30] Vgl. beispielsweise die österreichische *Ausführliche Beantwortung der Französischen Kriegs=Erklärung*, HHStA, KrA 382, o. fol., hier p. 9. Noch nachdrücklicher verweist Maria Theresia in ihrem *Patent an die Schlesier* vom 1. Dezember 1744 darauf, es sei ihr nach dem Breslauer Frieden „nichts mehr zu Herzen gedrungen / als als Unsere treu=gehorsambste Schlesische und Glatzische Landes Innwohner unter einem so unerträglichen Joch so lange Zeit schmachten zu sehen", Originaldruck in HHStA, ÖA Schlesien 8, Konvolut 1, fol. 42-44', hier 42'.

[31] So betonte Friedrich vor allem gegenüber den Einwohnern Schlesiens seine landesväterliche Verantwortung, die ihm „eine Gewissenssache daraus gemachet, ihre nach Erbrecht ihnen angehörende Unterthanen hülflos fremder Gewalt zu überlassen", *Rechtsgegründetes Eigenthum*, PStSch I 103. Gleichzeitig verwies er 1741 auf die ungeheure Liebe seiner schlesischen Untertanen und behauptete, daß „alles Volk mit Thränen und Seufzen bejammert, dass durch Gewalt und Uebermacht des grösseren Gegentheils es eidbrüchig werden und ihrer berechtigten hohen Landeshoheit sich abziehen lassen müssen", ebenda. Zu diesem Topos in Verbindung mit der Beschwerde über gegnerische Exzesse, vgl. die preußische Schrift *Wahrhaffter Bericht*, ebenda 536 ff., hier 539.
Ebenso wird der Kaiser in einer von Preußen verbreiteten Schrift an die englische Adresse als „true father of his country" bezeichnet, *Natural Reflexions on the present conduct of his Prussian Majesty*, ebenda 601. Auch Karl Albrecht selbst betonte, daß es ihm „aus natürlicher Liebe gegen ihren Ständen und Unterthanen niehmalen" möglich sei, in eine Gebietsabtre-

Durch diese allgemein moralisierenden Topoi werden also zunächst die grundlegende Lauterkeit der eigenen Gesinnung betont und zudem eine ausschließlich friedliebende und maßvolle Staatspolitik bekundet. Mitunter findet sich in den Schriften zusätzlich der Hinweis, daß man sich sogar bis an die Grenzen des staatspolitisch Vertretbaren von diesem Ethos habe leiten lassen[32]. Da sich diese Topoi durchgängig finden und außerdem stets dem jeweiligen Gegner ein gegenteiliges Verhalten vorgeworfen wird, ist in dem behaupteten Bemühen um Frieden und Ausgleich ein wichtiges politisches Leitmotiv zu sehen[33].

Über die Betonung dieser generellen politischen und herrscherlichen Tugenden hinaus weisen die von uns untersuchten Publikationen weitere gemeinsame Leitideen auf: In allen staatlichen Propagandaschriften werden außerdem rechtliche Normen und politische Ideale als Richtschnur für das eigene Handeln angeführt. Besonderen Wert scheinen die Verantwortlichen darauf gelegt zu haben, daß man sich keines Verstoßes gegen abstraktes oder positives Recht schuldig gemacht habe. Die Behauptung der Rechtmäßigkeit des eigenen Handelns wurde auch jenseits der speziellen juristischen Abhandlungen offenbar für sehr wichtig gehalten; jedenfalls fehlt in keiner Schrift der Hinweis, daß das eigene Verhalten aus „gerechten Motiven" und „rechtmässigen Ursachen"[34] folge, während dem Gegner umgekehrt Rechtsverletzungen vorgeworfen wurden. Dabei wird meist in abstrakter Form auf supranationale und staatliche Rechtsbereiche bezug genommen; so heißt es in einer österreichischen Schrift stellvertretend für viele andere bündig, daß das Verfahren des Wiener Hofes „in allen Begebenheiten ganz gleich und sowohl nach denen Massregeln des natürlichen und Völkerrechts, als derer heilsamer Reichssatzungen durchaus angemessen"[35] gewesen sei. Diese grundsätzlich und absolut behauptete Konformität mit dem Recht im allgemeinen und der Reichsverfassung im besonderen wird nicht nur von Preußen und Österreich stets betont, sondern auch von den übrigen Staaten[36].

---

tung einzuwilligen, vgl. kaiserliches Pro Memoria an den Schwäbischen Kreis, in: *Beantwortung des von der Chur= und Fürstlich=Bayerischen Gesandschaft zu Franckfurth den 17. Martii 1744. übergebenen Memorialis*, HHStA, KrA 382, o. fol., hier Beilage Nr. XIII, p. 27. Und Frankreich berief sich in seiner Kriegserklärung an Österreich ausdrücklich auf die angeblichen Drangsale, denen französische Kriegsgefangene durch die Österreicher ausgesetzt gewesen seien, vgl. *Ordonnance du Roi*, HHStA, KrA 382, o. fol., p. 1.

[32] Unter Verweis auf die mangelnde Verständigungsbereitschaft des Wiener Hofes betont Preußen dies im Januar 1741, vgl. *Rescript an Pollmann* vom 20. Januar 1741, PStSch I 85 und 89. Auch das sächsische *Manifest* vom Oktober 1741 argumentiert auf diese Weise, vgl. HHStA, KrA 381, fol. 38-55'.

[33] Wenn daher Gerhard Ritter gemeint hat, Friedrichs Einfall in Schlesien sei den Zeitgenossen nicht als verurteilungswürdig erschienen, so stimmt diese Einschätzung zumindest nicht mit den politischen Normen überein, die die Verfasser der staatlichen Publikationen für gültig erachtet haben, vgl. *G. Ritter*, Staatskunst I 31.

[34] So das preußische *Rescript an Pollmann* vom 20. Januar 1741, PStSch I 84-90, hier 84 und 86.

[35] *Zuschrift an den Schwäbischen Creiss=Convent* vom 16. Oktober 1744, PStSch I 501-512, hier 501.

Die Wiener Schriften enthalten darüber hinaus einen Topos, der über rechtliche Bindungen im engeren Sinne hinausweist: Viele Schriften von der Hand Bartensteins betonen sowohl gegenüber Preußen als auch gegenüber Bayern und Frankreich das „Band der menschlichen Gemeinschaft"[37] und verbinden auf diese Art rechtliche und moralisierende Topoi, indem sie dem Gegner vorwerfen, einen „treulosen Unterbruch"[38] rechtlicher Verpflichtungen begangen zu haben. Im Unterschied zu den meisten preußischen Publikationen berufen sich österreichische Schriften zugleich oft auf den „starken Armb Gottes"[39], der die unbestreitbare Gerechtigkeit der eigenen Sache zum Sieg führen werde. Generell häufig ist zudem die Behauptung zu finden, daß das gegnerische Vorgehen unerhört und ohne Beispiel sei[40].

Die nachdrückliche und vielfältige Verwendung rechtlicher Topoi spricht dafür, daß diese für ausgesprochen wichtig gehalten wurden. Die Rechtmäßigkeit staatlichen Handelns ist also ein entscheidendes Leitmotiv in unserem Zeitraum.

---

[36] Als Beispiele sei hier auf das sächsische Manifest von 1741 und auf die französische Kriegserklärung an Österreich von 1744 verwiesen, vgl. *Manifest, darinne die Ursachen enthalten, warum Ihro Majestät der König in Pohlen, und Churfürst zu Sachsen, sich genöthiget gesehen / die Waffen zu ergreiffen*, Originaldruck im HHStA, KrA 381, fol. 38-55'; *Ordonnance du Roi*, ebenda, KrA 382, o. fol.

[37] Darauf berief sich Wien zur Verwahrung gegen den preußischen Friedensbruch von 1740 ebenso wie von 1744, vgl. Maria Theresias *Schreiben an die Reichsstände* vom 29. Dezember 1740, mehrere Abschriften in HHStA, KrA 340, o. fol.; *Beantwortung der von Herrn Grafen von Dohna vorgelesenen Declaration* aus dem Jahre 1744, HHStA, KrA 382, o. fol., hier p. 11. Auch gegenüber dem bayerischen Kurfürsten verwies Wien bereits in einem Rundschreiben vom 21. November 1740 auf das „geheiligte Band der menschlichen Gemeinschaft", vgl. *Extrakt auß einem weiters erfolgten Wiennerischen Circular-Rescript de dato 21. Nov. 1740*, p. 17, gedruckt mit den entsprechenden *Chur=Bayerische Kurtze Anmerckungen über nebenstehendes Circular-Rescript*, HHStA, KrA 381, fol. 1-10, hier 9. Ähnlich auch in der österreichischen *Ausführlichen Beantwortung der Französischen Kriegs=Erklärung*, Originaldruck ebenda, KrA 382, o. fol., hier p. 6.

[38] So der Wiener Vorwurf an die Adresse Frankreichs im Jahre 1744, vgl. *Ausführliche Beantwortung der Französischen Kriegs=Erklärung*, HHStA, KrA 382, o. fol., hier p. 7. Auf den konkreten Vorwurf des Friedensvertragsbruches, den der Wiener Hof an den preußischen König richtete, werden wir unten noch zu sprechen kommen.

[39] *Beantwortung der von Herrn Grafen von Dohna vorgelesenen Declaration*, HHStA, KrA 382, o. fol., hier p. 18. Doch auch in preußischen Publikationen ist vereinzelt großes Gottvertrauen und das Bewußtsein göttlicher Hilfe bekundet, jedoch meist in Schriften, die sich explizit an die breite Bevölkerung wandten, so im *Patent an die Stände und Unterthanen des Herzogthums Schlesiens bisherigen österreichischen Antheils* vom 9. Januar 1745, PStSch I 533.

[40] Beispielhaft in einer österreichischen Schrift: Der Gegner sei „auf eine unter christlichen Mächten unerhörte Art feindlich" vorgegangen, vgl. *Patent an die Schlesier* vom 1. Dezember 1744, HHStA, ÖA Schlesien 1, Konvolut 8, fol. 42-43', hier 42. Verknüpft ist dies häufig mit dem Hinweis, daß das gegnerische Vorgehen „kaum glauben bey der Nach=Welt / und noch weniger ein Beyspiel in der Reichs= oder sonstigen Historie finden", *Beantwortung der von Herrn Grafen von Dohna vorgelesenen Declaration*, HHStA, KrA 382, o. fol., hier p. 11.

Eng mit diesen rechtlichen Topoi korrespondierend wird zusätzlich auf einen Katalog fest umrissener politischer Ziele verwiesen; an erster Stelle rangieren hierbei die Sicherung oder Wiederherstellung des Friedens und des Gleichgewichts in Europa; dicht gefolgt von dem Hinweis, man setze sich insbesondere für den Erhalt der Würde und der Verfassung des Reiches sowie der reichsständischen Freiheiten ein. Ebenso wie die verschiedenen Rechtsbereiche meist gesammelt angesprochen werden, begegnen auch diese politischen Topoi in bündigen Zusammenstellungen; die Verfasser beteuern, ihr Ziel sei „die Aufrechterhaltung der Wagschall in Europa; die Freyheit des Teutschen Vatterlands; dessen mit der allgemeinen Ruhe / Sicherheit und Frieden in Europa verknüpfte Wohlfahrt; des Heiligen Römischen Reichs Hoheit / Ansehen / Gerechtsame und Grund=Verfassung"[41].

Diese Ziele kennzeichnen also sowohl für die europäische Staatengemeinschaft als auch hinsichtlich des Reichsverbandes durchweg allgemeine, positive Interessen. Alle staatlichen Publikationen betonen mit Nachdruck, daß ihr Vorgehen der Verwirklichung eben dieser Ziele diene; damit einhergehend werden diese Topoi zusätzlich in suggestiver Art eingesetzt: So behauptete der Wiener Hof im Jahre 1742 in einem später offiziell gedruckten Memoire an die Adresse Frankreichs, daß „la cause de la Reine est donc devenue celle de tous les Princes de l'Empire, vrais patriotes, & de toutes les Puissances, qui ont à coeur le repos & l'indépendance"[42]. Gleichermaßen gaben Preußen und Frankreich als Begründung für ihren Kriegseintritt im Jahre 1744 an, im Interesse der Allgemeinheit zu handeln[43].

Unter diesen allgemeinen und speziellen Zielen behaupten die auf das Reich und dessen Verfassung bezogenen Topoi in den staatlichen Schriften[44] vor allem

---

[41] Beispielhaft in der österreichischen *Ausführlichen Beantwortung der französischen Kriegs=Erklärung*, HHStA, KrA 382, o. fol., hier p. 21. Diese Aufzählung ließe sich unschwer durch analoge Zitate aus den Schriften anderer Staaten ergänzen; so heißt es im preußischen *Exposé des motifs* von 1744: „[. . .] Sa Majesté n'a recours aux armes que pour rendre la liberté à l'Empire, la dignité à l'Empereur, et le repos à l'Europe", PStSch I 447.

[42] So in der *Reponse à être lüe aux Ministres de France par Mr. le Comte de Steinville*, als Beilage in einem Wiener Reskript vom 29. August 1742 gedruckt, Originaldruck im HHStA, KrA 381, fol. 323-324', hier 324'. In ähnlichen Worten wird dies auch in einem – ebenfalls später gedruckt verbreiteten – Handschreiben Maria Theresias an den Mainzer Erzkanzler vom 21. Januar 1743 deutlich, in dem sie schreibt, es gehe ihr „eintzig und allein um die ungekränckte Erhaltung meiner und Meines Ertz=Hauses mit der Reich=Grund=Verfassung engest verknüpfter / und in die wesentlichste allgemeine Reichs=Ständische Sicherheit tief einschlagender / mithin causam communem Imperii abzugeben habender Rechten", vgl. *Antwort auf die von Franckreich den 26. Julii 1743. zu Franckfurt übergebene Erklärung*, ebenda, KrA 381, fol. 404-407', hier 407 f.

[43] Vgl. das preußische *Exposé des motifs*: Der preußische König sei zu seinem Vorgehen „pour le bien et la tranquilité de l'Europe" verpflichtet, PStSch I 442; vgl. auch ebenda 447. Gleichfalls betonte der französische König, „dem Teutschen Reich / mehr und mehr / von Dero beständigen Neigung / zu dessen Ruhestand und Vortheil" wirken zu wollen, vgl. *Erklärung des Herrn de la Noüe* vom 2. Mai 1744, HHStA, KrA 382, o. fol.

[44] In privaten Schriften scheint dagegen insbesondere die Gleichgewichts- und Friedensfrage besonderes Gewicht besessen zu haben, wie die Ergebnisse von Lory nahelegen, vgl.

seit der Kaiserwahl Karls VII. ein besonderes Gewicht[45]. Diese wurden generell unter dem Begriff des Reichspatriotismus zusammengefaßt[46]. Die Betonung der eigenen patriotischen Gesinnung nimmt daher breiten Raum ein; geradezu als Beleg dafür wird zudem oftmals versichert, „zur Rettung des lieben bedrangten Vaterlands" nehme man „den grössesten Teil des Lasts und der Gefahr"[47] gerne auf sich.

Patriotismus wird dabei nicht nur in politischer oder verfassungsrechtlicher Hinsicht verstanden, sondern auch im Hinblick auf ethnische Zugehörigkeiten eingesetzt. So beschimpfen preußische und bayerisch-kaiserliche Publikationen die angeblichen brutalen Barbarenvölker, die Habsburg aus fremden Ländern in das Reich eingeführt habe, während Österreich umgekehrt gegen die französischen Truppen protestierte[48].

Ebenso wie die allgemein moralisierenden und die rechtlichen Wertungen sind auch die politischen Topoi eine stetig wiederkehrende Erscheinung in den von uns behandelten Propagandatexten. Und auch sie werden nicht nur im Hinblick auf die Charakterisierung der jeweils vertretenen eigenen Sache eingesetzt, sondern dienen gleichermaßen zur negativen Kennzeichnung des Gegners. Im gezielten Kontrast zur Selbstbeschreibung attestieren sich die Kontrahenten dabei gegenseitig schlechte Absichten. Sie behaupten, die geheimen Ziele des anderen seien dem allgemeinen Wohl abträglich. Am häufigsten erscheint hier der Vorwurf des Machtmißbrauchs und der Herrschsucht, den alle Kriegsteilnehmer gegeneinander erheben. Im europäischen Bezugsrahmen wird dies meist unter der Metapher angeführt, „den Meister spielen"[49] zu wollen; im reichspolitischen Zusammenhang wird dies

---

K. Lory, passim. Auch die staatlichen Propagandaschriften befaßten sich in anonymen und scheinbar privaten Publikationen an die Adresse des europäischen Auslands stärker mit diesen Fragen, vgl. hierzu Kapitel VI.2. der vorliegenden Studie.

[45] Zu dem hier angedeuteten Wandel in der Akzentuierung der reichspolitischen Topoi vgl. unten.

[46] Dieser Begriff wurde schon seit dem 15. Jahrhundert als Ausdruck des allgemeinen Interesses betrachtet, wie Alfred Schröcker nachgewiesen hat, vgl. *A. Schröcker*, passim.

[47] So die Formulierung in der Wiener *Zuschrift an den Schwäbischen Creiss=Convent* vom 16. Oktober 1744, PStSch I 504. In ähnlichen Worten findet sich diese Versicherung auch in der vorhergehenden österreichischen Eingabe an den Schwäbischen Kreistag, vgl. *Zuschrift an den Schwäbischen Creyß=Convent* vom 22. September 1744, HHStA, KrA 382, o. fol., hier p 5.

[48] Gemeint sind die leichten pandurischen Hilfstruppen, die der ungarische Reichstag im September 1741 für Maria Theresia bewilligt hatte, vgl. *A. v. Arneth*, Maria Theresia I 264 ff. Dies rangiert unter den wichtigsten Vorwürfen des preußischen *Exposé des motifs* von 1744, vgl. PStSch I 442. Der Wiener Hof beschwerte sich im *Circular-Rescriptum* vom 16. September 1742 nachhaltig über mehrere bayerische Publikationen aus der Feder des Grafen Törring, die „mit Schmäh=Worten gegen die Ungarische Nation angefüllt" seien, vgl. HHStA, KrA 381, fol. 328-330, hier 328.

[49] Vgl. die österreichische *Zuschrift an den Schwäbischen Creyß=Convent* vom 22. September 1744, Originaldruck in HHStA, KrA 382, o. fol.; ähnlich behauptet auch die im gleichen Faszikel befindliche österreichische *Ausführliche Beantwortung der Französischen*

als beabsichtigter Despotismus[50] oder als Versuch bezeichnet, das „Joch der Sklaverei"[51] einzuführen. Die Kriegsparteien richteten diese Anklagen mitunter gleichlautend gegeneinander[52].

Aus der Vehemenz, mit der einerseits das eigene Eintreten für Freiheit, Frieden und Sicherheit betont wurde, und mit der andererseits der Vorwurf ungerechter Herrschaftsanmaßung und der geplanten Unterdrückung regelmäßig erhoben wurde, müssen wir schliessen, daß dies zu den wichtigsten politischen Leitideen um die Mitte des achtzehnten Jahrhunderts gehörte.

Ob oder inwieweit sich die Verantwortlichen selbst von diesen öffentlich behaupteten Zielen leiten liessen, können wir im Rahmen unserer Untersuchung nicht im einzelnen ermitteln[53]. Wichtig für unseren Zusammenhang ist, daß die betreffenden Ziele und Überzeugungen jedenfalls für politisch wirkungsvoll gehalten wurden.

Während politisch-moralische und besonders rechtliche Topoi in allen staatlichen Publikationen aus unserem Zeitraum enthalten sind, tauchen religiöse Motive vergleichsweise selten auf. Insbesondere in den öffentlichen Debatten zwischen Preußen und Österreich spielte die Religionspropaganda während der Schlesischen Kriege keine vorherrschende Rolle[54]. Entsprechende Hinweise in offiziellen

---

Kriegs=Erklärung, p. 10, Frankreich wolle „den absoluten Meister im Teutschen Reich / in Europa, in der gantzen Christenheit spielen", ebenda.

[50] Preußen spricht 1744 von den „maximes despotiques" des habsburgischen Rates und von „le despotisme et la violance" der Königin von Ungarn, *Exposé des motifs*, PStSch I 447 und 445.

[51] Die im Jahre 1744 anonym veröffentlichten preußischen *Remarques d'un bon Patriote* sprechen von dem schon aus den vergangenen Jahrhunderten bekannten Bestreben Wiens, den Reichsständen das „joug autrichien" aufzuerlegen, vgl. PStSch I 442.

[52] So gibt Österreich im Jahre 1744 die entsprechenden Anklagen fast wortgleich an die Frankfurter Unierten und insbesondere an Preußen zurück: „Wer mit Gewalt und Ubermuth / oder mit Mässigung und Glimpf zu Werck zu gehen gewohnet seye; von weme die Reichs= Gesätze und Grund=Verfassung einen Unterbruch nach dem anderen zu befahren haben; wer seine Mit=Stände / und bevorab ohnmittelbare Reichs=Städte / zu vergewaltigen und zu unterdrucken suche; weme mit Ruhe gedienet / und wer im Gegentheil die Kriegs=Flammen sorgfältig zu unterhalten / oder neuerdingen anzuzünden sich beeyffere; und wer endlichen des Reichs Würde / Hoheit / und Freyheit wahrhafft / oder nur denen Worten nach behertzige; das alles müssen die Wercke / und nicht die sich selbsten beigelegte Lob=Sprüche zu erkennen geben", *Zuschrift an den Schwäbischen Creyß=Convent* vom 22. September 1744, HHStA, KrA 382, o. fol.

[53] Manche Bemerkung in den internen preußischen und österreichischen Akten spricht zwar dafür, so scheinen sich beispielsweise der preußische König und das österreichische Kabinett über die angeblich despotischen Absichten Frankreichs einig zu sein, vgl. zu Friedrichs diesbezüglichem Mißtrauen *R. Koser*, Friedrich I 361; zur Einschätzung im österreichischen Kabinett Kapitel IV.1.b) dieser Studie. Doch um Aufschluß über die wirklich handlungsleitenden Motive zu erhalten, wäre eine besondere Untersuchung erforderlich.

[54] Dieser Befund spiegelt sich auch in den Schwerpunktthemen der publizistischen Auseinandersetzungen zwischen Preußen und Österreich wider, wie sie im Kapitel V. behandelt werden. Vorherrschend sind hier rechtliche Debatten; an zweiter Stelle rangieren kurze

Staatsschriften beschränken sich meist auf die Versicherung, man strebe die Wiederherstellung der allgemeinen Sicherheit und Wohlfahrt „ohne Unterschied der Religion"[55] an – anstatt sich also als vehementer Vorkämpfer eines Bekenntnisses zu präsentieren, bestreiten die Verantwortlichen zumeist offiziell jegliche konfessionelle Einseitigkeit[56].

Eben dies wurde aber umgekehrt dem Gegner vorgeworfen, allerdings meist in anonymen Publikationen; vor allem die Wiener Publizistik nutzte die Säkularisationspläne von 1742/43 zu Angriffen gegen den Kaiser und später auch gegen den preußischen König[57]. Bemerkenswert in unserem Zusammenhang ist, daß religiöse Topoi erstens vornehmlich anonym und zweitens in weit geringerem Maße als die übrigen eingesetzt wurden; als offizielles Leitmotiv scheinen sie sich für die Aktivitäten der gemischtkonfessionellen internationalen Bündnisse und des ebenfalls gemischtkonfessionellen Schlesiens nicht geeignet zu haben[58].

2. Die grundlegenden Argumentationsmuster

Diese verschiedenen Topoi politisch-moralischer und rechtlicher Natur haben die Verantwortlichen in virtuoser Weise in ihren staatlichen Propagandatexten eingesetzt. Sie wurden argumentativ miteinander verknüpft und zudem eng mit der Darlegung der eigentlichen Gründe und Motive des Konfliktes verflochten.

Dabei lassen sich in den von uns untersuchten Schriften verschiedene Argumentationsmuster unterscheiden. Denn obwohl die Kontrahenten grundsätzlich übereinstimmende Topoi für sich in Anspruch nehmen beziehungsweise dem Gegner vorwerfen, so werden diese doch in unterschiedlicher Weise miteinander kombiniert und akzentuiert. Diese Unterschiede scheinen dabei vornehmlich durch die jeweilige politische Situation bedingt, denn wie zu zeigen sein wird, verwenden

---

öffentliche Fehden um Fragen der politischen Moral, und nur im Zusammenhang mit dem Konflikt um Schlesien und des Säkularisationsprojektes von 1742/43 betreiben Preußen und Österreich kurzzeitig Religionspropaganda.

[55] So die österreichische *Antwort auf die von Franckreich den 26. Juli 1743. zu Franckfurt übergebene Erklärung*, HHStA, KrA 381, fol. 404-407', hier 406'.

[56] Auf einzelne Ausnahmen – meist in anonym verbreiteten Schriften – werden wir in Kapitel V.3. zu sprechen kommen. Dies ist im Vergleich zu den publizistischen Auseinandersetzungen des Siebenjährigen Krieges sehr bemerkenswert; denn dort wurde vor allem von preußischer Seite eine rege offizielle und anonyme Religionspropaganda betrieben, vgl. hierzu PStSch III, passim. Sehr wahrscheinlich ist dies durch den Wechsel der Bündniskonstellationen bedingt, denn während die Verbündeten des Siebenjährigen Krieges auch in ihren jeweiligen Bekenntnissen übereinstimmten, waren die vierziger Jahre von gemischtkonfessionellen Bündnissen geprägt.

[57] Vgl. hierzu Kapitel IV.2.b) und V.3.b).

[58] Vgl. zu den konfessionellen Verhältnissen in Schlesien *D. Mempel* 293; *J. Burkhardt* 58.

die Kriegsgegner in jeweils ähnlichen Machtpositionen gleichartige Rechtfertigungsargumentationen.

So machen alle habsburgischen Gegner zu Beginn des Erbfolgekonfliktes Rechtsansprüche geltend, die nunmehr angesichts der gegebenen Situation und aufgrund der mangelnden Bereitschaft des Wiener Hofes, sich friedlich über einen Ausgleich dieser Ansprüche zu verständigen, mit Waffengewalt durchgesetzt werden. Die preußische Rechtfertigung des Einfalls in Schlesien bildet hier keine Ausnahme, denn auch Preußen argumentiert mit unbezweifelbaren und bislang vom Gegner vorenthaltenen Rechten, die es nun in der Gunst der Stunde zu sichern gelte[59]. Die angreifenden Staaten bekunden zwar ihre reichspatriotische Gesinnung, verweisen jedoch zugleich darauf, daß ihr Vorgehen weder die Interessen noch die Verfassung des Reiches berühre, sondern lediglich der Durchsetzung eigener Rechte diene[60].

Im Rahmen der Repgenschen Typologie frühneuzeitlicher Kriegslegitimationen wäre dies also sowohl unter „Erbrecht" als auch unter „Wiedergutmachung erlittenen Unrechts" einzuordnen[61]. Zusätzlich verbinden sich hier gleich mehrere Topoi: Zum einen die grundlegend behauptete Rechtmäßigkeit der eigenen Sache, ergänzt durch den Hinweis, daß der Gegner sich einer friedlichen Verständigung darüber entzogen habe, und kulminierend in der Behauptung, daß man sich deswegen zum Einsatz kriegerischer Mittel gezwungen gesehen habe[62].

Österreich antwortete darauf vornehmlich mit einer positivrechtlich und politisch-moralisch ausgerichteten Argumentation, die gleichfalls von Topoi durchsetzt ist. Es bestritt sämtliche Prämissen der gegnerischen Rechtfertigungen und beschuldigte seine Gegner eines reichsverfassungs- und völkerrechtswidrigen Überfalls und der Ländergier. Wien behauptete dagegen die eigene Moderation und verwies auf die Verbindlichkeit von Verträgen[63].

Während also bei den Kontrahenten Wiens die Durchsetzung genuin eigenstaatlicher Interessen vor den – gleichwohl als verpflichtend und beherzigt angegebenen – Topoi des allgemeinen Interesses rangieren, verfährt die Wiener Gegenargu-

---

59 Zur preußischen Legitimationsargumentation des Ersten Schlesischen Krieges vgl. Kapitel IV.1.a); zur deren Ähnlichkeit mit den jeweiligen Rechtfertigungen der Antipragmatiker vgl. vor allem Kapitel V.1.b).

60 So beispielhaft in den preußischen Publikationen des Ersten Schlesischen Krieges, in der *Declaration* und im *Rescript an Pollmann* vom 20. Januar 1741, vgl. hierzu PStSch I 62 und 85. Ebenso im sächsischen *Manifest* vom Oktober 1741, vgl. HHStA, KrA 381, fol. 38-55', hier 46.

61 Vgl. *K. Repgen*, Kriegslegitimationen 78 f.

62 Dieses Topos des Waffengangs als *ultima ratio* wird häufig schon im Titel der betreffenden Begründungsschriften aufgeführt, so im sächsischen *Manifest* vom Oktober 1741, vgl. HHStA, KrA 381, fol. 38. Ebenso vermerkt die preußische *Declaration* vom Dezember 1740: „Sa Majesté s'a cru indispensablement obligé d'avoir sans délai recours à ce moyen [. . .]", PStSch I 62.

63 Vgl. hierzu im einzelnen die Kapitel IV.1.b) und IV.2.b) sowie V.1. dieser Arbeit.

mentation umgekehrt und versucht, die eigene Sache durch generalisierende Topoi mit dem Wohl und dem friedlichen Miteinander sowohl innerhalb wie außerhalb des Reiches gleichzusetzen.

Aber auch der Wiener Hof machte sich später – bei umgekehrter Machtverteilung – eine Gelegenheitsargumentation zueigen und forderte nun auch seinerseits Schadensersatz. Er pochte nicht nur seit der Kaiserwahl Karls VII. öffentlich auf eine „billige Schadloßhaltung und Sicherstellung für das Zukünfftige"[64], sondern rechtfertigte seinen Versuch, Schlesien im Winter 1744 zurückzuerobern, ausdrücklich als Durchsetzung von Rechten bei einer von Gott gegebenen „gerechtesten Gelegenheit"[65]. Damit rangierte die Wiener Kriegslegitimation im Jahre 1744 gleichfalls unter dem typologisierten Kriegsgrund „Wiedergutmachung erlittenen Unrechts"[66].

Das Topos der günstigen Gelegenheit wurde jedoch vor allem in negativer Konnotation eingesetzt. So wie die behauptete Rechtmäßigkeit der eigenen Sache in Kombination mit der Gunst der Stunde und der angeblichen „Härtigkeit"[67] des Gegners als Gesamtrechtfertigung des eigenen Vorgehens eingesetzt wurde, galt dies auch umgekehrt. Die Kontrahenten warfen sich gegenseitig vor, unter Hintansetzung aller politisch-moralischer und rechtlicher Verpflichtungen nur auf eine günstige Gelegenheit zur territorialen Vergrößerung zu warten[68].

In der Auseinandersetzung zwischen Preußen und Österreich wurden diese Vorwürfe nicht nur singulär eingesetzt, sondern verdichteten sich mit anderen Topoi zu Generalanklagen, die die jeweilige Kriegslegitimation entscheidend stützten:

In Verbindung mit der behaupteten mangelnden Verständigungsbereitschaft und des angeblich stetigen Machtmißbrauches des Wiener Hofes leitet Preußen im Ersten Schlesischen Krieg aus der gegenwärtigen Situation das Recht ab, sich die beanspruchten Besitzrechte in Schlesien mit Gewalt zu sichern. Auf demselbem Topos fußt auch die preußische Legitimationsargumentation des Zweiten Schlesischen Krieges, nun allerdings ergänzt durch vehement vorgetragene reichspolitische Topoi: Die preußischen Schriften behaupten, daß gegen die Wiener Anmaßung und Herrschsucht im Reich der preußische Waffengang als einziges

---

[64] Erstmals im Wiener *Circular-Rescriptum* vom 16. September 1742, HHStA, KrA 381, fol. 35-36', hier 35'.

[65] Maria Theresias *Patent an die Schlesier* vom 1. Dezember 1744, HHStA, ÖA Schlesien 8, Konvolut 1, fol. 42-43', hier 42'.

[66] *K. Repgen*, Kriegslegitimationen 79.

[67] So formuliert in der österreichischen *Zuschrift an den Schwäbischen Creyß=Convent*, Originaldruck in HHStA, KrA 382, o. fol.

[68] Diese gegenseitig erhobenen Vorwürfe finden sich besonders nachdrücklich in den österreichischen und preußischen Patenten um die Jahreswende 1744, vgl. *Patent an die Schlesier*, HHStA, ÖA Schlesien 8, Konvolut 1, fol. 43; ebenso das preußische *Patent* vom 9. Januar 1745, PStSch I 533. Auch die Wiener *Ausführliche Beantwortung der Französischen Kriegs=Erklärung*, HHStA, KrA 382, o. fol., hier p. 10, wirft ihrem Gegner eine solche Haltung vor.

Verteidigungsmittel verblieben und daher als reichsständische Pflichterfüllung gerechtfertigt sei[69].

Der Wiener Hof wiederum warf dem preußischen König sowohl im Ersten wie
auch im Zweiten Schlesischen Krieg vor, unaufrichtig, intrigant und darüber hinaus ein latenter Friedensbrecher zu sein, der von seiner Gier nach immer neuen Eroberungen getrieben werde; nicht allein aus eigenem Nutzen, sondern auch im Interesse der allgemeinen Sicherheit und Ruhe schreite Österreich daher energisch
gegen ihn ein. Im Jahre 1744 verstärkte Österreich diese Vorwürfe noch durch die
reichspolitische Propaganda, die es im Erbfolgekonflikt eingesetzt hatte[70].

Dabei setzen Preußen und Österreich unterschiedliche Akzente: Preußen leitet
die entsprechenden Vorwürfe gegen den Wiener Hof aus der Erfahrung der vergangenen Jahrhunderte ab[71]; in den österreichischen Schriften wird dies dagegen auf
die Person Friedrichs und auf sein Verhalten in den gegenwärtigen Konflikten bezogen. Während die preußische Propaganda also einen vorhandenen Topos auf-
greift, stiften die österreichischen Publizisten in ihrer Propaganda gegen Friedrich
einen neuen Topos.

Es ist auffallend, wie weit diese Topoi Eingang in die historiographische Bewertung gefunden haben; tendenziell neigt die preußische Historiographie dazu, den
öffentlich behaupteten Motiven Friedrichs zu folgen, während die österreichische
Geschichtsschreibung eher die Wiener Lesart der Konflikte wiedergibt[72].

Die beiderseits verwandten Topoi beschreiben also Neigungen, Gesinnungen
und Absichten im politisch-moralischen, rechtlichen und religiösen Bereich. Die
daraus kumulativ entwickelten Legitimationen bewerten dabei stets Machtfragen.
Entscheidend für die Bewertung staatlicher Politik scheint hier nicht primär der
Machtgewinn, sondern die Frage des Machtmißbrauches zu sein; so wie stets die
eigene integre und dem allgemeinen Wohl verpflichtete Haltung betont wird, un-
terstellen die staatlichen Propagandaschriften ihren Gegnern die Absicht, diese
Macht zu mißbrauchen.

Insgesamt ist festzuhalten, daß die Verantwortlichen für die staatliche Propaganda in erheblichem Umfang auf Topoi zurückgegriffen haben, um ihre Vorgehensweise in der Öffentlichkeit zu rechtfertigen. Bei allen positiven Topoi in den behandelten Propagandatexten finden wir als negatives Pendant die umgekehrten
Vorwürfe an den Gegner. Diese Gegensatzpaare der moralischen, rechtlichen und
politischen Bewertung ergänzen sich; durch die Summierung und die Kombination
der verschiedenen Topoi erscheint der jeweilige Gegner gänzlich im Unrecht, wäh-

---

69 Vgl. zu beidem die Kapitel IV.1.a) und IV.2.a) dieser Studie.

70 Vgl. hierzu die Kapitel IV.1.b) und IV.2.b).

71 Offenbar konnte es sich dabei auf den verbreiteten Vorwurf des „österreichischen Hoch-
muts" stützen, vgl. hierzu *K. Müller* 307.

72 Auf Einzelbelege für diese These werden wir in den folgenden Kapiteln zu sprechen
kommen.

rend die eigene Sache als moralisch, politisch und rechtlich unanfechtbar dargestellt wird. Die Topoi unterstützen und verstärken auf diese Weise die eigentlichen
Rechtfertigungsargumentationen. Erst durch den Zusatz dieser begleitenden Wertungen erhält die Darlegung des Konflikthergangs und der Gründe für das eigene
Verhalten ihre politische Bedeutung und Wirkung.

Der Nachdruck und die Häufigkeit, mit denen die Topoi entweder als Begleitung
oder auch als Fundament der eigentlichen Argumentationen eingesetzt werden,
spricht für die Überzeugungskraft, die ihnen zugeschrieben wurde, und mithin
auch für ihre Gültigkeit als politische Leitmotive. Daß die Verantwortlichen immer
wieder auf diese Leitideen zur Unterstützung ihrer öffentlichen Rechtfertigungen
zurückgriffen, spricht dafür, „daß auch damals die Politiker ihre Entscheidungen
nicht unabhängig von der Akzeptanz in der öffentlichen Meinung durchsetzen und
durchhalten konnten"[73].

---

[73] *K. Repgen*, Kriegslegitimationen 80.

IV. Die Kriegslegitimationen der beiden Mächte

1. Recht und Gelegenheit – der Erste Schlesische Krieg

a) Entstehung und Grundlagen der preußischen Kriegslegitimation 1740

Am 16. Dezember 1740 überschritten preußische Truppen die schlesische Grenze. Unmittelbar zuvor ließ Friedrich eine offizielle Erklärung verbreiten, die der europäischen Öffentlichkeit folgende Begründung für das überraschende preußische Vorgehen nannte[1]:

Der preußische König hege weder schlechte Absichten gegen den Wiener Hof noch wolle er die Ruhe des Reiches stören; er nehme lediglich seine Besitzrechte auf Schlesien wahr, die sich auf alte Familienpakte und Erbverbrüderungen sowie auf andere respektable Titel stützten. Eine rasche und entschlossene Besitzergreifung sei angesichts der Prätendenten auf das österreichische Erbe unumgänglich gewesen. Dies habe eine vorherige Abstimmung mit dem Wiener Hof verhindert, doch sei der König für die Interessen des Hauses Österreich eingenommen und werde stets deren stärkster Verfechter sein.

Diese Erklärung versandte das preußische Kabinettsministerium eine Woche vor dem Einmarsch an die preußischen Vertretungen bei den Generalstaaten, in England und in Rußland[2]. Am 13. Dezember 1740, dem Tage der Abreise des Königs zu seinen Truppen, wurde die *Declaration* auch an die übrigen preußischen Gesandtschaften geschickt und den auswärtigen Vertretern in Berlin – mit Ausnahme des österreichischen – von Podewils überreicht. Zwei Tage später wurde sie in den Berliner Zeitungen in deutscher Übersetzung veröffentlicht; der Abdruck der französischen Originalfassung im *Journal de Berlin* erfolgte am 17. Dezember.

Preußen hatte also keine offizielle Kriegserklärung gegen Österreich ausgesprochen. Ausgehend von der – nicht erläuterten – Prämisse, daß dritte Staaten im Begriff seien, die österreichische Erbfolge mit Waffengewalt anzufechten, verbindet die *Declaration* zwei unterschiedliche Argumentationen miteinander: Zum einen werden Rechtstitel auf Schlesien geltend gemacht; zum anderen wird der Ein-

---

[1] Vgl. PStSch I 61 ff. Text ebenda 62 f.

[2] Vgl. PStSch I 62; vgl. zum folgenden ebenda. Friedrich selbst hatte den Zeitpunkt und die Form der Veröffentlichung befohlen: „[...] il la faut délivrer à tous les ministres, mais il faut attendre que mes troupes soient en marche; ainsi ce sera le 12, jour avant mon départ, que vous le leur insinuerez et qu'on pourra le faire mettre dans les gazettes", PC I 116, Randbemerkung des Königs zu einem Bericht Podewils vom 28. November 1740.

marsch als politisch begründete Prävention gerechtfertigt. Die öffentliche preußische Begründung für den Einmarsch beruht also auf einem rechtlichen und einem politischen Ansatz.

Beides ist auch in den gleichzeitigen Erläuterungen enthalten, die auf diplomatischem Wege verbreitet wurden: Sowohl das *Schreiben an die Generalstaaten* vom 10. Dezember 1740 und das *Rundschreiben an die Reichsstände* vom 13. Dezember als auch das Zirkularreskript vom 13. desselben Monats sprechen von unbestreitbaren Rechten und von der Notwendigkeit, den Prätendenten auf das österreichische Erbe zuvorzukommen[3].

Diese publizistische Begleitung des Einfalls in Schlesien war ebenso wie die militärische Aktion seit Wochen vorbereitet worden. Dabei wurden jedoch Veränderungen vorgenommen, die Aufschluß über die Entwicklung der preußischen Kriegslegitimation bieten.

Bereits am 3. November hatte Podewils dem König auftragsgemäß einen Entwurf „d'une déclaration à faire" vorgelegt[4]. Dieser Entwurf weicht von der tatsächlich veröffentlichten Erklärung beträchtlich ab: Der Einmarsch wird hier allein als präventive Schutzmaßnahme gegen die Besetzung Schlesiens durch andere Staaten und gegen das Übergreifen der kriegerischen Ereignisse auf Preußen beschrieben – Rechtsansprüche auf Schlesien sind nicht erwähnt; es findet sich nur die unbestimmte Formel, daß der König über die genannten Gründe hinaus „plusieurs raisons très fortes"[5] für sein Vorgehen habe, deren Veröffentlichung er sich vorbehalte.

Der Präventionsgedanke erscheint in beiden Fassungen als unmittelbarer Anlaß für die preußische Besitzergreifung von Schlesien; als Ursache dafür berufen sie sich jedoch auf unterschiedliche Behauptungen. Während der Entwurf auf den notwendigen Schutz des eigenen Landes abstellt, erscheinen in der veröffentlichten *Declaration* stattdessen brandenburgische Rechtstitel.

Die Rechtfertigung für den Einmarsch in Schlesien wandelte sich also im Verlauf der Ausarbeitung von einer präventiven Selbstschutzmaßnahme zu einer Durchsetzung von Rechtsansprüchen. Die rein politische Argumentation des Entwurfs wurde in der veröffentlichten Erklärung um die juridische Begründung erweitert.

---

[3] Vgl. PStSch I 64 ff. Text ebenda 65 f. Diese Schriften betonen ebenfalls die Bereitschaft Preußens, sich mit dem Erzhaus zu verständigen, vgl. ebenda.
Irreführend ist die Angabe bei Everth, der den Eindruck erweckt, als handele es sich bei diesen drei Schriften und der *Declaration* um ein und denselben Text, vgl. *E.Everth* 344.

[4] Vgl. PStSch I 61; *G.B.Volz*, Protokoll 77. Ein schriftlicher Befehl Friedrichs liegt nach der Angabe von Volz nicht vor; es ist anzunehmen, daß dies mündlich während der sogenannten Rheinsberger Besprechung geschehen ist, zu dieser Besprechung vgl. unten.

[5] PStSch I 62, Anm. 3.

Dieser rechtliche Ansatz wurde in den folgenden preußischen Publikationen ausführlicher verfolgt[6]. Nachdem die ersten Schriften sämtlich von Podewils ausgear-
beitet worden waren, verfaßte auch der König selbst Ende des Jahres 1740 eine
Rechtfertigungsschrift. Am 29. Dezember sandte er den eigenhändigen Entwurf an
Podewils, der als interne Argumentationsanleitung für die preußischen Gesandten
gedacht war[7]. Im Auftrag Friedrichs überarbeitete Podewils diesen Text und fertigte daraus ein Zirkularreskript an, das am 31. Dezember versandt wurde. Die Überarbeitung, die Podewils vornahm, betrifft die vom König befohlenen Ergänzungen
sowie zwei Detailfragen und beschränkt sich im übrigen auf stilistische Verbesserungen[8].

Eine Veröffentlichung war zunächst nicht geplant, vielmehr war der Text als interne Information für die preußischen Diplomaten gedacht, bis die bereits im
Druck befindliche ausführliche Deduktion erscheinen würde[9]. Der preußische Gesandte in England gab jedoch die kurze Abhandlung unter dem Titel *Mémoire sur
les raisons*[10] an die dortige Presse weiter, um – wie ihm befohlen worden war –
österreichischen Publikationen entgegenzutreten[11].

Das *Mémoire sur les raisons* beginnt und endet mit der Behauptung, daß die
preußischen Ansprüche auf den größten Teil Schlesiens unbestreitbar seien[12]. Anschließend geht der König auf weitere rechtliche Aspekte ein: Zunächst verweist
er darauf, daß die Widerrufung der brandenburgischen Ansprüche nichtig sei, da
die entsprechenden Verträge betrügerisch zustande gekommen seien. Friedrich betont zudem erstmals, daß das preußische Vorgehen gegen Schlesien die Pragmatische Sanktion nicht berühre[13] – er nehme lediglich Sonderrechte wahr und fechte

---

6 Preußen veröffentlichte bis zum Spätsommer 1741 vier, zum Teil sehr umfangreiche Deduktionen seiner behaupteten Rechtstitel auf schlesisches Gebiet, vgl. hierzu Kapitel V.1.a).

7 „Je vous envoie ici une minute que j'ai faite des nos droits qu'il seroit bon de communiquer à Chambrier", PStSch I 74.

8 Vgl. hierzu PStSch I 74. Der Befehl des Königs zur Ergänzung des Textes um den Hinweis, daß Schlesien ein männliches Lehen sei und daß die Pragmatische Sanktion wegen der
weiblichen Erbfolge im Haus Habsburg nicht auf diese Lande angewendet werden könne,
ebenda 78.

9 Vgl. ebenda 74, Anm. 4: „Vous n'avez pourtant pas besoin de le communiquer in ex-
tenso, mais il suffit que vous vous en serviez pour vous expliquer sur cette affaire jusqu'à ce
que je vous ferais tenir quelques exemplaires d'une ample déduction qui est sous la presse".
Bei der genannten ausführlichen Deduktion handelt es sich um das eine Woche später veröffentlichte *Rechtsgegründete Eigenthum*.

10 Text in PStSch I 75-78; inklusive des Entwurfes von der Hand des Königs.

11 Vgl. PStSch I 74 ff. Der genaue Zeitpunkt dieser Veröffentlichung ist aus Kosers Angaben nicht ersichtlich, vgl. ebenda 75, Anm. 1.

12 Vgl. PStSch I 75 und 78. In Friedrichs Entwurf ist diese Behauptung nicht begründet;
Podewils fügte einen Verweis auf eine bereits veröffentlichte Rechtsdeduktion an: „La déduction qu'on a donné là-dessus au public en fait voir les fondemens et leur solidité". Dies kann
nur im Vorgriff auf das eine Woche später erschienene *Rechtsgegründete Eigenthum*, die erste
und wichtigste der preußischen Rechtsabhandlungen, geschehen sein.

die österreichische Erbfolge nicht an. Zudem sei Schlesien ein Mannlehen und könne daher nicht von einer Frau übernommen werden. Auch auf die preußische Garantie der Pragmatischen Sanktion könne sich der Wiener Hof nicht berufen, da Karl VI. die entsprechende gegenseitige Vereinbarung selbst nicht eingehalten habe. Neben diesen Rechtsargumenten begründet der König auch die angeblich unvermeidliche Prävention: Preußen habe vom Wiener Hof kein Entgegenkommen in rechtlicher Hinsicht zu erwarten, wie die Nichterfüllung der preußischen Geldforderungen beweise. Daher habe es die nun eingetretene günstige Gelegenheit genutzt, um die aufgrund der bislang überlegenen habsburgischen Machtstellung vorenthaltenen Rechte durchzusetzen[14].

Damit sind nicht allein zusätzliche rechtliche Erläuterungen in die preußische Kriegsbegründung aufgenommen – im Gegensatz zu den Aussagen der *Declaration*, die eine bevorstehende Einigung mit Österreich angedeutet hatte, ist die Argumentation nunmehr konkret gegen den Wiener Hof gerichtet und auf die gegenwärtige politische Situation zugeschnitten; sowohl der rechtliche wie der politische Ansatz sind deutlicher ausgeführt. Beides wird in den folgenden preußischen Publikationen übernommen.

Diese Veränderungen in der preußischen Kriegsbegründung sind in der historischen Forschung unterschiedlich interpretiert worden. Die ältere Forschung hat im Anschluß an Reinhold Koser angenommen, daß der König selbst die Rechtsposition als Argumentationsgrundlage angesehen habe und daß Podewils dementgegen – im Interesse einer Einigung mit dem Wiener Hof – Rechtstitel in den ersten Veröffentlichungen nur angedeutet habe[15]. Mit dem *Mémoire sur les raisons* habe der König Ende des Jahres 1740 selbst die Leitung der publizistischen Begleitung übernommen.

1983 leitete Theodor Schieder einen grundlegenden Wandel in dieser historiographischen Interpretation der preußischen Rechtsargumentation ein. In seiner systematisch gegliederten Biographie des Preußenkönigs gelangt er zu dem Schluß, daß der König die Rechtsfrage zunächst nicht ernst genommen und nur dilatorisch behandelt habe[16]. Im Unterschied zu Ludwig XIV. habe Friedrich bis zum Jahreswechsel 1740/41 geglaubt, „selbst den Schein des Rechts mißachten zu dürfen, bis er, zu spät, um damit noch eine Wirkung erzielen zu können, erkannte, welche Waffe er aus der Hand gegeben hatte"[17]. Die jüngste Forschung hat diese neue Be-

---

[13] Auf die preußische Argumentation hinsichtlich der Pragmatischen Sanktion werden wir ausführlich in Kapitel V.1.b) eingehen.

[14] Vgl. PStSch I 76 f.

[15] Auf diese Interpretation wird im folgenden noch einzugehen sein.

[16] Vgl. *Th. Schieder*, Friedrich 117 ff. und 141 ff. Die entsprechenden Abschnitte gleichlautend in den vorab publizierten Beiträgen *Ders.*, Macht und Recht; sowie *Ders.*, Machiavelli.

[17] *Th. Schieder*, Friedrich 146. Übereinstimmend mit Koser betrachtet Schieder das *Mémoire sur les raisons* als Wendepunkt; er bezeichnet es als den „ersten" – und wenig später –

urteilung übernommen[18]. Nachdrücklich schließt sich Peter Baumgart der These Schieders an, indem er behauptet, der König habe es „bewußt verschmäht [...], seine territorialen Vergrößerungsbestrebungen auf vorgeschobene Rechtsansprüche zu stützen"[19].

Beide Interpretationen sind aber, wie zu zeigen sein wird, nicht zwingend. Vieles spricht vielmehr dafür, von einer kontinuierlichen Vorbereitung (auch) der rechtlichen Argumentation auszugehen, die schrittweise in die preußischen Verlautbarungen aufgenommen worden ist. Offensichtlich unmittelbar nachdem der Entschluß zur Eroberung Schlesiens gefaßt war, begannen neben den militärischen auch die publizistischen Vorbereitungen zur erfolgreichen Durchführung dieses Planes.

In den Quellen, die über die Entschlußfassung Aufschluß geben, sind stets auch Überlegungen enthalten, wie eine solche Aktion gerechtfertigt werden könne. Neben dem Präventionsgedanken, der entsprechende Planungen von Beginn an beherrscht, tritt die juridische Argumentation im Laufe des November 1740 immer deutlicher hervor.

Am 28. Oktober, unmittelbar nachdem die Nachricht vom Tode des habsburgischen Kaisers eingetroffen war, berief der König seinen Kabinettsminister Podewils und den Feldmarschall Schwerin zu einer geheimen Konferenz nach Rheinsberg. Ziel dieser Besprechung war, die günstigste Vorgehensweise für die Erwerbung Schlesiens zu ermitteln.

Podewils hat von dieser Konferenz ein Protokoll angefertigt, das den Anschein erweckt, als sei es im Auftrag des Königs entstanden[20]. Dieses sogenannte *Rheinsberger Protokoll* verzeichnet die Erörterungen über drei Möglichkeiten zur Gewinnung Schlesiens. Die erste plädiert für Verhandlungen mit dem Wiener Hof über eine Abtretung, die zweite für ein militärisches Zusammenwirken mit denjenigen Mächten, die voraussichtlich Ansprüche an das österreichische Erbe anmelden würden; die dritte und letzte Möglichkeit favorisiert eine handstreichartige Besetzung Schlesiens vor der Aufnahme von Verhandlungen und im Anschluß an antipragmatische Bestrebungen Sachsens.

---

als „sehr verspäteten Versuch, der preußischen Besitzergreifung Schlesiens vor der internationalen Öffentlichkeit eine Rechtfertigung zu geben", *Th. Schieder*, Friedrich 118 und 144; in beiden Aussagen scheint er das Datum des zugrundeliegenden Zirkularreskriptes als Veröffentlichungszeitpunkt anzunehmen. Angesichts der bereits geschilderten öffentlichen und diplomatisch verbreiteten Begründungen, die Preußen unmittelbar vor Kriegsbeginn bekanntgab, kann diese Angabe jedoch nicht aufrechterhalten werden.

[18] Vgl. *J. Kunisch*, Friedrich 40; *E.Weis* 316; *P. Baumgart*, Friedrich 19; sowie *Ders.*, Kalkül 8; mit Abstrichen auch *G. Schöllgen*, Lageanalysen 30 f.

[19] *P. Baumgart*, Friedrich 19; wortgleich in *Ders.*, Kalkül 8.

[20] Vgl. PC I 74-78; die Überschrift lautet: „Dressé et concerté avec Son Excellence Le Feld-Maréchal Général Comte de Schwerin, à Rheinsberg le 29 d'Octobre 1740, par ordre du Roi".

Dieses Aktenstück hat die historische Forschung vornehmlich wegen der Frage beschäftigt, welchen Weg der König bevorzugt habe[21]. In unserem Zusammenhang ist das Protokoll jedoch wichtig, weil es Aufschluß über die ersten Überlegungen gibt, wie die Inbesitznahme Schlesiens öffentlich gerechtfertigt werden sollte. Die ersten beiden Möglichkeiten zur Erwerbung Schlesiens sind nicht von legitimatorischen Plänen begleitet[22], lediglich bei der Vorstellung des dritten Weges werden gleichzeitig Rechtfertigungen erörtert. Hier gibt es auffallende Übereinstimmungen in der Argumentation des Protokolls mit derjenigen des Entwurfes und der Endfassung der öffentlichen Erklärung.

Das *Rheinsberger Protokoll* ist vermutlich etwa zur gleichen Zeit wie der Entwurf der *Declaration* verfaßt und argumentiert auch genauso: Ebenso wie dieser verweist es zur Rechtfertigung des Einmarsches in Schlesien auf den notwendigen präventiven Selbstschutz angesichts der kriegerischen Verwicklungen, die aufgrund der strittigen österreichischen Erbfolge zu erwarten seien[23]. Sowohl das *Rheinsberger Protokoll* wie auch der Entwurf argumentieren rein politisch und berufen sich nicht auf Rechtsansprüche – aber während im Entwurf für die öffentliche Erklärung eine entsprechende Andeutung enthalten ist, fehlen juristische Legitimationsüberlegungen im Protokoll[24]: Recht vage heißt es hier, die dritte mögliche Vorgehensweise „pourra toujours être justifiée en quelque façon"[25].

---

[21] Volz kam 1916 zu dem Ergebnis, daß Podewils dieses Protokoll insgeheim und zur nachträglichen Rechtfertigung des Königs verfaßt habe, indem es den dritten – nach Volz von Friedrich selbst befürworteten Weg – als einen Vorschlag der Minister einführt; Podewils habe so versucht, „das Odium des Angriffskrieges von dem König abzuwälzen", *G.B.Volz*, Protokoll 85. Vgl. hierzu die kritischen Einwendungen von *W. Michael*, HZ 177/1917, 169-171, und die Zustimmung von *A. Berney*, Entwicklungsgeschichte 314, Anm. 66. Ähnlich wie Volz bereits *R. Koser*, Friedrich I 238; *W. Oncken* 291 f.; sowie *C. Grünhagen*, Rubikon, die jedoch betonen, daß die beiden ersten Wege zur Milderung der möglichen negativen Wirkung und des Risikos einer handstreichartigen Besetzung von Podewils und Schwerin vorgeschlagen worden seien. Vgl. hierzu auch Kapitel V.1.b) dieser Arbeit.

[22] Hier wird lediglich eine vertragsrechtliche Absicherung der geplanten „acquisition" in Aussicht genommen – entweder, wie die erste Möglichkeit vorsah, durch Habsburg, oder entsprechend des zweiten Weges durch Frankreich, vgl. PC I 76 f.

[23] Vgl. *Rheinsberger Protokoll*: „[...] Votre Majesté serait alors authorisés d'en faire autant par rapport à la Silésie, pour ne point suffrir qu'on la barre ainsi dans Ses États de toute côté, ou qu'on transporte le théâtre de la guerre sur Ses frontières", PC I 78. Ebenso im Entwurf zur *Declaration*, vgl. PStSch I 62, Anm. 3: „pour empêcher que d'autres dans les conjonctures présentes ne s'emparent d'une province qui fait la barrière de ses États, et pour écarter de ses frontières le feu de la guerre qui pourra s'allumer au sujet de la succession des États de la maison d'Autriche". Zur Ähnlichkeit und zur Datierung des Protokolls wie des Entwurfes zur *Declaration* vgl. *G. B. Volz*, Protokoll 85.

[24] Das *Rheinsberger Protokoll* nennt einleitend Schlesien „l'objet le plus considérable qui s'est présenté depuis longtemps pour l'agrandissement le plus solide, et le plus convenable à Sa gloire et à la grandeur de Sa maison", vgl. PC I 74. Dieser Hinweis mag als Bezug zu einem entsprechenden Plan des Großen Kurfürsten aufgefaßt werden, der im Jahre 1731 aufgefunden wurde, und der Friedrich bekannt war, abgedruckt bei *L. v. Ranke*, SW XXVI 518-522: Ohne ausführliche Diskussion der Rechtslage hatte sich der Große Kurfürst ebenfalls

Einerseits verweist dies auf die Absicht, die geplante Eroberung Schlesiens als Prävention zu rechtfertigen; andererseits läßt diese Formulierung vermuten, daß zur Zeit der Abfassung des Protokolls noch keine rechtliche Legitimation vorbereitet war.

Eben diese Feststellung trifft Podewils in dem Begleitschreiben vom 3. November 1740, mit dem er den Entwurf der *Declaration* an den König sendet[26]: Er erklärt hierin, daß er es für notwendig gehalten habe, in die öffentliche Erklärung eine Andeutung über andere triftige Gründe für die Besetzung Schlesiens aufzunehmen, um zu betonen, daß Friedrich nicht auf eine Übereinkunft mit dem Wiener Hof angewiesen sei, sondern über ein „droit plus fort que celui de la convenance" verfüge. Außerdem solle damit das Publikum auf die Veröffentlichung von Deduktionen vorbereitet werden, die jedoch erst erstellt werden müßten: „[...] pour préparer le public aux déductions de prétentions pécuniaires et autres sur quelques morceaux de la Silésie, qu'il faudra ramasser, tant qu'on pourra, pour le faire valoir en cas que la cour de Vienne ne goûte pas les autres propositions qu'on lui ferra là-dessus"[27].

Damit ist erstmals eine rechtliche Begründungsmöglichkeit in den Vorüberlegungen zur Rechtfertigung des geplanten Einfalls in Schlesien erwähnt. Allerdings betrachtet Podewils dies zunächst noch als ein lediglich zusätzliches Argument neben den Geldforderungen, die man gegenüber dem Wiener Hof geltend machen könne. Und er macht darauf aufmerksam, daß Rechtsgründe erst noch zusammengestellt werden müßten, sofern dies möglich sei.

---

vornehmlich mit der Nützlichkeit einer Erwerbung Schlesiens befaßt und gemahnt, eine Gelegenheit zur Besitzergreifung nicht ungenutzt verstreichen zu lassen, vgl. ebenda; *Th. Schieder*, Friedrich 138 f., dagegen *J. Kunisch*, Staatsverfassung 69, Anm. 141.

Das *Rheinsberger Protokoll* argumentiert ebenso; ein zaghafter Hinweis auf den „juste titre" Preußens ist hier enthalten, vgl. PC I 75. Die anschließende Angabe, eine finanzielle Unterstützung Wiens „donnerait une nouvelle force au droit de possession de la Silésie à Votre Majesté", ebenda 76, bezieht sich zwar auf eine geplante Verpfändung Schlesiens an Preußen im Anschluß an eine bereits erfolgte Abtretung, zeigt jedoch, daß durchaus von preußischen Besitzrechten auf schlesisches Gebiet ausgegangen wurde.

Grünhagen erklärt das Fehlen rechtlicher Erwägungen im *Rheinsberger Protokoll* damit, daß der König diese als gültig betrachteten Ansprüche nicht mit dem Minister habe diskutieren müssen, vgl. *C. Grünhagen*, Geschichte I 58. Berney dagegen führt dies auf die machtpolitische Motivation des Königs zurück, vgl. *A. Berney*, Entwicklungsgeschichte 122 f. und 314 f., besonders 315, Anm. 71.

25 PC I 78.

26 Vgl. *G. B. Volz*, Protokoll 91. Dasselbe Schreiben zitiert Koser auszugsweise in den „Preussischen Staatsschriften", vgl. PStSch I 61, Anm. 2. Das folgende Zitat ebenda.

27 Ebenda. Es ist daher der Ansicht Grünhagens nicht zuzustimmen, der angibt, Podewils sei in der Formulierung der öffentlichen Rechtfertigung seiner „Neigung [gefolgt], die Besetzung Schlesiens gewissermaßen nur als einen Akt der Nothwehr darzustellen", *C. Grünhagen*, Rubikon 129 f. Schon Koser verwies darauf, daß Grünhagen hier irrtümlich den Entwurf anstelle der Endfassung zugrundelegte, vgl. PStSch I 61, Anm. 3.

Wenige Tage später scheint sich der Minister vorläufig über die rechtliche Lage informiert zu haben; auf Aufforderung des Königs sammelt er Einwände gegen dessen *Idées sur les projets politiques à former au sujet de la mort de l'Empereur*[28], in denen die geplante Vorgehensweise und die Begründung derselben zusammengefaßt sind. Obwohl der König hier auch Rechtsansprüche andeutet, stellt der Präventionsgedanke das ausschlaggebende Argument dar – und zwar sowohl für den Entschluß, Schlesien sofort zu besetzen, als auch für dessen öffentliche Begründung: Als erste Behauptung nennt Friedrich in den *Idées*, Schlesien sei aus der Erbschaft des Kaisers „le morceau sur lequel nous avons le plus de droit et qui convient le mieux à la maison de Brandebourg"[29]. Diese Andeutung von Rechtstiteln und einer vorteilhaften Erwerbung ergänzt er durch den Hinweis, „il est juste de maintenir ses droits et de saisir l'occasion de la mort de l'Empereur pour s'en mettre en possession". Im folgenden Absatz kombiniert er dies mit einer politischen Situationsanalyse: Er behauptet, daß frühzeitiges Handeln notwendig sei; wolle man dagegen warten, bis Bayern oder Sachsen die Feindseligkeiten eröffneten, „nous n'avons, en ce cas, aucun bon prétexte". Die Prävention fungiert hier als Handlungsmaxime wie auch als Rechtfertigung.

Podewils geht in seiner Antwort zunächst auf diesen Punkt ein und betont, eine kriegerische Absicht Bayerns oder Sachsens „fournit au moins un prétexte de plus plausible de prévenir ceux qui pourraient par la même raison, au préjudice de V[otre] M[ajesté], vouloir se saisir de la Silésie"[30]. Anschließend behandelt er kurz die für Preußen ungünstige Rechtslage, da Brandenburg vertraglich auf seine schlesischen Rechte verzichtet habe. Er kommt jedoch zu dem Schluß, daß man einen Weg finden werde, diese Rechte wiederzubeleben und zusätzlich auf rückständige Geldforderungen verweisen werde: „Cependant on trouvera toujours moyen de faire revivre ces anciens droits et de se récrier sur la lésion énorme, en y ajoutant les prétentions pécuniaires que Votre Majesté a à la charge de la maison d'Autriche, et qui font des sommes assez considérables"[31]. Hatte Podewils noch wenige Tage zuvor erklärt, daß man sich hauptsächlich auf die finanziellen Forderungen stützen werde und – zusätzlich – Rechtstitel anführen könne, erscheint die Gewichtung dieser Rechtfertigungsargumente nun umgekehrt. Die juridische Begründung wird zum zentralen Argument.

Der König bemerkte zu diesen Hinweisen knapp, die Rechtsfrage sei eine Angelegenheit der Minister, es sei nun Zeit, daran im geheimen zu arbeiten, denn die Befehle an die Truppen seien gegeben[32].

---

[28] Abgedruckt in PC I 90 f. Friedrich fordert seinen Minister in einem Begleitschreiben ausdrücklich auf, „de faire des oppositions avec toute la liberté possible", Friedrich an Podewils, 6. November 1740, ebenda 90.

[29] Ebenda 90. Die beiden folgenden Zitate ebenda.

[30] *G. B. Volz*, Protokoll 92. Hier ist ergänzend zur „Politischen Correspondenz" der Beginn und der Schluß der Podewilsschen Argumentation gegen die *Idées* des Königs abgedruckt; Friedrich an Podewils, 7. November 1740, vgl. PC I 91-93.

[31] PC I 91 f. Ebenso zitiert in PStSch I 57, Anm. 1.

Theodor Schieder hat aus dieser Bemerkung geschlossen, daß Friedrich die Bedeutung einer rechtlichen Begründung gering eingeschätzt habe[33]. Diese Folgerung ist jedoch nicht zwingend. Friedrichs Kommentar ist eher als Hinweis darauf zu verstehen, daß die Ausarbeitung von Deduktionen angesichts der bevorstehenden militärischen Aktion zu beschleunigen sei. Eine solche Interpretation befindet sich auch im Einklang mit dem fast gleichzeitigen Befehl des Königs, eine Zusammenstellung der Rechtstitel anzufertigen; am 1. November hatte sich der Kanzler der Universität Halle, der angesehene Jurist und Publizist Johann Peter von Ludewig[34], an Friedrich gewandt und ihm Unterlagen über preußische Ansprüche auf vier schlesische Herzogtümer angeboten. Friedrich antwortete am 6. November, daß Ludewig „davon einen kurzen und deutlichen Auszug und Entwurf zu Papier bringen"[35] und an ihn senden solle. Ausdrücklich setzte er hinzu, daß Ludewig „diese Arbeit ganz geheim halten und wohl menagiren" solle, „damit nichts davon transpiriren möge".

Diese Anweisung zur Geheimhaltung der publizistischen Vorbereitungen versteht Schieder gleichfalls als Ausdruck des geringen Interesses, das der preußische König einer Veröffentlichung brandenburgischer Rechtsansprüche beigemessen habe[36]; er nimmt an, daß Friedrich sich „darum wenig gekümmert und auch nicht auf übermäßige Eile gedrängt"[37] habe.

Dagegen hat Koser zahlreiche Zeugnisse aus dem preußischen Kabinett beigebracht, die zeigen, mit welchem Nachdruck der König auf eine rasche Veröffentlichung drängte; auf die zweimalige Verzögerung in der Fertigstellung dieser De-

---

32 Vgl. Friedrich an Podewils, 7. November 1740, PC I 91-93, hier 91: „L'article de droit est l'affaire des ministres, c'est la vôtre; il est temps d'y travailler en secret, car les ordres aux troupes sont donnés".

33 Vgl. *Th. Schieder*, Friedrich 144. Dasselbe Zitat des Königs nennt Schieder auch an anderer Stelle und begründet damit die Annahme, Friedrich sei über die preußischen Rechtstitel „ganz offenbar nur schlecht informiert [gewesen], sie interessierten ihn nicht einmal", ebenda 117. Ähnlich bereits *G. Ritter*, Friedrich 101.
Diese Einschätzung übersieht jedoch, daß Friedrich sich beinahe gleichzeitig über Einzelfragen der schlesischen Rechtslage informierte, vgl. Friedrich an Podewils, 6. November 1740, PC I 89: „Il m'importe aussi de savoir si la Silésie est un fief masculin, ou si les deux sexes y peuvent succéder suivant le droit public, ce dont j'attends de voir votre sentiment".
Reinhold Koser warnte schon 1877 davor, die oben zitierte Bemerkung Friedrichs als Ausdruck einer minderen Bedeutung mißzuverstehen, die der König einer Veröffentlichung der preußischen Rechte auf Schlesien beigemessen habe, vgl. PStSch I 57, Anm. 1. Ähnlich *Th. Thelen* 111.

34 Johann Peter von Ludewig (1668-1743) war seit langem publizistisch für den brandenburgischen Hof tätig, vgl. *N. Hammerstein*, Jus und Historie 169 ff., besonders 199 ff.; auch *R. Skalnik* 78; *O. Groth*, Zeitung 622 f.; *Th. Thelen* 110 f.; PStSch I, XXIX und 56.

35 Friedrich an von Ludewig, 6. November 1740, PC I 89. Das folgende Zitat ebenda.

36 Vgl. *Th. Schieder*, Friedrich 143: Als Ludewig ihm das Angebot einer Rechtsabhandlung unterbreitete, „ging der König *zwar* darauf ein, bat ihn *aber*, diese Arbeit ganz geheim zu halten [...]" [Hervorhebung S.M.].

37 Ebenda 144.

duktion reagierte Friedrich offensichtlich ungehalten, wie Podewils in einer nach-drücklichen Mahnung zur Beschleunigung des Drucks berichtet: „[...] oder S[eine] K[önigliche] M[ajestät] werde es höchst ungnädig machen können, dass es mit die-sem Werk, welches Sie so eifrigst pressiren, so langsam von Statten geht"[38].

Schieder gelangt zu dem Schluß, daß Friedrich bis zum Jahreswechsel 1740/41 kein Interesse an einer öffentlichen juristischen Rechtfertigung des Einfalls in Schlesien gezeigt habe; vielmehr habe er eine „Zurückstellung und Unterbindung jeder Diskussion über die juristischen Probleme in der Öffentlichkeit und Vorrang des militärischen Handelns"[39] beabsichtigt.

Ohne Zweifel stellte Friedrich die öffentliche Diskussion der Rechtslage bis zum Kriegsbeginn zurück. Da er einen Überraschungsschlag plante, ist dies kaum verwunderlich; auch in militärischer Hinsicht ließ er gezielt Falschmeldungen ver-breiten, um die europäischen Mächte über das Ziel der preußischen Kriegsvorbe-reitungen im Unklaren zu lassen[40]. Es ist unwahrscheinlich, daß der Entschluß des preußischen Königs zur Eroberung Schlesiens durch die – von seinem Vater wenig beachteten und vor über 50 Jahren widerrufenen[41] – alten Rechtstitel motiviert war. Hinsichtlich der – von uns aber nicht zu untersuchenden – tatsächlichen Moti-ve für die Besitzergreifung ist Schieders Erklärung überzeugend und stimmt auch mit dem Selbstzeugnis des Königs überein[42].

---

[38] Podewils an Ilgen, 28. Dezember 1740, zitiert nach PStSch I 98. Vgl. ebenda Anm. 1: „S[eine] K[önigliche] M[ajestät] können sich nicht vorstellen, wie solches so lang dauern kann", Podewils an Ilgen, 4. Januar 1741. Vgl. ebenso die ebenda 97 f. beschriebene unlieb-same Verzögerung, die durch Ludewigs langsames Schreiben der Deduktion entstanden war.

[39] *Th. Schieder*, Friedrich 144.

[40] Friedrich an Podewils, 15. November 1740, PC I 102: Der König berichtet, er habe fal-sche Marschbefehle ausgegeben, und bemerkt dazu: „j'espère que cela trompera les politi-ques". Vgl. ebenso zu weiteren Falschnachrichten ebenda 94, Friedrich an Podewils, 8. No-vember 1740; ebenda 95 f., Friedrich an Podewils, 9. November 1740.

[41] Vgl. hierzu *G. B. Volz*, Erbansprüche; *Th. Schieder*, Friedrich 138.

[42] In der ersten Niederschrift der *Histoire de mon temps* erwähnte Friedrich keine Rechts-titel als Begründung für den Einfall in Schlesien, sondern die Überlegenheit seiner Truppen, die gefüllte Staatskasse und die günstige Gelegenheit, vgl. *H.Droysen*, Beiträge 30; nach der Angabe Stenzels habe Friedrich erst auf Anraten Voltaires den Hinweis auf die brandenburgi-schen Rechte in der folgenden Überarbeitung eingefügt, vgl. *G. A. H. Stenzel* IV 65; *E.Everth* 343, Anm. 1; *A. Berney*, Entwicklungsgeschichte 123 ff.; *C. Grünhagen*, Rubikon 133 f.; vgl. hierzu auch *W. Oncken* 296 sowie *R. Koser*, Breslauer Frieden 66: Voltaire habe dem König geraten, „sich in seinen Memoiren nicht allzu bloß zu stellen". Rechtstitel erwähnt Koser in diesem Zusammenhang nicht. In der Edition der preußischen Staatsschriften gibt er dagegen an, Rechtsansprüche seien in der *Histoire de mon temps* „nur beiläufig erwähnt", PStSch I 60, Anm. 1; daß sie in der allerersten Fassung gänzlich fehlten, erwähnt Koser an dieser Stel-le nicht. Tatsächlich spricht Friedrich in der überarbeiteten Version der *Histoire de mon temps* nur einmal von „droits incontestables", ohne diese jedoch zu erläutern und um anschließend auf seine rein politische Motivation überzugehen, vgl. Œuvres II 54. Dies weist auf eine of-fenkundig mindere Bedeutung hin, die der König der rechtlichen im Vergleich zur politischen Begründung einräumte. Vgl. ebenso die im politisch-persönlichen Tenor ähnlichen Schreiben Friedrichs an Jordan, Œuvres XVII 75 ff. und 89 ff.

Allerdings scheint Friedrich Rechtsansprüche sehr wohl als brauchbare öffentliche Rechtfertigung betrachtet zu haben[43]. Anfang November befiehlt er, eine Zusammenstellung der „nützlichen Nachrichten von denen Prätensionen Meines Königlichen Hauses auf die vier benennte schlesische Fürstenthümer"[44], die der rechtsgelehrte Publizist Ludewig ihm hatte zukommen lassen, anzufertigen. Gleichzeitig erkundigt er sich bei seinem Kabinettsminister, ob Schlesien seit alters her ein Mannlehen sei[45]. Auf Vorschlag von Podewils wird Ludewig am 13. November nach Berlin beordert, um eine Deduktion der preußischen Rechte zu verfassen[46].

Es ist sehr wahrscheinlich, daß Podewils die Ergebnisse dieser juristischen Vorarbeiten in die Formulierungen für die *Declaration* einbezog; am 3. November fehlten ihm – wie er selbst angibt[47] – genauere Kenntnisse, und daher nahm er in den Entwurf die Formel über 'weitere triftige Gründe' auf. In der Endfassung vom 28. November ersetzte er diese Andeutung durch den Hinweis auf unbestreitbare Rechtstitel.

Für eine kontinuierliche Entwicklung der preußischen Rechtsargumentation spricht auch ein weiteres Indiz: Die einzige preußische Veröffentlichung aus dem Dezember 1740 ohne direkte Erwähnung von Rechtstiteln ist das *Patent an die Schlesier*, das beim Einmarsch verteilt wurde[48]. Hier findet sich als Begründung neben dem Präventivgedanken die Andeutung „anderer triftiger und wichtiger Ursachen, welche Wir zu seiner Zeit zu manifestieren nicht unterlassen werden"[49]. Diese Argumentation entspricht also derjenigen des Entwurfes zur *Declaration*. Dies ist durch die annähernd gleiche Entstehungszeit der beiden Texte erklärlich: Das Patent wurde bereits am 18. November zum Druck nach Frankfurt an der Oder gesandt[50], noch bevor die Argumentation in der erweiterten Fassung der *Declaration* geändert wurde.

---

43 Ähnliches konstatierte Friedrich von Raumer bereits im Jahre 1836: Die schlesischen Ansprüche „boten ihm eine erwünschte Rechtfertigung [...] Sein Plan erwuchs aus seinem Willen und erst hintennach wurden die Deduktionen und Manifeste, suppletorisch, entworfen und bekannt gemacht", *F. v. Raumer* 71. Ebenso, wie Raumer ohne Begründung, *G. A. H. Stenzel* IV 65 und *H. Fechner*, Theorie 13: „Da die Rechte Friedrich's nicht Zweck, sondern Mittel waren, fällt ihre Geltendmachung unter den Begriff der Kriegsvorwände und unter die Fälle, wo man zwar eine gerechte Kriegsursache hat, aber wo man mehr durch den Eifer für Ehre oder einen Vorteil geleitet wird".

44 Friedrich an Ludewig, 6. November 1740, PC I 89.

45 Vgl. Friedrich an Podewils, 6. November 1740, PC I 89. Eine Antwort des Ministers auf diese Anfrage ist in der PC nicht enthalten; auch Koser erwähnt in den Preußischen Staatsschriften nichts hierzu.

46 Vgl. PStSch I 97.

47 Vgl. das bereits zitierte Schreiben Podewils an den König, 3. November 1740: Der Minister spricht davon, daß man Rechtsansprüche auf einige Teile Schlesiens noch zusammentragen müsse, vgl. PStSch I 61, Anm. 2.

48 Vgl. PStSch I 67 ff. Text ebenda 69-71.

49 PStSch I 70.

Reinhold Koser hat angenommen, daß diese Veränderung auf andere Gründe zurückzuführen sei: Ursprünglich habe Podewils – im Unterschied zum König – aus politischer Rücksicht auf den Wiener Hof den Rechtsstandpunkt nicht ausdrücklich betonen wollen, um eine mögliche Einigung nicht zu gefährden[51].

Aus demselben Grund habe Podewils auch in der von ihm entworfenen Instruktion für den preußischen Gesandten in Wien die Rechtsgründe „nur ganz leise angedeutet", damit aber – unbeabsichtigt – die Erfolgsaussichten der Verhandlungen über eine Abtretung Schlesiens gemindert[52].

Diese Instruktion für Borcke vom 15. November 1740 enthält pointiert formulierte Beurteilungen der internationalen Bedrohung Österreichs und – im Stile eines politischen Tauschhandels – Vorschläge zur Abhilfe. Die Abtretung ganz Schlesiens ist dabei ausdrücklich als Preis für das Angebot bezeichnet, militärisch und politisch für den Fortbestand des Habsburgerreiches einzutreten: „En un mot, c'est la cession entière et totale de toute la Silésie que je demande d'abord pour prix [...]"[53].

Rechtsansprüche auf Schlesien werden hier nicht geltend gemacht; fast mit den gleichen Worten wie im Entwurf der *Declaration* ist unbestimmt auf „autres raisons très valables que je manifesterais en son temps"[54] verwiesen. Ebenfalls ähnlich formuliert ist die Begründung des preußischen Einmarsches als präventive Selbstschutzmaßnahme: „[...] j'ai pris la résolution de faire entrer un corps de troupes en Silésie, non seulement pour empêcher que d'autres dans les conjonctures présentes ne s'emparent d'une province qui fait la barrière et la sûreté de mes États, mais aussi pour être par là plus à porter de secourir la maison d'Autriche et de la sauver de la ruine dont elle est menacée"[55].

---

50 Vgl. PStSch I 67.

51 Vgl. PStSch I 61. Ebenso *J. G. Droysen*, Politik V 1, 146. Ähnlich *A. Berney*, Entwicklungsgeschichte 136 f.; *K. Kurth*, Nachrichtenpolitik 617; *H. Jessen*, Anfänge 310 ff. Koser stützt sich auf ein Schreiben Podewils an den König vom 10. November 1740: Podewils verweist darauf, daß eine Einwilligung des Wiener Hofes eine Rechtsabhandlung unnötig mache, vgl. PStSch I Anm. 1. Immerhin hatte er aber dem König kurz zuvor mitgeteilt, daß man auf die Andeutung über andere Titel nicht verzichten könne, also hat auch er eine rechtliche Argumentation nicht für unwesentlich gehalten, vgl. das bereits zitierte Schreiben Podewils an den König vom 3. November, ebenda Anm. 2.

52 *R. Koser*, Friedrich 279 f. Zitat ebenda 280.

53 Instruktion für Borcke, 15. November 1740, PC I 102-105, hier 103. Die Formulierung dieser Forderung ebenso wie des politischen Angebots ist derjenigen in Podewils *Rheinsberger Protokoll* sehr ähnlich, vgl. ebenda 74 f. Zu Caspar Wilhelm von Borcke (1704-1747) vgl. PStSch I, XXIV.

54 PC 74 f. Die entsprechende Formulierung im Entwurf zur *Declaration* lautet: „Mais S[a] M[ajesté] outre plusieurs raisons très-fortes qu'elle en a eues et qu'elle se réserve de manifester en son temps s'est crue", PStSch I 62, Anm. 3.

55 Instruktion für Borcke, 15. November 1740, PC I 102-105, hier 103. Die entsprechende Passage lautet im Entwurf zur *Declaration*: „[...] pour empêcher que d'autres dans les con-

Diese zunächst mit politischen Notwendigkeiten und Vorteilen operierende Argumentation wurde erstmals in der Instruktion für den preußischen Sondergesandten zur Verhandlung mit Österreich, Baron von Gotter[56], um rechtliche Aspekte erweitert: Als Erläuterung und Bekräftigung für den von Preußen geforderten 'Preis' wird nun ausdrücklich darauf hingewiesen, daß man auf den größten Teil Schlesiens „des prétentions bien fondées"[57] besitze. Gleichzeitig wird die baldige Veröffentlichung entsprechender Rechtsabhandlungen angekündigt: „[...] je le ferai voir par des déductions qui paraîtront bientôt"[58].

In einem eigenhändig in den Entwurf dieser Instruktion eingefügten Absatz geht der König auf zusätzliche rechtliche Aspekte ein. Neben der Behauptung der Ungültigkeit der Renunziation erwähnt er das kaiserliche Versprechen eines Äquivalents für den Besitz des Herzogtums Berg; Schlesien könne nunmehr als dieses Äquivalent gelten. In einer Randbemerkung befiehlt der König, Gotter über die Pragmatische Sanktion zu informieren[59]. Abschließend verweist er darauf, daß – falls Wien sich auf die von Preußen geleistete Garantie der Pragmatischen Sanktion berufe und sich einer friedlichen Verständigung verweigere – „j'exposerais aux yeux de tout l'univers combien on a abusé indignement de la confiance de feu mon père"[60]. Diese Hinweise auf Rechtstitel ergänzen die politische Argumentation aus der Instruktion für Borcke vom 15. November, die ausdrücklich bekräftigt wird. Die Benennung der Rechtsansprüche ersetzt in Gotters Instruktion vom 8. Dezember ebenso wie in der Endfassung der *Declaration* die bisherigen Verweise auf weitere triftige Gründe, deren Veröffentlichung man sich vorbehalte.

Es erscheint nicht überzeugend, eine zunächst mangelhafte Berücksichtigung der Wünsche des Königs durch Podewils anzunehmen, denn der Minister hatte den Text der Anweisung vom 15. November mit dem König abgestimmt[61]; Friedrich

---

junctures présentes ne s'emparent d'une province qui fait la barrière des ses États [...]", PStSch I 62, Anm. 3.

Die Behauptung des drohenden Untergangs des Hauses Habsburg bezieht sich auf mehrfache Warnungen, die Friedrich seit Anfang November durch seinen Vertreter in Wien hatte anbringen lassen, vgl. hierzu unten.

56 Gustav Adolf von Gotter (1692-1762), vgl. ADB IX 451-456.

57 Instruktion für Gotter, 8. Dezember 1740, PC I 131-134, hier 132. Damit ist die Angabe von Schieder widerlegt, der behauptet, daß keiner der beiden preußischen Unterhändler rechtliche Argumente habe vortragen sollen, vgl. *Th. Schieder*, Friedrich 117 und 142.

58 PC I 132. Da der König bis zu diesem Zeitpunkt nur eine, nämlich die Ludewigsche Deduktion in Auftrag gegeben hatte, könnte die Verwendung des Plurals („des déductions") ein Indiz dafür sein, daß der König selbst eine weitere Rechtfertigungsschrift verfassen oder in Auftrag geben wollte. Diese Annahme spräche zusätzlich gegen Schieders Interpretation.

59 Vgl. ebenda 132 f. Nach der editorialen Angabe, ebenda 135 Anm. 2, liegen die entsprechenden Anweisungen nicht mehr bei den Akten.

60 Ebenda 134. Diese Bemerkung bezieht sich auf den österreichisch-preußischen Geheimvertrag von 1728, vgl. hierzu Kapitel V.1.b).

61 Vgl. den Bericht Podewils an Friedrich vom 11. November 1740, sowie die Anmerkungen des Königs in Antwort dazu, PC I 98-100.

notierte eigenhändig unter das Konzept: „Ceci est très bon [...]"[62] und forderte keine Betonung von Rechtstiteln. Überdies wurde Gotter am 8. Dezember ausdrücklich angewiesen, die politische Argumentation vom 15. November in seinen Vortrag vor dem Großherzog einzubeziehen[63]. Man muß also annehmen, daß der König mit beiden Vorlagen einverstanden war.

Für diese Interpretation spricht weiterhin, daß der König in seinen eigenen Depeschen an Borcke ebenfalls keine Rechtstitel anführte, sondern ausschließlich politisch argumentierte[64]. Erst in der Instruktion für Gotter – als der Einmarsch unmittelbar bevorstand – machte Friedrich Rechtsansprüche gegenüber dem Wiener Hof geltend. Es ist zwar möglich, daß Podewils mit dem konkreten Hinweis auf Rechtstitel in der Endfassung der *Declaration* einem Befehl des Königs folgte, aber wir besitzen keine Zeugnisse für eine solche Annahme. Das Begleitschreiben, mit dem Podewils die Endfassung dem König am 28. November vorlegte, erweckt vielmehr den Eindruck, als habe der Minister die Überarbeitung aus eigenem Antrieb vorgenommen[65]. Friedrich lobte die Formulierung dieser öffentlichen Rechtfertigung ausdrücklich; in einer Marginalie notierte er: „Bravo, cela est l'ouvrage d'un bon charlatan"[66].

Offensichtlich war der König sowohl mit der öffentlich als auch mit der diplomatisch vorzutragenden Begründung für den preußischen Einfall in Schlesien einverstanden. Es scheint daher andere als die von Koser vermuteten Gründe zu haben, daß sich der ultimative Hinweis auf die preußischen Rechtsansprüche in der Instruktion für Gotter vom 8. Dezember in der Tendenz nicht mit den Aussagen der *Declaration* deckt. Während Friedrich dem Wiener Hof die preußischen Gebietsansprüche und deren baldige Veröffentlichung nahezu drohend ankündigt, wirkt der entsprechende Hinweis in der öffentlichen *Declaration* verhalten.

Auch in anderer Hinsicht läßt sich eine Diskrepanz zwischen der veröffentlichten und der diplomatisch in Wien vorgebrachten Begründung für das preußische Vorgehen feststellen: Die grundlegende Prämisse des Präventionsgedankens waren

---

62 Ebenda 105, Anm. 2.

63 Vgl. Instruktion für Gotter, 8. Dezember 1740, PC I 131-134, hier 131.

64 Vgl. Friedrich an Borcke, 31. Oktober 1740, PC I 81 f. Unmißverständlich deutet Friedrich hier bereits Forderungen an: Der Herzog von Lothringen könne preußischer Unterstützung sicher sein, „dès qu'on me mettra en état de ce côté-là de faire quelque chose pour lui; mais vous [Borcke] jugez bien vous-même que cela ne saurait être que d'une manière que j'y trouve mon compte, et que je puisse contrebalancer le risque que je courrais en prenant son parti dans la crise présente, où nous ne sommes pas menacés de moins que d'une guerre générale [...]", ebenda 81. Zum Inhalt der weiteren Depeschen Friedrichs an seinen Wiener Vertreter vgl. unten Anm. 69.

65 Podewils an Friedrich, 28. November 1740, auszugsweise zitiert in PStSch I 61.

66 A. *Berney*, Entwicklungsgeschichte 123 und 315. Daß diese Anrede nicht geringschätzig gemeint war, erhellt aus den verschiedenen anderen Gelegenheiten, zu denen der König seinen Minister auf freundschaftlich-scherzhafte Weise ebenfalls als Scharlatan bezeichnete, vgl. PC I 94, 100 und 167; ebenso R. *Koser*, Breslauer Frieden 93. Es ist erstaunlich, daß Koser den Vermerk vom 28. November nicht erwähnt, vgl. PStSch I 61.

kriegerische Absichten anderer Staaten gegen die österreichische Erbfolge. Dies stellte auch die Voraussetzung für das tatsächliche Handeln Preußens dar. In den Weisungen an die preußischen Vertreter in Dresden, Wien und Regensburg in den ersten Tagen nach der Nachricht vom Tod Karls VI. spiegelt sich einerseits das Bemühen Friedrichs, genaue Informationen über mögliche Anfechtungen der Pragmatischen Sanktion zu erhalten, und andererseits der Wille, solche Absichten zu fördern[67].

Nachdem der bayerische Kurfürst offiziell die Erbrechte Maria Theresias bestritten hatte, schrieb Friedrich sichtlich erfreut an Podewils: „[...] la Bavière veut en découdre pour moi; je crois être fortifié par là dans mes projets: enfin je ne crois presques plus rien voir qui puisse m'arrêter"[68].

Bereits bevor der König die Nachricht von dem bayerischen Protest erhalten hatte, ließ er in Wien eindringlich vor antipragmatischen Absichten vornehmlich Bayerns, Frankreichs und Sachsens warnen[69].

Während Friedrich also in den diplomatischen Mitteilungen für den Wiener Hof antipragmatische Absichten Dritter deutlich betont, ist dies in der öffentlichen Rechtfertigung nur angedeutet, ohne die betreffenden Staaten zu nennen. Zudem hatte Friedrich dem Wiener Hof fast unverhüllt damit gedroht, seinen Vorteil auch auf der Seite der Gegner Habsburgs suchen zu können[70], während die preußischen Publikationen vom 13. Dezember 1740 von einer unmittelbar bevorstehenden Einigung zwischen Wien und Berlin sprachen. Es erscheint plausibel, diese Unterschiede auf das Bemühen Preußens zurückzuführen, den Einfall in Schlesien öffentlich nicht als einen aggressiven Akt erscheinen zu lassen – und trotzdem diplomatischen Druck auf den Wiener Hof auszuüben.

Die *Declaration* war offensichtlich bewußt vorläufig gehalten. Preußen vermied es, eine Verbindung herzustellen zwischen den behaupteten eigenen Rechten auf Schlesien und fremden Ansprüchen auf österreichische Lande, die sich ihrerseits ebenfalls auf Rechtstitel stützten. Eine Anfechtung der Pragmatischen Sanktion war bewußt nicht als Legitimation vorgesehen. Vielmehr war Preußen bestrebt, sein Vorgehen als Sonderereignis darzustellen, das nicht zu den Auseinandersetzungen um die österreichische Erbfolge gerechnet werden könne.

---

[67] Vgl. Friedrich an Borcke, 28. Oktober 1740, PC I 73; Friedrich an Podewils, 3. November 1740, ebenda 85; Friedrich an Podewils, [4. November 1740], ebenda 86; Friedrich an Borcke, 5. November 1740, ebenda 87.

[68] Friedrich an Podewils, 6. November 1740, PC I 90.

[69] Vgl. Friedrich an Borcke, 31. Oktober 1740, PC I 81 f.; Friedrich an Borcke, 5. November 1740, ebenda 87; Friedrich an Borcke, 5. November 1740, ebenda 88; Friedrich an Borcke, 8. November 1740, ebenda 94; Friedrich an Borcke, 15. November 1740, ebenda 105 f.; Friedrich an Borcke, 26. November 1740, ebenda 111 f. In allen diesen Weisungen wird vor antipragmatischen Absichten anderer Staaten gewarnt; ausdrücklich genannt sind Frankreich, Sachsen, Bayern, Spanien und Sardinien.

[70] So in der Instruktion für Borcke vom 15. November 1740, vgl. PC I 104 f. und ebenso in der Anweisung für Gotter, vgl. ebenda 133.

Preußen sprach bewußt keine offizielle Kriegserklärung gegen Österreich aus, sondern legte Wert darauf, daß die öffentlichen Begründungen nicht als solche interpretiert wurden[71]: Als in den Berliner Zeitungen das preußische *Patent an die Schlesier* unter der Bezeichnung 'Manifest' abgedruckt wurde, ließ Podewils umgehend sämtliche Exemplare einziehen und erteilte den verantwortlichen Redakteuren einen herben Verweis. Die Zeitungen mußten in den folgenden Nummern ausdrücklich darauf hinweisen, daß das Patent keineswegs eine Kriegserklärung darstelle, sondern vielmehr dazu dienen solle, den Schlesiern „alle etwa geschöpfte ungegründete Furcht und Beisorge eines feindlichen Einfalls zu benehmen"[72].

Die Ausweitung und der aggressivere Ton der preußischen Kriegsbegründung, wie sie erstmals in dem von König verfaßten Entwurf für das spätere *Mémoire sur les raisons* zu finden sind, scheinen auf die gewandelte politische Situation zurückzuführen zu sein. Daß Habsburg nicht in eine Abtretung Schlesiens einwilligen würde, war mit den ersten Reaktionen aus Wien entschieden[73], – und unter Bezug auf diese Mitteilung sendet Friedrich den Entwurf für das spätere *Mémoire sur les raisons* an Podewils[74]. Nun wird der politische und der rechtliche Ansatz der *Declaration* konkretisiert: Die *Declaration* hatte in knappen Worten die grundlegende Richtung der preußischen Argumentation vorgegeben; ausgehend von der Prämisse einer unmittelbar drohenden Kriegsgefahr berief sie sich auf den Präventivgedanken und machte Rechtsansprüche geltend. Nun gibt der König zum einen einige Erläuterungen der behaupteten Rechtstitel, die in den späteren Deduktionen noch eingehender behandelt werden. Zum anderen wird die angeblich unvermeidbare Prävention zusätzlich durch die Behauptung begründet, daß eine Einigung mit dem Wiener Hof grundsätzlich nicht möglich sei. Die politische Gegnerschaft zu Österreich ist deutlich ausgedrückt. Diese Tendenz zur Ausweitung der Argumentation setzt sich in den folgenden preußischen Publikationen fort[75].

Die preußische Kriegsbegründung wurde also kontinuierlich entwickelt. Sowohl in den zur Veröffentlichung bestimmten Texten, die bis Mitte November verfaßt wurden – im Entwurf zur *Declaration* und im *Patent an die Schlesier* – als auch in

---

[71] Dies ist vor allem deshalb bemerkenswert, weil der König selbst in der *Histoire de mon temps* ausdrücklich angibt, er habe Maria Theresia den Krieg erklärt, vgl. Œuvres II 56 f. Daß Friedrich in der Rückschau sein eigenes Vorgehen anders schildert, als es in den öffentlichen preußischen Verlautbarungen im Dezember 1740 geschieht, ist ein weiteres Indiz für die These, daß die zurückhaltenden und die freundschaftlichen Motive betonenden Schriften 1740 darauf berechnet waren, den aggressiven Eindruck des Einfalls in Schlesien zu mildern.

[72] Zitat nach PStSch I 69. Zum oben Geschilderten vgl. ebenda 69 f.

[73] Vgl. Friedrich an Gotter, 26. Dezember 1740, PC I 157 f. Gotter hatte am 20. Dezember die ablehnende Reaktion des Großherzogs gemeldet.

[74] Vgl. Friedrich an Podewils, 26. Dezember 1740, PC I 158 f.

[75] Vgl. *Rescript an Pollmann*, 20. Januar 1741, PStSch I 83 ff. Text ebenda 84-90. Die Argumentation der Rechtsabhandlungen wird nicht auf das Besitzrecht an den vier schlesischen Herzogtümern beschränkt, sondern auf weitere Gebiete ausgedehnt, vgl. hierzu Kapitel V.1.a).

den diplomatischen Relationen, die die preußischen Gesandten für die Verhandlungen mit dem Wiener Hof instruieren, erscheint zunächst eine unbestimmte Formel, die auf sonstige Gründe für das preußische Vorgehen verweist und deren Veröffentlichung ausdrücklich vorbehalten bleibt. Seit Ende November ist diese Andeutung ersetzt durch den konkreten Hinweis auf preußische Rechtstitel.

Nunmehr wählt Preußen den Rechtsstandpunkt zum Ausgangspunkt seiner öffentlichen Rechtfertigung. Die behaupteten Rechtstitel erscheinen nun als Ursache für das preußische Vorgehen und ersetzen die bisherigen Verweise auf den notwendigen Schutz des eigenen Landes. Damit hat sich der Kern der Argumentation von der Selbstverteidigung zur Durchsetzung von Rechten abgewandelt. Prämisse für beides jedoch bleibt die Behauptung einer unmittelbar drohenden Kriegsgefahr, ursprünglich als Legitimation für eine defensive Präventivmaßnahme im Sinne einer Abwehr drohender Gefahren und später stärker für ein offensives Zuvorkommen in der Gunst der Stunde.

Stets jedoch wird das preußische Vorgehen nicht mit den behaupteten fremden Ansprüchen oder Absichten in Verbindung gebracht. Das Bestreben, das eigene Vorgehen als Sonderereignis darzustellen, bleibt ein durchgehendes Charakteristikum der preußischen Kriegslegitimation des Ersten Schlesischen Krieges.

b) Grundlinien der österreichischen Kriegslegitimation 1740/41

Als der preußische König seine Truppen im Dezember 1740 über die schlesische Grenze führte, befand sich das Haus Habsburg in einer schwierigen politischen Situation. Denn in der Nacht zum 20. Oktober 1740 war Kaiser Karl VI. gestorben, und am folgenden Tag hatte seine älteste Tochter Maria Theresia gemäß den Bestimmungen der Pragmatischen Sanktion die Regierung angetreten. Aber diese Nachfolge war noch keineswegs gesichert, weil vor allem die Kurfürsten von Bayern und Sachsen aufgrund verwandtschaftlicher Verbindungen zum Haus Habsburg als Erbanwärter in Betracht kamen; daneben galten auch Spanien und Sardinien als Gegner der österreichischen Erbfolge[76].

Als erster Prätendent hatte sich der wittelsbachische Kurfürst von Bayern zu erkennen gegeben; unmittelbar nach dem Tod des Kaisers protestierte Karl Albrecht gegen die Regierungsübernahme Maria Theresias und machte eigene Erbansprüche geltend[77]. Er hatte zu Lebzeiten des Kaisers keine genauen Angaben über seine Ansprüche gemacht, zu deren Begründung aber bereits seit längerem Einsicht in das Testament und Kodizill Ferdinands I. verlangt. Dies hatte Wien bisher verweigert und statt dessen versucht, der bayerischen Initiative auf diplomatischer Ebene

---

[76] Vgl. *A. v. Arneth*, Maria Theresia I 76 ff. Die Kurfürsten von Bayern und Sachsen waren mit josephinischen Erzherzoginnen verheiratet.

[77] Vgl. zum folgenden *K. Th. Heigel*, Erbfolgestreit 28 ff.; *A. v. Arneth*, Maria Theresia I 96 ff.; *F. Wagner*, Karl VII. 78 ff.; *Th. Thelen* 89 ff.

zu begegnen. Aber nach dem offiziellen Protest des Kurfürsten entschloß sich die Hofburg zu einer öffentlichen Abwehr der bayerischen Ansprüche: Anfang November wurden den auswärtigen Gesandten in Wien die Originalurkunden vorgelegt[78]. In Anschluß daran eröffnete Österreich eine publizistische Debatte über die Bedeutung dieser Dokumente hinsichtlich der beanspruchten bayerischen Rechte und bestritt deren Berechtigung[79].

Neben dieser öffentlichen bayerisch-österreichischen Auseinandersetzung über die habsburgische Erbfolge zeichnete sich bereits die erste reichsrechtliche Debatte ab. Auf Anraten des Mainzer Kurfürsten hatte Maria Theresia ihren Gatten zum Mitregenten und Koadjutor an der böhmischen Kur ernannt, um von vorneherein Einsprüchen zu begegnen, die ihr selbst eine Stimmführung im Kurfürstenkolleg verwehren könnten[80]. Nachdem dies offiziell bekanntgegeben worden war, erhob sich rasch publizistischer und diplomatischer Widerspruch[81].

Während diese öffentlichen Auseinandersetzungen mit den ersten gegenseitigen Reskripten eröffnet wurden, marschierten preußische Truppen in Schlesien ein; gleichzeitig veröffentlichte Preußen seine ersten Rechtfertigungsschriften, in denen es schlesische Rechtstitel und eine unumgängliche Prävention geltend machte. Damit war Maria Theresia erstmals militärisch angegriffen – und befand sich zugleich bereits in der dritten publizistischen Auseinandersetzung.

Die Verlautbarungen des Wiener Hofes in diesen drei öffentlichen Debatten sind von der Geschichtswissenschaft bislang nicht im Zusammenhang behandelt worden; die Forschung hat sich vielmehr auf das diplomatische und kriegerische Geschehen konzentriert und die österreichische Publizistik – insbesondere in der Auseinandersetzung mit Preußen – nur am Rande betrachtet[82].

In unserem Zusammenhang soll weder die österreichisch-bayerische noch die reichsrechtliche Debatte ausführlich behandelt werden, aber wie zu zeigen sein

---

[78] Der Beschluß zur Vorlage der Dokumente und zur öffentlichen Bekanntmachung dieses Vorgangs wurde in einer Konferenz am 3. November gefaßt, vgl. Konferenzprotokoll vom 3. November, HHStA, StK Vorträge 50, Konvolut „1740 X-XII", fol. 132.

[79] Diese publizistische Debatte ist am ausführlichsten bei *Th. Thelen* 89 ff. beschrieben; vgl. ebenso *K. Th. Heigel*, Erbfolgestreit 29 ff. und 325 Anm. 78.

[80] Vgl. hierzu *F. Reinöhl*, Mitregentschaft; *U. Kühne* 96 f.

[81] Vgl. die Auflistung der vier, Ende November 1740 veröffentlichten Bekanntmachungen bei *Th. Thelen* XXXIVf. Kursachsen legte offiziell Verwahrung gegen diesen Schritt ein, vgl. *K. Th. Heigel*, Erbfolgestreit 60 f. Zu der sich anschließenden publizistischen Debatte vgl. *Th. Thelen* XXXV-IXL und 124 ff.; sowie *K.Th. Heigel*, Erbfolgestreit 86 ff.; *A. v. Arneth*, Maria Theresia I 171 ff.

[82] Vgl. hierzu die einschlägigen Darstellungen von Arneth und Heigel, die sich nur gelegentlich mit den österreichischen Publikationen gegen Preußen befassen, *A. v. Arneth*, Maria Theresia I 123 f. und 131 f.; *K. Th. Heigel*, Erbfolgestreit 58, 92 und 150. In Einzelstudien behandelt sind dagegen die rechtlichen Hintergründe der bayerisch-österreichischen Auseinandersetzung sowie die Debatte um das böhmische Votum, vgl. *K. Th. Heigel*, Ansprüche; *E. Fromm*; *Th. Thelen* 89 ff. und 124 ff.

wird, folgte die diplomatische und öffentliche Reaktion Österreichs auf den preußischen Angriff grundsätzlich derselben politisch-publizistischen Strategie, die der Wiener Hof auch in den anderen Konflikten einsetzte. Wir sind zwar über die Entstehung der österreichischen Kriegslegitimation nicht in gleicher Weise unterrichtet wie für die preußische Seite, doch lassen sich aus einigen internen Akten und diplomatischen Weisungen die wichtigsten Orientierungen der österreichischen Propaganda rekonstruieren. Demnach war die Strategie, die der Wiener Hof gegen Preußen anwandte, formal und inhaltlich bestimmt durch die wichtigsten politischen Ziele der Hofburg:

Die österreichische Staatskonferenz betrachtete die internationale Sicherung der Erbfolge Maria Theresias einhellig als „Hauptfundament"[83] der Politik. Zugleich war dies eine wesentliche Voraussetzung, um den Kaiserthron erneut zu gewinnen[84]. Dazu bedurfte es vor allem, jeglichen Anlaß zu einer militärischen Anfechtung der Pragmatischen Sanktion zu vermeiden und ein Zusammenwirken der verschiedenen möglichen Prätendenten zu verhindern[85].

Diese Maxime bestimmte gleichermaßen die Diplomatie wie die Publizistik Österreichs in den ersten Monaten nach dem Regierungsantritt Maria Theresias: Abgestuft nach dem Grad der öffentlich erkennbaren Gegnerschaft zu Habsburg setzte Österreich entweder auf eine um Ausgleich bemühte Diplomatie oder auf publizistische Ausgrenzung des betreffenden Gegners[86]. Inhaltlich konzentrierte sich die österreichische Propaganda – insbesondere in der publizistischen Auseinandersetzung mit Bayern und Preußen – auf positivrechtliche Argumentationen; indem sie auf vertraglich oder urkundlich festgelegte Verbindlichkeiten verwies, suchte sie gezielt die Prämissen der gegnerischen Argumentationen zu erschüttern.

Dementsprechend betonte der Wiener Hof beständig die Rechtsverbindlichkeit der Pragmatischen Sanktion und legte besonderen Wert auf die Feststellung, daß die Übertragung der Mitregentschaft die Bestimmungen der Erbfolgeregelung nicht verletze[87]. Im Kontakt mit den auswärtigen Mächten ließ der Wiener Hof zu-

---

83 So Starhemberg in der Konferenz vom 3. November 1740, Konferenzprotokoll, HHStA, StK Vorträge 50, Konvolut „1740 X-XII", fol. 132. Vgl. die Formulierung im Konferenzprotokoll vom 29. Oktober 1740, ebenda, fol. 128: „Fundatum muß die erbfolg seyn. Wann diese bevestiget ist, so fließet das übrige von selbsten".

84 Vgl. Konferenzprotokoll vom 21. Oktober: „Wegen der Kayserl. Cron", und vom 29. Oktober: „Wegen Werbung der Kayserl. Cron", ebenda fol. 126 und 128.

85 In der ersten Sitzung der Geheimen Konferenz nach der Regierungsübernahme Maria Theresias drückte Starhemberg dies mit folgenden Worten aus: Österreich „müße die ruhe suchen zu erhalten, so lang es seyn kan", Konferenzprotokoll vom 21. Oktober 1740, HHStA, StK Vorträge 50, Konvolut „1740 X-XII", fol. 126.

86 Im Rückblick auf die Ereignisse skizziert Bartenstein in mehreren Referaten für die Königin diese Strategie, vgl. die Vorträge Bartensteins vom 13. April 1743, von [vermutlich Ende September] 1743 sowie vom 7. Dezember 1743, HHStA, StK Vorträge 53, Konvolut „1742 III-VI", fol. 24 ff.; ebenda Konvolut „1743 s. d.", 113 ff. und ebenda Konvolut „1743 XII", 8 ff.

nächst vorsichtige Zurückhaltung walten[88]. Wichtigster Adressat der diplomatischen Bemühungen zur Sicherung der österreichischen Erbfolge war der französische Hof, da Frankreich zu den antipragmatischen Staaten freundschaftliche Beziehungen unterhielt und durch seine Haltung den Ausschlag in der Erbfolgefrage geben konnte[89].

Die historische Forschung hat angenommen, daß sich der Wiener Hof allzu vertrauensselig auf die Friedensbekundungen Fleurys verlassen habe[90]. Sie beruft sich dabei allerdings hauptsächlich auf entsprechende Zeugnisse auswärtiger Diplomaten in Wien sowie auf einzelne Weisungen an den österreichischen Sondergesandten im Reich, Graf Colloredo[91]. Es ist indessen nicht überzeugend, aus diesen Zeugnissen auf die tatsächliche österreichische Einschätzung zu schließen, denn die Informationen der auswärtigen Vertreter mögen vom Wiener Hof lanciert gewesen sein; ebenso war die Mitteilung an Colloredo für reichsständische Adressaten bestimmt, die durch positive Nachrichten über die französische Gesinnung eher für eine pro-österreichische Haltung zu gewinnen waren als durch Warnungen vor Interventionsabsichten Frankreichs.

Tatsächlich hat man in Wien angenommen, daß Frankreich insgeheim Bayern unterstützen wolle; bereits Anfang November betonte Sinzendorff: „Frankreich würde suchen zu favorisiren Bayern. Nichts desto weniger müße man Frankreich zum voraus anlaß geben. Vortheil da und dorten anbiethen müßen"[92]. Demnach ist

---

[87] Vgl. ausführlich zu den Beratungen und Formulierungen der entsprechenden Bekanntmachung *F. Reinöhl*, Mitregentschaft.

[88] In der ersten Sitzung der Konferenz nach dem Regierungsantritt Maria Theresias wurden die „principia generalia" der künftigen Politik festgelegt, vgl. Konferenzprotokoll vom 21. Oktober 1740, HHStA, StK Vorträge 50, Konvolut „1740 X-XII", fol. 126. Sinzendorff erklärte, man müsse „alles, was man gegen Engelland thut, so faßen, daß man es gegen Frankreich verthädigen kan, et vice versa". Starhemberg ergänzte, man „müße die ruhe suchen zu erhalten, so lang es seyn kan".

[89] Vgl. *A. v. Arneth*, Maria Theresia I 84: „Wenn es gelang, Frankreich [...] wirklich zu thatkräftiger Unterstützung der pragmatischen Sanktion zu bestimmen, so durfte man die drohendste Gefahr als beseitigt ansehen. Mit Frankreich als Bundesgenossen hatte das Haus Oesterreich von Baiern und Sachsen, von Sardinien und Spanien keinen Augenblick etwas zu fürchten".

[90] Vgl. *A. v. Arneth*, Maria Theresia I 126 f.; *K. Th. Heigel*, Erbfolgestreit 72 ff.; *R. Koser*, Friedrich I 287.

[91] So bezieht sich Arneth auf die Finalrelation des venezianischen Gesandten in Wien, vgl. *A. v. Arneth*, Maria Theresia I 379; Heigel führt Berichte der sächsischen und preußischen Vertreter in Wien sowie zwei Weisungen an Colloredo an, vgl. *K. Th. Heigel*, Erbfolgestreit 73 und 75.

[92] Konferenzprotokoll vom 8. November 1740, HHStA, StK Vorträge 50, Konvolut „1740 X-XII", fol. 134-135. Die übrigen Konferenzteilnehmer sind mit dem Bemühen einverstanden, Zeit zu gewinnen und Frankreich nicht zu provozieren, vgl. ebenda. Entsprechend äußerte sich Sinzendorff auch später, vgl. Konferenzprotokoll vom 20. Februar 1741, ebenda 52, Konvolut „1741 I-VI", fol. 65-65', hier 65': „an der wahren intention von franckreich keinen Zweyffel haben, keine ombrage geben. mesuren nehmen pro tranquilitate publica".

die diplomatisch geäußerte Zuversicht über die französische Haltung wahrscheinlich in der Absicht erfolgt, Frankreich nicht in das Lager der Gegner zu drängen
sowie die übrigen Adressaten ebenso davon abzuhalten[93]; entsprechend wird der
österreichische Vertreter in Paris Ende Dezember 1740 ausdrücklich angewiesen,
daß er zur Zeit kein „unfreundliches und in gegenwärtigen umbständen mehr dan
ein schädliches mißtrauen gegen sothane Cron hervorleuchten"[94] lassen solle.

Während sich die österreichische Diplomatie also bemühte, Frankreich durch
ein moderates Verhalten von einer Unterstützung antipragmatischer Absichten abzuhalten, setzte der Wiener Hof zur Abwehr der bayerischen Ansprüche auf die
publizistische Offensive. Da Bayern als langjähriger Verbündeter der Bourbonen
auf französische Hilfe hoffte, bemühte sich Österreich, die bayerischen Ansprüche
in der Öffentlichkeit als unhaltbar darzustellen, um den Wittelsbacher politisch zu
isolieren und vor allem Frankreich keinen Vorwand zu liefern, Karl Albrecht zu
unterstützen.

In unserem Zusammenhang ist dies vornehmlich deswegen interessant, weil
Wien gezielt bei den Prämissen der gegnerischen Verlautbarungen ansetzt[95]: Österreich unterstellte, daß sich die bayerischen Ansprüche ausschließlich auf das Testament Ferdinands I. gründeten: Aber hier habe sich der Kurfürst, wie das Original
beweise, eine gefälschte Abschrift verkaufen lassen.

Diese Behauptung wiederholte der Wiener Hof in mehreren Zirkularreskripten
und folgerte daraus, daß die seit langem angekündigte bayerische Deduktion noch
ausstehe, weil sie umgearbeitet werden müsse, da die ursprüngliche Begründung
durch das Testament nun obsolet sei. Ein Runderlaß vom 10. Dezember drückt die
Hoffnung aus, daß der Kurfürst „von allen Ihro in einem gantz irrigen supposito
beygebrachten Vergrösserungs=Gedancken" Abstand nehmen werde[96].

---

[93] So bemerkt Bartenstein in einem undatierten Vortrag an die Königin [Februar 1741]:
„Daß nun Franckreich insonderheit in diesem punct [i.e. Kaiserwahl] nicht zu trauen seye,
[...] ist bereits offt genug erinnert worden. Allein weme der Zustand derer Teutscher Höffen
und zumahlen derer am Rhein gelegener ChurFürsten bekandt ist, wird schwerlich wieder-
sprechen, daß es in diesem geschäfft auff das plus und minus der gegenanwendungen, oder
deutlicher zum ende darauff ankomme, daß jetztgedachte ChurFürsten weniger intimidiret
werden", HHStA, StK Vorträge 52, Konvolut „1741 I-VI", fol. 69-70', hier 70 f.

[94] Reskript an Liechtenstein und Wasner, 30. Dezember 1740, HHStA, StA Frankreich 65,
Konvolut „Maria Theresia an Liechtenstein und Wasner", o.fol.

[95] Vgl. zum folgenden die eingehende Schilderung der publizistischen Auseinandersetzung Österreichs mit Bayern bei *Th.Thelen* 89 ff. besonders 102 ff. Die beiderseitigen Schriften sind aufgelistet ebenda XIII ff. Bis Ende 1740 erschienen bereits neun Veröffentlichungen, im folgenden Jahr waren es fünfundzwanzig.
Die inhaltlichen Vorgaben für die öffentliche Argumentation sind in einem Vortrag Bartensteins an die Königin vom 5. Dezember 1740 zusammengefaßt, vgl. HHStA, StK Vorträge
50, Konvolut „1740 X-XII", fol. 150-152. Aufgrund der Ähnlichkeit dieser Formulierungen
mit denjenigen der österreichischen Reskripte ist anzunehmen, daß Bartenstein deren Verfasser ist.

[96] *Extract Circular-Rescripts de dato Wienn den 10.ten Decembris Anno 1740*, HHStA,
KrA 381, fol. 32-35', hier 34.

Die Wiener Publizistik konzentrierte sich folglich zu Beginn der Auseinandersetzung mit Bayern darauf, der gegnerischen Argumentation die entscheidende rechtliche Grundlage zu entziehen[97]. Man war zuversichtlich, Frankreich dadurch in Schach zu halten und die österreichische Erbfolge insgesamt sichern zu können – aber die preußische Kriegseröffnung durchkreuzte diese politische Planung[98].

Friedrichs Einfall in Schlesien kam für den Wiener Hof nicht überraschend, denn die österreichischen Vertreter in Berlin hatten seit Wochen vor kriegerischen Absichten des Preußenkönigs gewarnt[99]. Man hatte in Wien auch bereits vorsorglich geprüft, ob Preußen Rechtsansprüche gegen Habsburg geltend machen könne – das Ergebnis war negativ[100]. Aber auf eine öffentliche Bekanntmachung des drohenden Überfalls hatte Österreich verzichtet und sich vielmehr bemüht, weder Preußen einen Anlaß zur Verstimmung zu geben, noch Frankreich durch eine offene Übereinkunft mit dem Berliner Hof zu einer Parteinahme für Bayern zu verleiten[101]. Damit verhielt sich Österreich gegenüber Preußen zunächst ähnlich mä-

---

97 Bereits im Zirkularreskript vom 21. November 1740 folgerte Österreich aus der Vorlage des Testaments, daß der bayerische Kurfürst seinen Irrtum einsehen müsse, „massen es umb das guete Trauen und Glauben/und umb das geheiligte Band der menschlichen Gemeinschafft gethan/und von der allergefährlichsten Folge vor die allgemeine Ruehe je und allzeit seyn würde/wann/umb von frembden Ländern etwas sich zuzueignen genueg seyn solte/nur einmahl eine Forderung auf die Bahn gebracht zu haben/wann auch gleich/nach der Hand/deren Ungrund sich noch so klar äusserte/dahin kan also des Churfürstens von Bayrn Lbden Meynung nit gehen", *Extract Auß einem weiters erfolgten Wiennerischen Circular-Rescript de dato 21 Nov. 1740*, HHStA, KrA 381, fol. 1-11', hier 9.

98 Österreich habe „allein das augenmerck dahin gerichtet, daß Chur Bayern werckthätig von franckreich nicht unterstützet werden möchte, als wodurch der ruhestand beybehalten, und die zeit, sich in interno zu erhohlen, gewonnen worden wäre: Mittlerweyl würde alles auf einen federkrieg angekommen seyn: worbey man sich obige Französische begünstigung allerdings vorgestellet [...] annoch weiters obiger nachtheiliger und unbefugter absicht zu begegnen gar nicht verlegen gewesen seyn würde, wann nicht das Preussische unternehmen den gantzen anfangs hier verfestigten Plan über den hauffen geworffen hätte", undatiertes Konferenzprotokoll [vermutlich Ende Dezember 1740], HHStA, StK Vorträge 50, Konvolut „1740 s.d.", fol. 173-177', hier 174.

99 Am 29. Oktober berichtete Dermerath erstmals von Gerüchten über preußische Absichten auf Schlesien, im Laufe des Monats November werden seine Berichte diesbezüglich immer konkreter: Am 1. November meldet er, Preußen beabsichtige Besitzforderungen auf Jägerndorf zu erheben; eine Woche später teilt er mit, in Berlin werde eine Deduktion vorbereitet und man plane, zusätzlich Anrechte auf Troppau geltend zu machen, vgl. die entsprechende Berichte Dermeraths, HHStA, StK Preußen 33, Konvolut „Berichte aus Berlin Okt.-Dez. 1740", passim.

100 Maria Theresia befahl aufgrund einer Empfehlung der Staatskonferenz, die betreffenden Unterlagen einzusehen, vgl. Konferenzprotokoll vom 29. November 1740, HHStA, StK Vorträge 50, Konvolut „1740 X-XII", fol. 142; der Vortrag mit dem Placet der Königin vom 30. November, ebenda, fol. 143-145', hier 145. Bartenstein résumiert am 13. Januar 1741, etwaige Ansprüche seien „vorlängst abgethan", vgl. Vortrag vom 13. Januar, ebenda 52, fol. 17-19, hier 17'.
Der Hinweis bei *L. v. Ranke*, SW XXVII 376, daß die entsprechenden Akten in Wien „keiner Rücksicht gewürdigt" worden seien, ist also irrig.

ßigend und vorsichtig wie gegenüber Frankreich und versuchte, „keinerseits anzustossen, und der sachen weder zu viel, noch zu wenig zu thun"[102].

Diese vorsichtig-abwägende Haltung änderte sich nach dem preußischen Einmarsch und der Publikation der *Declaration*. Nun reagierte Wien erstmals öffentlich: Analog zur publizistischen Offensive gegen die bayerischen Ansprüche versuchte Österreich, die preußische Legitimationsargumentation gezielt zu erschüttern. Bewußt entschied man sich gegen eine offizielle Erklärung nach preußischem
Vorbild[103] und argumentierte in deutlichem Kontrast zur preußischen Begründung
vornehmlich auf einer diplomatischen Grundlage. In diesem Sinne richtete Maria
Theresia am 29. Dezember 1740 ein Schreiben an ihre Reichsmitstände, das am
16. Januar des folgenden Jahres in Regensburg zur Diktatur gelangte[104]. Diese Eingabe an den Reichstag ergänzte die Königin durch ein gleichzeitiges Rundschreiben an die Garanten der Pragmatischen Sanktion, in dem sie deren Hilfe gegen den
preußischen Überfall erbat[105].

---

101 Vgl. Konferenzprotokoll vom 18. Dezember 1740, HHStA, StK Vortäge 50, Konvolut
„1740 X-XII", fol. 158 f. Vgl. ebenso den Vortrag Bartensteins an die Königin vom 19. November 1740, ebenda fol. 137 f.: Das Notifikationsschreiben der Königin an die Generalstaaten habe man „so behutsam" formuliert, „um so wenig bey Franckreich, als Preusen einige
anstößigkeit zu befahren zu haben, gleichwohlen aber zur festsetzung derer nöthiger mesuren
gegen die ein- oder anderen orths mögende widrige absichten unverhofften erforderlichen
falls dienen zu können".

102 Vortrag Bartensteins an die Königin, 30. November 1740, ebenda fol. 143-145', hier
145. Diese vorsichtige Haltung empfiehlt Bartenstein hier ausdrücklich gegenüber Frankreich
und Preußen.

103 Vgl. Reskript an Liechtenstein und Wasner, 30. Dezember 1740, HHStA, StA Frankreich 65, Konvolut „Maria Theresia an Liechtenstein und Wasner", o.fol.: „[...] weilen eben
dieses Schreiben anstatt eines gegen Manifests zu dienen hat, und allen Höffen der sachsen
natur nach, gleich es andererseits geschehen ist, mithin auch dem französischen in diese
Sprach übersetzt, mitzutheilen kombt".

104 Mehrere Abschriften in HHStA, KrA 340, o.fol.: *Project des Schreibens, so im Nahmens Ihro Mayestät nach Regenspurg abzugehen hette.* Ebenda auch eine französische Übersetzung dieses Schreibens.
Dieses Schreiben wurde mittels eines Reskriptes unter dem 30. Dezember an den österreichischen Reichstagsgesandten geschickt, vgl. Bericht Plettenbergs und Palms vom 17. Januar 1741, HHStA, StK Regensburg öst. Gesandtschaft 89, Konvolut „1741 I", fol. 187-195',
hier 188. Die Angabe bei Koser, PStSch I 83, daß Maria Theresia an ihre Reichstagsvertretung ein zur Veröffentlichung bestimmtes Reskript unter dem 29. Dezember versandt habe,
beruht wohl auf einer Verwechslung dieser beiden Schriftstücke, denn die Akten erwähnen
kein ostensibles Reskript von diesem Datum, und aufgrund seines Inhalts kann das Reskript
vom 30. Dezember schwerlich zur Veröffentlichung gedacht gewesen sein, vgl. hierzu unten.

105 Zwei Abschriften dieses Schreibens in HHStA, KrA 340, o.fol. Laut Aktenvermerk
wurde es an die Könige von Dänemark, England, Polen, Rußland, Frankreich und Schweden
gesandt.
Nach der Auskunft bei Arneth erließ die Königin gleichfalls ein Schreiben an die Direkto-
ren der Kreisassoziationen, vgl. *A. v. Arneth*, Maria Theresia I 123. Dieses Schreiben war mir
jedoch in den österreichischen Akten nicht zugänglich und ist daher hier nicht berücksichtigt;
es kann jedoch angenommen werden, daß es inhaltlich den beiden behandelten Schriftstük-

In diesen beiden Schreiben gab Maria Theresia offiziell ihre Beschwerde über den preußischen Einfall bekannt. Sie warf Preußen vor, die Reichsverfassung ebenso wie das Völkerrecht gebrochen und den Moralkodex der internationalen Gepflogenheiten verletzt zu haben. Dieser Verstoß gegen moralische und rechtliche Normen sei ein gefährlicher Präzedenzfall für die normativ-rechtlichen Grundlagen des Reiches und der internationalen Gemeinschaft, daher erhoffe die Königin eine entschiedene und gemeinsame Abwehr dieser Gefahr.

Ausführlich schildert die Königin die diplomatischen Kontakte zu Preußen seit ihrem Regierungsantritt: Bis unmittelbar vor dem Einmarsch habe Friedrich den Wiener Hof durch falsche Freundschaftsversicherungen über seine wahren Absichten täuschen wollen[106]. Schließlich habe er die Abtretung Schlesiens gefordert und gedroht, sich im Falle einer Weigerung mit Gewalt in den Besitz dieses Herzogtums zu setzen und sich auf die Seite der Gegner Habsburgs zu schlagen. Zur gleichen Zeit habe der preußische König an anderen Höfen das Gerücht verbreiten lassen, daß Österreich insgeheim mit der Besetzung Schlesiens einverstanden sei. Das *Schreiben an die Reichsstände* schließt diese Beschreibung der preußischen Diplomatie: „[...] mit einem Wort nichts wurde unterlassen so wohl um uns einzuschläfern, als andere irr zu machen, und zu verblenden".

Ausdrücklich verweisen beide Schreiben auf die preußische Kriegsbegründung; beiden Texten ist eine Kopie der *Declaration* beigelegt: Diese Erklärung müsse angesichts des beschriebenen preußischen Verhaltens als Versuch einer „Beschönigung" angesehen werden. Zudem habe Brandenburg jegliche etwaige Rechtsansprüche in feierlichen Verträgen abgetan. Daher seien die „dunklen anregungen" von „vermeinten Ansprüchen [...] bloß obenhin und überhaupt beschehen"[107].

Sämtliche Aussagen der preußischen *Declaration* werden somit bestritten. Österreich betont, daß Preußen einen heimtückischen Überfall ausgeführt habe und keineswegs im Einverständnis mit Wien handele. Die Königin versuchte also, der preußischen Kriegslegitimation durch eine normative und politische Gegenargumentation zu begegnen.

Indem Maria Theresia den Schwerpunkt ihrer Entgegnung auf die politischen Begleitumstände des Kriegsbeginns legte, sollte zudem die Glaubwürdigkeit der preußischen Rechtsbehauptung erschüttert werden: Ausdrücklich wird diese als of-

---

ken ähnelt – allerdings wird es über den Inhalt der oben genannten beiden Schreiben hinaus den Hinweis enthalten haben, wieviele Truppen Maria Theresia gegen Preußen ins Feld stellen werde, vgl. ebenda 124, denn die beiden ersteren enthalten nichts Entsprechendes.

106 Als Beweis führt das *Schreiben an die Reichsstände* zwei Briefe Friedrichs an Maria Theresia und ihren Gatten vom 6. Dezember 1740 an, die der preußische Vertreter am 14. überreicht habe. In diesen Schreiben versichert Friedrich, seine Absichten dienten dem Wohle des Hauses Habsburg, vgl. PC I 123 f.

107 Vgl. *Schreiben an die Reichsstände*, HHStA, KrA 340, o.fol. In ähnlichen Worten hatte Bartenstein intern die Andeutungen über brandenburgische Rechtstitel in der *Declaration* beurteilt, vgl. Vortrag vom 13. Januar 1741, HHStA, StK Vorträge 52, Konvolut „1741 I-VI", fol. 17-19, hier 17 f.; es ist daher wahrscheinlich, daß er dieses Schreiben verfaßt hat.

fenkundige Scheinbegründung bezeichnet. Österreich konzentrierte sich also darauf, die preußischen Rechtfertigungen durch eine politisch-moralische Gegenargumentation zu diskreditieren.

Als vorbeugende Rechtsverwahrung gegen einen preußischen Einfall in Schlesien und dessen öffentliche Begründung hatte das schlesische Oberamt im Auftrag der Hofburg bereits am 18. Dezember ein Patent ausgegeben[108]. In Antwort auf das preußische *Patent an die Schlesier* verwahrt sich Österreich hier ausdrücklich dagegen, daß Wien der Besetzung des Landes zugestimmt habe; damit die Zurückhaltung des Wiener Hofes vor dem Einmarsch nicht falsch interpretiert werde, sei das Oberamt beauftragt worden, nach dem tatsächlichen Einbruch preußischer Truppen öffentlich zu protestieren – gleich welche Begründung Preußen dafür gebe[109]. Auffallend ist hier, daß Österreich bereits vorab brandenburgische Rechtsansprüche bündig abstreitet – denn das preußische *Patent an die Schlesier*, auf das die Publikation des schlesischen Oberamtes reagiert, hatte keinerlei rechtliche Gründe erwähnt[110].

Ähnlich wie in der Auseinandersetzung mit Bayern widmete sich Wien folglich vor allem den Prämissen der preußischen Argumentation: Insbesondere der Rechtsbehauptung und den diplomatisch irritierenden Andeutungen über ein preußisch-österreichisches Einverständnis sollte jede Grundlage genommen werden. Im Kontrast zum beschriebenen preußischen Verhalten nahm der Wiener Hof für sich selbst eine rechtlich und moralisch integere Haltung in Anspruch; er berief sich auf die Verbindlichkeit des Völkerrechts, der Reichsverfassung und der Pragmatischen Sanktion. Diese Rechtsnormen kleidete er in einen allgemeinen rechtlich-moralischen Verweis auf das „geheiligte Band der menschlichen Gemeinschaft"[111] – anstatt also öffentlich auf die Erfüllung der militärischen Beistandpflichten zu pochen, appellierte der Wiener Hof in den veröffentlichten Beistandsersuchen an das Reich und an die Garanten der Pragmatischen Sanktion an die gemeinsamen Interessen der Adressaten.

---

108 Vgl. *Patent des Königl. Oberambts in Schlesien in antworth auf jenes so abseithen Preußen wegen seines Einfalls in Schlesien herausgegeben worden, dd. 18 Xbris [i.e. decembris] 1740*, Abschrift in HHStA, KrA 340, o.fol.

109 Vgl. ebenda: Die Königin habe „vernehmen müssen, daß diese Ihro allerhöchste zuversicht sogar dahin ausgelegt werden wollen, als ob Ihro Königl. May. [...] mit dem Königl. Preussischen vorhanden waren, da nun aber solcher Wahen dero allerhöchsten Ehr und Gloire auch der Wohlfahrt dero getreuesten Erbkönigreichen, und Landen all zu nahe gehe, und dadurch sowohl einheimische, als auswärttige irr gemacht werden könnten, also haben unsere Allerhöchst gedacht Ihro Königl. Mayestett [...] anbefohlen, daß nach würcklich Erfolgter Einrückung deren Königlich Preussischen Kriegs Völcker in dero Hertzogthum Schlesien/: dieselbe möge nun gleich wodurch sie immer wollen beschöniget werden :/alles obige vermittelst einer schrifftlichen verwahrung zu erkennen geben" werde.

110 Vgl. ebenda: „Einige Ansprüch könte Königlich Preussischer seiths möglicher dingen nicht angezogen werden, so durch die feyerlichste Tractaten nicht vorlängst abgethan, und aus dem Grund gehoben wären [...]".

111 So im *Patent des Königl. Oberambts in Schlesien* und im *Schreiben an die Reichsstände*, HHStA, KrA 340, o.fol.

Tatsächlich jedoch drängte die österreichische Diplomatie vor allem in England und den Generalstaaten auf die Umsetzung der Garantie – aus Rücksicht auf England geschah dies allerdings vorerst nicht in Frankreich[112]. Während Wien also auf diplomatischer Ebene den preußischen Überfall durchaus nach der Maßgabe der Erbfolgeregelung behandelte, vermied es in den öffentlichen Verlautbarungen, den Konflikt um Schlesien direkt mit der strittigen österreichischen Erbfolgefrage und insbesondere mit den antipragmatischen Absichten Dritter in Verbindung zu bringen. Österreich argumentierte vornehmlich im Hinblick auf die politischen Auswirkungen des preußischen Einfalls. Es galt, das Vorgehen Friedrichs international zu diskreditieren und Preußen politisch zu isolieren, um kein Zusammenwirken der Gegner Habsburgs zustande kommen zu lassen.

Eben dieses Ziel verfolgt auch die zweite publizistische Reaktion des Wiener Hofes auf den preußischen Einmarsch. In der Gestalt eines authentischen Protokolls und einer offiziellen Antwortnote gab Österreich der europäischen Öffentlichkeit den wesentlichen Inhalt der diplomatischen Verhandlungen mit Preußen bekannt.

Auf Befehl des Königs hatten die preußischen Vertreter den Wiener Hof zunächst mündlich und erst unmittelbar zum Zeitpunkt des Einmarsches über das preußische Vorgehen informiert[113]. Der König ließ dem Großherzog folgendes Angebot unterbreiten: Er sei bereit, die deutschen Besitzungen des Habsburgerreiches mit militärischer Macht zu garantieren, sich mit dem Wiener Hof sowie Rußland und den Seemächten zu verbünden, Franz Stephan zum Kaisertum zu verhelfen und Österreich finanziell zu unterstützen –; als politischen Preis dafür forderte Friedrich die Abtretung ganz Schlesiens. Auf dieses Ultimatum reagierte Österreich ablehnend; noch bevor die Gespräche mit Preußen endgültig abgebrochen wurden, ließ die Königin im *Schreiben an die Reichsstände* keinen Zweifel an ihrer Auffassung vom Charakter des preußischen Unternehmens[114].

---

[112] Vgl. Vortrag [undatiert], HHStA, StK Vorträge 50, Konvolut „1740 s.d.", fol. 173-177', hier 174': „[...] und gehet aus rucksicht auff Engeland der hiesige antrag ohne das keineswegs dahin, die französische hülfe gegen Preussen dermahlen zu reclamiren". Erst am 26. Februar, als man in Wien die Gefahr einer bewaffneten Durchsetzung der bayerischen Ansprüche für kurz bevorstehend hielt, wurde Liechtenstein angewiesen, für diesen Fall förmlich auf Erfüllung der Garantieleistung in Frankreich anzutragen, vgl. das Reskript an den österreichischen Gesandten in Frankreich 1741, HHStA, StA Frankreich 65, Konvolut „Maria Theresia an Wasner 1741 I-VI", fol. 25-32, hier 32.

[113] Vgl. Instruktion für Borcke, 15. November 1740, PC I 102-105, hier 104; sowie Instruktion für Gotter, 8. Dezember 1740, ebenda 134. Gleichwohl hatte der König Borcke bereits am 15. November gestattet, von seinen Vorträgen – von ihm zu kontrollierende – Mitschriften anfertigen zu lassen, vgl. ebenda 104. Dementsprechend ist bereits vor dem 3. Januar 1741 ein Diktat der preußischen Anträge erfolgt, denn Sinzendorff hat in einer Konferenz „das diktierte Königl. Preuss. Schreiben an Borck" vorgelesen, vgl. Konferenzprotokoll vom 28. Dezember 1740, HHStA, StK Votäge 50, Konvolut „1740 X-XII", fol. 160.

[114] In der historischen Forschung findet sich hierzu der Hinweis, daß der österreichische Hofkanzler Sinzendorff für ein Einlenken gegenüber Preußen plädiert habe, vgl. *A. v. Arneth,*

Friedrich hatte unterdessen seine Forderung gemindert[115]; am Neujahrstage 1741 erbat Gotter im Auftrag des Königs, diese neue Verhandlungsgrundlage vorstellen zu dürfen. Auf Drängen der österreichischen Seite diktierten Gotter und Borcke zwei Tage später die wesentlichen Inhalte des preußischen Ultimatums. Diese Mitschrift veröffentlichte der Wiener Hof unter dem Titel *Extrait de la dépêche royale*[116]; gemeinsam mit diesem Protokoll wurde auch die offizielle und vollständig ablehnende Antwort Maria Theresias bekanntgegeben[117].

Die Aufzeichnung des preußischen Anbringens beginnt mit der Behauptung, die preußischen Gesandten hätten eingangs ausgeführt, daß Frankreich und Sachsen Österreich anzugreifen drohten[118]; wortgleich zu den entsprechenden Abschnitten der beiden königlichen Depeschen vom 15. November und 26. Dezember 1740 sind anschließend die einzelnen preußischen Angebote und die Gebietsforderung wiedergegeben[119].

Die österreichische Antwort bestreitet die Prämissen dieses Ultimatums und konterkariert dessen Argumentation[120]. Mit gelassener Ironie wird eingangs der preußischen Ausgangsthese begegnet, wonach Habsburg angesichts der aggressi-

---

Maria Theresia I 130 f.; *R.Koser*, Friedrich I 277 f. Beide stützen sich auf zwei Zitate Sinzendorffs, wie sie in zwei Konferenzprotokollen festgehalten sind, vgl. *A.v.Arneth*, Maria Theresia I 380, Anm. 46 und 47: „in nöthen müsse man etwas sacrificiren. Die sach wäre periculis plena"(18. Dezember) und „so könne man nicht bleiben, entweder etwas an Preußen cediren oder brechen"(28. Dezember). Allerdings ist die Stellungnahme Sinzendorffs in der ersten Konferenz nicht vollständig wiedergegeben, denn der Hofkanzler schloß seine Ausführung mit einer entgegengesetzten Empfehlung: Er behandelte zunächst die möglichen Folgen einer Übereinkunft mit Preußen, „nachhero verändert er die meynung, und will von keiner bündnus [mit Preußen] was wissen", Konferenzprotokoll von der Hand Bartensteins, 18. Dezember 1740, HHStA, StK Vorträge 50, Konvolut „1740 X-XII", fol. 158 f., hier 158.
Nach der späteren Aussage Maria Theresias könnte Sinzendorff zunächst in seinen Empfehlungen geschwankt haben, da sie über die „Entzweyung und Gesinnung meines Ministerii" klagt, vgl. Denkschrift [vermutlich von 1751], ediert bei *A. v. Arneth*, Denkschriften 288; allerdings nimmt sie an dieser Stelle Bartenstein, Starhemberg und ausdrücklich auch Sinzendorff von dieser Kritik aus, vgl. ebenda 289.

115 Vgl. Friedrich an Gotter, 26. Dezember 1740, PC I 157 f.

116 Vgl. PStSch I 79 ff. Text ebenda 81 f.

117 *A Vienne ce 5: Janvier 1741*, HHStA, KrA 340, fol. 87 ff. [unvollständig foliiert], hier in französischer Sprache in mehreren gleichlautenden Abschriften.

118 Vgl. PStSch I 81, Anm. 2: „Der Eingang wurde nur vorgelesen, aber geweigert, sothanen Eingang zu dictiren, und gründet sich auf den zu besorgenden Anfall von Frankreich und Chursachsen".

119 Vgl. die nahezu wortgleichen Formulierungen des *Extrait de la dépêche royale*, PStSch I 81 f., und der beiden Depeschen: Instruktion für Borcke, 15. November 1740, PC I 102-105 und Friedrich an Gotter, 26. Dezember 1740, PC I 157 f. Die Angabe bei Arneth, daß Friedrich in dieser zweiten zitierten Anweisung die „angeblichen Rechte Preußens auf Schlesien nicht mehr erwähnt" habe, ist also irrig, vgl. *A. v. Arneth*, Maria Theresia I 128.

120 Vgl. die Zusammenfassung der österreichischen Note bei *A. v. Arneth*, Maria Theresia I 131-133. Das folgende Zitat nach der französischen Originalfassung im HHStA, KrA 340, hier fol. 87.

ven Absichten verschiedener Prätendenten um seinen Bestand fürchten müsse – es
sei dagegen bekannt, daß die Länder der Königin bis zum Einfall der preußischen
Truppen „joussoient d'un Repos heureux". Wenn der bewaffnete Einmarsch, wie
der preußische König sage, das beste oder sogar einzige Mittel zum Erhalt des
Reichs und des europäischen Friedens darstelle, so sei man begierig zu erfahren,
welches dann das Mittel zu deren Vernichtung sei.

Anschließend befaßt sich der Text mit den einzelnen Punkten des preußischen
Angebots. Der angetragene Schutz der österreichischen Lande im Reich reduziere
sich auf die reichsrechtlichen Verpflichtungen, die schon die Goldene Bulle und
überdies die Reichsgarantie der Pragmatischen Sanktion enthielten. Zweitens be-
stünden die von Preußen angebotenen Bündnisse mit Rußland und den Seemächten
bereits und drittens müsse die anstehende Kaiserwahl nach den Regeln der Goldenen Bulle erfolgen. Auch das finanzielle Angebot Preußens wird mit dem Hinweis
abgelehnt, daß noch niemals ein Krieg geführt worden sei, um den Gegner zur Annahme von Geldmitteln zu zwingen; darüber hinaus sei der Schaden, den Preußen
in Schlesien anrichte, durchaus höher als die angebotene Summe.

Jegliche Abtretung wird als unvereinbar mit der Pragmatischen Sanktion abgelehnt; die Königin halte sich vielmehr für verpflichtet, die Pragmatische Sanktion
gegen jede direkte oder indirekte Verletzung aufrechtzuerhalten. Trotzdem sei sie
bereit, freundschaftliche Beziehungen zu Preußen zu erneuern, sofern die preußischen Truppen unverzüglich aus Schlesien abrückten. Zum Beweis ihrer aufrichti-
gen Gesinnung habe sie daher den preußischen Vertretern diese Antwort schriftlich
aushändigen lassen, obwohl jene nicht so gehandelt hätten.

Über die Entstehung dieser Schrift sind wir etwas besser unterrichtet als über
die meisten anderen österreichischen Publikationen. Auf Befehl der Königin hatten
Sinzendorff, Starhemberg und Bartenstein darüber beraten, wie man „tam ratione
rei, quam ratione modi" auf die diktierten preußischen Forderungen reagieren
solle. Ausdrücklich empfahlen sie, den preußischen Diplomaten etwas Schriftliches auszuhändigen und legten einen entsprechenden Entwurf bei. Damit sollte erstens ein diplomatischer Mißbrauch von preußischer Seite ausgeschlossen werden;
zweitens könne man „sodan auch die schrifftliche antwort gehöriger orthen com-
municiren"[121]. Dieser Vorschlag wurde umgehend umgesetzt: Der *Extrait de la dépêche royale* wurde samt der Antwortnote in zahlreichen Zeitungen und zeitgenössischen Sammelwerken abgedruckt; zudem wurde diese Schrift ebenso wie das
Schreiben an die Reichsstände auf diplomatischem Wege verbreitet[122].

---

[121] Vortrag vom 5. Januar 1741, HHStA, StK Vorträge 52, Konvolut „1741 I-VI", fol. 3-
3'; der Entwurf zur Antwortnote ebenda fol. 4-5. Der Entwurf stimmt mit der tatsächlichen
Veröffentlichung vollständig überein. Es ist zwar aus den Akten nicht ersichtlich, ob Bartenstein diesen Text verfaßte, jedoch legen Ähnlichkeiten der Formulierungen mit solchen in
Bartensteins eigenhändigen Vorträgen diese Annahme nahe.

[122] Vgl. PStSch I 80, Anm. 1 sowie ebenda 81, Anm. 1. Mittels zweier Reskripte vom 6.
und 7. Januar 1741 erhielten die österreichischen Vertreter diese Schrift; vgl. HHStA, StK
Regensburg öst. Gesandtschaft 89, Konvolut „1741 I", fol. 187-195', hier 188; HHStA, StA

Der *Extrait* unterstützt und belegt die Argumentation der vorhergehenden österreichischen Veröffentlichungen; anhand dieses Protokolls versuchte der Wiener Hof seine bisherigen Behauptungen zu beweisen, nämlich daß der Kriegseröffnung ein diplomatisches Verwirrspiel vorhergegangen sei und daß Preußen die Rechtsgründe nur zum Schein anführe.

Preußen hatte auf die entsprechenden Vorwürfe geantwortet, daß mündliche Verhandlungen nicht beweistauglich seien, „weil ein Jeder der beste Ausleger seiner Worte sein und bleiben muß", und überdies könne man dem Wiener Hof „ganz dreiste entgegen setzen, daß derselbe niemals imstande sein werde, etwas aufzuweisen, so zum Beweis derer [...] gehässigen Beschuldigungen von allerhand sinistren Insinuationen"[123] dienen könne. Diese Replik sollte sich als vorschnell erweisen, denn etwa gleichzeitig gelangte das gezeichnete Protokoll der beiden preußischen Vertreter in die Öffentlichkeit, mit dem die Hofburg diesen Beweis zu liefern suchte[124].

Die Bekanntmachung des ausschließlich mit politischen Vorteilen begründeten preußischen Ultimatums mußte die Rechtsbehauptung der *Declaration* erschüttern; gleichfalls unterstrich dies erneut die behauptete Doppelzüngigkeit des preußischen Königs, die in den *Schreiben an die Reichsstände* und an die Garanten der Pragmatischen Sanktion geschildert worden war.

Zusätzlich setzte Österreich die Informationen über heimliche Pläne anderer, mit denen Friedrich seine Argumentation gegenüber dem Wiener Hof begründet hatte, seinerseits als politisch-moralische Waffe ein, indem entsprechende Mitteilungen gezielt veröffentlicht wurden: Dies mußte die betroffenen Höfe brüskieren und Preußen als möglichen Bündnispartner fragwürdig erscheinen lassen. Zudem kam die kommentarlose Veröffentlichung der preußischen Warnungen einer Aufforderung an Frankreich und Sachsen gleich, sich öffentlich von antipragmatischen Absichten zu distanzieren.

Also folgte Österreich durch diese Veröffentlichung konsequent seiner bisherigen politisch-publizistischen Strategie: Das politische Ziel war, Preußen zu isolieren und keine Koalition gegen Habsburg zustande kommen zu lassen. Vor allem galt es, Frankreich von einem Eingreifen zugunsten Preußens abzuhalten, und ebenso ein Zusammenwirken Sachsens mit Preußen zu verhindern.

Der preußische Kabinettsminister Podewils interpretierte denn auch diese Veröffentlichung als Versuch, Preußen diplomatisch zu schaden[125]. Er bezeichnete sie

---

England 79, Konvolut „Maria Theresia an Ostein 1741 I", fol. 1-5' und 8-8'; HHStA, StA Polen II 19, Konvolut „1741", fol. 23-25'; HHStA, StK Holland 86, fol. 5-7. Eine französische Übersetzung des Reskripts vom 6. Januar und der Entwurf dazu HHStA, KrA 340, fol. 98-101'.

[123] *Rescript an Pollmann* vom 20. Januar 1741, in Antwort auf das kurz zuvor diktierte österreichische *Schreiben an die Reichsstände*, PStSch I 84-90, hier 87.

[124] Die Veröffentlichung des Protokolls erfolgte dabei allerdings nicht in Antwort auf das genannte Reskript an den preußischen Reichstagsvertreter, wie aus den Daten ersichtlich ist.

als „le tour le plus malin qu'on nous auroit pu jouer"[126]. Dementsprechend beeilte sich Preußen, der österreichischen Darstellung zu widersprechen. Ein Zirkularreskript distanziert sich von den unterstellten Warnungen und bezeichnet die Wiedergabe der Verhandlungen als verfälschend, da Preußen Rechtsforderungen in den Mittelpunkt gestellt habe[127].

In der Bewertung des *Extrait de la dépêche royale* ist Reinhold Koser dieser preußischen Lesart gefolgt. Er hat angenommen, daß es sich bei der Einleitung des *Extrait* um eine „Fälschung von leicht ersichtlicher Tendenz"[128] handele, weil erstens dieser Abschnitt in der Mitschrift fehle, die den preußischen Gesandten nach dem Diktat ausgehändigt wurde, und weil zweitens in der betreffenden Instruktion vom 15. November 1740 keine derartigen Aussagen enthalten seien. Tatsächlich befindet sich auch bei den österreichischen Akten eine Abschrift des Protokolls, die keine entsprechende Einleitung enthält[129] – dies gestattet jedoch noch keine Aussage darüber, ob Gotter und Borcke solche Warnungen ausgesprochen haben oder nicht, denn entsprechende Mitteilungen erscheinen mehrfach und ausdrücklich in verschiedenen anderen königlichen Depeschen; unter anderem bezog sich der König in der Instruktion für Gotter vom 8. Dezember erneut auf antipragmatische Absichten Bayerns, Frankreichs und Sachsens[130]. Es ist daher möglich, daß sich die Gesandten in ihrem Eingangsvortrag auf diese Anweisung stützten und die entsprechenden Hinweise wiederholten – zumindest aber ist es wenig überzeugend, hier in der Sache von einer Fälschung zu sprechen. Vielmehr ist davon auszugehen, daß Österreich den Berliner Hof nicht vorab über diesen – für Preußen immerhin prekären[131] – Inhalt der Veröffentlichung informieren wollte; überdies

---

[125] „C'est un plat de façon de Bartenstein pour nous rendre suspects à la France, en quoi il pourra bien réussir quand le Cardinal verra le protocole de la négociation et la réponse en écrit qu'on leur a donné", Podewils an Friedrich, 15. Januar 1741, PStSch I 79 f. hier 80.

[126] Ebenda 79.

[127] Zirkularreskript vom 4. Februar 1741, auszugsweise zitiert in PStSch I 80, Anm. 3.

[128] PStSch I 80. Ähnlich auch *J. G. Droysen*, Politik V 1, 186. Auch in der Bewertung der Bedeutung der rechtlichen Argumentation folgte Koser der öffentlichen preußischen Stellungnahme; diese Debatte wird in Kapitel V.1.a) beschrieben.

[129] *Articles Dictés (de la part du Roi de Prusse) par les ministres de Prusse*, HHStA, KrA 340, o.fol. Die hier in Klammern wiedergegebenen Worte sind zusätzlich oberhalb der Überschrift notiert, von derselben Handschrift, ansonsten fehlt jeder Zusatz, der Aufschluß über die Einleitungspassage der veröffentlichten Fassung gäbe. Gleichzeitig findet sich in den Kriegsakten ein Entwurf für eine französische Übersetzung dieser Einleitung, der den betreffenden Hinweis auf Frankreich und Sachsen enthält; dieser Entwurf ist eingelegt in die (deutsche) Reinschrift von Protokoll und Antwort, die offensichtlich der Veröffentlichung zugrunde gelegen hat, vgl. ebenda, hier fol. 85 [unvollständig foliiert].

[130] Vgl. Instruktion für Gotter, 8. Dezember 1740, PC I 132. Zu den vorhergehenden Warnungen Friedrichs vgl. ebenda 87, 88, 94, 105 f. und 111 f.

[131] Friedrich hatte seine Vertreter ausdrücklich angewiesen, die Anträge an den Wiener Hof vor Frankreich geheimzuhalten, vgl. PC I 102 und 128 f. Vgl. hierzu auch Kapitel IV.1.a).

gehörte dieser Hinweis, wie der Text ausdrücklich angibt, nicht zum eigentlichen Protokoll – eine Vorlage für die preußischen Diplomaten erübrigte sich also.

In unserem Zusammenhang ist nicht allein der im Eingangspassus enthaltene Hinweis auf Frankreich und Sachsen, sondern vor allem der Umstand bedeutsam, daß Bayern in der österreichischen Veröffentlichung nicht erwähnt wird, obwohl Preußen in Wien mindestens ebenso nachdrücklich vor den Absichten des Wittelsbachers wie vor französischen und sächsischen Plänen hatte warnen lassen[132]. Auf diese Warnungen wird in dem Reskript vom 6. Januar 1741, mit dem der *Extrait* und die offizielle Antwortnote an die österreichischen Gesandtschaften versandt wurde, ausdrücklich hingewiesen; gleichzeitig wird betont, daß Preußen versucht habe, neben Bayern vor allem Frankreich und Sachsen gegen Habsburg einzunehmen[133]. Aber im Unterschied zu Bayern hatten sich sowohl Sachsen als auch Frankreich noch nicht öffentlich gegen die Nachfolge Maria Theresias gewandt – deswegen werden im publizierten Protokoll nur diese beiden Staaten genannt, während die entsprechenden Hinweise auf Bayern verschwiegen werden.

Folglich ist auch hier die Auswahl der veröffentlichten Information von der politischen Absicht diktiert, keine Koalition unter den Gegnern Habsburgs entstehen zu lassen: Österreich vermied öffentlich jede Verbindung zwischen dem preußischen Vorgehen und den bayerischen Absichten, obwohl man tatsächlich argwöhnte, daß Preußen im Einverständnis mit Bayern agiere[134].

Auch in anderer Hinsicht weichen die öffentlichen und diplomatischen Bewertungen voneinander ab: Der preußischen Behauptung einer unumgänglichen Prävention begegnet Österreich mit der kurzen Bemerkung, daß die Länder der Königin bis zum Einmarsch der Preußen nicht bedroht gewesen seien; tatsächlich jedoch befürchtete der Wiener Hof vor allem von Spanien und Sardinien militärische Aktionen gegen die habsburgischen Lande[135] und forderte Frankreich diplomatisch auf, seinen Einfluß auf Bayern, Spanien und Sardinien geltend zu machen und sie von gewaltsamen Aktionen abzuhalten[136]. Während Österreich also intern die

---

132 Ebenso gilt dies für Spanien.

133 Vgl. *Traduction du Rescript du 6 Janvier 1741*, HHStA, KrA 340, fol. 98-101', hier 99: Gotter und Borcke hätten in ihrem Vortrag „fait plusieurs fois mention de desseins d'hostilité, que tant la france, et la Baviere, que l'electeur de Saxe formoient contre nous".

134 In einem Reskript an die österreichischen Vertreter in Frankreich heißt es, der preußische Überfall sei „uhrsprünglich" durch die bayerischen Ansprüche veranlaßt, und wahrscheinlich seien Preußen und Bayern heimlich verbündet, vgl. Reskript an Liechtenstein und Wasner, 30. Dezember 1740, HHStA, StA Frankreich 65, Konvolut „Maria Theresia an Liechtenstein und Wasner", o.fol.

135 Vgl. Vortrag [undatiert; Ende Dezember 1740], HHStA, StK Vorträge 50, Konvolut „1740 s. d.", fol. 173-177', hier 175 ff. Vgl. ebenso das Konferenzprotokoll vom 28. Dezember 1740, ebenda Konvolut „1740 X-XII", fol. 160-161', hier 161 f.

136 Ausdrücklich wird Liechtenstein am 30. Dezember dazu aufgefordert, vgl. das entsprechende Reskript an Liechtenstein, HHStA, StA Frankreich 65, Konvolut „Maria Theresia an Liechtenstein und Wasner", o.fol.

preußische Prämisse über antipragmatische Absichten Dritter teilte, leugnete es jegliche Bedrohung in der Öffentlichkeit.

Die öffentliche wie diplomatische Reaktion Österreichs auf die preußische Kriegseröffnung bewegte sich also folgerichtig in den Bahnen der grundlegenden politischen Strategie der Hofburg: Das politische wie publizistische Hauptaugenmerk richtete sich auf die Sicherung der Erbfolge und auf die bevorstehende Kaiserwahl; die Wiener Politik war bestrebt, auf die vermutlichen, aber noch nicht öffentlich erklärten Gegner diplomatisch mäßigend einzuwirken. Demgegenüber versuchte sie, die offenen Gegner Habsburgs öffentlich zu diskreditieren und politisch zu isolieren. Daher befaßte sich der Wiener Hof erst nach dem Protest Bayerns mit der öffentlichen Abwehr der wittelsbachischen Ansprüche, nachdem er sich zuvor um einen diplomatischen Ausgleich bemüht hatte; ebenso verhielt sich der Wiener Hof in der Frage des böhmischen Votums: Aus politischen Rücksichten auf das in der Erbfolgefrage noch nicht erklärte Sachsen unterblieb eine öffentliche Wiener Reaktion auf die sächsische Protestschrift in der Kurfrage[137].

Dementsprechend war auch das diplomatische wie öffentliche Verhalten der Hofburg gegenüber Preußen konsequent an der Erbfolgefrage ausgerichtet. Bis zum tatsächlich erfolgten Einmarsch reagierte Wien vorsichtig und mäßigend auf die preußische Bedrohung, anschließend wandte Österreich gegen Preußen dieselbe öffentliche Strategie wie gegenüber Bayern an: Beidemale bestritt man nachdrücklich die rechtlichen Prämissen der gegnerischen Argumentationen, um diese als unhaltbar erscheinen zu lassen und um den Gegner politisch-moralisch zu isolieren. Entscheidend war für den Wiener Hof, eine etwaige antipragmatische Koalition der Gegner weder zu fördern noch überhaupt zustande kommen zu lassen; deshalb trennte er das preußische Vorgehen öffentlich von den bayerischen Absichten.

Ähnlich wie Preußen versuchte Österreich, den Konflikt um Schlesien in der Öffentlichkeit als separates Ereignis darzustellen – und konzentrierte sich darauf, die preußischen Legitimationsbehauptungen zu bestreiten. Diese Wiener Gegenargumentation prägte die publizistische Auseinandersetzung zwischen Preußen und Österreich in den folgenden Wochen und Monaten[138].

2. Für und wider das Reich – der Zweite Schlesische Krieg

a) Entstehung und Grundlagen der preußischen Kriegslegitimation 1744

Am 13. August 1744 eröffnete der preußische König den Zweiten Schlesischen Krieg[139]. An diesem Tag begann der Vorstoß nach Böhmen; in drei Heeressäulen

---

137 Vgl. *Th. Thelen* 137.

138 Auf diese Debatten wird in den Kapiteln V.1.a) und V.1.b) näher eingegangen.

rückten preußische Truppen über Dresden, die Lausitz und aus Schlesien nach Böhmen ein. Diesen neuerlichen Kriegseintritt auf der Seite der Gegner Österreichs begleitete der preußische König mit einem publizistischen Feuerwerk gegen den Wiener Hof:

Unmittelbar zur Eröffnung der Feindseligkeiten ließ er folgende öffentliche Begründung für sein Vorgehen verbreiten[140]: Seine Maßnahme diene dem Wohl Europas und insbesondere des Reiches, denn die preußischen Truppen fungierten als kaiserliche Auxiliararmee zum Schutz von Kaiser und Reich gegen die rebellischen und reichsverfassungswidrigen Bestrebungen des Wiener Hofes. Dessen Verhalten in den vergangenen zwei Jahren habe die despotischen Absichten Habsburgs offengelegt: Österreich habe nicht allein die kaiserlichen Erblande besetzt und grausam behandelt, das Reich mit fremden Truppen überschwemmt und neutrale Reichsstände bedrückt, sondern seinen Verbündeten Reichslehen und Anwartschaften auf Bistümer versprochen. Zudem habe der Wiener Hof die Kurfürsten bedroht, den Kaiser selbst unwürdig behandelt und sogar die Kaiserwahl für null und nichtig erklärt, um einen reichsfremden Fürsten zur höchsten Würde gelangen zu lassen. Obwohl solche Anschläge gegen das Reich und sein Oberhaupt das preußische Eingreifen bereits hinreichend rechtfertigten, habe der König sich zunächst um eine friedliche Verständigung bemüht. Aber alle Vermittlungsvorschläge und Friedensanträge seien von Österreich und England abgelehnt worden. Daher habe der König mit dem Kaiser und einigen vornehmen Reichsfürsten eine Union geschlossen, die der Wiederherstellung der Freiheit des Reiches, der Würde des Kaisers und der Ruhe Europas diene.

Ausdrücklich betont Friedrich, daß er keine eigennützigen Ziele verfolge und keinen preußischen Konflikt mit Maria Theresia austrage, sondern lediglich seinen Pflichten als vornehmer Reichsstand nachkomme, indem er für den Kaiser und dessen Ehre zu den Waffen greife.

Die preußische Legitimation für den Zweiten Schlesischen Krieg argumentiert also ausschließlich reichspolitisch. Preußen begründete sein militärisches Eingreifen mit dem Verhalten des Wiener Hofes gegenüber dem wittelsbachischen Kaiser und bestritt sowohl jegliches eigene Interesse wie auch eine direkte Kriegsteilnahme gegen Maria Theresia.

Diese Erklärung wurde unter dem Titel *Exposé des motifs qui ont obligé le Roi de donner des troupes auxiliaires à l'Empereur* den auswärtigen Diplomaten in Berlin am 10. August offiziell übergeben[141]; zwei Tage zuvor war sie an die preußischen Gesandtschaften geschickt worden[142].

---

139 Vgl. *R. Koser*, Friedrich I 458. Das genaue Datum des Grenzübertritts gibt Koser hier allerdings nicht; auch sind in der PC keine Marschbefehle enthalten.

140 Vgl. zum folgenden *Exposé des motifs*, Text in PStSch I 442–447.

141 Vgl. PStSch I 435; der König entschied auf eine entsprechende Anfrage von Podewils, daß die Bekanntmachung des *Exposé des motifs* am 10. August erfolgen solle. Der entsprechende Befehl Friedrichs auch in PC III 241 f.

Eine Woche später ließ der preußische Hof eine weitere, gleichgerichtete Veröffentlichung folgen: Scheinbar als privater Kommentar zum *Exposé des motifs* gelangten die *Remarques d'un bon Patriote Allemand sur l'Ecrit intitulé Exposé des motifs*[143] in die Öffentlichkeit, die die offiziell erhobenen Vorwürfe gegen den Wiener Hof ausdrücklich unterstützten. Der hierin erneut abgedruckte Text des *Exposé* wurde in eingeschobenen Abschnitte erläutert und konkretisiert, indem die *Remarques* die Aussagen der offiziellen Schrift mit Beispielen und zusätzlichen Vorwürfen – auch an die englische Adresse – verschärften[144]. Das Geheimnis der amtlichen Herkunft dieser Schrift bewahrte Preußen sogar gegenüber den eigenen Diplomaten; die Versendung an die preußischen Vertretungen erfolgte offenbar ähnlich wie an die ausländischen Gesandten und an die Berliner Zeitungen, nämlich per fingierter Postsendung aus Köln oder Frankfurt am Main[145].

Von beiden Schriften veröffentlichte das Berliner Ministerium neben der französischen Originalfassung auch eine deutsche Übersetzung[146]. Zudem wurden beide Schriften wiederholt nachgedruckt; bei dem wiederum heimlich in Berlin erstellten Nachdruck der *Remarques* achtete Podewils besonders darauf, daß der Text neu gesetzt wurde, damit der Ursprung nicht zurückzuverfolgen sei; auch fürchtete er, daß die tatsächlich amtliche Herkunft der *Remarques* durch den Umstand verraten werde, daß beim ersten Druck dieser Schrift dieselben Lettern verwandt worden seien wie beim *Exposé des motifs*[147].

Der König selbst hatte diese zweigleisige propagandistische Offensive ersonnen und die betreffenden Texte auch selbst entworfen[148]. In zwei knappen, eigenhändigen Entwürfen hatte er zunächst die Hauptinhalte der öffentlichen Erklärung skizziert, anschließend seinem Kabinettssekretär Eichel[149] eine erweiterte Fassung dik-

---

[142] Vgl. PStSch I 441. Die preußischen Diplomaten in London und am Reichstag in Frankfurt am Main erhielten gleichzeitig zur Veröffentlichung bestimmte Reskripte, vgl. hierzu unten.

[143] Text in PStSch I 442-447, hier wie im Originaldruck jeweils eingerückt in den Text der offiziellen Erklärung.

[144] Vgl. PStSch I 443: Während das *Exposé des motifs* lediglich erwähnt hatte, daß Maria Theresia sich verpflichtet habe, ihre Verbündeten auf Reichskosten zu entschädigen, erscheint in den *Remarques* der konkrete Hinweis auf den Wormser Vertrag, durch den Sardinien in Italien durch Reichslehen belohnt werden solle und durch den England die Säkularisation dreier Bistümer zugesagt erhalten habe.

[145] Vgl. PStSch I 436 f.

[146] Vgl. PStSch I 438 ff. Die weiteren, später im Umlauf befindlichen Übertragungen in andere Sprachen scheinen entweder von den preußischen Gesandten vorgenommen oder aus privatem Antrieb entstanden zu sein; Koser teilt hierzu nichts Näheres mit.

[147] Vgl. hierzu ebenda; die Besorgnis Podewils über eine Entdeckung in einem Schreiben an Ilgen, 19. August 1744, ebenda 437.

[148] Zum *Exposé des motifs* existieren insgesamt acht aufeinander aufbauende Entwürfe; zusätzlich scheint es jedoch noch eine neunte Fassung gegeben zu haben, wie Koser anhand genauer Textanalysen wahrscheinlich gemacht hat, vgl. PStSch I 432 ff. Der Wortlaut der verschiedenen Entwürfe ebenda 448-454.

tiert und diese – nach der Mundierung durch den Sekretär – wiederum selbst verbessert. Gleichzeitig scheint der König an dieser Stelle die ersten Ansätze zu den späteren *Remarques* diktiert zu haben, denn in Eichels Abschrift finden sich erstmals entsprechende Anmerkungen in den Text eingefügt[150]. Am 5. Juli sandte Eichel diesen vierten Entwurf zur weiteren Überarbeitung an den Kabinettsminister; der König hatte wenige Tage zuvor mit Podewils über die publizistischen Vorbereitungen gesprochen und diesen über die geplante offizielle Erklärung sowie über die inoffiziellen Anmerkungen hierzu informiert[151].

In den folgenden Wochen wurden die beiden geplanten Schriften nun in enger Zusammenarbeit zwischen Podewils und dem König zur Publikation vorbereitet: Nachdem der Minister entsprechend der Anweisungen Friedrichs die anonymen *Remarques* erweitert hatte[152] und in der offiziellen Erklärung einige Ergänzungen vorgeschlagen, aber andere Passagen zu streichen empfohlen hatte, korrigierte Friedrich die Entwürfe erneut und ließ sie am 19. Juli zur endgültigen Fertigstellung an den Minister zurückgehen.

Doch Podewils machte nochmals Änderungsvorschläge; übereinstimmend mit seinem Kabinettskollegen Borcke[153], den er über die beabsichtigten Publikationen ins Vertrauen gezogen hatte[154], stellte er dem König zudem anheim, einige Sätze der offiziellen Erklärung „als zu leidenschaftlich"[155] zu entfernen. Daraufhin tilgte Friedrich die beanstandeten Passagen aus dem Manuskript, ignorierte aber verschiedene weitere Formulierungsvorschläge des Ministers oder arbeitete sie um. Während der König also einige Milderungen im *Exposé des motifs* akzeptierte, forderte er Podewils andererseits ausdrücklich auf, die *Remarques* „avec tout le venin

---

149 August Friedrich Eichel (1696-1768), vgl. ADB V 722; PStSch I, XVIIIff.; *O. Hintze*, Behördenorganisation 62 ff.

150 Vgl. PStSch I 433.

151 Vgl. Eichel an Podewils, 5. Juli 1741; dieses Schreiben auszugsweise zitiert in PStSch I 433 und 435, vollständig in PC I 201 f.

152 Vgl. die von Eichel an Podewils übermittelten inhaltlichen Vorgaben des Königs, Eichel an Podewils, 5. Juli 1744, PStSch I 435. Ein erweiterter Entwurf der *Remarques* von der Hand des Minister scheint indessen nicht vorzuliegen; Koser gibt nur die ursprüngliche knappe Fassung, die der König diktiert hatte, vgl. ebenda 454 f.

153 Borcke, zuvor preußischer Gesandter in Wien, war seit Februar 1741 Kabinettsminister, vgl. PStSch I, XXI.

154 Vgl. PStSch I 434. Ob dies mit der Einwilligung des Königs erfolgte, der zuvor nachdrücklich auf strengste Geheimhaltung gedrungen hatte, ist aus Kosers Angaben nicht ersichtlich. Zu Borckes skeptischer Beurteilung der Formulierungen vgl. dessen ebenda wiedergegebene Notiz.

155 So Kosers Formulierung, der das betreffende Schreiben Podewils an den König vom 27. Juli 1744 in indirekter Rede wiedergibt, vgl. PStSch I 434.
Die betreffenden Passagen hat Koser in der Edition der verschiedenen Fassungen des *Exposé* im Apparat – zum Teil mit den erläuternden Kommentaren des Ministers – einzeln aufgeführt, vgl. ebenda 450 ff. Auf inhaltliche Aspekte hierbei wird noch zurückzukommen sein, vgl. unten.

dont votre plume est capable"[156] zu formulieren. Nach Abschluß der letzten Revision gelangte die Vorlage für das *Exposé des motifs* am 30. Juli in die Druckerei. Der König hatte bereits am 19. Juli befohlen, daß die offizielle Erklärung „mit der allermenschmöglichsten Secretesse, in französischer und in teutscher Sprache gedruckt" werden solle; die *Remarques* jedoch sollten „vorerst nicht sogleich mit gedruckt und publiciret, sondern allererst acht Tage drauf und zwar unter dem Namen eines Anonymi und Particuliers herauskommen"[157]. Dementsprechend erfolgte der Druck unter strengster Geheimhaltung; das *Exposé* war in den ersten Augusttagen gedruckt, und die *Remarques* verliessen am 14. August die Druckerei[158].

Die publizistische Offensive gegen Österreich ist also zu Kriegsbeginn bereits gründlich vorbereitet; die offizielle Begründung für das preußische Eingreifen wird von einer vorgeblich privaten Veröffentlichung flankiert, die die reichspolitischen Anklagen gegen den Wiener Hof untermauert. Diese propagandistische Strategie wurde auch diplomatisch angewendet: In instruktiven Weisungen an die Gesandten wiederholt der König die reichspolitische Argumentation und betont zudem erneut, er wolle „ni de m'agrandir ni de faire des conquêtes"[159]. Beim Einmarsch in Böhmen verbreitete Preußen zusätzlich ein *Patent*, das massenhaft in deutscher, böhmischer und tschechischer Sprache gedruckt worden war und das in wenigen Sätzen die reichspolitische Legitimation wiederholte sowie harte Strafen bei Zuwiderhandeln gegen die preußischen Tuppen androhte[160].

Das preußische Vorgehen wird also ausschließlich als reichsständische Pflichterfüllung gerechtfertigt, das keinerlei eigennützige Ziele verfolge. Damit konzentriert sich die preußische Kriegslegitimation des Zweiten Schlesischen Krieges auf Vorgänge, an denen Preußen keinen Anteil gehabt hatte; Friedrich macht sich Auseinandersetzungen zueigen, die der Wiener Hof mit dem wittelsbachischen Kaiser austrug und die im Kern auf die österreichische Erbfolgefrage zurückgingen. Der Konflikt um die Nachfolge im Habsburgerreich war 1741 parallel zum Ersten Schlesischen Krieg entbrannt und hatte Preußen zunächst auf die Seite der Gegner

---

[156] Undatierte Weisung des Königs an Podewils, vgl. PStSch I 435.

[157] Eichel an Podewils, 19. Juli 1744, PC III 218 f., hier 219. Dasselbe Schreiben auch bei Koser, vgl. PStSch I 434 und 436.

[158] Vgl. PStSch I 434 und 436.

[159] So formuliert in der Weisung Friedrichs für den preußischen Gesandten in Rußland, vgl. Friedrich an Mardefeld, 15. Juli 1744, PC III 214-217, hier 216.
Den Befehl des Königs, die Instruktionsreskripte für sämtliche auswärtigen Gesandten zu erstellen, übermittelt Eichel am 19. Juli, vgl. Eichel an Podewils, ebenda 218 f. Der Sekretär gibt hier konkrete inhaltliche Vorgaben für die Reskripte, die nach Holland und nach England abgehen sollten. Gesondert erfolgt eine entsprechende Weisung zudem für den preußischen Vertreter am königlich polnischen Hof, vgl. Eichel an Podewils, 23. Juli 1744, ebenda 221-223.

[160] *Patent an die Einwohner von Böhmen, d. d. Peterswalde 25. August 1744*, vgl. PStSch I 470 ff. Text ebenda 471 f. Die deutsche Fassung wurde in 1.200 bis 1.500 Exemplaren verbreitet, die böhmische in noch größerer Anzahl; nur über die Auflagenhöhe der tschechischen Ausgabe macht Koser keine Angaben, vgl. ebenda 470.

Maria Theresias gezogen. Aber nach einem gescheiterten Versuch eines Separatfriedens mit der Erzherzogin im Oktober 1741[161] hatte Friedrich die antihabsburgische Koalition im Sommer des folgenden Jahres endgültig verlassen und sich im Breslauer Frieden zu strikter Neutralität verpflichtet[162].

Die politischen und militärischen Rahmenbedingungen des österreichischen Erbfolgekrieges hatten sich unterdessen verändert; seit der Kaiserwahl Karls VII. war die Reichspolitik ins Zentrum des Konfliktes getreten: Sowohl der Kaiser wie der Wiener Hof bemühten sich um eine Unterstützung von seiten des Reiches und bezichtigten sich in lebhaften publizistischen Auseinandersetzungen gegenseitig des reichsverfassungswidrigen Verhaltens[163]. Auch in militärischer Hinsicht regierte die Reichspolitik: Auf der Seite des Kaisers wahrte Frankreich – ebenso wie die englischen und holländischen Truppen auf österreichischer Seite – offiziell den Status einer Auxiliarmacht, die weder selbst am Kriege beteiligt sei noch gegen das Reich vorgehe[164].

Seit dem Frühjahr 1743 waren der Kaiser und seine französischen Verbündeten zunehmend in die militärische Defensive geraten. Im Verein mit der sogenannten Pragmatischen Armee aus englischen und holländischen Truppen hatte Österreich die französische Hauptarmee bei Dettingen geschlagen und zusätzlich Bayern besetzt. Maria Theresia nutzte ihre Überlegenheit vor allem in reichspolitischer Hinsicht: Nach dem Rückzug der französischen Truppenverbände über den Rhein und der Neutralitätskonvention mit Bayern[165] setzte sie die Diktatur ihrer lange publizierten Verwahrungsurkunden gegen den Ablauf der Kaiserwahl durch, versuchte

---

161 Am 9. Oktober 1741 hatte Friedrich in der sogenannten Konvention von Kleinschnellendorf einen geheimen Waffenstillstand mit Maria Theresia geschlossen; als diese Übereinkunft jedoch ruchbar wurde, hatte sich Friedrich sofort davon distanziert und war erneut in den Krieg eingetreten, vgl. *A. v. Arneth*, Maria Theresia I 334; *R. Koser*, Friedrich I 356 ff.; *Ders.*, Beziehungen 52 ff.; *G. Senftner*; *A. Unzer*. Zur publizistischen Behandlung dieser Konvention vgl. auch Kapitel V.2.b) dieser Studie.

162 Vgl. *R.Koser*, Friedrich I 380 ff. und 394 ff.; *A.v.Arneth*, Maria Theresia II 64 ff. und 76 ff. Der Präliminarfrieden von Breslau wurde am 11. Juni 1742 unterzeichnet und im anschließenden Berliner Definitivfrieden vom 28. Juli 1742 ratifiziert.

163 Auf die Vielzahl der in diesen Auseinandersetzungen publizierten Schriften können wir aus Gründen der Arbeitsökonomie nicht eingehen; die Grundzüge dieser propagandistischen Debatten bei *Th. Thelen* 186 ff.

164 Sowohl Frankreich wie England verkündeten diese formalrechtliche Auffassung mehrfach in offiziellen Erklärungen, vgl. die französische *Déclaration de Mr. de la Nouë* vom 26. Juli 1743, HHStA, KrA 381, fol. 404; zur gleichgerichteten englischen Argumentation in einem Notenwechsel zum Einmarsch der Pragmatischen Armee ins Reich vgl. PStSch I 351 ff.

165 Die Konvention von Niederschönfeld wurde am Tage der Schlacht bei Dettingen, am 27. Juni 1743, geschlossen und sah die Neutralität der bayerischen Truppen im Krieg Österreichs mit Frankreich vor. Maria Theresia ratifizierte diese Konvention allerdings nicht, und auch Karl VII. hielt sich an diese Zusagen nicht gebunden, sobald seine militärische Situation sich leicht verbessert hatte, vgl. *A. v. Arneth*, Maria Theresia II 355 ff.; *Th. v. Karg-Bebenburg*.

die habsburgische Führungsrolle im Reich wiederherzustellen und bemühte sich um eine Teilnahme des Reiches am Krieg gegen Frankreich[166].

Diese Entwicklung hatte Friedrich mit zunehmender Besorgnis verfolgt. Die österreichischen Waffenerfolge ließen ihn um das jüngst erworbene Schlesien fürchten; außerdem schien die preußische Stellung im Reich durch die drohende Entmachtung des Kaisers gefährdet[167]. Seit dem Winter 1742 versuchte Friedrich dieser Gefahr auf zweierlei Arten entgegen zu steuern: Einerseits bemühte er sich um einen Frieden zwischen England, Österreich und dem Kaiser, indem er einen territorialen Ausgleich mittels Säkularisation einiger Reichsbistümer vorschlug; gleichzeitig wollte er das Vordringen der Pragmatischen Armee verhindern und warnte England diplomatisch vor einer Verletzung der Reichsneutralität[168]. Andererseits unterstützte Friedrich die Bemühungen des Kaisers für ein militärisches Eingreifen des Reiches[169]. Karl VII. hatte bereits unmittelbar nach seiner Wahl den *punctum securitatis publicae* zum Gegenstand der Reichstagsberatungen gemacht und so das Reich in den Erbfolgekonflikt einzubeziehen gesucht[170]. Doch das Reich stimmte weder der Aufstellung einer Neutralitätsarmee zu, noch konnte Friedrich die Stände für eine Assoziationsarmee gewinnen. Vom Herbst 1743 bis zum Frühjahr 1744 nahm dieses politisch-militärische Vorhaben daher Schritt für Schritt eine andere Gestalt an; das ursprünglich reichsweite Assoziationsprojekt verengte sich auf einige wenige kaiserlich gesinnte Reichsfürsten unter preußischer Leitung. Am 22. Mai 1744 verbanden sich der Kaiser, Kurbrandenburg, Kurpfalz und Hessen-Kassel zur Frankfurter Union, der sich auch Frankreich als Verbündeter des Kaiser in einem Separatvertrag anschloß[171].

Zeitgleich zu den ersten Bemühungen um eine Reichsassoziation hatte Friedrich sich im September 1743 erstmals öffentlich gegen das Wiener Verfahren gewandt. Nach der Diktatur der österreichischen Verwahrungsurkunden verwarf er den Vorschlag seiner Minister, die eine gemäßigte Reaktion empfohlen hatten, und befahl ausdrücklich: „Je veux absolument qu'on parle sur le plus haut ton, [...] il faut parler tout haut des libertés de l'Allemagne que la reine de Hongrie veut opprimer. [...] en un mot, il faut sonner le tocsin contre la reine de Hongrie"[172]. Neben diesen offiziellen Demarchen auf dem Frankfurter Reichstag ließ Friedrich zusätzlich

---

[166] Vgl. hierzu *A. v. Arneth*, Maria Theresia II 303 ff. Auf die propagandistischen Maßnahmen im Hinblick auf das Reich und gegen Frankreich werden wir in Kapitel VI.1. näher zu sprechen kommen.

[167] Vgl. *R. Koser*, Friedrich I 409 ff.; *Ders.*, Zweiter Schlesischer Krieg.

[168] Vgl. PStSch I 351 ff. und 357 ff. Auf diese reichspolitischen Vorgänge wird in Kapitel VI.1. einzugehen sein.

[169] Vgl. hierzu *R. Koser*, Friedrich I 409 ff.

[170] Vgl. hierzu *W. Hein* ; *F. Meisenburg*.

[171] Vgl. *R. Koser*, Friedrich I 448 ff.

[172] Eigenhändiger Vermerk Friedrichs auf einem Bericht von Podewils und Borcke, 6. Oktober 1743, PC III 438 f. Ein Tag später befahl Friedrich erneut: „Il faut faire la-dessus un carillon de tous les diables", ebenda 440.

eine anonyme Flugschrift gegen den Wiener Hof verbreiten: Getarnt als private Meinungsäußerung wurden in der *Lettre d'un gentilhomme François à un de ses amis*[173] die Anklagen gegen die Wiener Reichspolitik energisch vorgetragen. Auch hier hatte der König selbst die Argumentation bis ins einzelne vorgegeben[174].

Während der König so auf diplomatischem und anonymem Wege Unruhe und Besorgnis gegenüber dem österreichischen Vorgehen zu wecken versuchte, distanzierte er sich öffentlich von Gerüchten und Publikationen über angebliche preußische Kriegsvorbereitungen gegen den Wiener Hof und befahl am 14. Dezember 1743, ein offizielles Dementi durch die Zeitungen bekanntmachen zu lassen[175].

So sind in den preußischen Verlautbarungen seit dem Herbst 1743 bereits die antihabsburgischen Thesen enthalten, aus denen Preußen im Sommer 1744 das militärische Eingreifen im Namen von Kaiser und Reich herleitet. Aber während sich die Rechtfertigung für den preußischen Kriegseintritt auf den Reichszusammenhang konzentrierte, hatte sich der österreichische Erbfolgekrieg bereits weitgehend auf zwischenstaatliche Konflikte verlagert: Am 15. März 1744 erklärte Frankreich England offiziell den Krieg und ließ am 26. April eine Kriegserklärung an Österreich folgen[176]. Preußen reklamierte also im Sommer 1744 jenen formalrechtlichen Status als Auxiliarmacht, den die Verbündeten des Kaisers und Maria Theresias gerade aufgegeben hatten. Friedrich machte sich öffentlich zum Anwalt der kaiserlichen Rechte und behauptete nachdrücklich, keine eigenen Interessen zu verfolgen.

Diese reichspolitische Besonderheit der preußischen Legitimation ist in der historischen Forschung bereits mehrfach dargestellt worden. Insbesondere in der preußischen Historiographie wurden die Ereignisse des Vorkriegsjahres zur Erläuterung der preußischen Kriegsbegründung herangezogen[177]; dies geschah jedoch nicht unter legitimatorischen Fragestellungen, sondern vornehmlich im Hinblick auf die Glaubwürdigkeit der öffentlichen preußischen Argumentation.

Denn die energisch vorgetragene Legitimationsbehauptung des Königs, daß er keine Gebietsgewinne erstrebe, hat sowohl bei den Zeitgenossen wie auch in der Historiographie lebhafte Auseinandersetzungen um die tatsächlichen preußischen Motive ausgelöst. Die zeitgenössische Diskussion entzündete sich an der öffentlichen österreichischen Gegenargumentation, die behauptete, Preußen handele in Wahrheit aus Eroberungsgier, und wird uns im folgenden noch näher beschäftigen[178].

---

[173] Vgl. PStSch I 394 ff. Text ebenda 397-401. Koser gibt hier Ergänzendes zur Entstehung dieser Schrift, nachdem Droysen den offiziösen Ursprung bereits nachgewiesen hatte, vgl. *J. G. Droysen*, Flugschrift.

[174] Vgl. PStSch I 394 f.

[175] Vgl. hierzu PStSch I 411 ff. Das betreffende Dementi ebenda 421.

[176] Vgl. *A. v. Arneth*, Maria Theresia II 384 f. Auf das propagandistische Verhältnis zwischen Österreich und Frankreich wird in Kapitel VI.2. einzugehen sein.

[177] *L. v. Ranke*, SW XXIX 67 ff. und 110; *J. G. Droysen*, Politik V 2, passim; *R. Koser*, Friedrich I 409 ff.

Auch die historiographische Debatte um die preußischen Kriegsziele wurde namentlich durch diese Behauptung angeregt; denn tatsächlich hatte Friedrich mit Frankreich und dem Kaiser ein Offensivbündnis gegen Habsburg geschlossen, das die Rückgewinnung der bayerischen Erblande und die Eroberung und Aufteilung Böhmens vorsah. Unter Hinweis auf geheime Vereinbarungen zum Frankfurter Unionsrezeß vom 22. Mai 1744[179], in denen Friedrich sich Teile Böhmens ausbedungen hatte, warfen vor allem Onno Klopp und Alfred von Arneth Friedrich vor, entgegen seiner öffentlichen Beteuerung einen Eroberungskrieg zum Ziel gehabt zu haben[180].

Diesen Vorwurf hat die preußische Geschichtsschreibung durch den Nachweis zu entkräften versucht, daß der Gebietsgewinn keineswegs ausschlaggebend für den Kriegsentschluß gewesen sei: Friedrich habe zwar drei böhmische Kreise für Preußen gefordert, doch sei dies aus bündnistaktischen Gründen geschehen[181]. Der eigentliche Beweggrund seiner Schilderhebung sei vielmehr die Sorge um Schlesien gewesen, seitdem Friedrich von dem zwischen Österreich, England und Sardinien am 13. September 1743 geschlossenen Wormser Vertrag erfahren habe, in dem sich die Unterzeichneten ihren Besitzstand gegenseitig garantierten – allerdings ohne daß für die habsburgischen Gebiete die Abtretung Schlesiens erwähnt wurde[182]. Friedrich habe daraus geschlossen, daß Maria Theresia diese Provinz umgehend zurückerobern wollte, und dem zuvorkommen wollen; daher sei der Feldzug von 1744 als eine „durch die Defensive gebotene Maßregel mit Offensivzielen"[183] zu bewerten.

In unserem Zusammenhang ist nicht entscheidend, welchen Stellenwert die Eroberungswünsche des Königs besaßen. Wichtig ist vielmehr, daß die Behauptung, er erstrebe keine territorialen Gewinne, den wirklichen Gegebenheiten nicht entsprach. Die historische Forschung hat hieraus entweder auf die Unwahrhaftigkeit

---

[178] Vgl. hierzu unten sowie Kapitel IV.2.b).

[179] Vgl. *R. Koser*, Friedrich I 450.

[180] Vgl. *O. Klopp*, Nation 106 ff.; *A. v. Arneth*, Maria Theresia II 328 f., 398 ff. und 411 f.; sowie *G. Sapper*; *H. Disselnkötter*. Vgl. daneben auch *G. P. Gooch* 31, der die preußische Legitimation als „erbärmliche Heuchelei" bezeichnete.

[181] Vgl. *L. v. Ranke*, SW XXIX 67 und 93; *W. Oncken*, Zeitalter I 400; *R. Koser*, Friedrich I 450 f.; *Ders.*, Zweiter Schlesischer Krieg 251; *M. Leitzke*. Die betreffenden Autoren geben an, Friedrich habe diese Gebiete als Entschädigung für die Risiken gefordert, die er im Vergleich zu seinen Verbündeten auf sich nahm; so hat es der König selbst ausgesprochen: „Il faut aussi absolument qu'on fasse ma convenance d'une manière proportionnée aux hasards et aux risques que j'y cours", Friedrich an Klinggräffen, seinen Vertreter am kaiserlichen Hof, 5. März 1744, PC III 49-53, hier 51.
Daß damit die Eroberungsabsicht gänzlich als nur nachrangiges Motiv erwiesen sei, wird man indessen nicht annehmen können, denn der König verwandte eine ähnliche Formulierung in den Angeboten an den Wiener Hof im Dezember 1740, als er Schlesien forderte – und als die Erwerbungsabsicht unzweifelhaft dominierend war, vgl. hierzu Kapitel IV.1.a).

[182] Vgl. *A. v. Arneth*, Maria Theresia II 292 ff.; *R. Koser*, Friedrich I 442 f.

[183] *R. Koser*, Zweiter Schlesischer Krieg 251.

der gesamten preußischen Rechtfertigung geschlossen oder ist der friderizianischen Darstellung weitgehend gefolgt[184].

Darüber hinaus hat die preußische Legitimation für den Zweiten Schlesischen Krieg nur wenig Beachtung in der Forschung gefunden[185]; soweit zu sehen ist, hat sich Reinhold Koser bislang als einziger um eine eingehendere inhaltliche Interpretation bemüht: In bemerkenswerter Distanz zu den übrigen preußischen Historiographen stellte er fest, daß der Kriegseintritt im Namen von Kaiser und Reich als ein – mehr oder minder geschickt gewählter – Vorwand für eine rein preußische Interessenpolitik zu betrachten sei[186].

Die verschiedenen von Koser zusammengestellten Äußerungen Friedrichs belegen hinreichend, daß der König die reichspolitische Rechtfertigung bewußt inszenierte und – wie schon im Vorfeld des Ersten Schlesischen Krieges – parallel zur Vorbereitung der militärischen Aktion deren öffentliche Legitimation mitbedachte: So wies er den preußischen Unterhändler zu Verhandlungen über das geplante Angriffsbündnis mit Frankreich bereits im voraus ausdrücklich an, daß dieses Bündnis weder öffentlich bekannt werden noch als Anlaß des preußischen Vorgehens gelten dürfe, „mais que plutôt le prétexte de mes opérations sera le traité d'union que je vais conclure avec l'Empereur et quelques autres États de l'Empire pour le maintien de l'Empereur, pour le rétablissement du repos dans l'Empire et pour pacifier l'Allemagne"[187].

Ähnlich freimütig urteilte Friedrich auch in der *Histoire de mon temps* rückblickend über seine reichspolitischen Aktivitäten: „Je jouais le rôle de bon compa-

---

[184] Meist beschränkt sich die Erwähnung auf eine kurze Inhaltsangabe des *Exposé des motifs*; die preußische Historiographie stellte dem meist eine Schilderung der Wiener Reichspolitik und der tatsächlichen Motive Friedrichs voran, die der friderizianischen Lesart weitgehend folgt, vgl. *L. v. Ranke*, SW XXIX 67 ff. und 110; *J. G. Droysen*, Politik V 2, passim. Zur gegenteiligen Bewertung in der Historiographie vgl. die in Anm. 180 zitierte Literatur, hier vor allem *A. v. Arneth*, Maria Theresia II 298 ff.

[185] Everth und Schieder erwähnen die preußische Kriegsbegründung von 1744 überhaupt nicht. Everth verzichtete bewußt darauf, weil die „Verhältnisse im ganzen ähnlich" gewesen seien, *E.Everth* 350. Auch Theodor Schieder übersprang bei seinem Vergleich der preußischen Legitimationsbemühungen diejenige des Jahres 1744 – allerdings ohne eine Begründung dafür anzugeben, vgl. *Th. Schieder*, Friedrich 127 ff.; auch in dem Abschnitt über die preußische Reichspolitik wird der Zweite Schlesische Krieg samt seiner reichspolitischen Legitimation nicht erwähnt, vgl. ebenda 264 f.

[186] Vgl. *R. Koser*, Zweiter Schlesischer Krieg, passim. Koser faßt zusammen: „Aber selbst wenn er es später nicht ausdrücklich versichert hätte, daß sein Reichspatriotismus ein gemachter war, würden wir es von ihm am wenigsten glauben, daß er sich in der That an der trödelhaften Herrlichkeit des alten Reiches begeistert haben sollte", ebenda 245. Vgl. daneben auch *Ders.*, Friedrich I 409 ff. und besonders 458 f., wo Koser auf den auffälligen Umstand aufmerksam macht, „daß alle Anklagen, welche vordem die deutsche Libertät gegen die Übergriffe des Imperialismus erhoben hatte, hier einmal durch eine denkwürdige Verkettung der Umstände im Namen des Kaisers [...] gegen einen Reichsstand zurückgeschleudert wurden".

[187] Friedrich an Rothenburg, 30. März 1744, PC III 70-73, hier 72.

triote, afin de gagner la confiance des États"[188]. Kosers Interpretation ist somit augenfällig durch den König selbst bestätigt.

Eine Untersuchung der preußischen Legitimation für den Zweiten Schlesischen Krieg kann sich allerdings nicht darauf beschränken. Denn wie zu zeigen sein wird, verstellt eine isolierte Betrachtung des *Exposé des motifs* den Blick sowohl auf dessen legitimatorischen Vorläufer wie auch auf die nachfolgende Erweiterung – beides ist aber insbesondere für eine übergreifende Interpretation der preußischen Begründungen der Schlesischen Kriege von Bedeutung.

Koser hat entsprechende Anregungen geliefert, aber nicht weiter verfolgt: Er bemerkte, daß das *Exposé des motifs* eher auf die (reichs-)politische Konstellation des vorangegangenen Jahres als auf die Bündnissituation von 1744 zugeschnitten gewesen sei; außerdem habe es den „tieffsten und entscheidendsten der Beweggründe des Königs"[189], nämlich seine Besorgnis um den Besitz Schlesiens, nicht erwähnt.

Tatsächlich geschah dies allerdings schon in der unmittelbar folgenden Publikation: In der zweiten offiziellen Schrift zum Kriegsbeginn bezog Preußen ausdrücklich die Sorge um Schlesien in seine öffentliche Begründung ein und deutete somit durchaus ein eigenes Interesse am bestehenden Konflikt an[190].

Bereits unmittelbar zum preußischen Einmarsch in Böhmen kündigte sich dies auf diplomatischer Ebene an. Die Weisungen, die den preußischen Vertretern bei Kriegsbeginn zugingen, enthalten einen Hinweis, der in den ersten preußischen Veröffentlichungen fehlt: Alle Reskripte betonen, daß Preußen weder den Breslauer Frieden brechen wolle noch seine vertraglichen Verpflichtungen vernachlässigen werde[191].

Daß dies zwar diplomatisch, nicht aber öffentlich verlautbart wurde, hatte der König festgelegt. Weil er annahm, daß Österreich das preußische Vorgehen als Verletzung des Breslauer Friedens bezeichnen würde, entschied er, eine von Podewils vorgeschlagene Ergänzung für das *Exposé des motifs*, wonach Preußen diesen Friedensvertrag keineswegs brechen werde, für eine Antwort gegen die erwartete Wiener Publikation aufzuheben[192]. Der König bereitete also nicht allein die ersten öf-

---

[188] So in der Redaktion aus dem Jahre 1746, zitiert nach *R. Koser*, Zweiter Schlesischer Krieg 245, Anm. 1.

[189] *R. Koser*, Friedrich I 459.

[190] Die historische Forschung hat dies bislang nicht behandelt; auch Reinhold Koser hat diesem Umstand bei seinen editorialen Bemerkungen zu der betreffenden Publikation unberücksichtigt gelassen, vgl. PStSch I 477 ff.

[191] Vgl. Instruktion für Wallenrodt, preußischer Vertreter am polnisch-sächsischen Hof, 23. Juli 1744, PC III 221-223; vgl. ebenso Eichel an Podewils, 19. Juli 1744, ebenda 218 f.; Instruktion für Mardefeld, Gesandter am russischen Hofe, 15. Juli 1744, ebenda 214-217; sowie Eichel an Podewils, 26. Juli 1744, ebenda 223-226. Auf das Instruktionsreskript an den preußischen Vertreter in Wien wird noch zurückzukommen sein.

[192] Podewils hatte vorgeschlagen, den Hinweis auf den Breslauer Frieden aus Rücksicht auf Rußland aufzunehmen; der König lehnte dies für das *Exposé des motifs* ab mit der aus-

fentlichen Stellungnahmen maßgeblich selbst vor, sondern suchte sich schon im Vorfeld für eine Wiener Replik mit geeigneten Gegenargumenten zu wappnen.

Dementsprechend verzichtete Preußen auch in seiner diplomatischen Ankündigung der Feindseligkeiten gegenüber dem Wiener Hof auf den ausdrücklichen Hinweis, daß es den Breslauer Frieden nicht breche[193]. In einer am 8. August 1744 mündlich vorgetragenen Erklärung wiederholte der preußische Vertreter vor den österreichischen Ministern die reichspolitischen Anklagen aus dem *Exposé des motifs* und fügte lediglich ein Argument hinzu, das Preußen der Öffentlichkeit erst in der nächstfolgenden Publikation vortrug: Im Zusammenhang mit den behaupteten bedrohlichen Wiener Absichten gegen Kaiser und Reich verweist die Deklaration darauf, daß Friedrich ebensowenig das Reich wie den „eigenen Staat der daraus zu besorgenden augenscheinlichen Gefahr aussetzen"[194] dürfe.

Wie Friedrich es vorhergesehen hatte, publizierte Österreich vierzehn Tage später eine Antwort auf diese diplomatische Erklärung; als Entgegnung erschien auf Befehl Friedrichs umgehend die preußische *Widerlegung*[195]. Unmittelbar nach dem Bekanntwerden der Wiener Schrift im königlichen Heerlager hatte Eichel den dringenden Befehl des Königs nach Berlin weitergeleitet, daß rasch eine Beantwortung „auf eine solide und bündige Art durch eine recht geschickte Feder"[196] zu erfolgen habe; in demselben Schreiben hatte Eichel dem Minister auch Argumentationsanleitungen zur Entgegnung übermittelt. Podewils skizzierte daraufhin die wesentlichen Argumente, um die konkrete Ausarbeitung der Schrift jedoch Vockerodt zu übertragen[197]. Am 15. September 1744 wurde die deutsche Originalfassung an die Gesandtschaften verschickt; wenig später erschien zusätzlich eine offizielle französische Übersetzung[198].

---

drücklichen Bemerkung, daß man Entsprechendes zwar diplomatisch gegenüber England und Rußland verwenden möge, „mais il faut que Nous reservions Cette Corde pour faire la Contre reponse à la Reine d'Honguerie qui ne Manquera pas d'en apeler a la paix du Breslau", vgl. PStSch I 454, Anm. 55.

193 Die Erklärung Dohnas in PStSch I 465 ff. Text ebenda 466-469. Die Anweisungen und Genehmigung des Entwurfs von seiten Friedrichs, vgl. Eichel an Podewils, 26. Juli 1744, PC III 223-226.

194 Vgl. *Rescript an Dohna*, PStSch I 468. Vgl. *A. v. Arneth*, Maria Theresia II 411. Der Erlaß mit den wörtlichen Anweisungen für die Deklaration datiert vom 28. Juli 1744, er wurde auf Befehl des Königs von Podewils erstellt, vgl. hierzu Eichel an Podewils, 26. Juli 1744, PC III 223-226; sowie die Einwilligung Friedrichs mit dem fertigen Text, ebenda 226.

195 Vgl. PStSch I 477 ff. Text ebenda 482-494. Der Titel lautet *Widerlegung der in der Winerischen Beantwortung der von dem [...] Graffen von Dohna geschehenen Declaration enthaltenen Scheingründe und unstatthaften Beschuldigungen*. Zur österreichischen Publikation vgl. das folgende Kapitel.

196 Eichel an Podewils, 31. August 1744, vgl. PStSch I 479 f., dort weitgehend zitiert.

197 Vgl. PStSch I 479 f. Den Inhalt der von Podewils auf zehn Quartseiten zusammengefaßten Inhaltsvorgabe beschreibt Koser nicht; es ist daher unklar, ob sie von der endgültigen Fassung abweicht.

Die *Widerlegung* verfolgt zwei Zielsetzungen: Zum einen sollte die Wiener Gegenargumentation entkräftet werden, zum anderen sollte die reichspolitische Kriegsbegründung des *Exposé* untermauert werden. Der Wiener Hof hatte Preußen in seiner Antwortschrift vorgeworfen, die reichspatriotischen Beteuerungen nur zum Schein anzuführen und in Wahrheit einen Eroberungskrieg gegen Habsburg eröffnet zu haben. Nach der Kleinschnellendorfer Konvention habe Friedrich nun auch den Breslauer Friedensvertrag gebrochen. Zudem sei das Verhalten Maria Theresias reichsrechtlich untadelig und überdies seit Beginn des Erbfolgekonfliktes öffentlich dargelegt und unverändert beibehalten worden; daß Preußen dies erst jetzt zum Anlaß eines Krieges nehme, enthülle den unwahrhaftigen Gehalt einer solchen Begründung[199].

Die preußische Entgegnung auf diese Vorwürfe folgte im wesentlichen den konkreten Vorgaben des Königs: Wie Friedrich befohlen hatte, erklärte Preußen den in der Wiener *Beantwortung* als Beilage mitabgedruckten Separatartikel, in dem die beabsichtigten Eroberungen zwischen Preußen und Bayern aufgeteilt wurden, schlicht als eine „grundfalsche und malitieuser Weise erdichtete Piece"[200]. Ebenso bündig wurde der österreichische Verweis auf die Kleinschnellendorfer Konvention zurückgewiesen; entsprechend der königlichen Anleitung betonte die *Widerlegung*, diese sei lediglich eine Vorbesprechung für einen eventuellen Friedensschluß gewesen und habe folglich keine Verbindlichkeit besessen[201].

Hinsichtlich des Breslauer Friedens gab Friedrich dem Ministerium zwei Argumentationslinien vor, die befehlsgemäß in die *Widerlegung* einflossen: Zum einen stellte Friedrich auf eine präventive Selbstverteidigung ab, indem er befahl, den zwischen den Höfen von Wien, London und Turin „in verfänglicher Absicht"[202] geschlossenen Wormser Vertrag ausführlich in der preußischen Antwortschrift zu beleuchten. Zudem sollte darauf verwiesen werden, daß der Breslauer Frieden Preußen nicht dazu verpflichte, „dass man ganz stille sitzen sollte, um von den andern sich alles übels thun zu lassen"[203]. Zum anderen sollte die reichspolitische Argumentation bekräftigt werden: Friedrich befahl zu betonen, daß der Breslauer

---

[198] Vgl. PStSch I 480 f. Der Titel der französischen Übersetzung lautet *Refutation Du Mémoire Publié par la Cour de Vienne* und wurde am 20. Oktober an die preußischen Gesandten verschickt.

[199] Vgl. zur österreichischen Gegenargumentation im einzelnen Kapitel IV.2.b).

[200] *Widerlegung*, PStSch I 487. Zum entsprechenden Befehl Friedrichs vgl. Eichel an Podewils, 31. August 1744, PC III 264 f., hier 264.

[201] Vgl. *Widerlegung*, PStSch I 484 f. Der König hatte die Minister angewiesen, zur Konvention von Kleinschnellendorf solle „nur kurz und geschickt angeführt werden, dass solches nur von einem Minister gezeichnet und als eine Ébauche von einem Werk, so allererst zu einer Consistance kommen sollen [zu betrachten sei]; dem wienerischen Hof aber die Ursachen am ersten bekannt wären, warum sich das ganze Werk zerschlagen", Eichel an Podewils, 31. August 1744, PC III 264 f., hier 264.

[202] Eichel an Podewils, 31. August 1744, PC III 264 f., hier 264.

[203] Ebenda.

Vertrag sich nicht auf den gegenwärtigen Konflikt erstrecke, da der Wiener Hof nun gegen Kaiser und Reich vorgehe[204].

Der König bestimmte also, daß zwar einerseits die unmittelbaren preußischen Interessen in Bezug auf Schlesien durchaus erwähnt wurden, diese aber andererseits in die generelle reichspolitische Legitimation integriert wurden. So verknüpft die *Widerlegung* beide Argumentationslinien miteinander: Sie betont abschließend, daß Friedrich überhaupt nicht anders handeln könne, „ohne sich der Obliegenheit, womit Sie dem Reich und dessen Oberhaupt verbunden sind, gäntzlich zu entziehen, ja ohne die Ihrer eigenen Sicherheit und der Conservation Ihres Staats schuldigen Sorgfalt aus den Augen zu setzen, [...] als Ihro von dem Höchsten anvertraute Kräfte zum Schutz und Schirm des werthen Vaterlandes, [...] zu unverrückter Beibehaltung dessen Verfassungen und Freiheit und zu zeitiger Hintertreibung der zu derselben Umsturz und Vernichtung abgezielten Anschläge anzuwenden"[205].

Damit wählte Preußen einen völlig anderen Bezugspunkt für seine Kriegslegitimation als noch vier Jahre zuvor: Hatte Friedrich im Ersten Schlesischen Krieg durchgängig betont, daß er preußische Sonderinteressen verfolge, die das Reich in keiner Weise beträfen, so argumentierte er im Zweiten Schlesischen Krieg umgekehrt. Die preußische Kriegsbegründung des Jahres 1744 hebt gerade nicht darauf ab, die eigene Souveränität zu betonen, sondern verweist auf die prinzipielle Höherrangigkeit der politisch-normativen Verpflichtungen der Reichsstände gegenüber dem Reich und dessen Oberhaupt.

Prägnanter noch als im *Exposé des motifs* ist diese Argumentation in der *Widerlegung* der österreichischen *Beantwortung* enthalten. In der ersten Veröffentlichung hatte Preußen die Kaiserwahl Karls VII. – unausgesprochen – zum zeitlichen und rechtlichen Ausgangspunkt seiner Argumentation erhoben und weder den österreichischen Erbfolgestreit noch den Konflikt um Schlesien einbezogen. Unter Verweis auf die Vorgänge vor der Kaiserwahl und vor dem Breslauer Frieden suchte Österreich diese Prämisse zu widerlegen[206]. Daraufhin bekräftigte und konkretisierte die zweite Berliner Publikation den eigenen Standpunkt, indem sowohl die Auseinandersetzungen um die österreichische Erbfolge als auch die schlesische Frage als rein zwischenstaatliche Konflikte bezeichnet werden, die mit der gegenwärtig neuen Dimension, die Habsburg durch seine feindlichen Absichten gegen Kaiser und Reich geschaffen habe, nicht in Zusammenhang stünden. Preußen betonte erneut seine nur mittelbare Betroffenheit, die aber dennoch zu einem Eingreifen im Interesse von Kaiser und Reich verpflichte.

Besonders deutlich wird diese Argumentationsweise an zwei Stellen der *Widerlegung*: Der Wiener Hof hatte betont, es gehe Maria Theresia nur um die Erhaltung

---

204 Vgl. ebenda 265.

205 *Widerlegung*, PStSch I 493.

206 Vgl. hierzu im einzelnen Kapitel IV.2.b).

ihrer reichsständischen Gerechtsame; wäre statt des böhmischen das brandenburgische Votum suspendiert worden, hätte Friedrich sicherlich genauso gehandelt. Zweitens hatte Habsburg darauf verwiesen, daß Friedrich die Säkularisation einiger „fetter Bißthümer"[207] vorgeschlagen habe, und daraus gefolgert, daß er die Reichsverfassung keineswegs so heilig halte, wie er glauben machen wolle. Beidem trat die *Widerlegung* mit der Behauptung entgegen, daß Preußen sich stets im Einklang mit den Reichsgesetzen befunden habe: Auf den Säkularisationsvorwurf reagierte Preußen mit dem Hinweis, daß Entsprechendes auch schon bei den Westfälischen Friedensverhandlungen geschehen sei; hinsichtlich des Votums wurde behauptet, daß Preußen sich jederzeit einem entsprechenden Beschluß des Kurfürstenkollegiums unterwerfen würde[208].

Die im *Exposé des motifs* eingeschlagene legitimatorische Richtung wurde also konsequent aufrechterhalten. Die politische Dimension dieser rein reichspolitisch ausgerichteten Rechtfertigung wird durch die heimliche publizistische Kooperation zwischen Preußen und dem Kaiser augenfällig bestätigt. Während Preußen selbst sich auf die *Widerlegung* beschränkte und auf die späteren Wiener Publikationen keine offiziellen Antworten herausgab, so nutzte es zu diesem Zweck gleichwohl die kaiserlichen Publizisten. Als Reaktion auf zwei österreichische Staatsschriften, die sich gleichermaßen gegen Preußen wie gegen die übrigen habsburgischen Gegner wandten[209], verbreitete der Berliner Hof auf geheimen Wegen zwei anonyme Schriften, die aus dem kaiserlichen Kabinett stammten[210].

Tatsächlich war Friedrich jedoch besorgt, daß die offensiven Ziele der antihabsburgischen Koalition bekannt werden könnten: So befahl er seinem Vertreter am Kaiserhof, den „Verrat" aufzudecken, durch den der Wiener Hof Kenntnis von den geheimen Eroberungswünschen erhalten habe[211], und zeigte sich erleichtert, als der Kaiser den von Österreich publizierten Geheimartikel öffentlich zur Fälschung erklärte[212]. Außerdem bewahrte er strengste Geheimhaltung über seine Vorschläge

---

[207] So in der zentralen österreichischen Entgegnungsschrift auf die Ankündigung des preußischen Kriegseintritts, der *Beantwortung der von Herrn Grafen von Dohna vorgelesenen Declaration*, HHStA, KrA 382, o. fol., hier p. 11. Auf diesen Vorwurf wird an anderer Stelle noch einzugehen sein, vgl. Kapitel V.3.b).

[208] Vgl. *Widerlegung*, PStSch I 490 und 488.

[209] Gemeint sind die beiden *Zuschriften Ihro zu Hungarn und Böheim Königlichen Majestät an den zu Ulm dermahlen versamleten Löbl. Schwäbischen Creiss=Convent* vom 22. September und 16. Oktober 1744; vgl. hierzu das folgende Kapitel IV.2.b).

[210] Vgl. hierzu im einzelnen PStSch I 456 ff. und 515 ff. Es sind dies die *Lettre du baron de Spon* und der *Conseil d'ami à M. de Bartenstein*, die mit der reichspolitischen Argumentation Preußens übereinstimmen und deswegen hier nicht eigens behandelt werden.

[211] „Vous verrez ce que la cour de Vienne a fait mettre dans l'imprimé ci-clos qu'elle a fait publier. Comme il paraît absolument par là qu'il se mêle de la trahison dans ce qu'on a traité à Francfort, vous devez n'épargner rien pour découvrir les sources", Friedrich an Klinggräffen, 31. August 1744, PC III 263 f., hier 263.

[212] „Je suis bien aise que la cour impériale ait d'abord déclaré le prétendu article secret du traité de l'Union faux de toute fausseté", Friedrich an Klinggräffen, 10. September 1744, PC

an Sachsen, da seine diesbezüglichen Pläne „étaient d'une nature à ne pas être convenablement confiés à la plume"[213]; er machte jedoch in mehreren vertraulichen diplomatischen Mitteilungen deutlich, daß er sich bei dem Kaiser dafür verwenden werde, das sächsische Territorium innerhalb des Reichsgebietes zu vergrößern, falls Sachsen sich auf die Seite der Frankfurter Unierten schlage[214].

Auch in der rückblickenden Schilderung des Kriegsbeginns, wie sie Friedrich in der *Histoire de mon temps* bietet, zeigen sich deutliche Diskrepanzen zum öffentlichen Auftreten: Während er im Sommer 1744 bemüht war, sein Eingreifen nicht als Kriegseröffnung erscheinen zu lassen, sprach er in seinem späteren Bericht über diese Ereignisse ausdrücklich davon, Maria Theresia den Krieg erklärt zu haben[215].

Im Zusammenhang mit diesen Widersprüchen hat Reinhold Koser darauf hingewiesen, daß die preußische Rechtfertigung von 1744 eher auf die politische Situation des vorangegangenen Jahres gepaßt habe. Er meinte einen deutlichen Unterschied zu erkennen zwischen Friedrichs Zielsetzungen im Jahre 1743 und denjenigen von 1744: Im Vorkriegsjahr habe der König das Reich politisch stärken wollen; zu diesem Zweck habe er sich um eine Assoziation der Reichskreise und um die Aufstellung einer Neutralitätsarmee bemüht. Nach dem Scheitern dieser Pläne habe Friedrich sein Ziel einer Reichsreform unter preußischer Führung aufgegeben und sei zu der ausschließlich preußischen Interessen dienenden Politik, die er schon während des Ersten Schlesischen Krieges betrieben habe, zurückgekehrt[216].

III 276-278, hier 278. Der Frankfurter Hof hatte in einem offiziellen Rundschreiben an die eigenen Diplomaten vom 22. August den Unionsvertrag publiziert und zugleich darauf verwiesen, daß eine anonyme Flugschrift, welche sicher von Wien lanciert sei und einen angeblichen Geheimartikel enthalte, gefälscht sei, vgl. PStSch I 480.

213 Friedrich an Wallenrodt, den preußischen Vertreter am königlich-polnischen Hofe, 8. September 1744, PC III 267-270, hier 269.

214 „[...] je tâcherais de disposer l'Empereur à faire à Sa Majesté de Pologne des avantages considérables, et qui seraient plus convenables aux frontières des ses États d'Allemagne que ceux qu'on lui avait voulu stipuler dans le temps passé", ebenda 268.

215 So an drei Stellen in der *Histoire de mon temps*: Zum einen in der Kapitelüberschrift zu dem Abschnitt über die Diplomatie im Vorfeld des Krieges; zum anderen zweimal bei der Beschreibung der „causes principales de la guerre que le Roi déclara dans la suite à la reine de Hongrie", vgl. *Œuvres* III 27, 32 und 34.

216 Vgl. *R. Koser*, Friedrich I 409 ff., besonders 438 f., 450 f. und 458 f. Ähnlich *A. Dove*, Zeitalter I 244; sowie *Th. Kühling*. Dagegen *G. Roloff*, der den Assoziationsplan als im rein preußischen Interesse offensiv und keinesfalls als reichsreformerisch-defensiv bewertet; vgl. hierzu erneut *R. Koser*, Reichsneutralität.
Die preußische Historiographie hat den Ausbruch des Zweiten Schlesischen Krieges ebenfalls meist in Verbindung mit der friderizianischen Reichspolitik von 1743 behandelt, vgl. hierzu die unter Anm. 181 zitierte Literatur. Sie konzentrierte sich dabei allerdings auf die Ermittlung der tatsächlichen Motive und widmete sich den Zusammenhängen nicht unter legitimatorischen Gesichtspunkten. Im Unterschied zu Koser konstatieren die betreffenden Autoren keine Diskrepanz zwischen der öffentlichen Begründung und den Motiven für den Kriegseintritt 1744, sondern bewerten ihn als kontinuierliche Fortsetzung der Reichspolitik von 1743.

1744 habe er keine „moralischen Eroberungen"[217] im Sinne einer Verteidigung von Kaiser und Reich machen wollen, sondern sich Teile Böhmens als Gebietsgewinn ausbedungen und Österreich „den Krieg bis aufs äußerste" proklamiert. Daraus hat Koser geschlossen, daß die preußische Kriegsbegründung von 1744 den tatsächlichen Motiven des Vorjahres entsprochen habe.

Für uns sind allerdings weniger die Motive Friedrichs als vielmehr die öffentlichen Legitimationen von Interesse. Wir wollen weder die tatsächlichen Zielsetzungen Friedrichs noch seine Reichspolitik des Vorkriegsjahres diskutieren. Aber gerade in propagandistischer Hinsicht erweist sich Kosers Anregung für eine vergleichende Betrachtung der Jahre 1743 und 1744 als sehr aufschlußreich: Wie zu zeigen sein wird, stimmen die Grundelemente der öffentlichen Begründung des Zweiten Schlesischen Krieges mit früheren legitimatorischen Überlegungen des Königs überein. Friedrich setzte im Sommer 1744 ein Argumentationsmuster ein, das er bereits im Vorjahr entwickelt und als geeigneten Vorwand für ein beabsichtigtes Eingreifen im preußischen Interesse bezeichnet hatte: Am 25. August 1743 ließ er Podewils wissen, daß er angesichts der innenpolitischen Wirrnisse in Rußland die günstige Gelegenheit gekommen sehe, „de jouer un beau rôle en Allemagne" – allerdings sei dafür unabdingbar, „que mes troupes s'appellent les troupes de l'Empire"[218]. Sobald im Sommer 1744 die diplomatischen Vorbereitungen dafür abgeschlossen seien, werde Preußen sein Truppenkontingent dem Kaiser zur Verfügung stellen, „et tout se fera sous son nom"[219].

Wenig später verfaßte Friedrich für die Minister Podewils und Borcke eine Denkschrift über die wichtigsten Ziele seiner Politik. Nach einer Erörterung der preußischen Interessenlage widmete er sich der öffentlichen Begründung des geplanten Vorgehens und betonte, daß er 1744 im Namen des Reiches in den Krieg eintreten werde: „Il s'agit de mettre une armée en campagne à l'abri du nom de l'Empire", damit „la maison prussienne sera l'arbitre d'un arrangement qui fixera pour une période la situation de l'Europe"[220].

Damit ist das Charakteristikum der öffentlichen Begründung des Zweiten Schlesischen Krieges bereits in den ersten Plänen für ein militärisches Eingreifen enthalten. Der Kriegseintritt, der tatsächlich preußischen Interessen diente, sollte öffentlich als Hilfe für Kaiser und Reich erscheinen. Der König legte diese Legitimation vorausschauend für das Jahr 1744 fest und behielt sie konsequent bei.

---

[217] *R. Koser*, Friedrich I 451. Das folgende Zitat ebenda 450.

[218] Friedrich an Podewils, 25. August 1744, PC II 409 f., hier 409. Das folgende Zitat ebenda.
Die Bemerkung zu den russischen Verhältnissen bezieht sich auf eine Palastintrige am Zarenhof, die Mitte August 1743 entdeckt worden war; diese Ereignisse spielen auch in der preußischen Propaganda eine wichtige Rolle und werden daher in Kapitel V.2.c) eingehend behandelt.

[219] PC II 410.

[220] *Points sur lesquelles le ministère prussien doit travailler*, nach der eigenhändigen Aufzeichnung des Königs vom 27. September 1743, vgl. PC II 424 f., hier 425.

Daß Friedrich diese öffentliche Erscheinungsform für ausgesprochen wichtig gehalten hat, ist aus den anschließenden diplomatischen Vorbereitungen zur Verwirklichung des militärischen Projekts ersichtlich. Während er hinsichtlich der konkreten Umsetzung flexibel agierte, ein abwartendes Vorgehen empfahl und wechselnde Bündniskonstellationen akzeptierte[221], beharrte er nachdrücklich auf der Beibehaltung der äußeren Form für das geplante Projekt: Entsprechend seiner eigenen
Vorgabe, daß alles „sous le nom de l'Empereur"[222] zu geschehen habe, kritisierte
und korrigierte er kaiserliche und französische Vorschläge, sofern sie dieser Richt-
linie nicht folgten.

Als ihm Ende Februar 1744 der kaiserliche Entwurf für eine *Union confédérale*
zuging, reagierte er deutlich ablehnend: Dieser sei derart schlecht durchdacht, daß
weder er selbst noch ein anderer Fürst des Reiches einer solchen Union jemals beitreten könne[223], denn erstens sei Frankreich als Vertragspartner genannt, das der
Union erst nach ihrem Abschluß unterstützend beitreten dürfe; zweitens seien die
Markgrafen von Bayreuth und Ansbach aufgeführt, die angesichts ihrer exponier-
ten Lage österreichische Repressalien zu fürchten hätten. Drittens verlange der
Vertragstext von Preußen ein offen feindseliges Auftreten gegen Österreich und
seine Verbündeten, ohne der Neutralitätsverpflichtung des Breslauer Friedens
Rechnung zu tragen. Als letzter Kritikpunkt verweist Friedrich darauf, daß der Entwurf zu früh die Ziele gegen Maria Theresia offenlege, noch bevor man sich über
deren erfolgreiche Umsetzung verständigt habe. Der kaiserliche Entwurf sei dem
gemeinsamen Ziel nicht dienlich, dies sei nur „d'une toute autre manière" zu erreichen; zunächst müsse man mit der Union zwischen dem Kaiser, Preußen, Kurpfalz
und Hessen beginnen. Damit man diesen Vertrag unbedenklich veröffentlichen und
auch dem Wiener Hof mitteilen könne, solle er „conçu dans des termes tout-à-fait
innocents"[224] sein; in Geheimverabredungen könnten sich die Vertragspartner anschließend über ihre erstrebten Vorteile verständigen.

Zur Ausweitung der geplanten Konföderation schlug der preußische König vor,
die Kurfürsten von Sachsen und Köln sowie weitere Reichsfürsten auf der Grundlage des öffentlichen Vertragstextes zum Beitritt aufzufordern und ihnen in geheimen Zusatzvereinbarungen analog zum internen Vorgehen auch *convenances* anzu-
bieten. Frankreich möge in seiner Eigenschaft als Garant des Westfälischen Friedens der Union beitreten, allerdings solle dies erst nach dem Beginn des Feldzuges
geschehen.

---

221 Vgl. hierzu im einzelnen *R. Koser*, Friedrich I 409 ff. sowie *G.Roloff*.

222 Instruktion für Klinggräffen [undatiert; wahrscheinlich Anfang Dezember 1743 anläßlich der Reise Klinggräffens an den Kaiserhof erstellt], PC II 483-485, hier 484. Vgl. auch
Friedrich an Karl VII., 9. Dezember 1743, ebenda 483.

223 „[...] l'ayant trouvé couché d'une façon si mal pensée que ni moi ni aucun autre prince
de l'Empire n'y pourra jamais souscrire", Friedrich an Klinggräffen, 5. März 1744, PC III
49-53, hier 49. Zum folgenden vgl. ebenda 49 f.

224 Ebenda 50. Friedrich legte einen entsprechenden Alternativentwurf bei, vgl. ebenda
51-53.

Der König trennte also ausdrücklich zwischen den eigentlichen Absichten der Verbündeten und dem Erscheinungsbild, daß die Unierten öffentlich zu beobachten hätten. Entscheidend war dabei nach seiner Ansicht, daß das geplante Vorgehen jeden Anschein einer Aggression vermeide. Stattdessen wurde eine defensive reichspolitische Legitimation aufgebaut, gestützt auf einen „unschuldig" formulierten Konföderationsvertrag zwischen dem Kaiser und drei Reichsständen und auf die formal nachträgliche Beteiligung Frankreichs.

In diesen Vorgaben für die öffentliche Erscheinungsform der im Kern offensiven Bündnisse spiegelt sich die preußische Kriegslegitimation vom August 1744. So begründete der König seine Ablehnung des kaiserlichen Entwurfes nicht zuletzt mit dem Hinweis auf den Breslauer Vertrag, der einen erklärten Krieg Preußens gegen Österreich nicht gestatte; daher plädierte er für eine äußerlich rein reichspolitische Fassung des Unionsvertrages[225].

Analog dazu hatte Friedrich im November 1743 das kaiserliche Ansinnen abgelehnt, eine eigene böhmische Vertretung am Reichstag einzurichten. Preußen könne den Kaiser hierbei nicht unterstützen, „sans contrevenir ouvertement au traité de paix que j'ai conclue avec la reine de Hongrie"[226]. Skeptisch äußerte sich Friedrich auch Anfang Februar 1744 über französisch-kaiserliche Angriffspläne: „Ich sehe noch nicht ab, was aus diesem Plan herauskommen soll. Wann die Franzosen mit den Kaiserlichen zusammenstossen sollen, so kann eine Neutralitätsarmee nicht statt haben, wie dann auch durch eine Associationsarmee offensive zu agiren wider den Plan ist"[227].

Ob aus diesen Bemerkungen auf reichsverfassungs- und vertragstreue Motive zu schliessen ist, muß offen bleiben[228]. Allerdings fügen sich beide Hinweise unter legitimatorischen Gesichtspunkten zwanglos in unsere bisherige Interpretation ein: Der König betonte ausdrücklich, er könne seinem Friedensvertrag mit Maria Theresia nicht *ouvertement* entgegenhandeln; erläuternd setzte er hinzu, er müsse auf ein brandenburgisches Reichstagsvotum zugunsten einer kaiserlich-böhmischen Vertretung verzichten, da er Maria Theresia im Breslauer Frieden als Königin von Böhmen anerkannt habe[229]. Außerdem argumentierte er im Hinblick auf die Stimmung im Reich: Gegenwärtig bestehe keine Aussicht, die Kurfürsten für ein solches Vorhaben zu gewinnen, denn selbst 1741 habe man – in einer weit günstigeren

---

[225] „[...] selon l'esprit de ce traité je devrais me commettre gratuitement avec la reine de Hongrie et ses alliés [...] il serait ridicule de vouloir soutenir que je pourrais entrer dans de pareilles mesures sans porter atteinte à ma neutralité par la paix de Breslau", ebenda 50.

[226] Friedrich an Klinggräffen, 12. November 1743, PC II 464-466, hier 466.

[227] Vgl. die mündliche Resolution des Königs vom 10. Februar zu einem Bericht Klinggräffens vom 1. Februar, PC III 24 f.

[228] Wie aus dem anschließenden auffordernden Kommentar zur französischen Militärstrategie hervorgeht, stellte der König durchaus eine offensive Unterstützung in Aussicht: „Wenn die Franzosen in die hannöverische Lande marschiren, dann will ich nicht nur ein Campement formiren, sondern noch mehr thun", ebenda.

[229] Friedrich an Klinggräffen, 12. November 1743, PC II 464-466, hier 466.

Gesamtsituation – nicht mehr als die Suspension des böhmischen Votums durchsetzen können, und damals hätten die Kurfürsten sich zudem geweigert, Karl VII. den beanspruchten böhmischen Königstitel formell zuzuerkennen[230].

Aus dieser Begründung läßt sich zweierlei ablesen: Erstens versagte Friedrich dem Kaiser hier nur die öffentliche Unterstützung, und zweitens suchte er ihn vor einer politischen Fehlkalkulation zu bewahren. Friedrich bedachte also die Wirkung und die Durchsetzbarkeit des Vorhabens gleichermaßen.

Beide Elemente kennzeichnen seine vertraulichen Ratschläge und Ermunterungen an den Kaiser, wie dieser die Mitwirkung der Reichsstände am ehesten erreichen könne, und auch seine energischen Einsprüche gegen einige Vorstellungen seiner Verbündeten, wie die geplanten Bündnisse und der Feldzug durchzuführen seien:

So stimmte der König Anfang Oktober 1743 freudig einem kaiserlichen Entwurf für den Assoziationsvertrag zu, der, wie die beiden preußischen Kabinettsminister lobend hervorhoben, „assez bien couché et ménagé d'une façon que personne ne saurait se plaindre avec justice que c'est une ligue offensive ou tendant à attaquer qui que ce soit"[231] sei. Wenig später war der König ebenso zuversichtlich über den „sehr guten und prompten Effekt"[232] bei den kleineren Reichsständen, wenn nur der Feldzug im Namen des Kaisers überraschend ausgeführt werde; deswegen verwies er darauf, daß den sympathisierenden Ständen zwar insgeheim mitgeteilt werden könne, daß Preußen eine Unterdrückung von Kaiser und Reich nicht dulden werde, jedoch „von dem eigentlichen Plan und dessen Absichten müsste ihnen nichts gesaget werden, als bis die Execution gleich darauf erfolgen könnte"[233].

Genauso auf die reichspolitische Wirkung und erfolgreiche Durchführung bedacht, ermahnte Friedrich seine Verbündeten allerdings auch, wenn sie die Wirkung der eigenen Maßnahmen nicht genügend berücksichtigten: Sowohl die Franzosen als auch den Kaiser ließ er im September 1744 dringend davor warnen, die neutrale Reichsstadt Ulm mit offener Gewalt einzunehmen, denn einerseits verhielte man sich dann ebenso aggressiv, wie man es Maria Theresia vorwerfe, und zweitens würden dadurch andere neutrale – und auch wohlgesinnte – Stände abgeschreckt[234].

---

230 Vgl. ebenda.

231 Bericht Podewils und Borckes, 3. Oktober 1743, PC II 434. Vgl. dazu die eigenhändigen Randbemerkungen des Königs, ebenda.

232 Eichel an Podewils, 14. Oktober 1743, PC II 447 f., hier 447.

233 Ebenda. Vgl. hierzu auch die beinahe gleichlautende Ermahnung Friedrichs zur Geheimhaltung des Planes selbst unter den wohlgesinnten Ständen, bis die Erhebung unmittelbar bevorstehe, ebenda 453 f., Friedrich an das Departement der Auswärtigen Affairen, 20. Oktober 1743.

234 Vgl. hierzu die Schreiben Friedrichs an den französischen Marschall Belle-Isle, an den preußischen Feldmarschall und militärischen Gesandten am französischen Hof, Schmettau, sowie an den preußischen Vertreter am Frankfurter Kaiserhof, alle unter dem 10. September 1744, PC III 271 f., 273-276 und 276-278.

Der König plädierte also durchgehend für ein konsequentes und konsistentes öffentliches Auftreten der Verbündeten. Der militärische Überraschungsschlag sollte sowohl den Charakter der Defensive als auch den reichspolitischen Anspruch bewahren. Diese Leitlinien, nach denen Friedrich die Durchführung des militärischen Projektes lenkte, decken sich mit den Inhalten, die er seit dem Sommer 1743 als öffentliche Rechtfertigung für sein eigenes Vorgehen festgelegt hatte. Friedrich transportierte also sein eigenes Rechtfertigungskonzept aus dem Vorjahr in das Jahr 1744 und achtete peinlich genau darauf, daß auch seine Verbündeten dieser öffentlichen Erscheinungsform gerecht wurden.

Es muß aus diesem Blickwinkel zweifelhaft erscheinen, ob Friedrich im Jahre 1743 tatsächlich vorwiegend Reichsinteressen im Auge hatte. Wahrscheinlicher ist, daß er gezielt die Reichsstände gewinnen wollte und sich zu diesem Zweck einer reichspolitischen und defensiven Propaganda bediente. Für diese Interpretation spricht auch, daß die preußische Kriegslegitimation summarisch jene reichspolitischen Vorgänge anführt, die bereits Gegenstand der kaiserlich-österreichischen Propagandadebatten gewesen waren und die öffentliches Aufsehen im Reich erregt hatten[235].

Preußen adaptierte dabei Teile derjenigen Argumentation, die der Wittelsbacher in seiner Eigenschaft als Kaiser gegen die Offensive der Habsburgerin eingesetzt hatte: Seit seiner Kaiserwahl rückte Karl VII. die reichspolitischen Auseinandersetzungen mit Maria Theresia mehr und mehr in den Vordergrund seiner Publizistik. Er trennte die Erbrechtsfrage argumentativ von den nachfolgenden Ereignissen, indem er behauptete, daß der bayerisch-französische Einmarsch nach Österreich von 1741 nur der Durchsetzung unbestreitbarer Rechte gedient habe, während sich die Österreicherin nun ungerechtfertigterweise gegen das Reich und dessen Oberhaupt empöre[236]. Genau diese Trennung übernahm die preußische Legitimation von 1744, indem sie sich ausschließlich auf die reichspolitischen Kontroversen zwischen Österreich und dem Kaiser bezog.

Ähnlich argumentierte seit 1744 auch Frankreich; die französische Kriegserklärung an Österreich verwies zwar einleitend auf die Erbfolgefrage, legte jedoch das

---

In Ulm tagte derzeit der Konvent des Schwäbischen Reichskreises, mit dem der Kaiser und Maria Theresia gleichermaßen in Kontakt standen und auf diesem Forum ihre publizistischen Auseinandersetzungen lebhaft fortführten. Diese Debatten sind, soweit zu sehen ist, bislang in der Forschung nicht behandelt worden; ein Überblick hierzu folgt in Kapitel IV.2.b).

[235] Auf diese Debatten können wir im Rahmen unserer Fragestellung nicht ausführlich eingehen, vgl. jedoch Kapitel VI.1. dieser Studie sowie *Th. Thelen*, passim.

[236] Zur Verlagerung der politischen und publizistischen Auseinandersetzung zwischen Karl Albrecht und Maria Theresia auf reichspolitische Fragen vgl. *Th. Thelen* 186 ff.; dort werden auch die betreffenden Schriften kurz vorgestellt, auf die wir in unserem Zusammenhang nicht näher eingehen können. Bemerkenswert ist Thelens Ergebnis, daß die bayerischen erbrechtlichen Deduktionen seit der Kaiserwahl nur in für Karl VII. günstigen politischen Situationen veröffentlicht wurden, vgl. ebenda.

Hauptgewicht ihrer Begründung auf das Eindringen österreichischer Truppen nach Frankreich und behauptete, daß sich Frankreich gegen diesen unbegründeten Angriff verteidige[237]. Und genauso wie Friedrich angab, die Interessen von Kaiser und Reich zu verfechten, betonte auch Frankreich, daß es in vollem Einverständnis mit dem Kaiser handele[238]. Aber während Preußen nachdrücklich unterstrich, daß es keinen Krieg gegen Maria Theresia führe, sprach Frankreich eine offizielle Kriegserklärung aus.

Eine vergleichende Interpretation dieses formalen Gegensatzes zwischen der französischen und preußischen Kriegsbegründung muß jedoch berücksichtigen, daß Friedrich von Frankreich eine Kriegserklärung an die Seemächte als Beweis seines Kriegswillens gefordert und zur Vorbedingung des gemeinsamen Offensivbündnisses gemacht hatte[239]. Indem Frankreich ein offizielles Bekenntnis zum Krieg lieferte, entsprach es einem bündnistaktisch begründeten Verlangen des preußischen Königs, der die Bourbonenarmee zu einer energischen Kriegführung gegen England und Österreich verpflichten wollte[240]. Daß Preußen seinerseits trotzdem öffentlich lediglich als Hilfsmacht auftrat, ist – ebenso wie die Ähnlichkeiten seiner Argumentation mit derjenigen des Kaisers – ein weiteres Indiz für unsere These, daß die öffentliche Rechtfertigung für den preußischen Kriegseintritt im Sommer 1744 nach der damals gegebenen politischen Konstellation, und hier inbesondere nach der Wirkung auf die Reichsstände, ausgerichtet war.

---

[237] Vgl. *Ordonnance du Roi*, HHStA, KrA 382, o.fol. Diese Schrift ist unpaginiert. Einleitend verweist Ludwig XV. darauf, daß er lediglich Hilfsdienste für den Wittelsbacher geleistet habe. Unter den eigentlichen Kriegsgründen zählt er anschließend die österreichischen Publikationen, die Behandlung französischer Kriegsgefangener und das Vordringen der Österreicher ins Elsaß auf. Die begleitend abgedruckte Erklärung des französischen Vertreters am Reichstag vom 2. Mai 1744, mit der jener die Kriegserklärung dem Reich bekanntgegeben hatte, betont dies erneut; sie behauptet, daß Habsburg Friedensvorschläge abgelehnt und stattdessen „seine Waffen gegen Franckreich/aus Haß der von dieser Krone/dem Kayser geleisteten Hülfe gekehret hat; Folglich Seine Majestät sich genöthiget gesehen/Gewalt mit Gewalt zu vertreiben; und nicht länger Anstand nehmen zu können/der Königin von Ungarn den Krieg anzukündigen".

[238] Vgl. ebenda: „Und gleich wie Sie keine andere Absicht hegen/als vor wie nach/in der vollkommensten Übereinstimmung mit dem Kayser zu verfahren [...] Indem Seine Majestät entschlossen bleiben/dem Teutschen Reich/mehr und mehr/von Dero beständigen Neigung/zu dessen Ruhestand und Vortheil etwas beyzutragen/die unzweifelhaftesten Proben zu geben".

[239] Vgl. *R. Koser*, Friedrich I 447 f.; *M. Leitzke* 12 ff.; *G. Sapper* 23. Koser bemerkt, daß Frankreich eine Kriegserklärung an Österreich habe folgen lassen, um dem preußischen König „desto größere Tatkraft zu bekunden", *R. Koser*, Friedrich I 448.
Die betreffende Instruktion für den preußischen Unterhändler in Paris, Graf Rothenburg, liegt nicht vor, doch ist diese Forderung aus dem Rechenschaftsbericht Rothenburgs über die Hauptpunkte der Verhandlungen zu ersehen, vgl. PC III 44, Anm. 1 (dort ist der Bericht Rothenburgs vom 16. März 1744 ausführlich zitiert).

[240] So bemerkte Friedrich mehrfach bezüglich der ersten französischen Reaktionen auf seine Bedingungen, daß er sich nicht mit Parolen begnügen werde, sondern Aktionen sehen wolle, vgl. die Schreiben Friedrichs an Rothenburg vom 30. und 31. März 1744, PC III 70-74, hier 73 und 74.

Im Vergleich zur preußischen Argumentation unter den veränderten Bedingungen des folgenden Jahres wird dies besonders deutlich: Mit dem Scheitern des böhmischen Feldzuges und dem Vordringen österreichischer Truppen nach Schlesien hatte sich die militärische Situation grundlegend gewandelt[241]; zugleich war seit dem Tode Karls VII. am 20. Januar 1745 der Kriegseintritt in seinem Namen obsolet geworden. Wenngleich Friedrich auch weiterhin reichspolitische Motive für sein militärisches Engagement anführte, so verlagerte sich der Schwerpunkt der preußischen Kriegsbegründung jedoch auf zwischenstaatliche Aspekte: Im Zuge der neu entfachten militärischen Auseinandersetzung um Schlesien sprach Preußen im Januar 1745 – wenn auch indirekt – eine Kriegserklärung an Österreich aus[242]. Die schlesische Frage rückte also schrittweise ins Zentrum der preußischen Kriegsbegründung; nachdem sie in der ersten öffentlichen Rechtfertigung gar nicht erwähnt worden war, hatte schon die preußische *Widerlegung* im September 1744 auf Preußens Sorge um Schlesien verwiesen, dies aber noch unter die reichspolitische Kriegslegitimation subsumiert.

Ein ähnlich markanter Wandel der preußischen Argumentation läßt sich am Beispiel Sachsens zeigen: Während Friedrich zu Beginn des Zweiten Schlesischen Krieges in seinem öffentlichen Auftreten gegenüber dem Kurstaat den Anspruch der preußischen Legitimation wahrte[243], erklärte er ein Jahr später Sachsen den Krieg und führte für diesen Schritt nicht mehr reichspolitische, sondern ausschließlich zwischenstaatliche Motive an[244]. Im Zusammenhang mit unserer These ist dieses preußische Manifest gegen den Dresdner Hof auch deshalb bemerkenswert, weil darin die formalrechtliche Unterscheidung zwischen kriegführenden und bloßen Auxiliarmächten als „petites distinctions scholastiques" und „subtilités puériles des grammariens"[245] bezeichnet wird. Somit setzte Preußen sich im August 1745 in Widerspruch zu seiner eigenen Argumentationslinie, die es vor Jahresfrist für den Kriegseintritt in Namen von Kaiser und Reich geltend gemacht hatte.

---

[241] Vgl. hierzu *R. Koser*, Friedrich I 472 ff.

[242] Die publizistische Debatte um die schlesische Rechtsfrage war im Dezember 1744 wiederbelebt worden, als Maria Theresia nach Niederschlesien vordringen konnte und dessen Einwohner aufforderte, sich von Preußen loszusagen; zur Entstehung und den Grundlagen dieser österreichischen Gegen-Kriegslegitimation vgl. das folgende Kapitel. Auf die sich anschließende öffentliche Auseinandersetzung zwischen Österreich und Preußen werden wir in Kapitel V.1.a) ausführlich eingehen. An dieser Stelle ist festzuhalten, daß Preußen im Januar 1745 ausdrücklich erklärte, nunmehr das bisher österreichische Oberschlesien erobern zu wollen, vgl. das *preußische Patent* vom 9. Januar 1745, PStSch I 535.

[243] Für den Durchzug der preußischen Armee durch sächsisches Gebiet erwirkte er ein förmliches kaiserliches Requisitorialschreiben, daß August von Sachsen am 4. August übergeben wurde, vgl. Friedrich an Klinggräffen, 13. Juli 1744, PC III 213 f., hier 213 sowie Eichel an Podewils, ebenda 221-223, hier 222.

[244] Vgl. zur preußischen Argumentation gegenüber Sachsen am ausführlichsten PStSch I 655 ff. Die preußische Kriegserklärung an Sachsen ebenda 685 ff.

[245] *Manifeste contre la cour de Dresde* aus dem Jahre 1745, Text in PStSch I 692-697, hier 694.

Zusammenfassend ist festzuhalten, daß der zweite preußische Kriegseintritt gegen Österreich sowohl diplomatisch als auch propagandistisch gründlich vorbereitet war[246]. Die wesentlichen Inhalte für die öffentliche Rechtfertigung hatte der preußische König bereits im Vorkriegsjahr festgelegt und im Sommer 1744 lediglich aktualisiert. Als Grundmotiv machte er 1744 ebenso wie 1740 eine präventive Abwehr drohender Gefahren geltend[247] und bestritt nachdrücklich, Krieg gegen Maria Theresia zu führen. Im Unterschied zum Einfall in Schlesien vier Jahre zuvor gründete er diese defensive Legitimation aber im Zweiten Schlesischen Krieg nicht mehr auf genuin preußische Interessen und Besitzrechte, sondern auf Kaiser und Reich und erhob damit außer-preußische Interessen zum Leitmotiv seines Kriegseintritts.

Diese prononciert reichspolitische Legitimation hatte der König aufgrund der politischen Rahmenbedingungen der Jahre 1743/44 gezielt zur Gewinnung der Reichsstände gewählt. Mit der Veränderung der politischen und militärischen Umstände verlagerte sich in der Folgezeit auch der Schwerpunkt der preußischen Argumentation. Trotzdem behielt Preußen das Leitmotiv seines Kriegseintritts im Namen von Kaiser und Reich unerschütterlich bei.

b) Die österreichische Gegen-Kriegslegitimation 1744

Am Wiener Hof hatte man den erneuten preußischen Kriegseintritt bereits seit Monaten erwartet. Trotz des Breslauer Friedensschlusses vom Juli 1742 hatte man Preußen zu den latenten Gegnern Habsburgs gerechnet und geargwöhnt, daß Friedrich heimlich mit dem wittelsbachischen Kaiser und dessen französischen Verbündeten zusammenarbeite. Daher hatte der Wiener Hof seit 1743 das voraussichtliche preußische Verhalten in die eigenen politischen Kalkulationen einbezogen und vorsorglich über Verteidigungsmaßnahmen beraten[248].

---

246 Ähnlich schon *R. Koser*, Friedrich I 452.

247 So im Sinne der Repgenschen Typologie der Kriegslegitimationen in der frühen Neuzeit, vgl. *K. Repgen*, Kriegslegitimationen 78 f.

248 So erwartete man in Wien bis zum Sommer 1743, daß man „der zeit mehr seine heimbliche widrige unterbauungen, als offentliche feindseligkeiten zu befahren" habe, vgl. Reskript an Botta vom 21. Juni 1743, HHStA, StK Preußen 35, Konvolut „Weisungen an Botta April bis Oktober 1743", fol. 103-140, hier 104'. Aber schon in einem Vortrag an die Königin vom 24. Oktober 1743 heißt es, es sei „handgreifflich [...], daß Preußen nichts anderes als Vorwand und gelegenheit suche, Euer Kön. May. mit sicherheit sich zuzudringen: wie allschon im Jahr 1740 [...]". Daher sei es „ohnumbgänglich nöthig, einestheils Böhmen und Mähren, wenigstens gegen ein coup de main, mehrers zu verwahren, andern theils aber die mehristen Reichs Stände von theilnehmung, und auch indirecter beförderung seiner widrigen absichten abzuhalten", Vortrag vom 24. Oktober 1743 HHStA, StK Vorträge 53, Konvolut „1743 X-XI", fol. 59-61', hier 60 f. Vgl. auch einen undatierten Vortrag von der Hand Bartensteins, ebenda, Konvolut „1743 s.d.", fol. 113-130, hier 114 und 124'. Auch hinsichtlich der Planung des Feldzuges für das Frühjahr 1744 riet die Staatskonferenz dringend, sich in

Im November des Jahres 1743 hatte der österreichische Vertreter in Berlin erstmals über preußische Kriegsvorbereitungen an der schlesischen Grenze berichtet[249], und nachdem im Mai und Juni 1744 neue Nachrichten von den offensiven Plänen Preußens im Zusammenhang mit der Frankfurter Union eingetroffen waren[250], herrschte in den ersten Augusttagen kein Zweifel, daß der preußische Einfall unmittelbar bevorstehe[251].

Am 8. August 1744 erfolgte schließlich die offizielle diplomatische Ankündigung des preußischen Kriegseintritts. Weisungsgemäß unterrichtete der Berliner Gesandte Dohna den österreichischen Hofkanzler Ulfeld in Form einer mündlichen Note, daß der König von Preußen sich nicht in die Streitigkeiten einmischen wolle, die die Königin von Ungarn mit anderen Mächten habe. Da er jedoch stets erklärt habe, daß er die Unterdrückung von Kaiser und Reich nicht dulden könne, müsse er nunmehr angesichts der reichsverfassungswidrigen Bestrebungen des Wiener Hofes dem Kaiser Hilfstruppen zur Verfügung stellen[252]. So argumentierte die di-

---

„wehrstand gegen Preussen zu setzen", vgl. Bartensteins Vortrag vom 7. Dezember 1743, ebenda, Konvolut „1743 XII", fol. 8-24, hier 9'. Vgl. hierzu auch *A. v. Arneth*, Maria Theresia II 299 ff.

[249] Bereits Ende 1742 hatte der österreichische Sondergesandte im Reich gemeldet, daß Preußen wegen der österreichischen Waffenerfolge widrige Absichten gegen Maria Theresia hege, vgl. den Bericht Colloredos vom 19. Dezember 1742, HHStA, StK Reich 16, fol. 768-769'. Im März 1743 hatte der österreichische Vertreter in Berlin erstmals von Gerüchten über preußische Kriegsvorbereitungen berichtet, vgl. Bericht Richecourts vom 16. März 1743, HHStA, StK Preußen 34, Konvolut „Berichte Richecourt Januar bis April 1743", fol. 346 f. Vgl. ebenso *A. v. Arneth*, Maria Theresia II 307 und 530, dort ein ebenfalls warnender Bericht Bottas vom 21. August 1743 an Maria Theresia zitiert. Die erste konkrete Warnung erfolgte in einem Bericht Weingartens vom 16. November 1743, vgl. ebenda, Konvolut „Berichte Legationssekretär Weingarten Oktober bis Dezember 1743", fol. 423-426.

[250] Vgl. *A. v. Arneth*, Maria Theresia II 408 f. Zwei ehemalige preußische Militärs berichteten im geheimen von den beabsichtigten Gebietsgewinnen Friedrichs in Böhmen, wie sie zwischen ihm und dem Kaiser einer Separatabmachung zur Frankfurter Union verabredet waren.

[251] Am 3. August notierte Ulfeld in einem Konferenzprotokoll den zu „besorgenden Einfall" der Preußen, am folgenden Tag heißt es: „Nachdeme der friedensbruch verläßlich, so näher der einfall zu besorgen", Konferenzprotokolle vom 3. und 4. August 1744, HHStA, StK Vorträge 54, Konvolut „1744 VI-VIII", fol. 90 und 91. Allerdings erwartete man noch am 15. August den tatsächlichen Einfall der Preußen nicht vor dem 24. desselben Monats, vgl. Konferenzprotokoll vom 15. August, ebenda, fol. 101.
Bis Ende Juli argwöhnte Bartenstein allerdings, daß Preußen die betreffenden Nachrichten selbst ausgestreut haben könnte, um den Vorstoß der österreichischen Armee im Elsaß zu bremsen, vgl. *A. v. Arneth*, Maria Theresia II 409.

[252] Vgl. Eichel an Podewils, 26. Juli 1744, PC III 223-226. Hier übermittelt der Kabinettssekretär dem Minister genaue Anweisungen des Königs zum Inhalt der betreffenden Weisung an Dohna; das Instruktionsreskript selbst, das zwei Tage später vom König gebilligt wurde, ist in der PC nicht enthalten, aber in Kosers Edition der Preußischen Staatsschriften aufgenommen, vgl. PStSch I 465 ff., Text ebenda 466-469.
Bartenstein scheint sich zunächst noch um eine schriftliche Übergabe dieser von Dohna nur vorgelesenen Note bemüht zu haben, wie aus einer undatierten Mitteilung an Ulfeld her-

plomatische Deklaration ähnlich wie die öffentliche Begründung im *Exposé des motifs*; die einzelnen Vorwürfe gegen den Wiener Hof waren allerdings allgemeiner und zurückhaltender formuliert[253].

Vierzehn Tage später antwortete Österreich auf diese sowohl diplomatisch wie öffentlich vorgebrachten Anklagen. Formal abgestimmt auf die diplomatische Vorgehensweise des preußischen Königs ließ der Wiener Hof durch seinen Residenten in Berlin ebenfalls eine Note überreichen[254]. Diese Antwort war allerdings nicht allein für den diplomatischen Gebrauch bestimmt; unter dem Drucktitel *Beantwortung der von Herrn Grafen von Dohna vorgelesenen Declaration*[255] wurde sie umgehend veröffentlicht und diente so als offizielle publizistische Erwiderung auf das preußische *Exposé des motifs*.

In der gedruckten Fassung ist die Note zusätzlich mit einer kurzen Einleitung versehen. Unter der Überschrift *Erinnerung an den Leser* wird hier der preußischen Kriegslegitimation eine vollständig gegenteilige Interpretation vorgehalten: Ohne auf den von Preußen in den Vordergund gerückten Reichszusammenhang einzugehen, klagte Österreich den Preußenkönig hierin des wiederholten Friedensbruches an. Diese Einleitung beginnt mit der Versicherung, daß der Wiener Hof seine Antwortnote auf Dohnas Erklärung nach Berlin gesandt habe, um „den angedrohten Friedens=Bruch, wo möglich, annoch zu hintertreiben"[256]. Preußen aber habe bereits zuvor den Inhalt der Dohnaschen Erklärung in Form eines Manifestes veröffentlicht, daher sei der Krieg kaum mehr zweifelhaft. Damit breche der preußische König nach der Kleinschnellendorfer Konvention nun auch den Breslauer Vertrag und begehe innerhalb weniger Jahre zum dritten Male einen Friedensbruch. Da die genannte Konvention anders als der Breslauer Friedensvertrag nicht allgemein bekannt sei, teile man deren Wortlaut dem Publikum nun mit[257]. Als öf-

---

vorgeht: „Da Dohna auff den fall, wann I.M. nicht hier wären, die declaration schrifftlich zu thun befehl hat, so glaube, daß wann des Hn. Gr. von Starhemberg ihm meldeten, daß einmahl, umb adaequate die declaration beantworten zu können, deren schrifftliche mittheilung erforderlich und dieses daß eintzige mittel wäre, umb die hiesige gedancken über den vortrag so verläßlich, genau und klar, als des Königs von Preussen Maytt. sie zu wißen verlangeten, einbrichten zu können; er Graff Dohna sich andurch zur schrifftlichen mittheilung annoch bewegen laßen dörffte", Bartenstein an Ulfeld, HHStA, GC 400, Konvolut C, fol. 133 f.

253 Darauf machte bereits Koser aufmerksam, vgl. *R. Koser*, Friedrich I 459: „Kühler, geschäftsmäßiger als dieses wuchtige und flammende Manifest war die Erklärung, die der preußische Gesandte in Wien abgab".

254 Vgl. PStSch I 465.

255 Originaldruck in HHStA, KrA 382, o. fol. Weitere Exemplare ebenda, Handschrift W 539, *Miscellanea Politica et Publica*, fol. 615-631; ebenda, FrA 51, fol. 44 ff. [ab 44 nicht mehr foliiert].

256 Vgl. ebenda.

257 „Und wiezumahlen diese Convention nicht gleich jenem Tractate in jedermanns Händen ist; So hat nicht undiensahm geschienen, selbe dem Publico hiermit mitzutheilen", *Beantwortung der von Herrn Grafen von Dohna vorgelesenen Declaration*, HHStA, KrA 382, o.fol., hier p.3; ebenda 3 f. ist der Wortlaut der Kleinschnellendorfer Konvention vom 9. Ok-

fentliche Reaktion beschränke sich Österreich auf die Publikation der eigenen wohlmeinenden Note, um auf den drohenden Stil der preußischen Schriften nicht gleichermaßen herabsetzend zu antworten[258]. Preußen erweise zwar mit diesem Friedensbruch den ungerechten Feinden der Königin einen willkommenen Dienst, doch Österreich vertraue unvermindert auf die göttliche Gerechtigkeit, die am Ende den Ausschlag geben werde.

Damit wurde bereits in der Einleitung der ersten Wiener Veröffentlichung die entscheidende Aussage der preußischen Begründung indirekt bestritten: Preußen hatte besonderen Wert auf die Behauptung gelegt, daß es keineswegs Krieg gegen Maria Theresia führe. Der Wiener Hof dagegen unterstellte, daß ihm sowohl in Dohnas Erklärung wie in dem gleichzeitig publizierten *Exposé des motifs* der Krieg angekündigt worden sei[259]. Daraus folgerte die *Beantwortung*, daß Friedrichs aggressive Absicht nicht zu bezweifeln sei und daß er eindeutig den Breslauer Frieden breche, wie er schon zuvor die Kleinschnellendorfer Konvention gebrochen habe. Über den Vorwurf des gegenwärtigen Friedensbruches hinaus wird somit suggeriert, daß der preußische König latent aggressiv sei.

Auffallend ist, daß diese Einleitung nicht auf die preußische Rechtfertigungsargumentation antwortet; sie erwähnt weder das von Preußen zum Hauptmotiv erhobene Reichsinteresse, noch geht sie auf die Vorwürfe gegen die habsburgische Reichspolitik ein. Stattdessen entwickelt die *Erinnerung an den Leser* eine eigenständige österreichische Kriegslegitimation: Ausgehend von früheren Erfahrungen und von den gegenwärtigen Erklärungen wird Preußen als Aggressor bezeichnet, gegen den man sich mit Gottes Hilfe verteidige.

---

tober 1741 abgedruckt, die Datumsangaben sind hierbei allerdings irrtümlich in das Jahr 1742 verlegt.

Den Breslauer Friedensvertrag hatten beide Parteien, begleitet von Rundschreiben an ihre Diplomaten, bereits im Juli 1742 bekanntgemacht, die betreffenden Schriften abgedruckt in *Europäische Staatskanzlei* LXXXIV, Kap.8 und LXXXV, Kap.10.

[258] Man halte es für „gantz ohnnötig, dem Königlich=Preussischem Kriegs=Manifest ein mehreres, als gegenwärtige Schrift in sich enthaltet, entgegen zu setzen", *Beantwortung der von Herrn Grafen von Dohna vorgelesenen Declaration*, HHStA, KrA 382. o.fol., hier p.3.

[259] Die Erklärung Dohnas wird als „bedrohliche Declaration, oder vielmehr Kriegs=Ankündigung" bezeichnet; deren Inhalt sei „in Gestalt eines Manifestes noch ehender der Welt kund" gemacht worden, vgl. ebenda. Im folgenden Absatz wird das *Exposé des motifs* erneut als „Kriegs=Manifest" bezeichnet.

In den österreichischen Akten findet sich die Kopie eines Gesandtenberichtes an den Bischof von Eichstätt, der das preußische *Exposé des motifs* genauso kommentiert: Die Schrift sei „an sich auch zwar keine förmliche Kriegs=Declaration, doch aber so beschaffen, daß man dasselbe zu Wienn ganz ohnbedencklich dafür ansehen = und halten könne", denn erstens sei unzweifelhaft, daß Friedrich es mit seiner Ankündigung ernst meine, und zweitens sei die Schrift nicht von einem Privatmann, sondern vom preußischen Vertreter am Frankfurter Kaiserhof verbreitet worden, vgl. Copia Schreibens franckfurth dd [de dato] 12. aug. 1744. an Se. Hochfürstliche Gnaden zu Eychstätt, HHStA, KrA 350, o.fol.

Die österreichische *Beantwortung* stellte also der preußischen Begründung eine völlig andere Deutung der Vorgänge gegenüber, die sich zunächst nicht mit den Inhalten der gegnerischen Verlautbarungen befaßte.

Dies geschah erst in der anschließend abgedruckten österreichischen Antwortnote; diese widmete sich der konkreten Widerlegung der Deklaration des preußischen Gesandten: Einleitend wird der wesentliche Inhalt dieser Erklärung wiedergeben, weil Graf Dohna ausdrücklich erklärt habe, nichts Schriftliches überreichen zu dürfen. Danach folgt als erstes Gegenargument der Hinweis auf geheime preußische Eroberungswünsche im Zusammenhang mit der Frankfurter Union: Da Preußen sich selbst auf diese Union berufe, werde wohl auch der zugehörige Geheimartikel existieren, der der Königin vor kurzem bekannt geworden sei und den man im Anhang beifüge. Ohne auf den Inhalt dieses Artikels einzugehen, verweist die *Beantwortung* darauf, daß dieser weder mit der Reichsverfassung noch mit dem Breslauer Frieden vereinbar sei. In sehr lakonischer Form wird so die grundlegende Prämisse der preußischen Argumentation, daß Friedrich nur als Reichsstand agiere und keine eigenen Interessen verfolge, bestritten.

Im folgenden konzentriert sich die Wiener Note auf die Widerlegung der reichspolitischen Vorwürfe. Die österreichische Antwort folgt dabei den Schwerpunkten der preußischen Argumentation. Ähnlich summarisch wie Preußen umreißt sie die Diktatur der österreichischen Verwahrungsurkunden, verschiedene Friedensvermittlungsversuche sowie den Rückzug der kaiserlich-französischen Truppen bis zum Frühsommer 1744[260]. Da diese Ereignisse bereits zuvor öffentliches Aufsehen im Reich erregt hatten, und der Wiener Hof darauf in offiziellen Verlautbarungen reagiert hatte, griff er nun auf seine früheren Aussagen zurück. Unter Verweis auf vorherige österreichische Veröffentlichungen[261] behauptete die *Beantwortung* daher, daß sämtliche gegnerischen Anklagen bereits im voraus entkräftet seien. Dennoch werden anschließend die wichtigsten eigenen Aussagen erneut zusammengefaßt und den Kernpunkten der preußischen Argumentation gegenübergestellt. Zunächst verwahrt sich die österreichische *Beantwortung* nachdrücklich dagegen, daß sich in den Verwahrungsurkunden reichsfeindliche Absichten offenbarten. Stattdessen habe Maria Theresia dadurch nur ihre eigenen reichsständischen Gerechtsame verteidigt, wie aus den Vorgängen um die Suspension des kurböhmischen Votums allgemein bekannt sei. Auch seien durch die Diktatur weder die Befugnisse des Kurkollegiums noch der übrigen Reichsstände angetastet worden, im Gegenteil habe man die Formulierungen der betreffenden Urkunden in Abstimmung mit den Reichsständen gemildert.

---

260 Vgl. *Beantwortung der von Herrn Grafen von Dohna vorgelesenen Declaration*, HHStA, KrA 382, o. fol., hier p.8 ff. Vgl. hierzu auch Kapitel VI.1. und VI.2.

261 Konkret genannt sind hier die österreichische Deklaration zur Erläuterung der Verwahrungsurkunden, die am 3. Juli 1744 zur Diktatur gelangte, die österreichische Beantwortung der französischen Kriegserklärung sowie das Zirkularreskript vom 18. Juli 1744, vgl. *Beantwortung der von Herrn Grafen von Dohna vorgelesenen Declaration*, HHStA, KrA 382, o. fol., hier p.8.

Nach dieser direkten Gegenbehauptung zur preußischen Interpretation suchte die *Beantwortung* zusätzlich die gegnerische Argumentation auf immanentem Wege zu widerlegen, indem sie ihr Widersprüchlichkeit vorwarf: Preußen habe mehrfach erklärt, die Königin an der Durchsetzung ihrer reichsständischen Rechte nicht zu hindern, und sich überdies im Breslauer Friedensvertrag ausdrücklich dazu verpflichtet. Zum Zeitpunkt dieses Friedensschlusses aber habe Österreich seine ursprünglichen, noch nicht im Ton gemilderten Verwahrungsurkunden bereits längst im Druck veröffentlicht. Aufgrund dieser mangelnden Koinzidenz der preußischen Argumentation folgert die österreichische *Beantwortung*, daß Preußen nun einen Vorgang zum Anlaß eines Krieges erhebe, dem es selbst seinerzeit nicht widersprochen, sondern indirekt sogar zugestimmt habe, indem es Frieden mit dem Wiener Hof geschlossen hatte[262].

Mit einer ähnlichen Argumentationsstrategie suchte die Wiener Veröffentlichung auch den zweiten nachdrücklichen Vorwurf zu entkräften. Preußen hatte Österreich vorgehalten, alle Vorschläge zur Beilegung des Konfliktes ausgeschlagen zu haben. Demgegenüber betonte die Wiener *Beantwortung* die beständige eigene Friedensbereitschaft, die aus den zahlreichen öffentlichen Bekundungen ablesbar sei[263].

Überdies habe Dohna zugeben müssen, daß sein König seit November des vorangegangenen Jahres keine Friedensvorschläge gemacht habe; die preußische Behauptung spiele daher wohl auf eine frühere Initiative Friedrichs an, die man aus Rücksicht auf Preußen bewußt nicht habe veröffentlichen wollen, da sie eine Säkularisation verschiedener Bistümer beinhaltet habe[264]. Obwohl Habsburg sich dadurch durchaus Vorteile hätte verschaffen können, habe sich die Königin aus Gewissensgründen außerstande gesehen, auf einen solchen Vorschlag einzugehen[265].

---

[262] „Wie kan möglicher Dingen von Hochgedachten Collegii Vilipendirung die Frag seyn, oder die von des Reichs mehristen Ständen für zulänglich erkandte Milderung der vorhin bekandter Verwahrungs=Uhrkunden zum Friedens=Unterbruch Anlaß geben, nachdeme die weit stärcker gefaste Verwahrungs=Uhrkunden selbsten dessen Schluß nicht gehindert haben?", ebenda, p.10.

[263] Ausdrücklich wird in diesem Zusammenhang auf die österreichische *Ausführliche Beantwortung der Französischen Kriegs=Erklärung* verwiesen; vgl. zu dieser Schrift im einzelnen Kapitel VI.2.

[264] Friedrich habe auf die englische Erklärung, zu einer Friedensvermittlung zwischen Maria Theresia und Karl VII. bereit zu sein, geantwortet, „daß einige fette Bißthümer, als wie zum Exempel Salzburg saecularisiret werden müsten: qu'il faudroit seculariser quelques bons Evechés comme Salzbourg", *Beantwortung der von Herrn Grafen von Dohna vorgelesenen Declaration*, HHStA, KrA 382, o.fol., hier p.11 f. Vgl. zu dieser Textstelle weiter unten in diesem Kapitel und zu dem öffentlichen preußischen Entgegnung darauf das vorangegangene Kapitel IV.2.a). Auf das Säkularisationsvorhaben und auf die von Wien dagegen initiierte publizistische Kampagne wird in Kapitel V.3.b) einzugehen sein.

[265] „Freylich wohl würde auch der Königin Mayestät und Dero Ertz=Haus bey einem solchen Antrag einige Anständigkeit und Nutzen haben finden können. Allein das Gewissen hat ihn anzunehmen nicht gestattet", *Beantwortung der von Herrn Grafen von Dohna vorgelesenen Declaration*, HHStA, KrA 382, o. fol., hier p.12.

Angesichts dieses reichsrechtlich untadeligen Verhaltens der Königin seien die preußischen Vorwürfe völlig unverständlich; außerdem sei offenkundig, daß die jetzige gegnerische Deklaration niemals erfolgt wäre, wenn Österreich seinerzeit auf den Säkularisationsvorschlag eingegangen wäre. Die Wiener Antwort stellte also wiederum die gegnerische Behauptung in Abrede, um anschließend auf einen Widerspruch zwischen den öffentlichen Bekundungen und dem tatsächlichen Verhalten Preußens hinzuweisen.

Auch hinsichtlich der preußischen Vorwürfe wegen des militärischen Vorgehens gegen die kaiserlichen Truppen verfuhr die österreichische Antwortnote auf dieselbe Weise. Zunächst werden die Anklagen des *Exposé des motifs* sowohl in tatsächlicher als auch in ideeller Hinsicht bestritten: Man habe der bayerischen Armee vielmehr eine „langwürige Verschonung"[266] angedeihen lassen und verfolge auch keinerlei reichsfeindliche Absichten.

Im Gegenteil handele Österreich im Interesse des Reiches, indem es das von Frankreich „zum Nachtheil des Reiches angemaßte Territorio"[267] zurückerobern wolle; die bayerischen Truppen dagegen verteidigten nun das dem Reich entrissene Elsaß „zum Dienst der Cron Franckreich" und agierten „als dieser Cron Hülfs=Völcker".

Anschließend vertieft die österreichische Note die eigene Gegenargumentation und wendet sie zur Entkräftung der preußischen Ausgangsthesen an: Das Reich sei nicht mehr Schauplatz des Krieges, und da die Königin ehemalige Reichsgebiete zurückerobern wolle, entbehre die preußische Behauptung, dadurch gefährde Maria Theresia das Reich, jeglicher Grundlage[268]. Österreich beabsichtige dabei keine Gebietsgewinne, sondern nur „billige Schadloß=haltung und künftige Sicher=stellung"[269]; darüber hinaus habe auf der Grundlage des neueroberten Elsaß auch eine friedliche Einigung im Erbfolgestreit erzielt werden sollen[270]. Die Ruhe des Reiches und die endgültige Aussöhnung mit Bayern seien also nicht durch das österreichische, sondern vielmehr durch das preußische Vorgehen verhindert worden.

---

[266] Ebenda, p.12.

[267] Ebenda. Das folgende Zitat ebenda, p.12 und 13.

[268] „Der Königin Bemühung, Länder, so selbem [i.e. dem Reich] entrissen worden, ihme wieder zuzueygnen, kan dessen Würde, Ansehen, Verfassung, Sicherheit und Ruhestand entgegen zu lauffen, auch nur mit einigem Schein nicht vorgegeben werden", ebenda, p.13. Wenige Absätze später kommt die Schrift noch einmal darauf zurück: Da sich die bayerischen Truppen freiwillig und zum Schaden des Reiches mit den französischen Einheiten verbunden hätten, könne dem Wiener Hof nun von Preußen schwerlich vorgeworfen werden, daß die bayerischen Streitkräfte vom Reichsboden vertrieben worden seien, vgl. ebenda, p.16.

[269] Ebenda 13. Dies ist eine standardisierte Formulierung, die erstmals in den habsburgischen Protestschriften gegen die Kaiserwahl und nachdrücklicher noch nach dem Breslauer Frieden verwandt wurde, vgl. *A. v. Arneth*, Maria Theresia II 109 und 304.

[270] Vgl. *Beantwortung der von Herrn Grafen von Dohna vorgelesenen Declaration*, HHStA, KrA 382, o. fol., hier p.15.

Im folgenden sucht die österreichische Antwortnote nachzuweisen, daß die jetzige preußische Erklärung mit den vertraglichen wie öffentlichen Zusagen des Königs unvereinbar sei, denn Friedrich habe versichert, daß er sich nicht in die Streitigkeiten Maria Theresias mit auswärtigen Mächten einmischen wolle; überdies sei ihm das Bestreben des Wiener Hofes nach Ersatz für den Verlust Schlesiens und nach zukünftiger Sicherheit bereits bei Abschluß des Breslauer Friedens bekannt gewesen. Zusätzlich zitiert die österreichische Schrift aus dem ersten Artikel dieses Friedensvertrages, in dem sich Preußen zu strikter Neutralität verpflichtet[271]; damit wird ein Bogen zur Einleitung geschlagen und der Vorwurf der *Erinnerung an den Leser* untermauert, daß der preußische König den Breslauer Frieden verletze. Abschließend werden die behaupteten preußischen Motive sogar umgekehrt: Die Wiener Argumentation gipfelt in der Schlußfolgerung, daß Preußen – wenn es wahrhaft die Interessen des Reiches vertrete – der Wiener Politik nichts entgegensetzen dürfe[272]. Als Belege folgen im Anhang die zwischen Preußen und Bayern ausgehandelte Separatvereinbarung zur Frankfurter Union sowie zwei österreichische Promemorien an den preußischen Hof vom 23. Oktober 1743, die sich mit den Friedensvorschlägen von 1743 und der Diktaturfrage befassen[273].

Die österreichische Reaktion auf den preußischen Kriegseintritt verfolgte also zwei Ziele: Zum einen sollte die reichspolitische Legitimation Preußens vollständig unglaubwürdig gemacht werden; im Gegenzug wurde Friedrich eines neuerlichen Friedensbruches bezichtigt. Zum anderen suchte Österreich sein eigenes öffentliches Auftreten zu untermauern. Hatte sich Preußen namentlich auf die politisch-publizistischen Auseinandersetzungen Österreichs mit dem wittelsbachischen Kaiser bezogen, so schöpfte der Wiener Hof in seiner Antwort ebenfalls aus zurückliegenden Ereignissen: Er bekräftigte zum einen die eigene öffentliche Argumentation hinsichtlich derjenigen Konflikte, die schon zuvor Gegenstand publizistischer Auseinandersetzungen gewesen waren. Zum anderen konzentrierte er sich auf das Verhalten des kriegerischen Preußenkönigs in den vergangenen Jahren. Dementsprechend betreffen die als Beweise mitabgedruckten Akten einerseits die direkte Vorgeschichte des preußischen Kriegseintritts und andererseits das politische Verhalten Preußens in den zurückliegenden Jahren des Erbfolgekonfliktes.

---

[271] Vgl. ebenda, p.17; als erläuternder und negativ wertender Zusatz ist hierbei vermerkt, daß Preußen sich verpflichtet habe, „NB. de ne pas donner non plus aucun secours aux ennemis de la Reine, sous quelque pretexte, que ce soit; de ne faire avec eux aucune Alliance, qui soit contraire à cette Paix".

[272] „Ist es des Königs von Preussen Mayestät, wie die vom Herrn Grafen von Dohna abgelesene Declaration im Mund führet, allein umb baldige Herstellung einer daurhaften Ruhe im Reich, und umb die Aufrecht=erhaltung der Kayserlichen Würde, des Reiches Verfassung, des Churfürstlichen Collegii Ansehens, und derer übrigen Sände wohl=hergebrachter Praerogativen und Freyheiten zu thun; so darf nur allen diesen, niemanden mehr, als der Königin Mayestät zu Hertzen dringenden grossen Objectis Preussischer Seits keine Hindernuß in Weeg geleget werden", ebenda, p. 17 f.

[273] Vgl. ebenda, p. Beilage 1-12. Vgl. auch PStSch I 478 f.

Die öffentliche Wiener Argumentation gegen Preußen knüpfte also an die eigene publizistische Strategie des Ersten Schlesischen Krieges an. Analog zur propagandistischen Vorgehensweise von 1741 versuchte Österreich auch im Jahr 1744, die grundlegende Prämisse der gegnerischen Begründung zu entkräften. Wien beanspruchte selbst die friedliebenden und reichspolitischen Motive, die Preußen für sich geltend machte, und bestritt dessen Aufrichtigkeit, indem es wiederum eine direkte Gegenthese zur preußischen Legitimation aufstellte: Wie schon zu Beginn des Ersten Schlesischen Krieges, so behauptete der Wiener Hof auch vier Jahre später, daß der preußische König mitnichten aus den von ihm angegebenen Motiven, sondern in Wirklichkeit aus Eroberungsgier handele. 1741 hatte der Wiener Hof das diplomatisch aufgenommene Protokoll der preußischen Forderungen veröffentlicht, um die Glaubwürdigkeit der gegnerischen Legitimation zu erschüttern. Zu diesem Zweck publizierte Wien auch zu Beginn des Zweiten Schlesischen Krieges diplomatische Akten, welche die Unlauterkeit und Aggressivität des Preußenkönigs zeigen sollten; zugleich versuchte Wien damit seine eigene Aufrichtigkeit und reichspolitische Integrität zu demonstrieren.

Über die Entstehung dieser ersten österreichischen Publikation gegen Preußen sind wir verhältnismäßig gut informiert. Aus verschiedenen Akten lassen sich die Grundlinien der Konzeption für die öffentliche Wiener Entgegnung auf die preußische Kriegsbegründung ermitteln. Demnach stand die inhaltliche Ausrichtung der Wiener Schrift in engem Zusammenhang mit der geplanten militärischen und politischen Reaktion auf den preußischen Einfall in Böhmen.

Unmittelbar nach der Erklärung des preußischen Gesandten begannen in Wien die Beratungen über geeignete Verteidigungsmaßnahmen. Sofort wurden die Vorbereitungen für eine ungarische Insurrektion in Angriff genommen[274]; zudem sollte Sachsen durch ad-hoc-Verteidigungsmaßnahmen in Böhmen zu einem Eingreifen auf österreichischer Seite ermutigt werden[275]. Strategisch entscheidend war jedoch der Beschluß, den elsässischen Feldzug der österreichischen Hauptarmee unter Karl von Lothringen abzubrechen und diesen umgehend zum böhmischen Kriegsschauplatz marschieren zu lassen, um dort dem König von Preußen entgegenzutreten[276].

---

274 Vgl. das Konferenzprotokoll Ulfelds vom 15. August, in dem der Hofkanzler festhält: „Insurrection zu betreiben, so wird das eindringen [preußischer Truppen] in Mähren verhüetet und [Friedrich] muß trouppen in Schlesien lassen", HHStA, StK Vorträge 54, Konvolut „1744 VI-VIII", fol. 101. Vgl. hierzu auch *A. v. Arneth*, Maria Theresia II 415 ff.

275 So wurde das Corps des Grafen Batthyàny, das bislang in Bayern gestanden hatte, an die Elbe beordert; die Landmiliz sollte der regulären Armee zugeteilt werden, „dardurch wird Sachsen angefrischt", Konferenzprotokoll vom 15. August 1744, HHStA, StK Vorträge 54, Konvolut „1744 VI-VIII", fol. 101.

276 Vgl. *A. v. Arneth*, Maria Theresia II 420 ff. Nachdrücklich hatte Bartenstein am 9. August 1744 in seinen *Reflexions sur la situation presente des affaires* für diese strategische Neuorientierung geworben, vgl. HHStA, KrA 350, o.fol.
Arneth suggeriert, diese Entscheidung sei einhellig zustande gekommen, allerdings befindet sich bei den Kriegsakten eine – ungezeichnete und undatierte – Denkschrift, die starke

Wenngleich bei diesen Beratungen die militärischen Erfordernisse im Vordergrund standen, so waren sie zugleich richtungweisend für die publizistische Reaktion des Wiener Hofes auf den preußischen Kriegseintritt. Denn wie zu zeigen sein wird, stimmen die militärstrategischen und publizistischen Akzente überein.

Insbesondere eine ausführliche Erörterung der politisch-militärischen Gesamtlage, die Bartenstein am 9. August 1744 verfaßt hat, bietet aufschlußreiche Hinweise für eine Interpretation der ersten österreichischen Antwort auf die Eröffnung des Zweiten Schlesischen Krieges[277]: Nachdrücklich betont der Staatssekretär, daß Österreich keinesfalls als Aggressor gegen Preußen erscheinen dürfe, daher müsse man zunächst den wirklichen Beginn der Feindseligkeiten abwarten, bevor man seinerseits militärisch aktiv werde. Daneben verweist er auf die wichtigsten österreichischen Ziele und hält dabei fest, daß es nun vor allem gelte, „de dompter le Roi de Prusse"[278], damit Österreich danach erstens seine ganze Macht gegen Frankreich richten und zweitens eine erfolgreiche Reichspolitik führen – mithin die Wahl eines habsburgischen Kaiserkandidaten durchsetzen könne, was angesichts der augenblicklichen Überlegenheit Preußens im Reich unmöglich sei.

Diese beiden Bartensteinschen Thesen prägten formal wie inhaltlich die erste österreichische Veröffentlichung nach dem preußischen Kriegseintritt. Die Wiener Antwort gab sich den Anschein, als sei sie in Unkenntnis der tatsächlichen preußischen Schilderhebung als letzter Verständigungsversuch erfolgt, wandte sich aber zugleich gegen Preußen als Hauptfeind und betonte die reichspolitisch integre Haltung und Gesinnung des Wiener Hofes.

Der Staatssekretär scheint nicht nur der *spiritus rector* dieser internen Überlegungen gewesen zu sein, sondern auch die publizistische Reaktion seines Hofes verantwortlich geleitet zu haben, denn in den österreichischen Akten findet sich – wenn auch an entlegener Stelle – ein Entwurf von Bartensteins Hand sowohl für die *Beantwortung* als auch für die einleitende *Erinnerung an den Leser*[279]. Daraus

---

Bedenken gegen die von Bartenstein formulierten Gedanken äußert, vgl. *Reponse aux reflexions envoyeés par Sa May. la Reine*, ebenda. Vielleicht hat die Königin das Plädoyer Bartensteins intern zur Diskussion gestellt; doch scheinen die erwähnten Einwendungen keine Auswirkung auf die tatsächliche Rückberufung Karls gehabt zu haben; Arneth führt zahlreiche Andeutungen aus Briefen der Königin an, die belegen, daß sie dies bereits Ende Juli erwogen hatte, vgl. A. v. Arneth, Maria Theresia II 420.

[277] Vgl. Bartensteins *Reflexions sur la situation presente des affaires* [eigenhändiger Entwurf vom 9. August 1744], HHStA, KrA 350, o.fol. Von Bartensteins Hand liegt auch ein (undatierter) Entwurf für ein *Memoire* bei diesen Akten, das ähnlich – jedoch viel zuversichtlicher – argumentiert und vermutlich für die Generalstaaten gedacht war, vgl. den Bericht Reischachs aus dem Haag vom 21. September 1744, ebenda, StA Holland 46, o.fol.

[278] *Reflexions sur la situation presente des affaires*, HHStA, KrA 350, o.fol. (diese hier zitierten Worte hat Bartenstein als einzige im gesamten Text unterstrichen).

[279] Beide Entwürfe im Bestand ‚Friedensakten', zu denen ein sachlicher Bezug zu der publizistischen Wiener Reaktion auf den preußischen Kriegseintritt von 1744 nicht ersichtlich ist, denn hierin lagern die Akten zum Dresdner Friedensschluß, vgl. HHStA, FrA 51, fol. 1-2 (*Erinnerung an den Leser*) und 36-43' (*Project der antwort auff die vom Hn. Graffen Dohna noch vor seiner Abreiß vorgelesener declaration*). Beide Entwürfe sind undatiert.

lassen sich ergänzende Hinweise zur grundlegenden Ausrichtung der ersten Wiener Publikation gewinnen.

Der Entwurf für die Antwortnote wurde für die Drucklegung überarbeitet[280] und enthält neben einigen sprachlichen Verbesserungen eine wichtige sachliche Ergänzung, die sich auf die preußischen Säkularisationsabsichten bezieht. Im ursprünglichen Text hatte der Staatssekretär in unpräzisen Worten von einem reichsverfassungswidrigen bayerischen Friedensvorschlag gesprochen; der ergänzende Absatz bezeichnet dagegen den preußischen König als Urheber eines Säkularisationsvorschlags[281]. Durch diese Korrektur vollzog Bartenstein eine wichtige Schwerpunktverlagerung in der österreichischen Propaganda: Übereinstimmend mit der unkorrigierten Fassung hatte Österreich bisher ausschießlich den Wittelsbacher wegen entsprechender Vorschläge öffentlich angegriffen[282]; nach dem preußischen Kriegseintritt richtete Bartenstein die diesbezüglichen Vorwürfe nun erstmals und einzig gegen den preußischen König. Damit realisierte er seine eigene Empfehlung für den politischen Kurs der Hofburg, daß nämlich Preußen nunmehr – vor allem in reichspolitischer Hinsicht – als Hauptfeind zu behandeln sei.

Aus weiteren Hinweisen in den österreichischen Akten ergibt sich, daß Bartenstein offenbar von Anfang an beabsichtigte, seine Gegenargumentation hauptsächlich auf die geheimen preußischen Eroberungsabsichten zu stützen. Schon kurz nach Dohnas Erklärung teilte er Ulfeld mit, daß er das Konzept für die Antwort bereits entworfen habe; obwohl Bartenstein hier keine Erläuterung zur Argumentation gibt[283], läßt sich diese aus einem Bericht des österreichischen Reichstagsvertreters Plettenberg zumindest teilweise rekonstruieren. Plettenberg meldete am 18. August 1744, daß ihm vor vier Tagen ein vom 10. August datiertes Reskript durch einen Sonderkurier überbracht worden sei. Anschließend resümiert er, daß die reichspolitische Legitimation Preußens „durch den vor augen gelegten gegenhalt derer damit keines wegs zu vereinbahren seyender eigennutzig Preuß[ischen] absichten überzeigend"[284] widerlegt worden sei. Das wichtigste Wiener Gegenargu-

---

280 Bartenstein hat die durch größere Buchstaben hervorzuhebenden Passagen des Textes durch Unterstreichungen kenntlich gemacht, vgl. ebenda. Sämtliche Korrekturen stammen von Bartenstein selbst und stimmen mit der Druckfassung überein.

281 Vgl. ebenda, fol. 39.

282 Vgl. hierzu *Th. Volbehr* und *W. v. Hofmann*; ebenso Kapitel V.3.b) dieser Studie.

283 „Wie die antwort auff die declaration zu machen gedencke, erhellet aus dem Rescript an Wasner", Bartenstein an Ulfeld [undatiert; aus dem weiteren Inhalt geht hervor, daß dieser Zettel kurz nach dem 8. August geschrieben worden sein muß, da Bartenstein anregt, Dohna nochmals um schriftliche Herausgabe seiner Erklärung zu ersuchen, dieser aber unmittelbar darauf aus Wien abgereist ist, vgl. PStSch I 466], HHStA, GC 400, Konvolut C, fol. 133. Eine entsprechende Weisung an Wasner, den österreichischen Gesandten in England, ist jedoch in den zugehörigen Akten nicht enthalten, vgl. HHStA, StA England 87, Konvolut „Weisungen an Wasner 1744 VI-IX", passim.

284 Bericht Plettenbergs vom 18. August 1744, HHStA, StK Regensburg öst. Gesandtschaft 106, fol. 104-108', hier 105 f. Daß der Gesandte hier auf den offensichtlich in einer

ment gegen die preußische Kriegslegitimation wurde also schon zwei Tage nach der Erklärung Dohnas mindestens der österreichischen Vertretung in Regensburg – jedoch zunächst nur zur mündlichen Weitergabe – an die Hand gegeben[285].

Bartenstein scheint ebenfalls die annähernd gleichzeitige Verwendung der von ihm entworfenen Schrift als diplomatische Note und öffentliche Entgegnung geplant zu haben[286]. Am 21. August wurde nur die Note – ohne die *Erinnerung an den Leser* – an die Gesandten geschickt; in dem betreffenden Erlaß heißt es dazu ausdrücklich: „Da Wir zu erst weiters, als es Preussischer seits beschiehet, nicht gehen wollen; So halten Wir annoch zurück, dießseitige antwort zum druck befördern zu lassen"[287]. Dennoch muß die *Beantwortung* schon zu diesem Zeitpunkt oder zumindest umgehend gedruckt worden sein, denn ihre Veröffentlichung erfolgte bereits am folgenden Tag[288]. Zwar informieren uns die österreichischen Akten über den Grund für diesen kurzfristigen Kurswechsel nicht; aber in Verbindung mit Bartensteins Empfehlung, den tatsächlichen Kriegseintritt Friedrichs abzuwarten, damit Österreich nicht als Aggressor erscheine, ist anzunehmen, daß Nachrichten über den erfolgten preußischen Einmarsch den Ausschlag für die sofortige Veröffentlichung gegeben haben[289]. Die Wiener *Beantwortung* wurde mehrfach nach-

---

Anlage mitgeteilten Separatartikel anspielt, erhellt aus einer späteren Bemerkung über Preußens „vergrösserungs begieriges Vorhaben", ebenda, fol. 108.

Das Reskript selbst liegt nicht mehr bei den betreffenden Akten, vgl. HHStA, StK Regensburg öst. Gesandtschaft 5 (Weisungen); ob zu diesem frühen Zeitpunkt nur die Reichstagsgesandtschaft informiert wurde, oder ob ein entsprechender Erlaß auch an andere Vertretungen gesandt wurde, wie Bartenstein in seiner oben erwähnten Notiz angibt, ist nicht zu entscheiden, da die übrigen eingesehen diplomatischen Korrespondenzen keinen Hinweis darauf enthalten, vgl. HHStA, StA Holland 46 und 87, StA Polen II 20 und 74, StA England 86 und 87.

[285] Vgl. den Bericht Plettenbergs vom 18. August 1744, HHStA, StK Regensburg öst. Gesandtschaft 106, fol. 105': Plettenberg versichert, er werde von dem Mitgeteilten „den bestnutzlichsten gebrauch vorläuffig machen, bis das allerhöchst Euer Königl. Mat. allermildest zu befehlen geruhen werden, die eingangs ged. Königl. Rescript angefügte beylagen Nr.'3 et 4 auch abschrifftlich herauszugeben".

[286] Dies scheint Koser durch den Hinweis andeuten zu wollen, daß der österreichische Legationssekretär die Note am 27. August zunächst mündlich, drei Tage später schriftlich übermittelt habe, daß jedoch bereits am 22. August die gedruckte Wiener *Beantwortung* erschienen sei, vgl. PStSch I 477 f. Die Analogie zum preußischen Vorgehen läge indessen auf der Hand.

[287] Vgl. *Circulare an alle auswärtige Königl. Ministros außer an Weingarten, Wien den 21. Aug. 1744* [Konzept von der Hand Bartensteins], HHStA, FrA 51, fol. 3. Die Diplomaten wurden angewiesen, den Text abschrifftlich bekannt zu geben, weil Preußen seinerseits ein der Deklaration ähnliches Manifest herausgegeben habe.

[288] Die österreichischen Gesandten in den Generalstaaten und in Polen melden, daß sie mehrere gedruckte Exemplare mit der Sendung vom 22. August erhalten hätten, vgl. den Bericht Scharffensteins vom 29. August 1744, HHStA, StA Polen II 20, Konvolut „Relationen 1744 I-IX", fol. 244-245; Bericht Reischachs vom 8. September 1744, ebenda, StA Holland 46, o.fol. Vgl. auch PStSch I 478.

[289] Noch am 15. August erwartete man den preußischen Einbruch erst um den 24. August, vgl. Konferenzprotokoll vom 15. August, HHStA, StK Vorträge 54, Konvolut „1744 VI-VIII", fol. 101. Aber schon am 20. August war im Heerlager Karls von Lothringen eine Mel-

gedruckt und zusätzlich zur deutschen Originalfassung in französischer Sprache
publiziert[290]; zudem verbreitete der Wiener Hof auch eine separate deutsche Übersetzung der französischsprachigen Beilagen[291]. Möglicherweise entstand daneben
auch eine lateinische Übersetzung[292].

Die grundlegende Ausrichtung der österreichischen Gegenargumentation erhellt
also aus der generellen politischen Zielsetzung der Hofburg. Die Wiener Publizistik orientierte sich dabei an zwei politischen Maximen: Sie wandte sich nun gegen
Preußen als Hauptfeind und kombinierte dies mit der eigenen reichspolitischen
Propaganda gegen den Wittelsbacher und gegen Frankreich. Österreich bekräftigte
einerseits sein bisheriges öffentliches Auftreten und konzentrierte sich andererseits
darauf, die Prämissen der reichspolitischen preußischen Kriegslegitimation zu entkräften. Die zweite direkte österreichische Veröffentlichung gegen Preußen setzte
diese Linie energisch fort: Nachdem Preußen ebenso wie der Kaiser den Separatartikel zur Frankfurter Union öffentlich als Fälschung bezeichnet hatte[293], gelangte
der Wiener Hof durch Zufall in den Besitz geheimer Depeschen, die er als Beweise
für die in der *Beantwortung* erhobenen Vorwürfe gegen Preußen umgehend veröffentlichte.

Diese Berichte stammten von dem preußischen General Schmettau[294] und waren
an Friedrich gerichtet. Schmettau hielt sich seit Ende Juli 1744 am französischen
Hof auf, um im Auftrag Friedrichs die militärische Kooperation zwischen Frank-

---

dung des Kommandierenden der österreichischen Verbände in Böhmen eingetroffen, wonach
die Preußen die Grenze überschritten hätten, vgl. *A. v. Arneth*, Maria Theresia II 421.

290 Koser nennt drei verschiedene Nachdrucke der deutschen Fassung, wie sie von den
preußischen Gesandten an das Kabinett eingesandt wurden, vgl. PStSch I 478. Die österreichischen Akten enthalten hierzu keine Hinweise; es findet sich allerdings eine leicht korrigierte französische Übersetzung der deutschen Fassung in den Friedensakten, die entweder
Bartenstein oder Ulfeld zur Genehmigung vorgelegt wurde, wie ein Begleitschreiben vermuten läßt, vgl. HHStA, FrA 51, fol. 6-33'; das unadressierte und nicht unterzeichnete Begleitschreiben ebenda, fol. 5.

291 Vgl. *Übersetzung deren Schrifften*, Originaldruck in HHStA, KrA 381, fol. 36-37'.
Diese Übersetzung umfaßt zum einen die Kleinschnellendorfer Konvention, die im Original
in französischer Sprache hinter der einleitenden *Erinnerung an den Leser* abgedruckt ist, und
zum anderen den Separatartikel zur Frankfurter Union sowie den Auszug eines Belle-Isle-
schen Schreibens an den damaligen französischen Außenminister Amelot. Die beiden
deutschsprachigen Promemorien des Wiener Hofes sind hierin nicht erneut abgedruckt.

292 So vermerkt ein Konferenzprotokoll knapp: „indessen die antwort auf das Exposé auf
lateinische zu übersetzen", Konferenz vom 8. September 1744, HHStA, StK Vorträge 54,
Konvolut „1744 IX-XII", fol. 1. Weitere Nachrichten fehlen.

293 Vgl. hierzu im einzelnen das vorangegangene Kapitel.

294 Samuel von Schmettau (1684-1751), vgl. ADB XXXI 644-647; *A. v. Arneth*, Maria
Theresia I 320 ff. Schmettau hatte ehemals in österreichischen Diensten gestanden, war aber
im Frühjahr 1741 auf die preußische Seite übergetreten, vgl. ebenda 646 und PStSch I 496. In
einem *Schreiben des Herrn General von Schmettau an Ihro Majestät die Königin von Ungarn*
wird angegeben, daß er sich aus wirtschaftlicher Not gezwungen sehe, ihre Dienste zu quittie-
ren, vgl. *Sammlung einiger Staatsschriften nach Ableben Karls VI. II* 16. St. 393-396. Über
den Ursprung dieser Schrift ist nichts bekannt.

reich, dem Kaiser und Preußen zu fördern[295]; daher enthielten seine nur ungenügend verschlüsselten Depeschen[296] eingehende Informationen über die offensive Verbindung dieser Staaten gegen Habsburg und seine Verbündeten. Nachdem mehrere dieser Depeschen in österreichische Hände gelangt waren[297], wurden einige davon vom Wiener Hof im Wortlaut veröffentlicht: Dies geschah im Rahmen der offiziellen Korrespondenz der Hofburg mit dem in Ulm tagenden Konvent des Schwäbischen Reichskreises. Seit sich der Erbfolgekrieg im Sommer 1743 auf die südwestlichen Reichsgebiete verlagert hatte, stand der Wiener Hof mit dieser Versammlung in Kontakt, um die Neutralität des Kreises und die Bezahlung der schwäbischen Verpflegungsleistungen für österreichische Truppen zu regeln[298]. Da sich der Kaiser ebenfalls um Unterstützung durch den Schwäbischen Kreis bemühte, geriet der Ulmer Konvent zunehmend zu einem Forum der reichspolitischen Auseinandersetzung zwischen Österreich und dem Wittelsbacher, die seit Anfang 1744 nicht allein diplomatisch, sondern auch in öffentlichen Druckschriften geführt wurde[299].

Nach dem preußischen Kriegseintritt verband der Wiener Hof diese Bestrebungen mit der Publizistik gegen Preußen. Nachdem Österreich seine öffentliche Entgegnung auf die preußische Kriegsbegründung in einer *Zuschrift an den Schwäbischen Creyß=Convent* vom 22. September 1744 in groben Zügen wiederholt hatte[300], folgte wenig später eine zweite Eingabe: In Antwort auf ein Promemoria des Schwäbischen Kreises richtete die Königin am 16. Oktober 1744 eine erneute

---

[295] Vgl. PStSch I 496 f. Laut seiner Instruktion vom 29. Juli 1744 sollte Schmettau den französischen König zu einem energischen und offensiven Vorgehen bewegen, vgl. PC III 228-230. Zu Friedrichs offensiver Feldzugsplanung, die eine Diversion der Franzosen auf hannöversches Gebiet vorsah, und den Umsetzungsschwierigkeiten vgl. *M. Leitzke* und *G. Sapper.*

[296] Mehrere Zeugnisse darüber, daß Schmettau seine Depeschen gewöhnlich nachlässig chiffrierte, bei Koser, vgl. PStSch I 496, Anm. 3. Vgl. auch die nachdrückliche Kritik Friedrichs, Friedrich an Schmettau, 14. November 1744, PC III 318.
Zur österreichischen Praxis der Dechiffrierung im allgemeinen, jedoch ohne Erwähnung unseres Vorfalls, vgl. *H. Hubatschke.*

[297] Der genaue Zeitpunkt und Ort sind aus den vorliegenden Akten nicht zu ermitteln. In einer Weisung an den österreichischen Vertreter in England heißt es, die betreffende Sendung sei einem Kurier, der die Post zwischen Metz und dem preußischen Heerlager transportierte, abgenommen worden, vgl. Weisung an Wasner vom 3. Oktober 1744, HHStA, StA England 87, Konvolut „Weisungen 1744 X-XII", fol. 1-4', hier 1. Der preußische Kabinettssekretär Eichel vermutete, daß die betreffenden Depeschen am 29. Oktober auf dem Weg zwischen dem Berliner Hauptpostamt und dem königlichen Hauptquartier in Böhmen aufgefangen worden seien, vgl. Eichel an Podewils, 11. November 1744, PC III 316 f. Koser vermerkt hierzu, daß dies wahrscheinlich früher geschehen sei, vgl. PStSch I 496, Anm. 4.

[298] Vgl. hierzu die Berichte des österreichischen Gesandten Palm in HHStA, StK Regensburg öst. Gesandtschaft 103 ff., passim.

[299] Dies ist bislang, soweit zu sehen ist, noch nicht untersucht worden. Wir können in unserem Zusammenhang nicht näher darauf eingehen.

[300] Originaldruck in HHStA, KrA 382, unfoliiert.

Zuschrift an den Schwäbischen Creiss=Convent, in der nun die aufgefangenen preußischen Depeschen abgedruckt wurden[301].

Diese *Zuschrift* beschränkt sich auf eine knappe Einführung zu den nachfolgend abgedruckten vier Schmettauischen Schreiben, in der die Bedeutung dieser Dokumente vor dem Hintergrund des Gesamtkonfliktes zwischen Österreich und seinen Gegnern erläutert wird. Nach einigen kurzen Bemerkungen über die bisherigen Kontakte des Wiener Hofes zum Schwäbischen Kreis leitet die *Zuschrift* rasch zu einer umfassenden Bewertung des gegenwärtigen Krieges über. Hier werden nun die wesentlichen Argumente der *Beantwortung der von Herrn Grafen von Dohna vorgelesenen Declaration* in kurzen Worten wiederholt: Erneut wird versichert, daß das habsburgische Verhalten mit den Regeln des Natur- und Völkerrechts sowie mit der Reichsverfassung übereinstimme, und daß die Königin vor allem im Interesse des Reiches und der Christenheit agiere[302]. Seit Beginn des Konfliktes befinde sie sich in einer „abgedrungenen gerechtesten Nothwehr"[303] und habe im Gegensatz zum gegnerischen Verhalten ein Übermaß an Mäßigung und Friedenswillen gezeigt, wie die Schonung der bayerischen Truppen und mehrfache Verständigungsversuche mit dem Kaiser zeigten. Diese Versuche seien jedoch gescheitert, da der Kaiser sich nicht habe entschliessen können, seine Abhängigkeit von anderen Mächten zu beseitigen, und „weilen die Absichten jener Höfen, von welchen der Frankfurter lediglich abhanget, darmit nicht vereinbahrlich waren"[304].

Gegen den Willen des Wittelsbachers sei nun der Kriegsschauplatz in Gebiete verlagert worden, die ehemals dem Reich entrissen worden seien. Dadurch wäre ein dauerhafter Frieden zwischen den nahe verwandten Häusern Habsburg und Wittelsbach zum Vorteil des Reiches leicht möglich gewesen, „wann nicht der dritte preussische Friedensbruch, just weilen man so erwünschte Folgen gegenseits höchlich besorget, dazwischen gekommen wäre"[305].

Wie man schon in der vorangegangenen *Zuschrift an den Schwäbischen Creyß=Convent* vom 22. September mitgeteilt habe, könne man diese Zusammenhänge durch Dokumente beweisen. Daß die wirkliche Absicht der habsburgischen

---

[301] Vgl. PStSch I 495 ff. Text ebenda 501-512. Reinhold Koser hat diese *Zuschrift* als einzige österreichische Schrift in die Edition der preußischen Staatsschriften aufgenommen und keine Gründe dafür angegeben, vgl. die Beschreibung der aufgenommenen Publikationen, ebenda LIIIf. Koser befaßt sich hierbei vornehmlich mit der Beweiserheblichkeit der Schmettauischen Depeschen, vgl. ebenda besonders 500. Daher darf spekuliert werden, daß er deren Bedeutung zur Widerlegung der preußischen Legitimation mildern wollte.

[302] Vgl. PStSch I 501: „Unser Betrag ist [...] zuvorderst aber dahin gerichtet, darmit Unsers werthen Vaterlands innerliche Ruhe und Grundverfassung, die Freiheit von ganz Europa und die Sicherheit der Christenheit theils wieder hergestellet, theils für das künftige befestiget werden möchte".

[303] PStSch I 501.

[304] Ebenda 502. Die hier angedeuteten Höfe, in deren „unglücklicher Fessel" sich Karl befinde, werden erst im folgenden genannt; es sind Preußen und Frankreich gleichermaßen.

[305] Ebenda.

Gegner sei, das Reich und seine Glieder zu unterdrücken und Frankreich zu einer Übermacht auf dem Kontinent zu verhelfen, werde eindeutig durch die im Anhang gedruckten Schmettauischen Depeschen bewiesen. Diese enthüllten den „wahren Endzweck derer gegnerischen Waffen"[306] und die vollständige Unaufrichtigkeit der öffentlichen gegnerischen Verlautbarungen[307].

Die anschließend abgedruckten Schreiben Schmettaus befassen sich hauptsächlich mit Schwierigkeiten der militärischen Abstimmung zwischen Preußen, dem Kaiser und Frankreich. Schmettau bemängelt gegenüber dem Kaiser und in einer Relation an Friedrich das widersprüchliche Auftreten des kaiserlichen Generals Seckendorf am französischen Hof, das eine energische Offensive behindere[308]; in drei Denkschriften für den französischen König beklagt er die mangelhafte Umsetzung der offensiven Feldzugspläne durch die französische Armee, die den geordneten Rückzug der österreichischen Hauptarmee über den Rhein ermöglicht habe[309]. Neben internen Informationen über die finanzielle und materielle Abhängigkeit des Kaisers von Frankreich offenbaren diese Schreiben des preußischen Generals, daß Friedrich die treibende Kraft der Offensive war[310], und daß die Verbündeten planten, auch gegen neutrale Reichsstände vorzugehen[311].

Die deutsche Originalfassung dieser *Zuschrift* wurde am 24. Oktober 1744 an die österreichischen Gesandtschaften verschickt; der Wiener Vertreter im Haag meldete am 6. November 1744, er habe davon umgehend „den erforderlichen gutten gebrauch gemacht" und „selbes nebst dessen beylagen ohnverzüglich in das französische und holländische übersetzen, und zum offentlichen druckh befördern lassen"[312]. Ebenso wie der Wiener Hof bei den französischsprachigen Beilagen der

---

306 PStSch I 503.

307 PStSch I 503. Die gegnerischen Schriften werden nicht genannt, vielmehr wird nochmals ausdrücklich bekräftigt, daß deren Inhalte „durch diese Schmettauische Aufsätze mehr dann überflüssig widerlegt gleichwie untereinsten mehr dann überflüssig entdeckt wird, was Unsere Feinde eigentlich im Schilde führen", ebenda.

308 Vgl. ebenda, Beilagen I und II: Schreiben Schmettaus an den Kaiser vom 13. September 1744; Relation Schmettaus an Friedrich (im Auszug) vom 16. September 1744.

309 Vgl. ebenda, Beilagen III-V. Memoriale Schmettaus für Ludwig XV. vom 12. September (eines undatiert).

310 Vgl. ebenda, Beilage III: *Memoriale, so dem König v. Frankreich den 13. September übergeben/vorhero aber mündlich vorgesprochen worden. Metz, den 12. September 1744.* Im Namen Friedrichs forderte Schmettau Frankreich auf, die Armee des Kaisers zu verstärken und Hannover anzugreifen, um die Generalstaaten zu beunruhigen und den Kurfürsten von Köln zu einer pro-kaiserlichen Haltung zu bewegen.
Vgl. ebenda, Beilage IV: Schmettau verspricht dem französischen König, ihn und seine Nachkommen „zu Beherrschung des Gleich=Gewichts von Europa" im Zusammenwirken mit Preußen zu bringen.

311 Vgl. ebenda, Beilage I: Schmettau rät dem Kaiser, sein „emsiges Augenmerk" für die Fürsten und Kreise des Reiches aufzugeben, es sei vielmehr „bereits die Zeit vorhanden, daß es biegen oder brechen muß/und daß einige Neutralität in dem Reich nicht mehr statt haben kann".

Beantwortung der von Herrn Grafen von Dohna vorgelesenen Declaration verfahren war, veröffentlichte er auch die gleichfalls in französisch verfaßten Schreiben des preußischen Generals gesondert in deutscher Übersetzung[313]. Wie sehr Wien an deren Bekanntmachung interessiert war, erhellt aus einem Erlaß an den Gesandten in England, der schon vor der Veröffentlichung der betreffenden Depeschen ermächtigt wurde, diese in England drucken zu lassen[314].

In dieser und weiterer Weisungen an österreichische Diplomaten finden sich zugleich die wichtigsten Informationen über die Zielsetzung dieser Veröffentlichung, während die internen Akten der österreichischen Staatskonferenz nur unbestimmte Hinweise über diese Publikation enthalten[315]. Die betreffenden Weisungen stammen von Bartenstein und belegen, daß die Veröffentlichung der Depeschen vorwiegend der Wiener Reichspolitik dienen sollte. So formulierte der Staatssekretär selbst: „Man hat aber zugleich nicht undiensahm zu seyn geglaubet, eben diese gelegenheit zu ergreiffen, umb von denen unlängst intercipirten Schmettauischen brieffen alles, was mit dem Reich einige Verknüpfung hat, kund zu thun"[316].

Demnach hatten österreichische Husaren insgesamt drei Schmettauische Berichte an Friedrich abgefangen, von denen jedoch bewußt nur derjenige vom 16. September 1744 samt den dazugehörigen Beilagen in der *Zuschrift an den Schwäbischen Creiss=Convent* veröffentlicht wurde; während der Wiener Hof auf die Veröffentlichung der beiden übrigen Depeschen aus Rücksicht auf England verzichtete, bemerkte Bartenstein, daß man hinsichtlich des ersten Berichtes „mit der kundthuung ehender zu lang verweylet, als sich damit übereylet"[317] habe, um die Reichsstände insgesamt und insbesondere den schwäbischen und fränkischen

---

312 Bericht Reischachs vom 6. November 1744, HHStA, StA Holland 46, o.fol. Druckfassungen dieser Übersetzungen liegen uns nicht vor.

313 Vgl. *Übersetzung deren Briefen*, Originaldruck in HHStA, KrA 382, o.fol.

314 „Und wofern endlichen octavo zu der nation mehrerer anfrischung für gut befunden werden solte, von diesen interceptis durch den offentlichen druck in Engelland etwaz kundt zu thun; so ließen Wir Uns es gantz wohl gefallen", Weisung an Wasner vom 3. Oktober 1744, HHStA, StA England 87, Konvolut „Weisungen 1744 X-XII", fol. 1-4', hier 4'.
Parallel dazu wurde auch der österreichische Gesandte im Haag ermächtigt, die Schmettauischen Depeschen in französischer und holländischer Sprache drucken zu lassen, vgl. Weisung an Reischach vom 5. Oktober 1744, HHStA, StK Holland 87, Konvolut „Weisungen 1744", fol. 158-158'. Ein Abdruck davon liegt nicht vor.

315 In der Staatskonferenz wurde am 13. und 16. Oktober 1744 über die geplante Publikation beraten und ein entsprechender Entwurf vorgelesen, vgl. Konferenzprotokolle vom 13. und 16. Oktober 1744, HHStA, StK Vorträge 54, Konvolut „1744 IX-XII", fol. 12 und 13.

316 Weisung an Palm vom 16. Oktober 1744, HHStA, StK Regensburg öst. Gesandtschaft 5, fol. 586 f., hier 586'.

317 Weisung an Wasner vom 28. Oktober 1744 [Konzept Bartensteins], HHStA, StA England 87, Konvolut „Weisungen 1744 X-XII", fol. 33-34, hier 33'. Die ausdrückliche Begründung der Zurückhaltung der anderen beiden Depeschen vom 17. und 18. September 1744 wegen englischer Wünsche, ebenda.
Dennoch beschwerte sich der englische Gesandte am Wiener Hof über die österreichische Publikation, da Wien dem englischen Hof die Entscheidung über den geeigneten Gebrauch

Reichskreis vor den gefährlichen Absichten Frankreichs, Preußens und Bayerns zu warnen und um eigene diesbezügliche Warnungen zu belegen[318].

Die ersten österreichischen Publikationen gegen Preußen sind also bewußt auf die österreichische Reichspolitik abgestimmt und versuchen vor allem, die Glaubwürdigkeit der Frankfurter Unierten im Reich zu erschüttern.

Die historische Forschung hat sich mit der öffentlichen österreichischen Reaktion auf den preußischen Kriegseintritt nicht intensiv befaßt. Die Wiener Antwort auf Dohnas Deklaration und die *Zuschrift an den Schwäbischen Creiss=Convent* wurden zwar im Zusammenhang mit der historiographischen Debatte um die Glaubwürdigkeit der preußischen Kriegsbegründung auf stichhaltige Argumente untersucht[319]; sie sind aber bislang nicht unter legitimatorischen Gesichtspunkten behandelt worden. Auch die folgenden österreichischen Publikationen gegen Preußen haben – ebenso wie die beinahe gleichzeitigen publizistischen Auseinandersetzungen des Wiener Hofes mit dem wittelsbachischen Kaiser und mit Frankreich – wenig Interesse in der Geschichtswissenschaft hervorgerufen[320].

---

der Interzepte überlassen habe; doch Bartenstein wies diese Beschwerde zurück und betonte die Notwendigkeit der Bekanntgabe an die Reichsstände und -kreise: „Darhero sehr übel und gegen das besten der gemeinsamen sach gehandlet worden seyn würde, wofern nicht wenigstens jenes, was man in händen gehabt, umb dortigen Reichs und CreyßStänden über der ihnen selbsten bevorstehenden gefahr die augen zu eröffnen [...] So bald man nun die Zuschrift sambt beylagen durch die dictatur so vielen personen bekandt zu machen unentbehrlich ware; So kondte noch viel weniger wegen sothaner Zuschrift und beylag beförderung zum offentlichen druck ein anstand obhanden seyn", ebenda 33 f.

[318] So notierte Bartenstein in der Weisung vom 3. Oktober: „In der that zeiget sich andurch im überfluß, was Wir wegen Preussen so offt und viel erinnert", HHStA, StA England 87, Konvolut „Weisungen 1744 X-XII", fol. 1-4', hier 2. Bartenstein erläutert anschließend: „Frankreich spielet nebst Preussen den vollkommenen meister im Reich. [...] Gewalt wird gegen freye ohnmittelbare Reichsstände nach dem Frantzösischen wunsch und Vorschrift ungescheut eingerathen und angenommen. [...] Des Reichs von Uns nicht erkandtes Oberhaupt läßt sich blinderdingen von Franckreich und Preussen leiten. [...] Mit einem Wort, es entdecken sich aus diesen wichtigen interceptis so viele, in Teutschland biß nun zu unbekandte greuel, daß selbe der länge nach hier anzuführen, allzuweitläufftig fallen würde", ebenda, fol. 3 f. In der zweiten Weisung vom 28. Oktober ist dies ähnlich formuliert, vgl. ebenda, fol. 33-34, hier 33'.

[319] Vgl. zu der bereits erwähnten historiographischen Debatte die in Kapitel IV.2.a) genannte Literatur. Reinhold Koser hat die wesentlichen Argumente der österreichischen *Beantwortung* zusammengefaßt und gemeint, sie habe „mit Geschick" argumentiert, vgl. *R. Koser*, Friedrich I 460 sowie PStSch I 478 f., während er die Aussagekraft der Schmettauischen Depeschen bezweifelte, ebenda 495 ff. Arneth erwähnt die österreichischen Schriften gar nicht eigens, sondern integriert deren Argumentation in seine Darstellung der preußischen Kriegsbegründung, vgl. *A. v. Arneth*, Maria Theresia II 398 ff.

[320] So geht Arneth nur beiläufig unter politischen Aspekten auf ein österreichisches Patent vom Dezember 1744 ein und erwähnt weder die habsburgisch-wittelsbachische Debatte noch die Wiener Publizistik gegen Frankreich, vgl. *A. v. Arneth*, Maria Theresia II 441 f. Soweit zu sehen ist, sind diese Debatten – mit Ausnahme der erbrechtlichen zwischen Österreich und Bayern – in der Geschichtswissenschaft noch nicht behandelt worden.

Indessen bietet eine vergleichende Untersuchung der österreichischen Argumentationen gegenüber den verschiedenen Kriegsteilnehmern wichtige Aufschlüsse für eine Gesamtinterpretation der Wiener Propaganda. Denn wie zu zeigen sein wird, folgte Österreich während des Erbfolgekrieges einer einheitlichen politisch-publizistischen Strategie, die die öffentliche Wiener Reaktion auf den preußischen Kriegseintritt von 1744 ebenso bestimmte, wie sie vier Jahre zuvor für die Argumentation gegen den Einfall in Schlesien richtungweisend gewesen war. Aber im Unterschied zum Beginn des Ersten Schlesischen Krieges war die österreichische Publizistik im Jahre 1744 nicht mehr von einer vorwiegend defensiven politischen Maxime geleitet; Österreich befand sich nun politisch-militärisch in der Offensive und schien im Begriff, den Erbfolgekrieg insgesamt zu seinen Gunsten zu entscheiden. Die antipreußische Wiener Propaganda im Zweiten Schlesischen Krieg setzte daher im Vergleich zum ersten preußischen Einfall inhaltlich neue Akzente, folgte aber formal und argumentativ derjenigen Strategie, die Österreich schon zu Beginn des Erbfolgekonfliktes beobachtet hatte.

Im Vorfeld des Erbfolgekrieges hatte Österreich gegenüber den möglichen Prätendenten vorsichtig und zurückhaltend agiert; erst als sich der bayerische Kurfürst und der preußische König als Gegner Maria Theresias zu erkennen gegeben hatten, trat der Wiener Hof ihnen öffentlich entgegen und suchte gezielt jeweils die Prämissen der gegnerischen Begründungen zu entkräften[321]. Diese publizistische und argumentative Strategie behielt der Wiener Hof auch in den folgenden Jahren bei. So bestritten die österreichischen Beiträge in den erbrechtlichen und reichspolitischen Debatten mit dem Wittelsbacher stets die gegnerischen Ausgangsthesen. Wien beharrte darauf, daß Maria Theresia ihre reichsständischen Rechte verteidige und daß der bayerisch-französische Überfall auf die habsburgischen Erblande den eigentlichen Ursprung des Konfliktes darstelle[322].

Während Österreich die wittelsbachisch-kaiserliche Argumentation seit dem bayerischen Protest gegen Maria Theresias Regierungsantritt vehement öffentlich bekämpfte, übte es gegenüber Frankreich bis zum Frühjahr 1744 eine weitgehende publizistische Zurückhaltung; denn obwohl französische Truppen von Beginn an am Erbfolgekrieg gegen Maria Theresia teilgenommen hatten, betonte Frankreich bis dahin, daß es lediglich als Hilfsmacht agiere[323]. Erst als sich in den ersten Monaten 1744 das geheime Offensivbündnis mit dem Kaiser und mit Preußen abzeichnete, erklärte Frankreich auf Drängen Friedrichs Österreich den Krieg[324]. Am

---

321 Vgl. zum folgenden Kapitel IV.1.b) dieser Studie.

322 Vgl. hierzu vor allem *Th. Thelen,* passim. Auf diese publizistischen Auseinandersetzungen können wir im Rahmen unseres Themes nicht detailliert eingehen.

323 Vgl. *A. v. Arneth,* Maria Theresia II 105. Stellvertretend für diese von Frankreich öffentlich gebrauchte Deutung sei hier auf die Erklärung des französischen Gesandten am Frankfurter Reichstag zum Rückzug der französischen Verbände aus dem Reich verwiesen, vgl. *Déclaration de Mr. de la Noüe* vom 26. Juli 1743, HHStA, KrA 381, fol. 404-407': „[...] les trouppes de S.M. ne sont entrées en Allemagne, qu'en qualité d'auxiliaires, après y avoir été appellées par le Chef, & plusieurs des plus puissants Princes de l'Empire".

26. April 1744 publizierte Ludwig XV. seine Kriegserklärung und begründete diesen Schritt mit dem Vordringen der österreichischen Truppen auf französisches Gebiet[325]. Dagegen veröffentlichte der Wiener Hof umgehend eine *Ausführliche Beantwortung*[326], die erstmals öffentlich massive Vorwürfe gegen das französische Verhalten im Erbfolgekrieg erhob. Hier waren einige Geheimdepeschen französischer Diplomaten aus den vergangenen Jahren abgedruckt, die als Beweise für den Vorwurf dienen sollten, daß Frankreich in aggressiver und unehrlicher Weise von Beginn an den Erbfolgekonflikt befördert habe[327].

Österreich argumentierte gegen die französische Kriegsbegründung genau so, wie es die kaiserliche Reichspropaganda zu entkräften bemüht war: Es bezeichnete den Erbfolgekonflikt als Ursprung des gegenwärtigen Krieges und leitete alle folgenden Ereignisse daraus ab. Daher bestritt es die Prämisse der französischen Argumentation und behauptete im Gegenteil, daß die gegenwärtige österreichische Offensive lediglich aus dem feindlichen Verhalten Frankreichs resultiere. Damit gab der Wiener Hof seine bisherige Zurückhaltung gegenüber Frankreich auf: Solange die französische Krone nicht offiziell am Krieg beteiligt gewesen war, hatten sich die österreichischen Schriften auf die Behauptung beschränkt, der Wittelsbacher arbeite zum Schaden des Reiches mit Frankreich zusammen[328]. Erst nach der französischen Kriegserklärung konfrontierte Wien die Öffentlichkeit mit bisher unveröffentlichten Depeschen, die den geheimen Anteil Frankreichs an der Entstehung des Erbfolgekrieges beweisen sollten.

Gleichermaßen verfuhr die Hofburg auch im Hinblick auf Preußen. Vom Abschluß des Breslauer Friedens bis ins Vorfeld des Zweiten Schlesischen Krieges

---

324 Vgl. zu diesen Geheimverhandlungen seit März 1744 und Friedrichs Bedingung, daß Frankreich den Krieg an England und Österreich erklären müsse, bevor er zum Abschluß des Offensivbündnisses bereit sei, *R.Koser*, Friedrich I 440 ff.; *G. Sapper* 14 ff.; *M. Leitzke* 12 ff.

325 Gedruckt als *Ordonnance du Roi portant Declaration de Guerre contre la Reine de Hongrie*, in einer zweisprachigen (französisch-deutschen) Fassung in HHStA, KrA 382, o. fol. Dort anschließend die Erklärung des französischen Vertreters am Frankfurter Reichstag abgedruckt, mit der er der Versammlung die vorstehende Kriegserklärung am 2. Mai 1744 überreichte.

326 Vgl. *Ausführliche Beantwortung der Französischen Kriegs=Erklärung*, Originaldruck im HHStA, KrA 382, o.fol.

327 Dies sind fünf Depeschen französischer Diplomaten aus den Jahren 1740 bis 1743, die erstens das antipragmatische Zusammenwirken zwischen Bayern und Frankreich und zweitens die beständigen Versuche der französischen Krone belegen sollten, die Ottomanische Pforte zur Beunruhigung Österreichs zu bewegen. Desweiteren sind drei Auszüge aus den Friedensbedingungen Karls VII. als Beilagen Nr.6 bis 8 angefügt, in denen gefordert wird, daß Bayern zum Königreich erhoben werden und eine Vermehrung seiner Einkünfte um 6 Millionen Florin jährlich erhalten solle.

328 Dies geschah im Rahmen der reichspolitischen Auseinandersetzungen mit dem Wittelsbacher, vgl. die Wiener Reskripte aus den Jahren 1742 und 43 sowie die im April 1744 publizierte *Beantwortung des von der Chur= und Fuerstlich= Bayerischen Gesandtschaft zu Franckfurt den 17. Martii 1744. übergebenen Memorialis*, HHStA, KrA 382, o. fol.; zur Wiener Propaganda gegen Frankreich siehe Kapitel VI.2. dieser Studie.

nahm Österreich in der Öffentlichkeit nicht gegen die preußische Politik Stellung; die Wiener Beschwerden über das preußische Auftreten am Frankfurter Reichstag wurden lediglich auf diplomatischen Wege an den Berliner Hof übermittelt[329]. Auf den preußischen Kriegseintritt jedoch antwortete Österreich umgehend mit nachdrücklichen Vorwürfen gegen das preußische Verhalten in den zurückliegenden Jahren und publizierte bislang geheimgehaltene diplomatische Akten als Beweise[330].

Bemerkenswert ist in unserem Zusammenhang nicht allein diese äußerlich und argumentativ gleichartige Strategie des Wiener Hofes während des gesamten Erbfolgekonfliktes und der Schlesischen Kriege; wichtig für eine Interpretation der österreichischen Propaganda im Zweiten Schlesischen Krieg ist ebenso, daß die öffentliche antipreußische Argumentation des Wiener Hofes inhaltlich auf der Wiener Propaganda gegen Bayern und Frankreich aufbaut.

Im Gegensatz zum Ersten Schlesischen Krieg verwies Österreich im Jahre 1744 nachdrücklich auf die gemeinschaftliche antihabsburgische Aggression Bayerns, Frankreichs und Preußens. Zug um Zug erweiterte sich dabei die Stoßrichtung der habsburgischen Propaganda: Zu Jahresanfang hatte der Wiener Hof noch den Wittelsbacher als Hauptfeind ausgegeben[331], als Antwort auf die französische Kriegserklärung konzentrierte sich die Wiener Publizistik jedoch auf Frankreich als wichtigsten und bedrohlichsten Gegner, das nun als der eigentliche Kriegstreiber bezeichnet wurde. Die österreichische *Ausführliche Beantwortung der Französischen Kriegs=Erklärung* verwies jedoch gleichzeitig darauf, daß Frankreich sein besonderes Einvernehmen mit dem Kaiser betont hatte[332].

Seit dem preußischen Friedensbruch schwenkten die Wiener Schriften erneut um; nun zielten sie gegen Preußen als Hauptfeind. Aber auch hier betonte die Hofburg, daß Preußen insgeheim mit der französischen Krone und mit dem wittelsbachischen Kaiser zusammenarbeite, wie dies insbesondere die Schmettauischen Depeschen beweisen sollten[333].

---

329 Vgl. PStSch I 478 f.

330 Vgl. hierzu oben.

331 Vgl. *Beantwortung des von der Chur= und Fuerstlich= Bayerischen Gesandtschaft zu Franckfurth den 17. Martii 1744. übergebenen Memorialis*, HHStA, KrA 382, o.fol.

332 Vgl. *Ausführliche Beantwortung der Französischen Kriegs=Erklärung*, HHStA, KrA 382, o.fol., hier p.12: „Ihro Majestät der Königin den Krieg in vollständiger Einverständnuß mit Dero hohem Gegentheil/*dans le plus parfait concert avec l'Empereur*, anzukündigen [...]". Dasselbe Zitat aus der französischen Kriegserklärung erscheint im folgenden noch zweimal, und abschließend resümiert die österreichische Schrift: „Die Sach redet zur genügen von sich selbsten/und will es nunmehro fast das Ansehen gewinnen/daß wie ehedessen die Französische Trouppen für blosswärtige Chur=Bayrische Hülfs=Völcker ausgegeben worden/[...] also anjetzo zur danckbaren Wiedervergeltung alles guten/was Bayern und die Obere=Pfaltz durch selbe empfangen/die Chur=Bayrische Trouppen Hülfs=Völcker der Cron Franckreich zur Bekriegung zweyer vornehmer Reichs=Chur=Fürsten abgeben sollen: *Et tous dans le plus parfait concert avec l'Empereur*", ebenda p.13.

Die österreichische Propaganda gegen den preußischen Kriegseintritt im Jahre 1744 ist also Teil einer publizistischen Gesamtstrategie des Wiener Hofes im Erbfolgekonflikt. Die Wiener Publizistik integrierte den neuerlichen preußischen Kriegseintritt in die Erbfolgefrage und kombinierte ihre antipreußische Propaganda mit der bisherigen Argumentation im Erbfolgekonflikt. 1740 und 1741 hatte der Wiener Hof dagegen noch jeglichen Zusammenhang zwischen dem preußischen Überfall und antipragmatischen Absichten Dritter vermieden. Damals hatte das wichtigste Ziel der Hofburg darin bestanden, Preußen zu isolieren, um eine antipragmatische Koalition zu verhindern.

Vier Jahre später war diese militärisch-politische Notwendigkeit entfallen, denn zum einen hatte Preußen selbst durch seine reichspolitische Legitimation eine enge Verbindung zu den Erbfolgegegnern Maria Theresias hergestellt; und zum anderen fiel der preußische Kriegseintritt 1744 – anders als 1740 – in eine Phase der sich entfaltenden habsburgischen Offensive. Seit sich Maria Theresia im Herbst des Jahres 1741 gegen die feindlichen Armeen hatte behaupten können und seit der Wittelsbacher im Januar 1742 zum Kaiser gewählt worden war, hatte sich ihre militärische und politische Situation trotz mancher Rückschläge kontinuierlich verbessert[334]. Die Uneinigkeit der antipragmatischen Koalition[335] einerseits und der mangelnde Rückhalt des neu gewählten Kaisers im Reich[336] andererseits hatten die Habsburgerin seit 1743 „aus tiefster Bedrängnis zu stolzer Siegeshöhe"[337] geführt. Am Wiener Hof wurden weit ausgreifende Projekte erwogen, um sich durch die Einverleibung der besetzten bayerischen Gebiete ein Äquivalent für den Verlust Schlesiens zu sichern[338].

---

[333] Auf die gemeinsame Aggression wurde durch den Abdruck des Separatartikels zur Frankfurter Union hingewiesen, den die *Beantwortung der von Herrn Grafen von Dohna vorgelesenen Declaration* enthalten hatte, vgl. hierzu oben. Ausdrücklich wurde dieser Vorwurf auch in den beiden *Zuschriften an den Schwäbischen Creyß=Convent* vom 22. September und 16. Oktober erhoben.

[334] Insbesondere in der militärischen Auseinandersetzung mit Preußen mußte Maria Theresia Niederlagen hinnehmen und im Juli 1742 schließlich in die Abtretung Niederschlesiens und der Grafschaft Glatz einwilligen, doch konnte Sachsen zum Beitritt zu diesem Friedensschluß gewonnen werden, vgl. *A. v. Arneth*, Maria Theresia II 75 ff.

[335] Vgl. hierzu *R. Koser*, Koalition.

[336] Vgl. *R. Koser*, Friedrich I 411 ff. Österreich dagegen verzeichnete seit dem Frühjahr 1743 zunehmend Erfolge in der Reichspolitik, so gelang es im April, den Wiener Wunschkandidaten für die Besetzung des vakanten Mainzer Erzstuhles gegen den Widerstand des Wittelsbachers durchzusetzen, vgl. *A. Michels*. Dies war eine wichtige Hilfe für die Durchsetzung der Diktatur der österreichischen Verwahrungsurkunden im September desselben Jahres, vgl. hierzu Kapitel VI.1.

[337] *R. Koser*, Friedrich I 416.

[338] Nach *A. v. Arneth*, Maria Theresia II 283 ff., stammten diese Pläne ursprünglich von dem sardinischen Gesandten Marquis d'Ormea und sahen eine Verpflanzung Karls in das Großherzogtum Toskana oder nach Neapel und Sizilien vor; Österreich sollte dafür im Besitz der bayerischen Stammlande bleiben. Doch am Wiener Hof hatte man offenbar schon Ende 1742 entsprechende Projekte, diesmal im Austausch gegen die österreichischen Niederlande, entworfen, wie zwei von Arneth angeführte Denkschriften des Grafen Kaunitz belegen.

Hatte bei diesen Plänen noch eine Kompensation für die Abtretung Schlesiens im Vordergrund gestanden, so lieferte der preußische Kriegseintritt im Sommer 1744 das Signal für eine Revision der bisherigen Kriegsergebnisse im Konflikt um Schlesien. Denn Österreich beschränkte sich im weiteren Verlauf des Zweiten Schlesischen Krieges nicht mehr auf eine Abwehr der gegnerischen Propaganda, sondern leitete seinerseits zur öffentlichen Offensive über:

Wien bestritt nicht allein die Prämissen der preußischen Argumentation und bekräftigte demgegenüber seine eigene reichspolitische Propaganda, sondern suchte zugleich auf den ursprünglichen Kriegsgrund zurückzukommen. Auf der Behauptung aufbauend, daß Preußen einen Krieg begonnen habe, gelangte die Wiener Argumentation schrittweise zu einer Gegen-Kriegslegitimation, die den Breslauer Friedensvertrag von 1742 für nicht mehr bindend erklärte und die die schlesische Rechtsfrage neu belebte; Wien folgerte aus dem behaupteten preußischen Friedensbruch die Berechtigung, das ehemals abgetretene Schlesien zurückzuerobern.

Die *Beantwortung der von Herrn Grafen von Dohna vorgelesenen Declaration* legte den Grundstein für diese offensive Ausweitung der österreichischen Argumentation. Mit Nachdruck hatte der Wiener Hof hierin schon zu Beginn der Auseinandersetzung versucht, Friedrich als notorischen Friedensbrecher darzustellen, der nun mit dem Breslauer Frieden wiederum einen verbindlichen Friedensvertrag gebrochen habe[339]. Als das Scheitern der Invasion in Böhmen und Mähren Friedrich im Winter 1744 zum Rückzug über die schlesische Grenze zwang[340], und sich für Maria Theresia die Chance zu bieten schien, Schlesien zurückzugewinnen, konnte der Wiener Hof daher nahtlos an diese Behauptung anknüpfen: Am 1. Dezember 1744 erließ Maria Theresia ein *Patent an die Schlesier*[341], in dem sie dessen Einwohner von der Treuepflicht gegenüber dem preußischen König entband und sie aufforderte, die einrückenden österreichischen Truppen zu unterstützen.

Dieses Patent und die sich anschließende publizistische Auseinandersetzung um das Wiederaufleben der schlesischen Rechtsfrage werden wir noch ausführlich behandeln[342]; an dieser Stelle ist für die Interpretation der österreichischen Legitimation im Zweiten Schlesischen Krieg wichtig, daß zwischen der ersten österreichischen Publikation und dem *Patent* vom Dezember 1744 eine enge argumentatorische Verbindung besteht[343].

---

[339] Vgl. hierzu oben. Wenn Karl Lory angibt, dieser Ruf habe Friedrich bis 1756 angehangen, mag dies auf die Wiener Publizistik zurückzuführen sein, zumal Lory nicht zwischen offiziösen und privaten Publikationen unterscheidet, vgl. *K.Lory,* passim.

[340] Vgl. hierzu *R. Koser,* Friedrich I 460 ff. Nach anfänglichen Erfolgen wie der Einnahme Prags am 16. September 1744 mußte Friedrich dem taktischen Geschick der österreichischen Feldzugsleitung nachgeben; Karl von Lothringen und seinem Berater Traun gelang es, die preußischen Versorgungslinien abzuschneiden, Preußen eine offene Schlacht zu versagen und so zum Rückzug zu zwingen.

[341] Originaldruck und Entwurf in HHStA, ÖA Schlesien 8, Konvolut 1, fol. 42-43' und 44-49'.

[342] Vgl. Kapitel V.1.a).

Am Wiener Hof scheint man diese offensive Ausweitung der antipreußischen Propaganda von Beginn an geplant zu haben, denn schon kurz nach dem Bekanntwerden des preußischen Einbruches betonte Franz Stephan in einem Schreiben an seinen Bruder Karl, den Oberkommandierenden der elsässischen Armee, daß man Friedrich nicht allein aus Böhmen, sondern anschließend auch aus Schlesien vertreiben müsse[344]. Es ist wahrscheinlich, daß die Königin ihrem Gatten in diesem Urteil folgte, jedenfalls hat sie später die entsprechenden Befehle gegeben[345]. Habsburg zielte nach dem preußischen Kriegseintritt von 1744 auf eine Revision der bisherigen Kriegsergebnisse, wie sie im Breslauer Frieden von 1742 festgelegt worden waren; sobald die militärische Lage dies erlaubte, setzte Wien diesen bereits angedeuteten Argumentationsansatz öffentlich gegen Preußen ein.

Für diese Interpretation spricht auch, daß sich die Ausweitung der antipreußischen Propaganda im Jahre 1744 mit der Argumentationsweise der Hofburg im Erbfolgekonflikt deckt. So wie Österreich gegenüber Preußen auf den ursprünglichen Kriegsgrund zurückzukommen suchte, hatte der Wiener Hof auch in Antwort auf bayerische und französische Schriften stets auf den Ausgangskonflikt verwiesen: „Nach dem Anfang/und nicht nach dem Fortgang des Krieges ist bishero von dessen Natur geurtheilet worden"[346].

Die Wiener Publizistik betonte also gegenüber allen Kriegsgegnern, daß die Ereignisse der Jahre 1740 und 1741 die entscheidende Bewertungsgrundlage für den andauernden Krieg darstellten. Ebenso wie Österreich gegenüber dem wittelsbachischen Kaiser den erb- und reichsrechtlichen Ursprung des Konfliktes betonte und seinen Protest gegen die Kaiserwahl schließlich in der Reichsöffentlichkeit durchsetzte, beharrte Wien auch gegenüber Frankreich auf seiner Ausgangsargumentation, wonach die französische Krone die Pragmatische Sanktion verletzt habe, und stützte darauf im Frühjahr 1744 die eigene politisch-publizistische Offensive: Nachdem der jahrelang schwelende Konflikt mit der französischen Krone im Frühjahr 1744 einem erklärten Kriegszustand gewichen war, erwog man am Wiener Hof, erstmals offiziell die Erfüllung der Reichsgarantie der Pragmatischen Sanktion von den prohabsburgisch gesinnten Reichsständen zu fordern, besann

---

[343] Daß das *Patent an die Schlesier* an die vorherige Argumentation unmittelbar anknüpfte, ist in der Literatur lediglich angedeutet worden, ohne daß dabei auf eine in sich stimmige Argumentationslinie geschlossen worden wäre, vgl. *R.Koser*, Friedrich I 470 und *A. v. Arneth*, Maria Theresia II 441 f.

[344] Franz Stephan an Karl, 22. August 1744, zitiert bei *A. v. Arneth*, Maria Theresia II 441.

[345] Vgl. hierzu ebenda. Für die Auffassung Maria Theresias zum Zeitpunkt des preußischen Kriegseintritts liegen nach Arneths Angabe keine Zeugnisse vor; der Befehl zur Rückeroberung Schlesiens erfolgte im November 1744, als die preußischen Einheiten sich zurückzogen, vgl. ebenda 441.

[346] *Ausführliche Beantwortung der Französischen Kriegs=Erklärung*, HHStA, KrA 382, o.fol., hier p.14. In ähnlichen Worten heißt es in der wenige Wochen vorher veröffentlichten *Beantwortung des von der Chur- und Fuerstlich= Bayerischen Gesandschaft zu Franckfurth den 17. Martii 1744. übergebenen Memorialis*, ebenda: „Der Fortgang des Krieges ändert die von dessen Anfang entspringende wesentliche Natur keineswegs."

sich aber öffentlich gegenüber neutralen Reichsständen auf die bloße Drohung damit[347]. Österreich maß also seine Politik und Publizistik gegenüber Bayern und
Frankreich nach den Ursprüngen des Erbfolgekonfliktes aus.

Genauso war die Hofburg im Ersten Schlesischen Krieg und zu Beginn des
Zweiten Schlesischen Krieges gegenüber Preußen verfahren. 1740 und 1744 reagierte die österreichische Publizistik auf den preußischen Kriegseintritt nach Maßgabe der politisch-militärischen Situation im Erbfolgekonflikt. Aber im Vergleich
zum Ersten Schlesischen Krieg hatte sich die Lage im Jahre 1744 zugunsten der
Habsburgerin verändert. Für Maria Theresia schien sich sowohl in der Reichspolitik als auch in der militärischen Auseinandersetzung mit Frankreich die Möglichkeit zu eröffnen, den Gesamtkonflikt zu ihren Gunsten zu entscheiden. Daher setzte der Wiener Hof im Jahre 1744 gegenüber Preußen auf eine publizistische Offensive, indem er in der öffentlichen Entgegnung auf den preußischen Kriegseintritt
an die eigene bisherige Argumentation im Erbfolgekonflikt anknüpfte und Preußen
als nunmehrigen Hauptfeind bezeichnete. Sobald sich die Gelegenheit bot, verließ
die Wiener Propaganda jedoch die reichspolitische Zielsetzung und eröffnete eine
erneute zwischenstaatliche Auseinandersetzung um den Besitz Schlesiens.

---

[347] Vgl. den Vortrag [undatiert; vermutlich Anfang Mai 1744] an die Königin, HHStA,
StK Vorträge 54, Konvolut „1744 s.d.", fol. 81-89; beiliegend der Entwurf für ein Pro Memoria, das dem Reichstag zugeleitet werden sollte, ebenda fol. 88 ff. In diesem Entwurf heißt es:
„Ihro Maj. die Königin können dahero nicht umbhin, wenigstens gegen dieselbe, die Erfüllung der geleisteten Garantie an sammentliche Teutsch=patriotisch gesinnte Churfürsten, Fürsten und Stände des Reichs, wie hiermit beschiehet, auf das angelegentlichste anzusuchen",
ebenda fol. 88 f. Maria Theresias placet ebenda fol. 84.
    Gegenüber den neutralen Reichsständen nahm der Wiener Hof jedoch von einer solchen
Maßnahme Abstand; in ihrer *Zuschrift an den Schwäbischen Creyß=Convent* vom 22. September 1744 beschränkte sich Maria Theresia offiziell auf einen entsprechenden drohenden
Hinweis, vgl. hierzu Kapitel V.1.b).

V. Die Schwerpunktthemen der publizistischen Auseinandersetzung

1. Recht

a) Die schlesische Rechtsfrage

Als Ursache für seinen Einmarsch in Schlesien hatte sich Preußen in seinen ersten öffentlichen Erklärungen auf unbestreitbare Rechte auf dieses Herzogtum berufen[1] und bereits vor dem Beginn der Feindseligkeiten die Veröffentlichung einer ausführlichen Deduktion der beanspruchten Besitztitel angekündigt[2].

An dieser Abhandlung hatte der Jurist und Publizist Johann Peter von Ludewig im Auftrag des preußischen Kabinetts seit Mitte November gearbeitet[3]. Nach mehreren Verzögerungen sowohl bei der Niederschrift, die der über Siebzigjährige in Berlin vornahm, als auch beim Druck ging die angekündigte Deduktion am 7. Januar 1741 an die preußischen Gesandtschaften; am selben Tag wurde sie den auswärtigen Vertretern in Berlin übergeben. In der zweiten Januarwoche erschienen in den beiden deutschsprachigen Berliner Zeitungen Auszüge aus dieser Deduktion.

Bereits während des Druckes der deutschen Originalfassung des *Rechtsgegründeten Eigenthums*[4] wurde auf Anweisung Podewils an einer vollständigen französischen Übersetzung gearbeitet[5]. Der König hatte ursprünglich nur eine zusammenfassende französische Ausgabe veröffentlichen wollen; Podewils machte ihn jedoch am 4. Januar darauf aufmerksam, daß einige auswärtige Gesandte, die des Deutschen nicht hinreichend kundig seien, bereits mehrfach um eine wortgetreue französische Übersetzung der angekündigten Deduktion ersucht hätten – daher habe er die vollständige französische Fassung bereits in den Druck gegeben. Fried-

---

[1] „[...] revendiquer les droits incontestables, fondées sur des anciens pactes de famille et de confraternité entre les électeurs de Brandebourg et les princes de Silésie, aussi bien que sur d'autres titres respectables", so die Formulierung der *Declaration*, vgl. PStSch I 62 f. In deutscher Übersetzung erscheint diese Begründung gleichfalls im *Rundschreiben an die Reichsstände* und im *Schreiben an die Generalstaaten*, ebenso im Runderlaß vom 13. Dezember, vgl. ebenda 64 ff. Vgl. hierzu auch Kapitel IV.1.a).

[2] Vgl. Instruktion für Gotter vom 8. Dezember 1740, PC I 131-134, hier 132. Einige Tage zuvor hatte Friedrich gleichfalls eine entsprechende öffentliche Darlegung der behaupteten Rechtstitel angedeutet, vgl. das Schreiben Friedrichs an Georg II. vom 4. Dezember 1740, ebenda 121-123, hier 122.

[3] Vgl. PStSch I 96 ff.

[4] Text in PStSch I 102-119.

[5] Vgl. ebenda 100. Der Titel der französischen Übersetzung lautet *Exposition fidèle*.

rich stimmte dem Vorschlag des Ministers zu, zusätzlich einen französischen Auszug aus der Deduktion zu veröffentlichen. Ebenso war er damit einverstanden, auch eine lateinische Übersetzung anfertigen zu lassen[6].

Preußen beließ es nicht bei dieser einen Schrift. Bereits am 24. Februar wurde in Berlin eine weitere preußische Deduktion ausgegeben[7], die die wichtigsten Inhalte des *Rechtsgegründeten Eigenthums* erläuterte. Der preußische Staatsminister Cocceji hatte sie verfaßt – vermutlich ohne Auftrag – und dem König vorgestellt; Friedrich hieß die *Nähere Ausführung*[8] gut und befahl, sie umgehend in einer französischen und deutschen Ausgabe drucken zu lassen: „[...] je l'ai trouvé solide et propre pour amuser le public, principalement en Allemagne, en Hollande, et partout où l'esprit des démonstrations juridiques règne"[9].

Mit der Publikation dieser Rechtsabhandlungen dokumentierte Preußen, daß es den inhaltlichen Schwerpunkt seiner Kriegslegitimation im Ersten Schlesischen Krieg auf die rechtliche Argumentation legen wollte.

Auch in Wien hatte man sich bereits frühzeitig auf eine juristische Auseinandersetzung eingestellt. Schon die ersten Andeutungen, die Friedrich durch seinen Gesandten in Wien vorbringen ließ, deutete man als Abtretungsforderungen; Maria Theresia bezeichnete sie als „nicht undeutlich auf die überkommung eineß stuckhes unserer Erblanden abzihlend"[10]. Zudem berichtete der österreichische Resident in Berlin bereits seit dem 29. Oktober von Gerüchten über preußische Absichten auf Schlesien[11]. Die Wiener Vertreter am preußischen Hof vermuteten, daß sich

---

6 Der französischsprachige Auszug erschien unter dem Titel *Abregé des Droits*, vgl. ebenda 100, dort wird auch eine weitere – vermutlich inoffizielle – und erheblich abweichende Kurzfassung genannt. Die offizielle lateinische Übersetzung ist betitelt *Patrimonium atavitum*, vgl. ebenda 101.

7 Vgl. ebenda 120 ff.

8 Text in PStSch I 122-135.

9 Friedrich an Podewils, 6. Februar 1741, zitiert nach PStSch I 120.

10 Maria Theresia an Ostein, 19. November 1740, zitiert nach *A. v. Arneth*, Maria Theresia I 374. Die Königin bezieht sich hierbei wahrscheinlich auf die Weisung Friedrichs an Borcke vom 31. Oktober 1740, vgl. PC I 81 f., in der unmißverständlich Forderungen angedeutet sind: Friedrich versicherte den Gatten Maria Theresias seiner Unterstützung, „dès qu'on me mettra en état de faire quelque chose pour lui; mais vous [der angesprochene Borcke] jugez vous-même que cela ne saurait être que d'une manière que j'y trouve mon compte, et puisse contrebalancer le risque que je courrais en prenant son parti dans la crise présente [...]", ebenda 81. In den folgenden Depeschen wiederholte Friedrich solche Andeutungen und ließ zudem anklingen, daß er seinen Vorteil auch gegen Wien suchen könne, vgl. Friedrich an Borcke, 5. November 1740, ebenda 88; sowie Friedrich an Borcke, 12. November 1740, ebenda 101.

11 Vgl. Bericht Dermeraths, 29. Oktober 1740, HHStA, StK Preußen 33, Konvolut „Berichte aus Berlin Okt.-Dez. 1740", fol. 28-31', hier 31. Diese Nachrichten wurden im Laufe des Novembers immer konkreter: Am 1. November berichtet Dermerath von beabsichtigten Besitzforderungen auf Jägerndorf, vgl. ebenda, fol. 33 f.; am 8. November teilt er mit, Preußen bereite eine Deduktion vor und plane, zusätzlich Anrechte auf Troppau geltend zu machen, vgl. ebenda 42'.

Friedrich nicht allein auf Besitzrechte auf schlesisches Gebiet berufen wolle, sondern als zusätzliche Legitimation behaupten werde, er sei von den Ständen und Einwohnern dazu aufgefordert worden[12].

Bereits am 30. November befahl Maria Theresia aufgrund einer Empfehlung der Staatskonferenz, die Unterlagen über mögliche preußische Gebietsansprüche einzusehen[13]; die Durchsicht ergab, daß diese „durch mehrere Verträge und Tractaten dergestalten vollkommen vorlängst abgethan" seien[14]. Deswegen urteilte Bartenstein, daß die Rechtsansprüche in den ersten preußischen Rechtfertigungsschriften bewußt unpräzise formuliert seien[15]. Dementsprechend hatten die ersten österreichischen Veröffentlichungen die Rechtsbehauptung der *Declaration* mit dem knappen Hinweis auf frühere Verträge abgestritten.

Aber auf die Publikation der Ludewigschen Abhandlung reagierte Österreich mit zwei ausführlichen juristischen Gegenschriften, die Ende März 1741 veröffentlicht wurden: Als offizielle Erwiderung auf das *Rechtsgegründete Eigenthum* erschien zunächst die *Acten=maeßige und Rechtliche Gegen=Information* in einer deutschen und einer französischen Fassung[16] und wurde auf diplomatischem Wege verbreitet[17]. In Regensburg wurde sie bereits unmittelbar nach dem Erscheinen

---

[12] Vgl. Bericht Dermeraths und Bottas, 3. Dezember 1740, ebenda, fol. 84-85', hier 84'.

[13] Vgl. Konferenzprotokoll vom 29. November 1740, HHStA, StK Vorträge 50, Konvolut „1740 X-XII", fol. 142; der Vortrag vom 30. November an die Königin ebenda fol. 143-145', hier 145: „Wornebst einhelliglich dafürgehalten worden ist, daß die acta derer handlungen, so ehedessen mit Chur Brandenburg wegen derer Herzogthümer Liegniz, Brieg, Wolau, Oppeln und Ratibor, dann des Schwybuser Creyses gepflogen worden, ungesaumbt zusammen zu suchen, und einzusehen wären". Vgl. hierzu auch Kapitel IV.1.b).
Die Angabe bei *L. v. Ranke*, SW XXVII 376, daß die entsprechenden Akten in Wien „keiner Rücksicht gewürdigt" worden seien, ist also nicht zutreffend.

[14] Vortrag vom 13. Januar 1741, HHStA, StK Vrträge 52, Konvolut „1741 I-VI", fol. 17-19, hier 17'. So ist zumindest nach dem Wortlaut dessen, was der Königin als Ergebnis der Aktendurchsicht vorgelegt wurde, die Annahme nicht zutreffend, daß Wien insgeheim die Berechtigung der preußischen Rechtsansprüche anerkannt habe, wie Koser und Droysen suggerieren, vgl. *R. Koser*, Friedrich I 287; *J. G. Droysen*, Politik V 1, 167.

[15] Vgl. Vortrag vom 13. Januar 1741, HHStA, StK Vorträge 52, Konvolut „1741 I-VI", fol. 17-19, hier 17 f.: „So auch die hauptursach seyn dörffte, warumben Preussen nur überhaupt in duncklen general terminis darvon erwehnung thut, ohne mit denen für incontestabel angeben werden wollenden gründen zum vorschein zukommen".
Genauso beurteilte der österreichische Vertreter im Haag die Aussagen der *Declaration*: Dem preußischen König sei umso weniger zu trauen, „je weniger desselben anführende forderungen, welche schon lang abgethan, anjetzo statt haben können, und mithin eben nicht mehr grund haben als die *titres respectables* die man sich nicht getrauet zu benamsen", Bericht Halloys, 16. Dezember 1740, HHStA, StK Holland 41, fol. 494-498, hier 495.

[16] Die französische Übersetzung führt den Titel *Information Juridique & conforme aux Actes*, beide Originaldrucke in HHStA, Handschrift W 539, *Miscellanea Politica et Publica*, fol. 174-222 und fol. 223-246.

[17] Am 6. April 1741 bestätigt der österreichische Vertreter in Frankreich den Empfang, vgl. HHStA, StA Frankreich 66, Konvolut „Wasner an Sinzendorff 1741 I-VII", fol. 3 f. Bereits am 29. März bittet der Resident in Warschau, ihm einige Exemplare der Schrift zur Wi-

nachgedruckt[18], und der österreichische Vertreter in England ließ eine englische Übersetzung anfertigen[19].

Unter dem Titel *Eines treuliebenden Schlesiers A.C. Gedancken* verbreitete der Wiener Hof zusätzlich eine anonyme Antwort auf die erste der preußischen Deduktionen, deren Argumentationsstil aggressiver gehalten ist[20]. Die Entstehung und Verbreitung dieser Schrift sind unklar; offenbar wurde sie auf sehr diskreten Wegen veröffentlicht, denn die diplomatischen Korrespondenzen geben keine Auskunft über ihre Versendung[21]. Die *Gedancken* soll nach Mitteilungen zeitgenössischer Diplomaten der Reichshofrat von Knorr verfaßt haben; als Autor der *Acten= maeßigen und Rechtlichen Gegen=Information* galt zunächst Bartenstein, später wurde der Hofrat Kannegießer als Verfasser angesehen[22].

Nachdem Preußen durch die Beweisführung Ludewigs breite Zustimmung für sein Vorgehen gefunden hatte, wandelte sich das öffentliche Meinungsbild nach der Publikation der Wiener Gegenschriften zugunsten Österreichs[23]. Dies veran-

---

derlegung der preußischen Veröffentlichungen zukommen zu lassen, vgl. Bericht Kinners und Scharffensteins an Sinzendorff, HHStA, StA Polen II 19, Konvolut „1741", fol. 67-70', hier 70'. Am 4. April meldet der österreichische Reichstagsvertreter, daß er die *Acten=maeßige und Rechtliche Gegen=Information* erhalten habe, vgl. Postskriptum zum Bericht Palms vom 4. April 1741, HHStA, StK Regensburg öst. Gesandtschaft 90, Konvolut „Berichte 1741 III-IV", fol. 285-286'.

18 Vgl. die Berichte Palms vom 4. und 7. April 1741, HHStA, StK Regensburg öst. Gesandtschaft 90, Konvolut „Berichte 1741 III-IV", fol. 285-286' und fol. 302-358'. Palm legt am 7. April ein Exemplar des tags zuvor fertiggestellten Nachdrucks bei, ebenda fol. 303 ff.

19 Vgl. Bericht Osteins an Sinzendorff, 7. April 1741, HHStA, StA England 78, Konvolut „Berichte Ostein 1741 I-V" [mehrfach foliiert], hier 6 f. Einige Wochen später berichtet Ostein, daß die Übersetzung und Veröffentlichung sich verzögert hätten, die Schrift werde aber bald erscheinen; Carteret habe ihn dazu „eygends angefrischet", vgl. Bericht Osteins, 3. Mai 1741, ebenda fol. 1-4, hier 1'. Aber erst Ende Juni meldet Zoehrern, 12 Exemplare des „endtlich verfertigten abdruckhs" an den Herzog von Newcastle übergeben zu haben, vgl. Bericht Zoehrern an Sinzendorff, 30. Juni 1741, ebenda Konvolut „Berichte Zoehrerns 1741 VII[!]-X", fol. 1-4, hier 3'. Über den Titel der englischen Fassung ist hier nichts mitgeteilt, es ist aber anzunehmen, daß er *A Defense of the Rights of the House of Austria against the Unjust Claims of the King of Prussia* lautete, vgl. *M. Schlenke*, England 125 f. und 410.

20 Originaldruck in HHStA, Handschrift W 539, *Miscellanea Politica et Publica*, fol. 259-274.

21 Einzig der österreichische Reichstagsvertreter sandte ein Exemplar der *Gedancken* mit der Bemerkung nach Wien, es sei ihm durch eine Privatkorrespondenz zugekommen, vgl. Bericht Palms, 31. März 1741, HHStA, StK Regensburg öst. Gesandtschaft 90, Konvolut „Berichte 1741 III-IV", fol. 256-279, hier 178' und 256. Palm scheint nicht angenommen zu haben, daß er damit eine österreichische Publikation erhalten hatte. Gleichwohl ist es unwahrscheinlich, daß es sich hier um eine rein private Veröffentlichung handelt, denn Palm erhielt von der *Acten=maeßigen und Rechtlichen Gegen=Information* ebenso erstmals durch eine Privatkorrespondenz Kenntnis, vgl. Bericht Palms, 4. April 1741, ebenda fol. 285 f.

22 Vgl. hierzu PStSch I 137, Anm. 4. Während Grünhagen Kannegießer als Verfasser der *Acten=maeßigen und Rechtlichen Gegen=Information* ansieht, gibt Thelen Bartenstein an, vgl. *C. Grünhagen*, Geschichte I 140; *Th.Thelen* 112. Aus den österreichischen Akten ergab sich hierzu keine nähere Auskunft.

laßte Preußen, umgehend zu reagieren; es entwickelte sich eine ausgedehnte publizistische Auseinandersetzung um die Berechtigung der preußischen Ansprüche.

Anläßlich der Veröffentlichung des *Rechtsgegründeten Eigenthums* hatte Podewils in einem Schreiben an Friedrich darauf hingewiesen, daß man sich bereit halten müsse, auf die – unzweifelhaft zu erwartende – österreichische Entgegnung zu antworten[24]. Kurz nach dem Erscheinen der *Acten=maeßigen und Rechtlichen Gegen=Information* teilte Podewils dem König mit, daß er das einzige in Berlin vorhandene Exemplar dieser Schrift bereits an Cocceji gegeben habe, damit dieser eine Erwiderung verfasse[25]. Schon die ersten Abschnitte von Coccejis Arbeit lobte der Minister" – [...] j'espère que cette ouvrage réussira parfaitement, et que nos adversaires seront battus à platte couture"[26] – nach der Fertigstellung bezeichnete er sie als Meisterstück, welches den Eindruck der österreichischen Schriften nachhaltig erschüttern könne[27]. In die *Beantwortung der Gegeninformation*[28] ist der Text der Wiener Schrift aufgenommen, deren Aussagen Absatz für Absatz zu entkräften versucht werden. Mehrfach bezieht sich Cocceji dabei auf die Ausführungen des *Rechtsgegründeten Eigenthums* sowie der *Näheren Ausführung*. Am 20. Mai 1741 gelangte die *Beantwortung der Gegeninformation* in die Öffentlichkeit. Neben der deutschen Originalausgabe publizierte Preußen von dieser Schrift eine deutsch- und eine französischsprachige Kurzfassung, die sowohl in den deutschsprachigen Berliner Zeitungen als auch in holländischen und Kölner Blättern abgedruckt wurden[29].

Auch zur *Näheren Ausführung* erschien eine österreichische Gegenschrift unter dem Titel *Kurtze Beantwortung der Näheren Ausführung*[30]. Die erneute preußische

---

23 Vgl. die entsprechenden Aussagen verschiedener Diplomaten, wie Koser sie wiedergibt, PStSch I 138. Insofern ist die Angabe bei Ritter, daß die Zeitgenossen Friedrichs Vorgehen gegen Schlesien nicht als außergewöhnlich empfanden und daß die moralische Verurteilung erst im Rückblick auf die Vorgänge übertragen worden sei, nicht überzeugend, vgl. *G.Ritter*, Staatskunst I 31; ähnlich *W. Hubatsch*, Österreich 92.
Schon Friedrich selbst berichtete in der *Histoire de mon temps* von einer außerordentlichen Erregung der Öffentlichkeit – „effferversence singulière dans l'ésprit du public" – wegen seines Einfalls in Schlesien, vgl. Œuvres II 58.

24 Podewils an Friedrich, 6. Januar 1741: „[...] il faudra se tenir prêt à répliquer aux réponses que la cour de Vienne ne manquera pas de faire à cette déduction [...]", zitiert nach PStSch I 99, Anm. 1. Dieses Schreiben ist in der PC nicht enthalten.

25 Vgl. Podewils an Friedrich, 11. April 1741, PStSch I 138, Anm. 3. Dieser Brief ist gleichfalls nicht in die PC aufgenommen.

26 PStSch I 138.

27 Podewils an Friedrich, 20. Mai 1741, ebenda 139.

28 Text PStSch I 140-219.

29 Vgl. ebenda 139 f.

30 Vgl. ebenda 220 f. Koser nennt vier verschiedene Druckausgaben dieser Schrift; es ist also sehr wahrscheinlich, daß sie große Verbreitung fand. Eine dieser Fassungen in HHStA, Handschrift W 539, *Miscellanea Politica et Publica*, fol. 247-258. Die österreichischen Akten enthalten keine Informationen zu dieser Schrift.

Antwort hierauf wurde am 12. August an die Gesandtschaften geschickt; über den Verfasser und die Entstehung dieser *Kurtzen Remarquen* geben die Akten keine Auskunft[31].

In allen Deduktionen suchte Preußen zu beweisen, daß die behaupteten Besitztitel auf die Herzogtümer Liegnitz, Brieg, Wohlau und Jägerndorf seit ihrer Erwerbung unbestreitbar und keineswegs erloschen oder widerrufen seien. Die Beweisführung dreht sich um den Nachweis, daß es sich bei den durch Kauf – so das Herzogtum Jägerndorf im Jahre 1524 – und durch Erbvertrag – so Liegnitz, Brieg und Wohlau aufgrund einer Erbverbrüderung zwischen der kurfürstlich-brandenburgischen Linie der Hohenzollern und den piastischen Fürsten aus dem Jahre 1537 – erworbenen Gebieten um frei veräußerbare Lehen handele. Eine Einwilligung der Lehensherren, der Könige von Böhmen, sei daher nicht nötig gewesen, um diese Erwerbungen rechtsgültig zu machen. Dennoch habe die Krone Böhmen diese Anrechte widerrechtlich und willkürlich eingezogen oder vorenthalten.

Das Herzogtum Jägerndorf war im Besitz einer kurfürstlichen Nebenlinie, als es 1621 infolge der Achterklärung des letzten Besitzers vom Kaiser eingezogen wurde. Die preußischen Deduktionen behaupten, daß es nach dem Tode des in die Acht Erklärten wieder in den Besitz der Brandenburger hätte zurückgegeben werden müssen, da sich nach einhelliger Auffassung der Juristen die Auswirkung der Acht nur auf die direkten Nachkommen des Geächteten und nicht auf seitwärts Verwandte erstrecke.

Die brandenburgische Erbverbrüderung mit den liegnitzschen Fürsten habe König Ferdinand I. im Jahre 1546 widerrechtlich für nichtig erklärt und den Herzog von Liegnitz zudem gezwungen, eine Erbverfügung zugunsten der Erben der Könige von Böhmen im Falle des Aussterbens des liegnitzschen Mannesstammes zu unterzeichnen. Nach dem Aussterben dieser männlichen Linie im Jahre 1675 habe der Kaiserhof die brandenburgischen Bemühungen um Liegnitz, Brieg und Wohlau durch einen politischen Vergleich und das Anerbieten eines Äquivalentes insgeheim als rechtmäßig anerkannt. Im Austausch für die Widerrufung der brandenburgischen Titel auf die drei Herzogtümer habe man dem Kurfürsten den Kreis Schwiebus übertragen – gleichzeitig jedoch seinen Sohn auf die Rückgabe dieses Besitzes nach seinem Regierungsantritt verpflichtet. Dieser Vertrag sei nur durch arglistige Täuschung des Kurprinzen zustande gekommen und daher nichtig. Auch könne ein Widerruf von Rechtstiteln aufgrund der brandenburgischen Hausverträge nicht die Nachfolger binden. Dementsprechend seien trotz der erfolgten Renuntiation die brandenburgischen Rechtstitel auf Liegnitz, Brieg und Wohlau im vollen Umfang wieder hergestellt.

Die bisherige überlegene Machtstellung des Hauses Habsburg habe es unmöglich gemacht, diese Rechte durchzusetzen. Nachdem nun die österreichische Erbfolge auf eine Frau übergegangen sei, die beanspruchten Gebiete aber ausschließlich männliche Lehen seien, könne der Inbesitznahme dieser vier Herzogtümer

---

[31] Vgl. PStSch I 220 ff. Text ebenda 221-266.

durch Preußen nicht widersprochen werden[32]. Zudem habe die Krone Böhmen durch Verletzung ihrer Lehenspflichten die Lehenshoheit über die betreffenden Gebiete verloren.

Österreich bestritt in seinen Gegenschriften vornehmlich die Prämissen der gegnerischen Argumentation; es suchte zu beweisen, daß die betreffenden Herzogtümer keineswegs als frei veräußerbare Lehen anzusehen seien, sondern daß ein Verkauf oder ein Erbvertrag an die Zustimmung sowohl des Lehensherrn als auch der böhmischen Stände gebunden sei. Folglich seien die Nichtigkeitserklärung Ferdinands I. und der Einzug der liegnitzschen Herzogtümer durch Leopold I. im Jahre 1675 rechtmäßig. Jägerndorf sei nur an die markgräflich-fränkische Linie Brandenburgs als Lehen ausgegeben gewesen; daher sei die Einziehung nicht allein wegen der Acht des letzten Besitzers, sondern auch wegen des 1641 erfolgten Aussterbens dieser brandenburgischen Nebenlinie rechtmäßig.

Österreich verwahrte sich nachdrücklich gegen die preußische Behauptung, daß der vom Kurprinzen 1686 ausgestellte Revers über die Rückgabe des Kreises Schwiebus betrügerisch zustande gekommen sei; der kaiserliche Hof habe mitnichten den Schwiebuser Kreis als Äquivalent für die brandenburgischen Titel angeboten, vielmehr habe der Kurprinz selbst darum gebeten, um seinen Vater mit dem Kaiserhof auszusöhnen. Gleichfalls habe er sich vor Ausstellung des Reverses ausführlich mit Vertrauten beraten. Die Renuntiation habe der Große Kurfürst durchaus für seine Erben und Nachfolger an der Kur geleistet, die deren Gültigkeit über 50 Jahre hindurch nie bestritten hätten.

Die genannten Herzogtümer seien tatsächlich reine Mannlehen gewesen, aber aus dieser Eigenschaft folge, daß sie beim Aussterben der männlichen Linie des ersten Lehensnehmers an den Lehensgeber zurückfallen müßten; Lehensgeber seien aber die Krone und die Stände Böhmens; und überdies komme es nicht auf das Geschlecht der rechtmäßigen Erben der Krone Böhmen an – vielmehr zeige die entsprechende Behauptung, daß Preußen versuche, die betreffenden Gebiete der Krone Böhmens zu entziehen, indem es dessen Lehnshoheit anfechte[33]. Kein Landesherr könne sicher sein, wenn Preußen unter Bruch feierlicher Verträge und des Landfriedens alte Rechte wiederbelebe, um seinen Besitzstand bei jeder sich bietenden Gelegenheit zu vergrößern.

Den weitaus größten Raum nehmen in allen Rechtsabhandlungen die juristischen Beweisführungen für oder gegen die Gültigkeit der preußischen Anrechte

---

[32] Die Argumentationen, die sich mit der Pragmatischen Sanktion und deren Heranziehung zur Beurteilung der preußischen Ansprüche befassen, sind in Kapitel V.1.b) behandelt.

[33] Die Darstellung dieser Argumentation zur weiblichen Nachfolge an der Krone Böhmen bei Thelen ist irrig; Bartenstein – respektive der Verfasser der *Acten=maeßigen und Rechtlichen Gegen=Information* – bemerkte sehr wohl die antipragmatischen Implikationen der preußischen Lehensargumentation, bestritt dies aber mit dem Hinweis, daß Maria Theresia „nach der eingeführten Erbfolge der ohnstrittige Dominus directus" sei, ohne indessen näher darauf einzugehen, vgl. PStSch I 217; *Th. Thelen* 115.

auf die genannten vier Herzogtümer ein. In der Beurteilung dieser publizistischen Debatte hat sich die historische Forschung weitgehend auf die Frage nach der Berechtigung der Rechtsansprüche für die betreffenden Gebiete konzentriert[34]; für unsere Fragestellung sind jedoch weder die Gültigkeit der behaupteten Ansprüche noch die juristischen Einzelheiten der Begründung entscheidend.

Wichtig ist vielmehr, wie sich die Rechtsargumentationen entwickelten, auf welchen Voraussetzungen sie beruhten und welche Schlußfolgerungen aus ihnen abgeleitet wurden, denn sowohl die preußischen als auch die österreichischen Deduktionen erschöpfen sich nicht in rein juristischen Darlegungen, sondern stellen zudem Bezüge zum aktuellen politischen Geschehen her[35]. In Verbindung mit den bisher betrachteten Quellen und Publikationen ergeben sich daraus wichtige Aufschlüsse für eine Beurteilung der rechtlichen Argumentationen und ihres Stellenwertes innerhalb der preußischen und österreichischen Kriegspropaganda.

Bis zur Veröffentlichung des *Rechtsgegründeten Eigenthums* gab Preußen weder öffentlich noch diplomatisch exakt diejenigen Teile Schlesiens bekannt, auf die es Rechtsansprüche erhob. In den publizistischen Beiträgen, die den Einmarsch in Schlesien begründen, heißt es, man besitze unbestreitbare Rechte „auf das Herzogthum Schlesien"[36] – eine Formulierung, die offenläßt, ob sich diese Ansprüche auf ganz Schlesien oder nur auf Teile desselben erstreckten[37].

In diplomatischen Weisungen von Anfang Dezember 1740 gab Friedrich an, Rechtstitel „sur la plus grande partie"[38] Schlesiens zu besitzen. Noch Ende des

---

34 In juristischer Hinsicht widmete sie sich dabei vor allem den Ausführungen des *Rechtsgegründeten Eigenthums* über preußischen Rechte auf die vier schlesischen Herzogtümer, vgl. *J. G. Droysen*, Politik V 1, 126 ff.; *R. Koser*, Friedrich I 272 ff.; PStSch I 43 ff.; *C. Grünhagen*, Geschichte I 119 ff.; *A. v. Arneth*, Maria Theresia I 104 ff.; *G. P. Gooch* 17 f.; *E. Everth* 343. In der preußischen Historiographie wird über die engere juristische Begründung hinaus eine historisch-moralische Berechtigung für das preußische Vorgehen geltend gemacht, vgl. *J. G. Droysen*, Politik V 1, 152; PStSch I 57.
Soweit zu sehen ist, geht Gooch als einziger auf den geringen Umfang der juristisch begründeten Forderung im Vergleich zum später tatsächlich erreichten Gebietsgewinn ein, vgl. *G. P. Gooch* 19 f. Gooch übersieht hier die Ausweitung der preußischen Argumentation, auf die wir im folgenden eingehen werden.

35 Vgl. dagegen die Einschätzung von Everth, der besonders den preußischen Deduktionen keinerlei publizistischen Wert beimißt: Ludewigs Abhandlung habe „nicht einnehmend oder gar werbend" gewirkt und Coccejis Schriften seien „für Nichtjuristen ungenießbar" gewesen, vgl. *E. Everth* 347 und 349.
Demgegenüber siehe die umfassende Würdigung der publizistischen Rechtsbeiträge und ihrer Wirkung von *F. Wagner*, Karl VII. 70-78. Vgl. auch die bei Heigel zitierte Einschätzung des zeitgenössischen Publizisten von Loë, vgl. *K. Th. Heigel*, Erbfolgestreit 42 f.

36 Vgl. PStSch I 65; zu den entsprechenden Schriften Kapitel IV.1.a). Die Formulierung in der *Declaration* lautet schlicht und allumfassend: „sur ce duché", PStSch I 63.

37 Es werden anschließend zwar die Herzogtümer Liegnitz, Brieg und Wohlau genannt – allerdings nur im Zusammenhang mit der brandenburgischen Erbverbrüderung mit den piastischen Fürsten; gleichzeitig wird auf zusätzliche „unwidersprechliche fundamentis" verwiesen, die weitere – nicht bezeichnete – Anrechte begründeten, vgl. PStSch I 65.

Jahres beschrieb der König in einem eigenhändigen Entwurf für eine Mitteilung an die preußischen Gesandten die behaupteten Ansprüche mit ähnlichen Worten; Podewils schränkt diese Angabe indessen auf „une grande partie des duchés"[39] ein. Es ist zu vermuten, daß Podewils diese Begrenzung aufgrund seiner Kenntnis der Ludewigschen Rechtsabhandlung vornahm, denn in dem *Rescript an Pollmann* vom 20. Januar 1741 ist die Angabe über den Umfang der preußischen Ansprüche ebenso gemildert: Unter Bezug auf das kurz zuvor erschienene *Rechtsgegründete Eigenthum* wird hier nur noch von Rechtsansprüchen „auf einen considerablen Theil des Herzogthums Schlesiens"[40] gesprochen.

Zur genauen Darlegung und zum Beweis der behaupteten Rechtstitel verweisen sowohl die ersten preußischen Publikationen als auch diplomatische Mitteilungen auf Deduktionen[41]. Die erste und meistgenannte dieser juristischen Abhandlungen, das von Ludewig verfaßte *Rechtsgegründete Eigenthum*, konkretisiert und begrenzt die preußischen Ansprüche zunächst auf vier schlesische Herzogtümer. Gleichzeitig betont Ludewig jedoch, daß man in der Lage sei, auch Rechtsansprüche auf weitere schlesische Herrschaften zu beweisen[42]. Für den Fall, daß der Wiener Hof die Rechtmäßigkeit der preußischen Forderungen bestreite, werde man die entsprechenden Nachweise aus den Archiven zusammentragen. Auch Cocceji kündigt in der *Beantwortung der Gegeninformation* an, Preußen werde seine Rechte auf die Herzogtümer Oppeln und Ratibor „in einer besonderen Deduktion"[43] darlegen. Zusätzlich weist er darauf hin, daß die preußischen Ansprüche, die man insgesamt an die Königin von Böhmen stellen könne, kaum durch die Abtretung ganz Niederschlesiens gedeckt seien[44].

---

[38] Instruktion für Gotter, 8. Dezember 1740, PC I 132. Gleichlautend in dem Schreiben Friedrichs an Georg II. von England, 4. Dezember 1740, ebenda 121-123, hier 122.

[39] *Mémoire sur les raisons*, PStSch I 75. Die Formulierung Friedrichs in seinem Entwurf, den er am 29. Dezember an den Minister sendet, lautet: „sur la plus pare Des Duchéz et principautéz de la Silesie", ebenda (hier in der Originalorthographie des Königs). Ebenso in PC I 159 f.

[40] Vgl. PStSch I 83 ff. Text des Reskripts ebenda 84-90, hier 84.

[41] Vgl. hierzu die oben zitierten Schreiben des Königs sowie die in Kapitel IV.1.a) vorgestellten Schriften.

[42] Neben einer Andeutung über „viele wichtige Verheißungen", der „an Millionen anlaufenden Summen" rückständiger österreichischer Zahlungen nennt Ludewig unter den „entzogenen und vorenthaltenen Landen und Leuthen, dazu man niemals wieder gelangen können" die Herrschaften Oppeln, Ratibor, Sagan und Münsterberg, vgl. PStSch I 119, dort auch die obigen Zitate.

[43] Ebenda 148.

[44] „[...] wenn man [i.e. Preußen] sein Recht geltend machen wollte, ganz Niederschlesien nicht zureichend sein dürfte, Se[ine] Königl[iche] Majestät und Dero königliches Chur- und markgräfliches Haus wegen aller an der Königin von Böhmen Majestät habenden rechtlichen Anforderungen zu satisfacieren und sie deshalb schadlos zu halten", PStSch I 147. Damit ist auf rückständige Zahlungen des Wiener Hofes angespielt, die Podewils ursprünglich als wichtiges Legitimationsargument vorgesehen hatte, vgl. PStSch I 57 f.

Die Ankündigung, zusätzliche Rechtstitel nachzuweisen, wurde jedoch nicht in die Tat umgesetzt. Vielmehr verzichtete Friedrich auf weitere dynastisch begründete Rechtsabhandlungen; eine unaufgefordert von einem Privatmann erstellte Deduktion preußischer Rechte auf weitere Teile Schlesiens und der Lausitzen ließ er öffentlich zurückweisen[45]. Allerdings geschah dies nicht wegen einer Ablehnung dynastischer Ansprüche, sondern aus politischen Gründen: Podewils hatte durchaus Nachforschungen in den Archiven über zusätzliche brandenburgische Rechtstitel betrieben[46].

Trotzdem erweiterte Preußen seit 1741 seine Gebietsforderungen parallel zur Begründung der behaupteten Anrechte auf die genannten vier schlesischen Herzogtümer, und zwar aufgrund des Kriegsrechts.

Ausgangspunkt der erweiterten Argumentation ist die Behauptung, daß der preußische Einfall in Schlesien keinen kriegerischen Akt darstelle. Schon die ersten öffentlichen Erklärungen über die Motive für den Einmarsch hatten es bewußt vermieden, von einer Kriegseröffnung zu sprechen: Sie betonten vielmehr die positiven Beweggründe Friedrichs; aus Sorge um die Sicherheit seiner Staaten und zur Wahrung seiner Rechte habe Preußen Truppen in Schlesien einrücken lassen[47]. So wurde auch im *Rechtsgegründeten Eigenthum* darauf verwiesen, daß es sich bei dem preußischen Vorgehen in Schlesien nur darum handele, „das unbestreitbare Recht ihrer Vorfahren zum wirklichen Besitz und Genuss zu bringen"[48]; Ludewig betonte im letzten Abschnitt seiner Abhandlung, daß Preußen „sein Recht im Frieden zu erlangen"[49] suche.

In konsequenter Fortführung dieser Argumentation leitete Preußen in der *Beantwortung der Gegeninformation* aus der österreichischen Gegenwehr das Recht auf Eroberungen ab, die nicht in den genannten Rechtstiteln inbegriffen sind[50]: Der Wiener Hof hatte Preußen bereits in seinen ersten Veröffentlichungen vorgeworfen, mitten im Frieden und ohne jegliche Ankündigung eine österreichische Provinz überfallen zu haben[51]. Cocceji argumentierte dagegen, daß Österreich durch den

---

[45] Vgl. PStSch I 289 ff. Entsprechend erging ein preußisches Zirkularreskript unter dem 11. März 1741. Gemeint ist die Schrift *Summaria Recensio*, vgl. ebenda 267.

[46] Vgl. PStSch I 269 ff. Insofern ist es nicht überzeugend, die preußische Kriegslegitimation als grundsätzlich nicht-dynastisch orientiert zu beschreiben, wie Press – hier im Unterschied zu Bayern – andeutet, vgl. *V. Press*, Kaisertum 232.

[47] Vgl. hierzu im einzelnen Kapitel IV.1.a). Tatsächlich jedoch hatte der König bereits in der Rheinsberger Besprechung entschieden – unterstützt von Schwerin –, daß die Besetzung Schlesiens keineswegs friedlich, sondern kriegerisch und mit Einnahme der festen Plätze zu erfolgen habe, vgl. *L. v. Ranke*, SW XXVII 337; *C. Grünhagen*, Geschichte I 58; *Ders.*, Rubikon 130.

[48] PStSch I 103.

[49] Ebenda 118.

[50] Vgl. PStSch I 147. In den anschließend veröffentlichten *Kurtzen Remarquen* ist diese Argumentation ausdrücklich aufgenommen, vgl. ebenda 265 f.

[51] So in den Schreiben der Königin an die Reichsstände und die Garanten der Pragmatischen Sanktion, vgl. hierzu Kapitel IV.1.b); vgl. auch PStSch I 83.

Einsatz von Waffengewalt gegen die Inbesitznahme des brandenburgischen Eigentums erst den Kriegszustand geschaffen habe, der nunmehr nach Maßgabe des Kriegsrechtes weitere Eroberungen zulasse. Da Preußen lediglich seine unbestreitbaren Rechte wahrnehme, habe es auch keine Kriegserklärung abgegeben, wohl aber habe man dem Wiener Hof ausführlich die beanspruchten Rechtstitel angezeigt, um ihn zu einer gütlichen Einigung zu bewegen.

Wie ein noch nicht hinreichend präzisierter Vorgriff auf diese erweiterte Argumentation nimmt sich die Schlußpassage der ebenfalls von Cocceji verfaßten *Näheren Ausführung* aus. Zwar betont Cocceji auch hier, daß es sich um rechtmäßige Aneignung von vorenthaltenem Eigentum handele, aber er gibt zu, daß dabei durchaus Gewalt angewendet werde[52]. In kämpferischem Ton verweist er darauf, daß eine Ankündigung des preußischen Vorgehens überflüssig gewesen sei – überdies sei bei der umstrittenen österreichischen Erbfolge nicht geklärt, an wen man eine solche Erklärung hätte richten sollen. Zudem spricht Cocceji indirekt von einem Kriegszustand, wenn er abschließend angibt, das Erzhaus könne „diesen ganzen Krieg" durch die Abtretung der vier Herzogtümer beenden.

Zwei dieser Aussagen widersprechen den späteren Behauptungen, die derselbe Autor in der *Beantwortung der Gegeninformation* aufstellt. Cocceji bestreitet darin jegliche Gewaltanwendung durch die preußischen Truppen; zudem behauptet er, daß man dem Wiener Hof durchaus eine ausführliche Ankündigung der Rechtsansprüche vor dem Einmarsch habe zukommen lassen, während er in der *Näheren Ausführung* noch den Anschein erweckt hatte, als habe kein vorhergehender Kontakt mit Österreich stattgefunden[53]. Dieser auffallende Widerspruch mag damit zu erklären sein, daß Cocceji die erste seiner Schriften offensichtlich ohne Abstimmung mit dem Ministerium verfaßte, während er Podewils die *Beantwortung der Gegeninformation* bereits im Entwurf vorlegte[54].

Wahrscheinlicher jedoch ist dieser Widerspruch in der öffentlichen Rechtfertigung Preußens durch die österreichische Gegenargumentation veranlaßt. Im Gegensatz zu den ersten preußischen Veröffentlichungen hatten sich die österreichischen Antwortschriften eingehend mit den diplomatischen Kontakten zwischen Wien und Berlin vor Kriegsbeginn befaßt und so die rechtliche Legitimation Preußens zu entkräften versucht[55]. Dies geschah vor allem durch die Veröffentlichung des rein politisch begründeten Ultimatums, das Friedrich zeitgleich zum Einmarsch dem Wiener Hof hatte unterbreiten lassen; die im *Extrait de la dépêche royale* implizit enthaltene Argumentation setzte Österreich in seinen Deduktionen fort:

---

52 Vgl. PStSch I 134; das folgende Zitat ebenda 135.

53 Vgl. ebenda 141 ff.

54 Vgl. ebenda 120 f. und 136 ff.

55 Vgl. hierzu Kapitel IV.1.b).

Die Wiener Schriften verweisen auf die ursprüngliche preußische Begründung für den Einmarsch in Schlesien, wonach Friedrich eine vorbeugende Verteidigungsmaßnahme durchführe – anschließend aber habe der König Besitzansprüche erhoben[56]. In der Umkehrung eines preußischen Arguments betonen die *Gedancken eines treuliebenden Schlesiers*, daß das preußische Angebot der Geld- und Waffenhilfe das Eingeständnis unberechtigter Rechtsforderungen enthalte[57]. Die *Acten=maeßige und Rechtliche Gegen=Information* widmete sich einleitend ausführlich den Umständen des Kriegsbeginns, die das *Rechtsgegründete Eigenthum* nicht eigens behandelt hatte. Kernpunkt dieser Schilderung bildete der Vorwurf, Preußen habe Schlesien aus Eroberungsgier heimtückisch überfallen und sich erst nachträglich auf alte Rechtstitel berufen[58].

Preußen versuchte nachdrücklich dem Eindruck entgegenzuwirken, daß es sich ursprünglich nicht auf Rechtstitel berufen habe. Unmittelbar nach dem Erscheinen des *Extrait de la dépêche royale* verbreitete das Berliner Kabinett einen Runderlaß an alle Gesandtschaften, in dem die Wiedergabe der Verhandlung als tendenziös und falsch bezeichnet ist: „[...] on n'y fait pas la moindre mention des mes droits et prétentions sur la Silésie, ce qui fait l'objet principal"[59]. Auch im kurz zuvor ergangenen *Rescript an Pollmann* betont Preußen, daß es vor der Eröffnung der Feindseligkeiten die rechtliche Begründung dieses Schrittes in Wien vorgetragen habe[60].

Nachdrücklicher noch wird dies in der preußischen Schrift behauptet, die auf die österreichische *Acten=maeßige und Rechtliche Gegen=Information* antwortete:

---

[56] So die *Gedancken eines treuliebenden Schlesiers A.C.*, *Europäische Staatskanzlei* LXXX 183. Ebenso die *Acten=maeßige und Rechtliche Gegen=Information*, PStSch I 144.

[57] Vgl. *Europäische Staatskanzlei* XXXV 197 f. Ludewig hatte darauf hingewiesen, daß das Vergleichsangebot Leopolds I. an den brandenburgischen Kurfürsten im Jahre 1685 ein indirektes Eingeständnis des besseren preußischen Rechtes gewesen sei, die *Gedancken* setzen dem den Vergleich mit den aktuellen preußischen Anträgen entgegen: „Fortius autem est argumentum, quod adversario sumitur", ebenda.

[58] Vgl. *Acten=maeßige und Rechtliche Gegen=Information*, PStSch I 146 ff.: Man überlasse es den Lesern, „ob dies unter gesitteten Völkern geschweige denn in der Christenheit die Art sei, seine Prätensionen geltend zu machen, da man, ohne sich gegen die Souveräne des Landes oder die ihrigen im mindesten zu äussern, ja gegen theuerste Versicherungen ganz unversehens in ein von Truppen entblößtes Land mit einem starken Kriegsheer einfället und darinnen alles gewaltthätig occupieret", ebenda 147. Wer die zahlreichen preußischen Prätentionen kenne, müsse fürchten, daß „der König in Preussen gegen alle Reichssatzungen und Ordnungen, in welches Land es ihm auch immer gelüstet, mit zahlreicher Mannschaft einzubrechen und wenn er darinnen fest zu sein glaubet, mit alten nichtigen und allschon abgethanen Prätensionen aufzutreten wagen darf", ebenda 148. Vgl. auch den nochmaligen Hinweis ebenda 218.

[59] Vgl. PStSch I 80, Anm. 2: Dieser Erlaß erging unter dem 4. Februar. Koser gibt lediglich kurze Auszüge des Textes, vgl. ebenda, Anm. 3.

[60] Vgl. PStSch I 85 f. Dieses Reskript erging am 20. Januar 1741 an den preußischen Reichstagsgesandten in Antwort auf das vier Tage zuvor diktierte österreichische *Schreiben an die Reichsstände*, in dem Maria Theresia das Reich um Unterstützung gegen den behaupteten landfriedensbrüchigen Einfall Preußens bat, vgl. ebenda 83.

Die *Beantwortung der Gegeninformation* wollte den Vorwurf entkräften, daß Preußen gegenüber dem Wiener Hof mit politischen Opportunitätsgründen argumentiert und keineswegs einen Rechtsstandpunkt eingenommen habe. Zum Beweis der Behauptung, daß Preußen „ohnverholen und öffentlich"[61] die Rechtsgründe für sein Vorgehen vor dem Einmarsch in Schlesien bekanntgegeben habe, beruft sich Cocceji zum einen auf das preußische *Rundschreiben an die Reichsstände;* zum anderen führt er an, daß Preußen den nach Berlin entsandten österreichischen Sonderbotschafter Botta vor der Besetzung ausführlich informiert habe. Zusätzlich sei Gotter mit ansehnlichen Vergleichsvorschlägen nach Wien gesandt worden. Aber da der dortige Hof die Rechtsgründe nicht habe anhören wollen, „so ist [es] dessen Schuld, dass er sothane Ursachen nicht eher als aus der gedruckten Deduction ersehen"[62].

Ausdrücklich bestreitet Cocceji in der *Beantwortung der Gegeninformation,* daß Preußen jemals eine Erwerbung ganz Schlesiens beabsichtigt habe[63]. Etwaige weitere, über die bezeichneten Herzogtümer hinausgehende Eroberungen werden nunmehr als rechtmäßige Gebietsgewinne im Sinne des Kriegsrechts bezeichnet:

„[...] nachdem nun aber der wienerische Hof Se[ine] Königl[iche] Majestät für einen Feind declariert und denselben mit Gewalt zu delogieren drohet, so kann Deroselben nicht verdacht werden, dass sie jure belli alles dasjenige occupieren, was Ihrem Feinde zugehöret"[64].

In Übereinstimmung mit den Behauptungen der preußischen Veröffentlichungen bezeichnet Reinhold Koser die preußische Rechtsposition als „Ausgangspunkt und Grundlage"[65] der Verhandlungen mit dem Wiener Hof. Daß dies nicht auch in dem Protokoll der Konferenz vom 3. Januar 1741 deutlich werde, erklärt er als Versäumnis der beiden preußischen Gesandten, denn diese hätten „arglos und des Gebrauches, der von ihren Erklärungen gemacht werden sollte, nicht gewärtig, [...] nur die Forderungen des Königs zu Protocoll gegeben, nicht auch die Motivierung derselben durch den Hinweis auf die alten Ansprüche auf Schlesien. Jetzt musste

---

61 PStSch I 144.

62 Ebenda 147.

63 „Im übrigen haben Se[ine] Majestät niemals die Intention gehabt, sich des ganzen Landes zu bemächtigen [...]", PStSch I 147.

64 Ebenda. So wie Cocceji schon in der *Näheren Ausführung* das augenblickliche preußische Verhalten mit der Inbesitznahme der Herzogtümer durch die böhmische Krone verglichen hatte, vgl. ebenda 134: „Man hat also jetzt nichts gethan, als was das durchl[auchtigste] Erzhaus zuerst an sich probiert hat", behauptet er in der *Beantwortung der Gegeninformation,* daß Preußen – selbst wenn es keine Rechtstitel hätte geltend machen können – „jetzo mit eben so gutem Recht Schlesien besitze, als die Kron Böhmen tempore occupationis dasselbe besessen hat, so dass man sich einander nichts vorzuwerfen haben würde", ebenda 148.

65 PStSch I 80; ebenso *R. Koser,* Friedrich 279 f.; dagegen *C. Grünhagen,* Geschichte I 58: Hinsichtlich des Einigungsversuches habe Preußen zunächst auf die Rechtsposition verzichtet. Zur Bedeutung der Rechtsposition für Friedrich und Podewils vgl. auch Kapitel IV.1.a) dieser Studie.

es angesichts dieses Protocolls scheinen, als sei von preussischer Seite im Laufe der ganzen Verhandlungen der Rechtsstandpunkt [...] gar nicht eingenommen worden"[66]. Koser erweckt zudem den Anschein, als habe Friedrich entsprechend der Ausführungen des *Rechtsgegründeten Eigenthums* nur die Abtretung „eines Theiles von Schlesien"[67] verlangt.

Tatsächlich jedoch ließ der König wiederholt „la cession entière et totale de toute la Silésie"[68] fordern. Diese Forderung erhielt er in mehreren Depeschen ausdrücklich aufrecht[69]. Erst am 26. Dezember 1740 reduzierte Friedrich seine Gebietsforderung; in einer Weisung an Gotter unter diesem Datum bietet er an, daß Preußen sich – obwohl man die vollständige Abtretung gefordert habe – im Interesse eines politischen Ausgleichs mit Wien bescheiden zeigen und sich mit einem guten Teil Schlesiens zufrieden geben könne[70].

Rechtsgründe erwähnt Friedrich dem Wiener Hof gegenüber erst zu dem Zeitpunkt, als bereits der Einmarsch erfolgt war – während er die politische Argumentation durch mehrfache Warnungen vor antipragmatischen Absichten verschiedener Staaten seit Ende Oktober vorbereitet hatte. Rechtsansprüche auf Schlesien werden dem Wiener Hof als Zusatz zur politisch begründeten Forderung nach Abtretung der ganzen Provinz erst Mitte Dezember ultimativ genannt[71].

---

66 PStSch I 80.

67 So zumindest in der Darstellung der Rechtslage, wie Koser sie der Edition der preußischen Staatsschriften voranstellt, vgl. PStSch I 58. Dagegen nennt er in seiner Biographie des Preußenkönigs durchaus die Forderung nach der Abtretung ganz Schlesiens, um sich aber anschließend wiederum auf die Erörterung der preußischen Rechtstitel auf die bezeichneten vier Herzogtümer zu beschränken, vgl. *R.Koser*, Friedrich I 272 ff.

68 Instruktion für Borcke, 15. November 1740, PC I 102-105, hier 103. Erneut betont Friedrich diese Absicht im letzten Teil der Instruktion: „[...] mais je n'en pousserais pas moins ma pointe pour prendre possession de toute la Silésie [...]", ebenda 105.

69 Vgl. Friedrich an Gotter und Borcke, 12. Dezember 1740, PC I 137 f., hier 138; ebenda 150, Friedrich an Borcke, 17. Dezember 1740: Der König betont, die österreichische Zustimmung müsse „sans délai ni perte" erfolgen.

70 Friedrich an Gotter, 26. Dezember 1740, PC I 157 f., hier 157: „Vous pouvez même insinuer au Duc qu'encore que j'ai demandé l'entière cession de cette province, je saurais apporter de la modération et me contenter d'une bonne partie de ce pays, pourvu qu'il plaise à la reine de Hongrie d'entrer avec moi dans un accommodement raisonnable et sincère [...]".

71 Vgl. Instruktion für Gotter, 8. Dezember 1740, PC I 131-134: Hier sind die angebotenen politischen Leistungen Preußens für das Haus Habsburg übereinstimmend mit der Instruktion für Borcke, auf die ausdrücklich Bezug genommen wird, noch einmal aufgelistet, vgl. ebenda 131 f. Die Überleitung zur geforderten Abtretung Schlesiens folgt anschließend als „récompense proportionné pour le grand service que je rendrais par là à la cour de Vienne", ebenda 132 – nur eine abgewandelte Formulierung für den in der Weisung vom 15. November geforderten politischen „Preis", vgl. ebenda 103 und 104. Damit entspricht diese Vorgehensweise exakt der Beschreibung des ersten Weges im *Rheinsberger Protokoll*, vgl. ebenda 74 ff.
Das preußische Vorhaben beschreibt Friedrich ebenso in seinem Schreiben an Maria Theresia als politischen Interessenausgleich, ohne Rechtsgründe zu erwähnen, vgl. Friedrich an Maria Theresia, 6. Dezember 1740, ebenda 123 f.

Auf diesselbe Weise wie den Wiener Hof unterrichtete Preußen auch den nach Berlin entsandten österreichischen Sonderbotschafter Botta schrittweise über das preußische Vorhaben. Nach dessen Bericht kündigte Podewils ihm gegenüber am 30. November an, daß der preußische Gesandte in Wien Eröffnungen machen werde; Podewils argumentierte hier offenkundig – ebenso wie die Instruktion für Borcke vom 15. November, auf die unzweifelhaft Bezug genommen ist – nach Maßgabe einer politisch begründeten Übereinkunft zwischen Wien und Berlin und erwähnte keinerlei Rechtstitel[72]: Podewils betonte die positive Gesinnung und vorteilhaften Pläne Friedrichs für das Erzhaus, „wann man nur Ihme seine Convenienz dargegen machen wolte"[73]. Zugleich kündigte der Minister dem österreichischen Gesandten an, daß Preußen „mit der Zeit und gelegenheit" sowohl dem Wiener Hof als auch ihm selbst genaue Vorschläge mitteilen werde.

Dies geschah fast zeitgleich mit der Abfassung der Instruktion für Gotter; am 9. Dezember ließ der König den österreichischen Vertreter zu einer Audienz bestellen, in der er Botta über den bevorstehenden Einmarsch in Schlesien in Kenntnis setzte[74]. Friedrich begründete dies entsprechend der politischen Argumentation aus den beiden Instruktionen für seine Vertreter in Wien, einzig der Verweis auf die Rechtslage ist im Vergleich zu der diplomatischen Anweisung für Gotter vorsichtiger formuliert: Nach dem Bericht Bottas erwähnte Friedrich zwar Rechtstitel, aber lediglich mit der Bemerkung, daß er solche zu haben glaube[75]. Wenige Tage zuvor, in der Antrittsaudienz Bottas am 6. Dezember, hatte der König weder politische Vergleichsvorschläge noch brandenburgische Rechtsansprüche erwähnt[76].

Der König hatte Borcke in dessen Instruktion vom 15. November ausdrücklich befohlen, mit der Präsentation der preußischen Forderungen bis zu jenem Zeitpunkt zu warten, zu dem der Einmarsch erfolge, vgl. ebenda 104. Borcke solle die verspätete Information damit erklären, daß Preußen die mangelnde Wiener Verständigungsbereitschaft kenne, und betonen, daß man sein Ziel entweder mit oder gegen Habsburg durchsetzen werde.

[72] Vgl. den Bericht von Botta und Dermerath vom 1. Dezember 1740, HHStA StK Preußen 33, Konvolut „Berichte aus Berlin Okt.-Dez. 1740", fol. 78-81', hier 79 f.

[73] Ebenda fol. 79'. Das folgende Zitat ebenda fol. 80.

[74] Vgl. Bericht Bottas, 9. Dezember 1740, ebenda, fol. 95-96'; eingelegt in den gemeinschaftlichen Bericht Dermeraths und Bottas vom 10. Dezember, ebenda fol. 94-97'. Koser gibt an, daß diese Depesche am 14. Dezember in Wien eingetroffen sei, vgl. *R.Koser*, Friedrich I 272; der Eingangsvermerk gibt allerdings das Datum des 16. Dezember 1740. Der Inhalt des Bottaschen Berichts auszugsweise bei *A. v. Arneth*, Maria Theresia I 375 f.

[75] Vgl. *A. v. Arneth*, Maria Theresia I 375: „[...] onde voleva bene informarmi della risoluzione presa di passare con la propria armata in Silesia (come buon amico) non solo per imposesarsi di quei distretti credeva aver ragione di pretendere, [...]".
Es ist möglich, daß diese Bewertung der preußischen Ansprüche nicht von Friedrich selbst, sondern von Botta stammt, der damit seine Ablehnung ausdrücken wollte. Koser erwähnt in seiner Schilderung dieser Audienz nicht, daß der König sich derart vorsichtig geäußert habe, vgl. *R. Koser*, Friedrich I 250 f.

[76] Bericht Bottas, 6. Dezember 1740, HHStA, StK Preußen 33, Konvolut „Berichte aus Berlin Okt.-Dez. 1740", fol. 90-93'.

Bis unmittelbar vor dem Überschreiten der schlesischen Grenze ließ Friedrich also gegenüber dem Wiener Hof keinerlei Rechtsansprüche geltend machen. Trotzdem rechnete man in Wien damit, daß der König Teile des habsburgischen Erbes zu fordern gedenke. Deutliche Hinweise darauf erhielten die Österreicher durch den kurmainzischen Gesandten Groschlag, der dem Wiener Vertreter am preußischen Hof den Inhalt einiger Gespräche mit Podewils und dem König mitteilte: Anfang November auf die preußische Haltung zur österreichischen Erbfolge angesprochen, hatte der Minister offenkundig verlegen und ausweichend geantwortet, daß eine Gegenleistung Habsburgs für eine preußische Unterstützung in der Erbfolgefrage notwendig sei[77]. Hatte Podewils sich in diesem ersten Gespräch noch auf einen gegenseitigen Ausgleich im Sinne des Konvenienz-Prinzips bezogen, so nannte der König selbst in einer späteren Unterredung mit dem kurmainzischen Vertreter zwar Rechtsansprüche[78], argumentierte aber anschließend mit Notwendigkeiten der gegenwärtigen kritischen Lage und entwickelte genau das politische Programm, das in der Instruktion für Borcke enthalten ist[79].

Daß der König hier – im Unterschied zu Podewils – von Prätentionen sprach, scheint jedoch weniger die oben erwähnte Annahme Kosers zu stützen, als vielmehr darauf hinzudeuten, daß Friedrich durch diese unbestimmte Andeutung diplomatischen Druck auf den Wiener Hof ausüben wollte. Denn sowohl er selbst als auch Podewils vermieden jegliche Konkretisierungen: Dermerath berichtet, daß Podewils ihn am 15. November direkt auf die Informationen angesprochen habe, die Groschlag wohl übermittelt haben werde[80]. Podewils erwartete hier offenkun-

---

77 Von Groschlag darauf angesprochen, daß Preußen keine Ansprüche an das österreichische Erbe besitze, habe der preußische Minister „nach einem kleinen stillschweigen und bedenken mit Veränderung der farb nur widersetzet [...], daß der König sein herr die sach gerne an sich kommen laßen, und wan man ihn zu ergreiffung einer Parthey nicht anlaß geben und nöthigen wolte, acquiesciren würde: Wo er aber dem Ertzhauß von Österreich einigen beystand leisten solte, so gebührete ihme dargegen einige convenienz=machung", Bericht Dermeraths, 5. November 1740, HHStA, StK Preußen 33, Konvolut „Berichte aus Berlin Okt.-Dez. 1740", fol. 38-40', hier 40. Vgl. auch *K. Th. Heigel*, Erbfolgestreit 55 f., wonach Groschlag auch den österreichischen Sonderbotschafter im Reich, Graf Colloredo, informierte. Zusätzlich wurde die Hofburg direkt von Mainz aus mit einem Auszug aus Groschlags Relation vom 13. November versorgt, vgl. HHStA, StK Preußen Collectanea 201, Konvolut „1740 November", fol. 122-128'.

78 Vgl. Bericht Dermeraths vom 15. November, HHStA, StK Preußen 33, Konvolut „Berichte aus Berlin Okt.-Dez. 1740", fol. 48-53', hier 49 f. Ohne weitere Beschreibung nannte Friedrich, „was Ihme von rechts wegen in particulari zukäme", ebenda fol. 49'. Die Angabe bei Koser, daß Botta als einziger Diplomat in Berlin vom König über seine Vorschläge informiert worden sei, ist also irrig, vgl. *R.Koser*, Friedrich I 250. Ebenso äußert der Mainzer Diplomat laut der Mitteilung Dermeraths eine deutlichere Skepsis gegenüber den preußischen Absichten, als dies nach den Angaben bei *J. G. Droysen*, Politik V 1, 144 f. anzunehmen ist; Droysen bezieht sich allerdings auf frühere Urteile Groschlags, die er zudem den Depeschen Manteuffels entnommen hat.

79 Vgl. HHStA, StK Preußen 33, Konvolut „Berichte aus Berlin Okt.-Dez. 1740", fol. 50 ff. Zum Vergleich die Instruktion Borckes vom 15. November 1740, PC I 102-105.

dig ein Angebot von Seiten Österreichs – er weigerte sich ausdrücklich, die preußischen Forderungen zu benennen: Denn dazu sei „dermahlen die sache noch nicht
genugsamb reiff und zeitig". Auch der König selbst war zuvor im Gespräch mit
Groschlag auf dessen Nachfrage nach der Beschaffenheit der preußischen Prätentionen nicht eingegangen[81].

Für unsere Fragestellung ist entscheidend, daß die preußischen Legitimationsschriften die tatsächlichen diplomatischen Kontakte zum Wiener Hof umgekehrt
schildern: Die preußischen Schriften behaupten einen Rechtsstandpunkt, den
Friedrich gar nicht eingenommen hatte. Das politische Ultimatum Friedrichs wird
ebenso geleugnet wie die ursprüngliche Forderung nach einer Abtretung ganz
Schlesiens[82].

Während Österreich konsequent bemüht war, die Glaubwürdigkeit der preußischen Rechtsbehauptung zu erschüttern, verteidigte Preußen seinen öffentlich eingenommenen Rechtsstandpunkt beharrlich.

Dabei muß die preußische Argumentation durch diese – in Antwort auf die Wiener Vorwürfe – betonte Rechtsposition verschiedene Widersprüche in Kauf nehmen: Preußen hatte es als unzumutbar bezeichnet, die Inbesitznahme seines behaupteten Eigentums vom unsicheren Ausgang vorheriger Verhandlungen abhängig zu machen; damit wurde die Notwendigkeit einer Prävention stärker begründet[83]. Später betont Preußen dagegen, daß man vor dem Einmarsch Verhandlungen
mit dem Wiener Hof über die preußischen Rechtsansprüche habe einleiten wollen.
Und während eine gütliche Einigung mit dem Wiener Hof zunächst als unmittelbar
bevorstehend angedeutet wird, behauptet Preußen kurz darauf, daß mit dem Haus
Habsburg auf rechtlichem oder auf dem Wege des Entgegenkommens noch nie etwas zu erreichen gewesen sei[84].

---

80 Vgl. die Nachschrift zum Bericht Dermeraths vom 15. November 1740, HHStA, StK
Preußen 33, Konvolut „Berichte aus Berlin Okt.-Dez. 1740", fol. 52-53', hier 53 f. Das folgende Zitat ebenda.

81 Vgl. ebenda fol. 51'. Vgl. ebenso *K.Th.Heigel*, Erbfolgestreit 56: „Ueber seine Ansprüche an das Wiener Cabinet ließ sich Friedrich nicht näher aus [...]".

82 Einige Jahre später gab der König selbst in der *Histoire de mon temps* eine etwas andere
Version der Rechtsargumentation: Er behauptet hier zwar ebenfalls, daß Gotter zuerst Rechtsansprüche habe vorbringen sollen, gibt aber anschließend an, daß dies erst zwei Tage nach
dem bereits erfolgten Einmarsch geschehen sei, vgl. Œuvres II 57.

83 So in den *Rundschreiben an die Reichsstände* und die Generalstaaten vom 13. bzw. 10.
Dezember 1740 sowie im *Rescript an Pollmann* vom 20. Januar 1741, vgl. PStSch I 65 und
85.

84 Auf die bevorstehende Einigung mit Wien verwiesen die *Rundschreiben an die Reichs-
stände* und die Generalstaaten und das *Patent an die Schlesier*, vgl. PStSch I 65 und 70; die
Declaration vom 13. Dezember hatte dies ebenfalls angedeutet, vgl. ebenda 63.
Die gegenteilige Aussage, daß eine Übereinkunft mit Habsburg grundsätzlich nicht zu er-
warten sei, erwähnt erstmals das *Mémoire sur les raisons*, später erneut betont im *Rescript an
Pollmann*, vgl. ebenda 77 und 89. Dieser Erlaß an Pollmann vereinigt die widersprüchlichen
Aussagen, indem er betont, vor dem Einmarsch seien die Rechtsgründe benannt worden – zu-

Auch in die lehnsrechtliche Argumentation, von der das *Rechtsgegründete Eigenthum* ausgegangen war, schlich sich ein Widerspruch ein: Die Bindung der beanspruchten Herzogtümer an die Krone Böhmen wurde von Ludewig nicht bestritten; er hatte ausdrücklich betont, daß Preußen auf friedlichem Wege seine Rechte auf dieses Lehen wahrnehme. Österreich wandte sich dagegen demonstrativ an das Reich als politische Rechtsordnung: Es bezeichnete den preußischen Einfall in Schlesien als einen Bruch der Reichsverfassung und appellierte an die Reichsstände, gegen diesen Angriff vorzugehen[85].

Dieser Argumentation suchte Preußen zu begegnen, indem es einerseits den Lehenscharakter Schlesiens und damit die fortbestehende Verbindung mit dem Reich betonte; so verwies ein Erlaß an den Reichstagsgesandten darauf, daß „der nexus imperii nicht den geringsten Abbruch [leide], ob das Herzogthum Schlesien sich in des Oesterreichischen oder des Preussischen und Churbrandenburgischen Hauses Händen befindet"[86]. Gleichzeitig deutete Cocceji in seinen Deduktionen an, daß Preußen die schlesischen Herrschaften von der Krone Böhmen zu Lehen nehmen wolle[87]. Andererseits jedoch bestritt Preußen grundsätzlich jegliche Zuständigkeit des Reiches; es handele sich vielmehr um einen Konflikt „de Prince à Prince", der weder das Reich noch dessen Gesetze betreffe[88], denn durch die widerrechtliche Vertragsannullierung sei der Lehnsherr seiner Rechte verlustig gegangen. Da somit das Band zwischen Vasallen und Lehnsherrn nicht mehr bestehe, trete das Lehen in seinen ursprünglichen Rechtsstand als freies, souveränes Gebiet zurück[89]. Ausdrücklich übernimmt Cocceji diese Argumentation auch in der *Beantwortung der Gegeninformation* und leitet daraus ab, daß hier ein Rechtsstreit zwischen souveränen Herrschern bestehe, dessen Ausgang den Waffen überlassen bleiben müsse[90].

Tatsächlich bestand Friedrich auf dem souveränen Besitz Schlesiens und forderte eine entsprechende Renuntiation der böhmischen Stände[91]. Dieser späteren Entwicklung trägt die öffentliche preußische Argumentation bereits Rechnung, indem Preußen – im Widerspruch zur eigenen Ausgangsthese – nicht als Lehensneh-

---

gleich jedoch darauf hinweist, daß Preußen „die Vindicierung Unserer [...] Gerechtsame nicht auf den ungewissen und zweifelhaften Ausschlag einer weitläufigen Negociation haben ankommen" lassen können, ebenda 85.

85 So in Maria Theresias *Schreiben an die Reichsstände* vom 29. Dezember 1740, vgl. Kapitel IV.1.2. In ihrem gleichzeitigen Schreiben an die Garanten der Pragmatischen Sanktion war ebenfalls in den Exemplaren, die an solche auswärtige Souveräne gerichtet waren, die zugleich Reichsfürsten waren, der Appell zur Erhaltung der Reichsverfassung enthalten, vgl. den entsprechenden Vermerk unter einer Abschrift des betreffenden Schreibens in HHStA, KrA 341, o. fol.

86 *Rescript an Pollmann* vom 20. Januar 1741, PStSch I 88.

87 Vgl. *Beantwortung der Gegeninformation*, PStSch I 191.

88 Vgl. PStSch I 85, passim (Zitat 89).

89 Vgl. *Nähere Ausführung*, PStSch I 133 f.

90 Vgl. PStSch I 143 f., 182 und 217.

91 Vgl. PC II 237 f. sowie ebenda 385, 388 f., 392 f. und 400.

mer der Krone Böhmen auftritt, sondern behauptet, es handele sich um einen bewaffneten Konflikt um ein souveränes Gebiet.

Die politisch-militärischen Schlußfolgerungen, die die preußischen Rechtsabhandlungen aus der ursprünglich rechtlichen Argumentationsgrundlage ziehen, nä-
hern sich in der Konsequenz den rein politisch begründeten Forderungen, die Preußen tatsächlich in Wien überbringen ließ. Hatte sich schon in den ersten preußischen Veröffentlichungen die politische Gegnerschaft zum Haus Habsburg immer
deutlicher ausgedrückt[92], so erwächst nun aus der juristischen Auseinandersetzung
eine auch als solche bezeichnete machtpolitische Konfrontation. Dementsprechend
schildert Cocceji in der *Beantwortung der Gegeninformation* die Ankündigung der
preußischen Rechtsansprüche in Wien nicht als Versuch eines Ausgleichs, sondern
als Schadensersatzforderung; daher nehme man angesichts der günstigen Gelegenheit nun Schlesien zur Wiedergutmachung erlittenen Unrechts in Besitz[93]. Damit
findet dasjenige Element, das in der tatsächlichen Planung einer Erwerbung Schlesiens den Ausschlag gegeben hatte – das *droit de bienséance* –, an zentraler Stelle
Aufnahme in die preußische Legitimationsargumentation des Jahres 1741[94].

Diese Ausweitungen der Argumentation führten auf preußischer Seite jedoch
nicht dazu, daß der rein rechtlichen Begründung der beanspruchten schlesischen
Besitztitel kein Gewicht mehr beigemessen worden wäre. Zwar stehen die erweiterten Gebietsforderungen ebenso wie die aggressivere Tonart in Coccejis Schriften in zeitlichem Zusammenhang mit der sich immer günstiger für Preußen entwik-
kelnden militärischen und politischen Situation – trotzdem wurde die publizistische Auseinandersetzung um die beanspruchten vier schlesischen Herzogtümer bis
in den Spätsommer 1741 fortgeführt. Die Intensität, mit der beide Kabinette diese
Debatte führten, ist ein deutliches Anzeichen dafür, daß die rechtliche Begründung
für ausgesprochen wichtig gehalten wurde. Erst als ein zusätzlicher Konflikt die
Konzentration auf das preußische Unternehmen gegen Schlesien ablöste, endete
die propagandistische Auseinandersetzung um die schlesische Rechtsfrage im Ersten Schlesischen Krieg: Im Spätsommer 1741 wurde der gemeinsame Einfall der
bayerischen und französischen Truppen in Oberösterreich zum Auslöser neuer publizistischer Debatten.

So wie die öffentliche Auseinandersetzung um die schlesische Rechtsfrage im
Jahre 1741 aufgrund der gewandelten politisch-militärischen Umstände verebbt
war, lebte sie knapp dreieinhalb Jahre später in einer wiederum veränderten politischen und strategischen Konfliktlage zwischen Preußen und Österreich wieder
auf[95].

---

92 Vgl. hierzu Kapitel IV.1.a).

93 Vgl. PStSch I 142 f. und 219. Dementsprechend hatte bereits das *Rescript an Pollmann*
vom 20. Januar 1741 argumentiert, vgl. ebenda 89.

94 Zugleich stimmen die umfassenden und am militärisch Möglichen orientierten Gebietsforderungen auffallend mit den strategisch begründeten Eroberungszielen überein, die Friedrich in den folgenden Monaten verfolgte, vgl. hierzu R. *Koser*, Breslauer Frieden sowie *Ders.*,
Koalition.

Wenige Monate nachdem der preußische König im August 1744 an der Seite der antihabsburgischen Koalition erneut in den Krieg eingetreten war, war es den österreichischen Militärstrategen gelungen, den preußischen Angriff auf Böhmen und Mähren zurückzudrängen; die preußischen Einheiten mußten den Rückmarsch auf schlesisches Gebiet antreten[96]. In dieser Situation befahl Maria Theresia, daß die österreichischen Truppen ihnen nachrücken und versuchen sollten, die im Breslauer Frieden abgetretenen Teile Schlesiens zurückzuerobern.

Nachdem die bisherigen österreichischen Publikationen gegen den preußischen Kriegseintritt von 1744 nicht ausdrücklich auf die schlesische Rechtsfrage eingegangen waren, eröffnete der Wiener Hof in dieser militärisch günstigen Situation nun erneut die öffentliche Auseinandersetzung um Schlesien[97]. Dabei wurden zwar keine umfangreichen juristischen Abhandlungen mehr publiziert, jedoch sowohl die rechtlichen wie die politischen Ursprünge und Folgen dieser Rechtsfrage erneut öffentlich diskutiert.

Österreich hatte unmittelbar nach dem preußischen Kriegseintritt behauptet, daß Preußen dadurch den Breslauer Frieden gebrochen habe. Auf dieser These aufbauend erklärte der Wiener Hof, daß er deswegen seinerseits auch nicht mehr an diesen Vertrag gebunden sei und die dort festgelegte Abtretung Niederschlesiens und der Grafschaft Glatz für nichtig erachte; folglich wolle er die betreffenden Gebiete wieder in Besitz nehmen.

Am 1. Dezember 1744 publizierte Maria Theresia ein *Patent an die Schlesier*[98], in dem sie die Adressaten als ihre rechtmäßigen Untertanen ansprach und sie aufforderte, den einrückenden österreichischen Truppen Hilfe zu leisten. Einleitend wird hierin noch einmal die Entstehung des Konfliktes um Schlesien geschildert. Ausdrücklich bezieht sich der Wiener Hof dabei auf seine eigenen Rechtsabhandlungen von 1741 und behauptet, daß der preußische Überfall auf Schlesien unter einem vollkommen „nichtigen Praetext"[99] und ohne Kriegserklärung erfolgt sei. Außerdem habe sich Friedrich ganz Schlesiens bemächtigt, obwohl er nur auf Teile desselben Ansprüche erhoben habe. Da Maria Theresia damals zugleich von vielen Feinden angegriffen worden sei, habe der preußische König sie schließlich zur Abtretung von fast ganz Schlesien und der Grafschaft Glatz zwingen können.

---

95 Vgl. zum folgenden auch die Kapitel IV.2.a) und IV.2.b) dieser Arbeit.

96 Zur militärischen Situation im Spätherbst 1744 vgl. *R.Koser*, Friedrich I 472 ff.

97 Vgl. zur grundlegenden österreichischen Legitimation von 1744 Kapitel IV.2.b) dieser Studie.

98 Originaldruck in HHStA, ÖA Schlesien 8, Konvolut 1, fol. 42-43'; ebenda fol. 44-49' auch ein reinschriftlicher Entwurf, der den rückseitigen Vermerk trägt: „Rescript der Königin Maytt. an die Ober- und Nieder Schlesische Stände von Anno 1744. Wegen des neuen preußischen friedens=bruchs". Ob tatsächlich ein gleichlautendes Reskript an die Stände erging, ist aus den herangezogenen Akten nicht zu ersehen; es mag sich um einen Irrtum des betreffenden Kanzlisten handeln.

99 Ebenda fol. 42. Dies sei „der gantzen Welt durch gedruckte Ausführungen dargethan worden".

Aber diesen „damahls Uns abgedrungenen Frieden"[100] habe der preußische König in innenpolitischer und auch in außenpolitischer Hinsicht gebrochen: Erstens
indem er die schlesische Verfassung verletzt habe und zweitens durch seinen erneuten Kriegseintritt an der Seite der Gegner Habsburgs. Nachdem die offizielle
Gegenargumentation zur preußischen Kriegsbegründung vom August 1744 noch
einmal wiederholt worden ist, verspricht Maria Theresia den Schlesiern, sie unverzüglich wieder in den Genuß ihrer Rechte zu setzen, und entbindet sie von ihrem
Treueid an Preußen.

In diesem Patent finden sich auffallende Parallelen zur bisherigen preußischen
Argumentation in der Auseinandersetzung um Schlesien. Die Wiener Staatsschriften hatten in der publizistischen Rechtsdebatte bisher keine Sorge um die Einwohner Schlesiens anklingen lassen; nun jedoch wandte sich Maria Theresia direkt an
die Schlesier und bezeichnet ihre Verantwortung für deren Wohlergehen als ersten
– wenn auch nicht wichtigsten – der Rechtsgründe, die sie für die beabsichtigte
Rückeroberung anführt.

Aber nicht nur darin folgt die österreichische Argumentation dem preußischen
Beispiel aus der Anfangsphase des Ersten Schlesischen Krieges: Auch Maria Theresia beruft sich 1744 auf die Gunst der Stunde, die ihr nun zur Durchsetzung ihrer
Rechte verhelfe. In ihrem Patent heißt es, die Hilfe Gottes „giebet Uns nun die ge-
rechteste Gelegenheit an die Hand/Unsere treu=gehorsambste Schlesische und
Glatzische Landes=Innwohnere von denen bißherigen Drangsaalen zu erretten/und
selbe wiederumben unter Unsere Beherrschung/worunter sie nach allen Göttlich=
und Weltlichen Rechten gehören/zu bringen"[101].

Ebenso wie in den preußischen Deduktionen von 1741 aus der behaupteten unrechtmäßigen österreichischen Gegenwehr das Recht abgeleitet worden war, nun
auch genuin österreichisches Gebiet zu erobern, deutet das Wiener *Patent an die
Schlesier* im Jahre 1744 Ähnliches an; darin heißt es nämlich, daß man über die
Rückgewinnung der abgetretenen schlesischen Landesteile hinaus plane, „nicht
minder Uns die Schadloshaltung für das Verflossene/und die Sicherstellung für das
Künfftige zu verschaffen"[102].

Hatten sich die Wiener Staatsschriften zur schlesischen Rechtsfrage bislang auf
die Abwehr der preußischen Besitzansprüche konzentriert, so erweiterte der Wiener Hof unter den veränderten politischen Bedingungen des Winters 1744 seine
bisherige Argumentation und begleitete die militärische durch eine publizistische
Offensive.

Preußen reagierte umgehend darauf. Bereits am 19. Dezember 1744 erschien ein
*Patent an die sämtlichen Stände und Unterthanen des Herzogthums Schlesien und
der Grafschaft Glatz*[103], das in einer Auflage von mindestens 6.000 Exemplaren

---

[100] Ebenda fol. 42'.

[101] Ebenda 42'.

[102] Ebenda fol. 43.

von Breslau aus verbreitet wurde; auch eine französische Übersetzung wurde gedruckt[104]. Das wichtigste Anliegen dieser Veröffentlichung ist, die Einwohner Schlesiens davon abzuhalten, „denen aufrührerischen Insinuationen des wiennerischen Hofes"[105] zu folgen. Dementsprechend werden die Adressaten unter Androhung von harten Strafen gewarnt, für die österreichische Seite Partei zu ergreifen.

Darüber hinaus bestreitet das preußische Patent sämtliche Behauptungen der Gegenseite. Unter Rückgriff auf die bereits zu Kriegsbeginn vorgetragene Rechtfertigung werden die Prämissen der österreichischen Argumentation als unzutreffend bezeichnet; Preußen umgeht dabei die Umstände des Kriegsausbruches von 1740 und bezieht sich vielmehr nachhaltig auf die Verbindlichkeit des Breslauer Friedens. Dieser sei nicht, wie Österreich jetzt behaupte, unter Zwang zustande gekommen, sondern habe Preußen lediglich „billigmäßige Genugthuung und Tilgung"[106] seiner Rechtsansprüche verschafft. Die Hofburg sei auch weiterhin an diesen Vertrag gebunden, da der preußische König gegenwärtig nur im Interesse der kaiserlichen Würde zu den Waffen gegriffen habe.

Das preußische Patent behauptet, der Wiener Hof habe dies alles nur als Vorwand für seine heimlichen aggressiven Absichten gebraucht. Denn es sei dem preußischen König seit längerem bekannt, daß der Wiener Hof lediglich auf eine günstige Gelegenheit gewartet habe, um sich Schlesien wieder einzuverleiben; dieser Gegenvorwurf wird durch den Hinweis verstärkt, ein solches Verhalten gehöre seit Jahrhunderten zu den Gepflogenheiten habsburgischer Politik[107].

Die preußische Antwort auf das österreichische *Patent an die Schlesier* diskutiert also ebenfalls nicht mehr die schlesische Rechtsfrage an sich; Berlin konzentriert sich vielmehr auf eine politische Argumentation. Aber anders als Wien setzt Preußen dabei nicht beim Ursprung, sondern bei der politischen und rechtlichen Beilegung des Konfliktes an: Indem Preußen den Breslauer Vertrag zum Ausgangspunkt seiner Gegenargumentation macht, steht nicht die Gültigkeit der ursprünglich beanspruchten Rechtstitel zur Debatte, sondern nur noch die rechtliche Verbindlichkeit der darin erfolgten Abtretungen. Die politischen Argumentationen, die in der öffentlichen Auseinandersetzung um die juristische Bewertung anfänglich nur begleitend aufgetreten waren, haben damit vor allem auf preußischer Seite im Jahre 1744 das Übergewicht in der staatlichen Propaganda erhalten.

Noch deutlicher wird dies in der zweiten preußischen Veröffentlichung im neu entbrannten Konflikt des Zweiten Schlesischen Krieges: Schon am 9. Januar 1745 ließ Preußen ein weiteres Patent folgen, das jedoch diesmal nicht an die preußi-

---

103 Vgl. PStSch I 528 ff. Text ebenda 530-532.

104 Vgl. ebenda 529 f. Die französische Fassung scheint vom preußischen Hofbuchdrucker Gäbert gedruckt worden zu sein.

105 PStSch I 532.

106 Ebenda 530.

107 Vgl. ebenda 530 f.

schen, sondern an die bisherigen österreichischen Untertanen in Schlesien gerichtet war. Dieses *Patent an die Stände und Unterthanen des Herzogthums Schlesiens bisherigen österreichischen Antheils*[108] wiederholt zunächst die Argumente seines Vorgängers, um jedoch abschließend eine neue Folgerung daraus zu ziehen: Da der Wiener Hof Preußen „überfallen und angegriffen" habe, werde man preußischerseits diesem Beispiel folgen und es dem Angreifer „durch vigoureuse Operationes und Heimsuchung des Feindes in denen von ihm bisher im Besitz gehabten Landen"[109] nachtun. Nachdem der Wiener Hof aus dem behaupteten preußischen Friedensbruch die Berechtigung zur Rückeroberung Schlesiens gefolgert hatte, setzte Preußen dieselbe Argumentation nun umgekehrt gegen Habsburg ein. Im Gegenzug gab Preußen an, von Österreich angegriffen worden zu sein, und schloß daraus, daß es nunmehr berechtigt sei, das im Breslauer Frieden noch bei Österreich verbliebene Restschlesien zu erobern. Analog dazu hatten die preußischen Deduktionen schon 1741 aus der angeblich unrechtmäßigen Gegenwehr Österreichs gegen die Inbesitznahme Schlesiens die Berechtigung gefolgert, auch über die beanspruchten Gebiete hinaus Eroberungen machen zu dürfen.

Diese offensive Wendung sowohl der preußischen wie zuvor der österreichischen Argumentation um die Jahreswende 1744/45 scheint vornehmlich durch die militärische Lage bedingt gewesen zu sein. Denn schon wenige Wochen nachdem Maria Theresia die bevorstehende Rückeroberung Schlesiens angekündigt hatte, veränderte sich die Situation wiederum zugunsten Preußens[110]. Ebenso wie die Wiener Gegen-Kriegslegitimation hinsichtlich Schlesiens erst zu jenem Zeitpunkt öffentlich gemacht wurde, als deren Umsetzung tatsächlich möglich schien, begleitete auch die publizistische Reaktion Preußens dessen militärische Gegenoffensive.

In der öffentlichen Auseinandersetzung um die schlesische Frage sind während des Zweiten Schlesischen Krieges also nicht mehr die rechtlichen, sondern vielmehr die politischen Akzente tonangebend. Hatte Preußen schon im Jahre 1741 seine Gebietsansprüche aufgrund einer politischen Argumentation beträchtlich erweitert, so gewinnen 1744 die politisch offensiven Folgerungen auch in den österreichischen Publikationen das Übergewicht. Auf preußischer Seite ist das politische Ergebnis des Ersten Schlesischen Krieges, nämlich die Abtretung Schlesiens im Breslauer Frieden, die überragende rechtliche Prämisse. Zwar stellt die Bewertung der preußischen Ansprüche immer noch die entscheidende Grundlage der beiderseitigen Argumentationen dar, aber deren Gültigkeit wird nicht mehr juristisch diskutiert. Indem beide Kontrahenten konstatieren, gegen die behauptete friedbrüchige Gewalt des Gegners ihrerseits mit Gegengewalt zu antworten, gerät die schlesische Rechtsfrage vollends zum bloßen Vehikel der Argumentation. Dies ist

---

[108] Vgl. PStSch I 528 ff., Text ebenda 533-535.

[109] Ebenda 532.

[110] Vgl. *R. Koser*, Friedrich I 472 und 479 ff.

ein weiterer Hinweis auf die politisch indizierte Betonung der Rechtstitel in den ersten Monaten des Ersten Schlesischen Krieges.

b) Die Pragmatische Sanktion

Neben der publizistischen Debatte um die schlesischen Ansprüche trat bald die Bewertung der Pragmatischen Sanktion als zweites rechtliches Thema zwischen Preußen und Österreich hervor. Auch diese öffentliche Auseinandersetzung beherrschte vor allem die Anfangsphase des Krieges und ebbte in der Folgezeit ab. Aber anders als die Schlesische Rechtsfrage wurde diese Debatte nicht ausschließlich von Preußen und Österreich bestritten, sondern vornehmlich zwischen Habsburg und den Prätendenten geführt.

Die österreichische Erbfolgeordnung stellte die entscheidende positivrechtliche Grundlage für die internationale Entwicklung nach dem Tod des Kaisers dar. Die Anerkennung oder Anfechtung der Regierungsübernahme Maria Theresias bestimmte die folgenden politischen Koalitionen. Daß die österreichische Erbfolge eine Krise im europäischen Mächtegefüge auslösen würde, war allgemein erwartet worden, seit der Nachdruck und die Opferbereitschaft, mit denen Kaiser Karl VI. für seine Erbfolgeordnung gewirkt hatte, eine „Atmosphäre der Beunruhigungen und der Begehrlichkeiten"[111] geschaffen hatte.

Der preußische König suchte diese Krise zu verstärken und zu beschleunigen[112]. Für ihn kam der überraschend frühe Tod des Habsburgers einem Signal zur „völligen Umwandlung des alten politischen Systems"[113] gleich; umgehend faßte er den Entschluß „pour tirer bon parti de la situation heureuse où se trouvent Ses affaires, il faut en profiter pour faire l'acquisition de la Silésie"[114].

Die historische Forschung hat den politischen Zusammenhang zwischen der strittigen Erbfolge in der Habsburgermonarchie und der Besitzergreifung Schlesiens häufig betont[115]. Dennoch wird der preußische Einmarsch in die habsburgische Provinz von dem Vorgehen der übrigen Prätendenten unterschieden, da der

---

[111] *Th. Schieder*, Friedrich 135. Zu Text und Entstehung der Pragmatischen Sanktion vgl. *G. Turba*, Pragmatische Sanktion sowie *W. Michael*, Original. Zum politischen Wirken Karls VI. für die Durchsetzung der Pragmatischen Sanktion vgl. *G. Turba*, Grundlagen I und II; *J. Kunisch*, Hausgesetzgebung sowie *Ders.*, Staatsverfassung 41 ff.; *H. v. Zwiedineck-Südenhorst*, Anerkennung.

[112] Vgl. *J. G. Droysen*, Stellung 278.

[113] Zitiert nach *R. Koser*, Friedrich I 233.

[114] So Podewils Formulierung im *Rheinsberger Protokoll*, vgl. PC I 74-78, hier 74. Vgl. auch ebenda 90, in Friedrichs eigenen Worten: „[...] il est juste [...] de saisir l'occasion de la mort de l'Empereur".

[115] Vgl. *J. G. Droysen*, Politik V 1, 121-132, besonders 126 und 129; *C. Grünhagen*, Geschichte I 45 ff. und 400 ff.; *Th. Schieder*, Friedrich 135 und 145.

preußische König grundlegend andere Motive verfolgt habe: Er habe weder die Nachfolge Maria Theresias angefochten noch einen Universalanspruch auf das österreichische Erbe geltend gemacht[116].

Die historiographische Trennung zwischen dem Ersten Schlesischen Krieg und dem österreichischen Erbfolgekrieg kann und soll hier nicht umfassend diskutiert werden. In unserem Zusammenhang ist allerdings auffallend, daß die Beschreibung der preußischen Motive in der Geschichtsschreibung mit Aussagen übereinstimmt, die in einigen preußischen Rechtfertigungsschriften zur Pragmatischen Sanktion zu finden sind. Zudem ist bemerkenswert, daß sowohl die preußischen als auch die österreichischen Staatsschriften keinen Zusammenhang zwischen dem Einfall in Schlesien und der eigentlichen Erbfolgefrage herstellen. Zwar verweisen die Wiener Publikationen zu Beginn der kriegerischen Auseinandersetzung um Schlesien nachdrücklich auf die Rechtsverbindlichkeit der Pragmatischen Sanktion und versuchen, die Hilfsleistung der Garanten zu erwirken, doch zugleich ist Österreich darum bemüht, keine Verbindung zwischen dem preußischen Vorgehen und den antipragmatischen Absichten Dritter zu fördern[117]. Preußen ist gleichfalls um eine Abgrenzung zur Erbfolgefrage bemüht, argumentiert aber insgesamt uneinheitlich und setzt sich, wie zu zeigen sein wird, keineswegs konsequent in Gegensatz zu den übrigen Prätendenten.

Für Österreich wie für Preußen stellte die Erbfolgefrage Ziel- und Angelpunkt politischer Planungen nach dem Tod des Habsburgers dar. Aber anders als Österreich behandelte Preußen diese zunächst nicht als rechtliche, sondern als eine politisch zu interpretierende Ausgangslage. Im Gegensatz zum Wiener Hof verzichtete Friedrich darauf, sein Verhältnis zu dieser Erbfolgeordnung ausdrücklich zu definieren: Während der Wiener Hof sich bereits unmittelbar nach dem Regierungsantritt Maria Theresias öffentlich demonstrativ mit der Pragmatischen Sanktion identifizierte und betonte, daß die eigene Politik im Einklang mit deren Bestimmungen gestaltet werde, bezog sich Preußen zunächst nur indirekt auf die habsburgische Erbfolgefrage, indem es behauptete, daß die rasche und unverzügliche Besetzung der beanspruchten schlesischen Gebiete angesichts der zahlreichen Prätendenten

---

[116] So die Zusammenfassung der preußischen Legitimationsargumentation hinsichtlich der Pragmatischen Sanktion bei *Th. Schieder*, Friedrich 138 f. Schieder bezeichnet dies als „eine Unterscheidung, die juristisch wohl zutraf, aber politisch bei der Verschränkung des einen mit dem anderen schwerlich sehr wirksam war", ebenda 145. Allerdings sah die Pragmatische Sanktion eine Verbindung von Herrschaftsnachfolge und ungeteiltem Landbesitz vor, vgl. *G. Turba*, Pragmatische Sanktion 51 f. Der Wortlaut der gesamten Urkunde ebenda 48-53.
Ohne ausführliche Beurteilung der preußischen Argumentation auch *R. Koser*, Friedrich I 242 f. und 286; ebenso *J. G. Droysen*, Politik V 1, 150-154; *C. Grünhagen*, Geschichte I 138 f. Auch Heigel geht in seiner ausführlichen Darstellung des österreichischen Erbfolgekrieges bezeichnenderweise nur beiläufig auf die Schlesischen Kriege ein, vgl. *K. Th. Heigel*, Erbfolgestreit, passim.

[117] Vgl. hierzu wie zu den folgenden Hinweisen auf die österreichische Argumentation Kapitel IV.1.b).

auf das österreichische Erbe notwendig gewesen sei[118]. Dieser Präventionsgedanke fußt auf der Voraussetzung, daß andere Staaten im Begriff seien, in Schlesien oder Böhmen einzufallen – genau dies war im *Rheinsberger Protokoll* und in den *Idées sur les projets politiques* des Königs als hinreichende Rechtfertigung für den geplanten Einmarsch in Schlesien vorgesehen[119].

So diente also die strittige Erbfolge in Österreich als mittelbare Legitimation, indem Friedrich öffentlich wie intern die politisch-situative Bedingtheit seines Vorgehens konstatierte, ohne dessen Konsequenzen hinsichtlich der Rechtsverbindlichkeit der Pragmatischen Sanktion zu klären.

Aber genau darauf beharrte die öffentliche österreichische Reaktion. Nachdrücklich betonte der Wiener Hof in seinen Staatsschriften, daß der preußische Einfall in Schlesien einen eklatanten Bruch nicht nur der Reichsverfassung und des Völkerrechts, sondern auch der Pragmatischen Sanktion darstelle – allerdings reklamierte Österreich dabei nicht nachdrücklich die Hilfe der Garanten, sondern bat um deren Unterstützung oder sprach zuversichtlich eine entsprechende Erwartung aus[120]. Demgegenüber bemühte sich die österreichische Diplomatie indessen intensiv bei den Seemächten um die Erfüllung der Beistandspflichten gemäß der Garantie der Pragmatischen Sanktion – und schien damit auch anfangs vor allem in England erfolgreich zu sein[121].

Daher setzte sich Preußen öffentlich in bewußten Gegensatz zu denjenigen Staaten, die Ansprüche auf das österreichische Erbe anmeldeten: Am 24. Februar 1741 befahl Friedrich bekanntzugeben, daß der preußische Einfall in Schlesien in keinem Zusammenhang mit der Pragmatischen Sanktion stehe; er habe deren Bestimmungen weder verletzen wollen noch betreffe sie sein Vorgehen überhaupt, vielmehr nehme Preußen lediglich auf international übliche Weise seine Rechtsansprü-

---

118 Vgl. zu diesen grundlegenden Legitimationsargumentationen Preußens und Österreichs im Ersten Schlesischen Krieg die Kapitel IV.1.a) und IV.1.b).

119 Vgl. PC I 74-78, hier 78: Podewils formuliert im *Rheinsberger Protokoll*, der dritte Weg zur Erwerbung Schlesiens „roula sur ce qu'en cas que la Saxe dût faire une levée de bouclier pour entrer soit en Bohème soit en Silésie à main armée [...], Votre Majesté serait alors toujours authorisée d'en faire autant par rapport à la Silésie [...]". Der König selbst unterstreicht in den *Idées*, ebenda 90 f., hier 90: „Si nous voulons attendre pour agir que la Saxe et la Bavière fassent les premières hostilités, [...] nous n'avons, en ce cas, aucun bon prétexte".

120 So im *Schreiben an die Reichsstände* und in Maria Theresias Ersuchen an die Garanten der Pragmatischen Sanktion, die Maria Theresia bereits Ende Dezember 1740 absandte; mit ähnlichem Nachdruck wird die Verbindlichkeit der Pragmatischen Sanktion auch in der offiziellen Wiener Antwort auf die preußischen Forderungen, wie sie im *Extrait de la dépêche royale* der Öffentlichkeit bekanntgegeben wurden, vgl. hierzu im einzelnen Kapitel IV.1.a). Die zuversichtliche Erwartung, daß die Garanten dem Hilfeersuchen nachkommen würden, in der *Acten=maeßigen und Rechtlichen Gegen=Information*, PStSch I 218 f.

121 Zu den fortdauernden Bemühungen Österreichs bei den Generalstaaten vgl. *A. Beer*; zum österreichischen Verhältnis zu England *A. v. Arneth*, Maria Theresia I 199 ff., hinsichtlich der anfänglichen Haltung Georgs II. besonders 201 f.

che auf diese Provinz wahr[122]. Aufgrund dieser Anweisung fertigte Podewils einen Runderlaß an, der am 28. Februar versandt wurde[123]. In diesem Erlaß wird die Pragmatische Sanktion als familieninterne Nachfolgeregelung für das Gesamterbe bezeichnet[124]. Da Preußen weder als Erbanwärter auftrete noch einen Gesamtanspruch auf die habsburgischen Lande erhebe, seien die preußischen Gebietsforderungen „tout-à-fait séparées et indépendent de l'ordre de succession"[125] – entsprechend könne sich auch die Garantie für die Pragmatische Sanktion ausschließlich gegen Unternehmungen richten, welche die österreichische Erbfolge anfechten wollten.

Diese argumentative Trennung zwischen der Erbfolge und dem Landbesitz, den dieses Erbe umfasse, geht auf Friedrich selbst zurück. In seinem Entwurf für eine Argumentationsanleitung, der später unter dem Titel *Mémoire sur les raisons* veröffentlicht wurde, hatte er darauf hingewiesen, daß er nicht als Erbe auftrete, sondern Sonderrechte wahrnehme[126]. Ebenso argumentierte auch das *Rescript an Pollmann* vom 20. Januar 1741, in dem jeglicher Zusammenhang zwischen der österreichischen Erbfolgeordnung und dem preußischen Einmarsch in Schlesien bestritten wird[127].

Auch die preußischen Deduktionen unterscheiden zwischen der Sukzessionsordnung und den brandenburgischen Privatprätentionen[128]; besonders nachdrücklich

---

[122] „Vous devez publier partout, soit par mes ministres, soit par les gazettes, que mon intention n'ait jamais été dans l'expédition en Silésie de déroger à la Sanction Pragmatique, ni d'y faire brèche, la regardant comme une disposition qui me ne regarde ni en blanc ni en noir, mais que je n'ai d'autre but que de poursuivre par les voies légitimes et usitées entre les princes mes justes droits sur cette province, et qu'ainsi je ne faisois qu'à me procurer mon bien, dont on avoit privé si longtemps ma maison contre toutes les règles de la justice", Friedrich an Podewils, 24. Februar 1741, zitiert nach PStSch I 91 f. Dieses Schreiben ebenso in PC I 197; hier ist als einzige Abweichung hinter „mes ministres" der Zusatz „résidants aux cours étrangères" enthalten.

[123] Vgl. PStSch I 91 ff. Der Text dieses Erlasses ebenda 92-95, hier unter dem Titel der späteren Veröffentlichung als *Raisons qui prouvent évidemment*.

[124] „La sanction pragmatique est une disposition de famille établie par la maison d'Autriche pour fixer l'ordre de succession des descendans tant mâles que femelles", PStSch I 93. Friedrich hatte in seiner Anweisung lediglich darauf hingewiesen, daß er die Pragmatische Sanktion „comme une disposition qui ne me regarde ni en blanc ni en noir", ebenda 91 f., betrachte.

[125] PStSch I 94.

[126] „S[a] M[ajesté] ne prétend point s'ingérer pour héritier de la succession d'Autriche, mais seulement soutenir ses droits particuliers [...]", *Mémoire sur les raisons*, PStSch I 78. Zur Entstehung dieses Textes vgl. Kapitel IV.1.a).

[127] „Uebrigens ist dermalen gar nicht darum zu thun, die pragmatische Sanction wegen der Erbfolge in dem Oesterreichischen Hause anzufechten und über den Haufen zu werfen. [...] Es kann diese Erbfolgeordnung gar wohl in ihrem Esse bestehen, wenn Wir gleich das Unsrige, wovon unser Haus so lange Zeit her verdrungen gewesen, vindicieren", *Rescript an Pollmann*, PStSch I 87 f.

[128] Vgl. *Beantwortung der Gegeninformation*, PStSch I 147, sowie ebenda 219: „Gleichwie die pragmatica sanctio einem jeden seine Jura ausdrücklich vorbehält, Se[ine] Kö-

ist dies in der letzten preußischen Rechtsabhandlung formuliert: „Se[ine] Königliche Majestät fechten den Ordinem succedendi nicht an, was aber vor Länder unter diese Succession gehören, ist eine ganz andere Frage, welche der Königin von Böhmen Majestät mit denen Prätendenten ausmachen muss"[129].

Während Preußen einerseits sein Vorgehen gegen Schlesien als isoliertes Ereignis darstellt, das in keiner Verbindung mit den antipragmatischen Absichten Dritter stehe, vermeiden die preußischen Veröffentlichungen andererseits eine Aufzählung derjenigen Staaten, die die österreichische Erbfolge anfechten wollten. Die Mitteilung über antipragmatische Pläne anderer Staaten erscheint als Tatsachenbehauptung sowohl in den königlichen Weisungen für Borcke und Gotter als auch in den veröffentlichten Begründungsschriften[130]; in den diplomatischen Weisungen sind die betreffenden Staaten ausdrücklich genannt, aber in den Publikationen ist nur unbestimmt von jenen die Rede, „qui forment des prétensions sur la succession de feu l'Empereur"[131], und auf die deswegen drohende Kriegsgefahr und notwendige Prävention verwiesen. Einzig in dem Zirkularreskript vom 28. Februar 1741 wurden Spanien und Bayern als Anwärter auf das habsburgische Erbe konkret genannt[132] – allerdings war diese Schrift nicht zur Veröffentlichung gedacht: Der preußische Vertreter am Reichstag hatte sein Exemplar unter dem Titel *Raisons qui prouvent évidemment* ohne amtliche Anweisung in den Druck gegeben[133]. Der nachhaltige Tadel, den der Reichstagsgesandte daraufhin erhielt, macht deutlich, daß Preußen ein Bündnis mit antipragmatischen Mächten nicht durch eine öffentliche Distanzierung von diesen Staaten gefährden wollte[134].

---

nigl[iche] Majestät auch die darin etablierte Successionsordnung nicht anfechten, so werden die Guarants dieser Sanction von selbsten ermessen, dass sie sehr viel zu thun haben würden, wenn sie alle Invasiones des Hauses Oesterreich, welche mehrentheils sich auf die Präpotenz gründen, defendieren sollten".

129 *Kurtze Remarquen*, PStSch I 266.

130 Vgl. hierzu mit den Nachweisen im einzelnen Kapitel IV.1.a).

131 *Declaration*, PStSch I 63, hier stellvertretend zitiert für die übrigen Schriften: *Schreiben an die Generalstaaten*, *Rundschreiben an die Reichsstände*, *Patent an die Schlesier*, vgl. ebenda 65 und 69 f. Ebenso im *Mémoire sur les raisons* und *Rescript an Pollmann* vom 20. Januar 1741, vgl. ebenda 77 und 85. Zur gleichfalls betonten allgemeinen Kriegsgefahr, vgl. ebenda.

132 Diese beiden Staaten – sowie „d'autres qui ne se démasquent encore" – meldeten Ansprüche auf das österreichische Erbe an „pour en frustrer les descendans femelles du dernier mâle", PStSch I 93. Erneut sind Bayern und Spanien ebenda 94 erwähnt.

133 Vgl. PStSch I 92.

134 Ausdrücklich weist der an Pollmann ergangene Verweis auf diese Absichten hin: „Da Euch [i.e. Pollmann] nicht entgangen sein kann, wie sehr Uns daran gelegen, Spanien und Churbayern bei gegenwärtigen Conjuncturen zu menagieren und bei gutem Willen zu halten, so können Wir nicht begreifen, wie es möglich ist, dass Ihr nicht wahrgenommen, dass dasjenige, was von der Prätension dieser beiden Höfe an die österreichische Succession in gedachtem Rescripto erinnert wird, Euch nicht in der Absicht zugeschrieben worden, dass Ihr solches in Unserm Namen gleichsam ausposaunen und der ganzen Welt schriftlich vorstellen sollet, indem ja auch der einfältigste Mensch leicht ermessen kann, dass solches nothwendig

Dieser Tadel zeigt auch, daß Preußen in seinen Publikationen das eigene Vorgehen nur auf einer abstrakten Ebene von den Erbfolgestreitigkeiten zu trennen bemüht war. Die Diskrepanz zwischen der veröffentlichten Distanzierung von antipragmatischen Absichten und dem gleichzeitigen Bestreben, mit eben jenen Antipragmatikern zu einem Bündnis zu gelangen, führt uns wiederum zu der tatsächlich verfolgten preußischen Politik.

Die erste der drei Möglichkeiten zur erfolgreichen Erwerbung Schlesiens, wie sie im *Rheinsberger Protokoll* einander gegenübergestellt sind[135], sieht eine Abtretung Schlesiens als Preis für das angebotene politische und militärische Eintreten Preußens zum Erhalt des deutschen Landes der Habsburgermonarchie vor. Die Zweite empfiehlt eine genau umgekehrte Verfahrensweise: Schlesien sollte als Preis für die Unterstützung der sächsischen und bayerischen Prätentionen unter der Assistenz Frankreichs gewonnen werden. Die dritte und letzte der vorgestellten Möglichkeiten schlägt eine rasche Inbesitznahme Schlesiens im Anschluß an antipragmatische Bestrebungen Sachsens vor.

Alle drei Wege setzen eine grundsätzliche Gefährdung des habsburgischen Erbes voraus; sie sehen allerdings einander entgegengesetzte politische Haltungen vor, die Preußen in dem erwarteten Konflikt einnehmen solle, um Schlesien zu erwerben. In den folgenden Wochen kombiniert Friedrich alle drei Verfahrensweisen miteinander[136].

Seit Anfang November 1740 versuchte Preußen, Bayern und Sachsen zu einer Anfechtung der österreichischen Erbfolgeordnung zu ermuntern[137]. Entsprechend befahl Friedrich seinem Vertreter in Regensburg, gegenüber dem bayerischen Gesandten mit den Aufforderungen zu energischem Vorgehen fortzufahren – aber ohne daß Preußen dabei offen in Erscheinung trete[138]. Gleichermaßen bestand hierin die Hauptaufgabe des preußischen Vertreters am kurbayerischen Hofe[139].

---

bemeldte beide Höfe auf dass Aeusserste choquieren müsse", Reskript an Pollmann, 17. Juni 1741, PStSch I 92, Anm. 2.

Pollmann hatte bereits einen ersten Verweis unter dem 10. Mai erhalten und sich daraufhin mit dem Hinweis entschuldigt, daß die Nichtveröffentlichungsabsicht in dem betreffenden Reskript nicht deutlich mitgeteilt worden sei, vgl. ebenda.

135 Vgl. hierzu Kapitel IV.1.a).

136 Entsprechend der Formulierungen im *Rheinsberger Protokoll* werden die darin enthaltenen Vorschläge in der historischen Forschung vornehmlich als Alternativen dargestellt, vgl. *J. G. Droysen*, Politik V 1, 141 ff.; *C. Grünhagen*, Geschichte I 48 ff.; sowie *ders*, Rubikon; *G. B. Volz*, Protokoll 72 f. Droysen meinte, in der tatsächlich verfolgten Politik seien die ursprünglichen Pläne „zu etwas völlig anderem umgestaltet" worden, vgl. *J. G. Droysen*, Politik V 1, 150. Vgl. dagegen *R. Koser*, Friedrich I 237 ff.

137 Vgl. Bericht Podewils, 4. November 1740, sowie die eigenhändigen Randbemerkungen Friedrichs dazu, PC I 86: Pollmann solle den bayerischen Reichstagsgesandten zu energischen Schritten veranlassen, „pour que l'Electeur fasse quelque levée de bouclier". Friedrich stimmt zu und ergänzt: „J'ai envie de donner ordre à Borcke de semer la zizanie entre le Lorrain et les Saxons".

Während Friedrich dem Wiener Hof und den Seemächten gegenüber betonte, seine vornehmste Absicht sei die Erhaltung des Hauses Habsburg, und eindringlich vor antipragmatischen Absichten Frankreichs, Bayerns und Sachsens warnen ließ, bemühte er sich, diese Mitteilungen vor Frankreich zu verbergen[140]. Zur selben Zeit, als der König in Wien für eine Abtretung ganz Schlesiens neben pekuniären Diensten seine militärische Unterstützung für die Erhaltung der deutschen Besitzungen des Habsburgerreiches anbieten ließ, deutete er gegenüber Sachsen an, zu einem Eintreten für die sächsischen Prätentionen bereit zu sein[141].

Es ist in unserem Zusammenhang nicht entscheidend, welche dieser Optionen der König selbst bevorzugte[142]. Bemerkenswert ist vielmehr, daß ein Zusammen-

---

138 Vgl. Friedrich an Pollmann, 6. Dezember 1740, PC I 126: „[...] vous ferez bien de continuer sous main d'éperonner un peu ces messiers, et de les encourager à quelque démarche vigoureuse, mais avec tant de circonspection que je n'y sois pas commis". Nochmals weist der König seinen Vertreter an, vorsichtig zu sein und den bayerischen Kurfürsten so über das preußische Wohlwollen für Bayern zu versichern, „afin que ni les ministres de Vienne ni les autres n'en prennent de l'ombrage", ebenda.

139 Vgl. Instruktion für Klinggraeffen, 12. Dezember 1740, PC I 138-140, hier 138 f.: „Le principal but [...] étant d'animer sous main, et sans m'exposer en vue, la cour de Bavière à pousser avec vigueur des prétensions à la succession de la maison d'Autriche et à commencer la levée de boucliers [...]. Mais il faut qu'en tout ceci, il manoeuvre bien finement, et avec tant de circonspection qu'il ne paraisse point que j'ai le dessein d'épouser ouvertement le parti de la cour de Bavière contre celle de Vienne [...]". Konkrete Zusagen über eine Unterstützung für die bayerischen Absichten solle Klinggräffen indessen vermeiden, vgl. ebenda 139.
Am 11. Februar meldet der Gesandte aus München, daß er aufgrund der fehlenden Verbindlichkeiten fürchte, der bayerische Kurfürst werde Preußen gegenüber mißtrauisch werden, vgl. ebenda 198, Bericht Klinggraeffens, 11. Februar. Kurz darauf sendet Friedrich ein eigenhändiges Schreiben an Karl Albrecht, in dem er dem Wittelsbacher nun konkret ein gemeinsames Bündnis mit Frankreich anbietet, vgl. ebenda 200, Friedrich an Karl Albrecht, undatiert (zur Beförderung nach München am 2. März 1741 nach Berlin gesandt).

140 Vgl. Bericht Podewils, 13. November 1740, PC I 102; ebenda 128 f., Friedrich an Raesfeld, 6. Dezember 1740. Zu den Warnungen an die Seemächte vgl. die in Kapitel IV.1.a) genannten Anweisungen an Borcke in Wien sowie Friedrichs Befehle an seine Gesandten in England und bei den Generalstaaten: Friedrich an Andrié, 19. November 1740 PC I 107; Friedrich an Raesfeld, 19. November 1740, ebenda 108 f.

141 Vgl. Instruktion für Finckenstein, 13. Dezember 1740, PC I 141-143, hier 142: Des Königs Absicht sei „seulement de me faire rendre justice sur mes justes prétensions, et que, si le roi de Pologne en avait de son côté, je serais charmé de lui aider à les faire valoir et à nous accommoder ensuite de concert ensemble avec la maison d'Autriche [...]". Vgl. auch ebenda 147, Friedrich an Podewils, 16. Dezember 1740: „Il faut presser Bülow [i.e. sächsischer Vertreter in Berlin] de conclure avec nous; ils ont envie de se battre et d'avoir la Bohême; tant mieux". Zu den gleichzeitig erfolgten und inhaltlich gegenteiligen preußischen Anerbietungen an den Wiener Hof vgl. Kapitel IV.1.a) und IV.1.b).

142 Johann Gustav Droysen nimmt an, daß Friedrich grundsätzlich die französische Option bevorzugte, vgl. *J. G. Droysen*, Stellung 277 und 280; ebenso *I. Mieck* 90 f. Koser betont ebenso wie Berney die Offenheit des Königs und gibt an, Friedrich habe zunächst auf das Zustandekommen einer Einigung mit Österreich und eines Bündnisses mit England gerechnet, vgl. *R. Koser*, Breslauer Frieden 82 ff.; *Ders.*, Friedrich I 248 ff.; *A. Berney*, Entwicklungs-

wirken mit antipragmatischen Mächten – obwohl es intensiv verfolgt wird und die Bündniskonstellation der folgenden Jahre prägte – keinen Eingang in die preußische Legitimationsargumentation gefunden hat.

Auch die österreichischen Publikationen stellten keinen Zusammenhang zwischen dem preußischen Vorgehen und den Bestrebungen der anderen Prätendenten her, obwohl man tatsächlich annahm, daß Preußen heimlich mit den Antipragmatikern verbündet sei[143]. Öffentlich verzichtete der Wiener Hof darauf, das preußische Verhältnis zur habsburgischen Erbfolgeordnung vor dem Hintergrund genereller antipragmatischer Absichten zu erörtern; der von Österreich Anfang Januar 1741 veröffentlichte *Extrait de la dépêche royale* zeigt, daß man stattdessen bemüht war, die noch nicht erklärten Prätendenten durch gezielte Indiskretionen gegen Preußen aufzubringen, indem man den bereits öffentlich aufgetretenen wittelsbachischen Erbanwärter überhaupt nicht erwähnte. Österreich betonte demgegenüber die Rechtsverbindlichkeit der Pragmatischen Sanktion für Preußen.

Friedrich hatte vorausgesehen, daß Österreich den preußischen Einmarsch als Verletzung der Pragmatischen Sanktion bezeichnen und die Hilfeleistung der Garanten fordern würde[144]. In Wien und London ließ er vor einem solchen Schritt warnen – sollte sich Österreich auf die von Friedrich Wilhelm 1728 geleistete Anerkennung der Pragmatischen Sanktion berufen, werde er das vertragsbrüchige Verhalten des Kaiserhofes aller Welt vor Augen legen[145]. Aber obwohl Österreich tatsächlich sowohl gegenüber dem Reich als auch in der Anrufung der Garantiemächte auf die preußische Zustimmung zur Reichsgarantie für die österreichische Erbfolgeregelung verwies und den Einmarsch in Schlesien als offenkundigen

---

geschichte 136 ff. Grünhagen dagegen betont, die geplante Eroberung Schlesiens sei ursprünglich „wesentlich antipragmatisch, mit den bayerisch-französischen Plänen eng verschwistert" gewesen, *C. Grünhagen*, Rubikon 112 – doch Friedrich habe sich von Podewils und Schwerin überzeugen lassen und sich zunächst „pragmatisch gesinnt gezeigt", ebenda 136. Nach der österreichischen Ablehnung sei ihm aber „die Nothwendigkeit eines Uebertritts zu den Antipragmatikern mit allen ihren mißlichen Consequenzen nicht erspart worden", ebenda 138.

143 Vgl. hierzu und zum folgenden im einzelnen Kapitel IV.1.b).

144 Ursprünglich hatte der König gegenüber dem Wiener Hof deutlich unterstreichen lassen wollen „la bonne intention et le dessein dans lequel je suis de leur garantir la Pragmatique", PC I 105, Anm. 2, eigenhändiger Zusatz Friedrichs zum Konzept der Depesche an Borcke vom 15. November. Die Ausfertigung wurde allerdings nicht entsprechend verändert, vgl. ebenda.
In der Instruktion für Gotter vom 8. Dezember ist dagegen mehr Wert darauf gelegt, die Verbindlichkeit der Pragmatischen Sanktion für Preußen zu bestreiten, vgl. ebenda 134.

145 Vgl. Instruktion für Gotter, 8. Dezember 1740, PC I 131-134, hier 134. Die Anweisung für den preußischen Vertreter in England ebenda 140 f., Instruktion für Truchseß, 12. Dezember 1740. Zur Einschätzung der Verbindlichkeit des Vertrages hinsichtlich der preußischen Garantie der Pragmatischen Sanktion vgl. die gegenteiligen Urteile bei *R. Koser*, Friedrich I 243 f.; PStSch I 52 ff.; sowie *A. v. Arneth*, Maria Theresia I 107 f.; *Th. Thelen* 114; neuerdings – ohne Beurteilung der Verbindlichkeit – *J. Kunisch*, Hausgesetzgebung 57-59; *Ders.*, Staatenkonflikte 69 f.

Rechtsbruch bezeichnete[146], verzichtete Preußen auf die Veröffentlichung des Geheimvertrages von 1728[147]. Das bereits erwähnte *Rescript an Pollmann* vom 20. Januar 1741, mit dem Preußen auf die österreichische Eingabe an den Reichstag reagierte, wiederholt die Drohung einer Veröffentlichung; gleichzeitig versichert Friedrich jedoch, „Unser billiges Ressentiment auch hierüber gerne dem Publico zum Besten sacrificiren, und zu einem raisonablen Vergleich mit der Königin von Hungarn und Böheim Maj[estät] die Hand bieten"[148] zu wollen.

Reinhold Koser bewertet es als politisches Versäumnis des Ministers Podewils, daß eine Veröffentlichung über die fernere Rechtsgültigkeit der preußischen Garantie für die Pragmatische Sanktion während der Schlesischen Kriege unterblieben ist[149]. Wahrscheinlicher war dies aber eine politische Rücksichtnahme auf Frankreich, denn es konnte kaum im Interesse Preußens liegen, den Inhalt einer geheimen preußisch-kaiserlichen Vereinbarung bekanntzumachen, der sich – hinsichtlich der preußischen Ansprüche im Jülich-Bergischen Erbfolgestreit – gegen einen französischen Verbündeten richtete. Dementsprechend argumentierte Friedrich gegenüber Frankreich zunächst auch nicht mit einer Außerkraftsetzung der preußischen Garantie der Pragmatischen Sanktion, sondern nahm einen durchaus antipragmatischen Standpunkt ein: Der König erinnerte daran, daß Fleury selbst erklärt habe, Frankreich garantiere die Pragmatische Sanktion nur vorbehaltlich der Rechte Dritter – nun hoffe er, Frankreich werde die preußischen Rechte auf Schlesien ebenso bewerten, wie es die bayerischen Ansprüche behandele[150].

Ebenso wie sich hierin eine Nähe zu antipragmatischen Bestrebungen ausdrückt, hatte der König bereits im November 1740 gegenüber dem kurmainzischen Minister Groschlag preußische Rechtsansprüche im Zusammenhang möglicher Anfechtungen der Pragmatischen Sanktion erwähnt[151]. Podewils selbst stellte das preußische Vorhaben in seinem Kommentar zu den königlichen *Idées sur les projets poli-*

---

146 Vgl. *Schreiben an die Reichsstände* vom 29. Dezember 1740 sowie die gleichzeitige Anrufung der Garanten der Pragmatischen Sanktion, vgl. PStSch I 91; ebenso Kapitel IV.1.b) dieser Studie.

147 Erst in einer preußischen Note vom 7. Februar 1747 erfolgte als Reaktion auf die von Österreich geforderte Hilfeleistung gegen Frankreich eine Veröffentlichung des Vertragsinhalts, vgl. PStSch II 112 ff., besonders 115 ff.

148 Vgl. *Rescript an Pollmann*, PStSch I 88. Im Gegensatz zu den zitierten diplomatischen Anweisungen ist der Geheimvertrag hier nur sehr unpräzise angesprochen, weder das Jahresdatum noch der wichtigste Inhalt sind genannt.

149 Vgl. *R. Koser*, Friedrich I 286 f.

150 Vgl. Friedrich an Chambrier, 13. Dezember 1740, PC I 143-145, hier 145. Erst nachdem Friedrich Fleury die Preisgabe seiner Anrechte auf Jülich-Berg im Austausch für eine französische Zustimmung zu den preußischen Erwerbungen in Schlesien angeboten hatte, berief er sich auch Frankreich gegenüber auf die Nichtigkeit der preußischen Garantie für die Pragmatische Sanktion, vgl. die Depeschen des Königs unter dem 23. und 27. Dezember 1740, PC I 154 und 161 f.; die geplante Mitteilung des späteren *Mémoire sur les raisons* an Chambrier, ebenda 158 f.

151 Hinsichtlich der Gespräche mit Groschlag vgl. Kapitel V.1.a).

tiques à former au sujet de la mort de feu l'Empereur auf eine Ebene mit bayerischen und sächsischen Absichten; er stimmt dem König zu, daß kriegerische Vorbereitungen dieser beiden Prätendenten einen plausiblen Vorwand für Preußen darstellten, um jenen zuvorzukommen, „qui pourraient par la même raison, au préjudice de V[otre] M[ajesté], vouloir se saisir de la Silésie"[152].

Preußen beschränkte sich auch in seinen öffentlichen Aussagen zur Pragmatischen Sanktion nicht auf die Behauptung, daß die Festlegung der österreichischen Erbfolge und der zugehörige Landbesitz zu trennen seien, sondern bestritt zum Beweis der behaupteten Sonderrechte zusätzlich die Gültigkeit der Rechtsnachfolge Maria Theresias für die vier schlesischen Herzogtümer: Erstens seien die brandenburgischen Anrechte auf die genannten Herzogtümer *ex pactis et providentia majorum* erworben; eine spätere Verfügung könne daher den preußischen Besitzanspruch nicht gefährden. Zweitens könne Maria Theresia aufgrund ihres Geschlechtes die betreffenden Gebiete nicht erben, denn diese seien stets reine Mannlehen gewesen.

Der König selbst hatte diesen Argumentationsansatz entwickelt; bereits Anfang November hatte er seinen Minister um Rechtsauskunft in der Geschlechterfrage gebeten[153]. Im *Mémoire sur les raisons*, das der König im Entwurf an Podewils sandte, erscheinen die verschiedenen Aussagen zur Pragmatischen Sanktion gebündelt. Der König betont, daß er nicht als Erbe auftrete und daher auch nicht die Bestimmungen der Pragmatischen Sanktion verletze; gleichzeitig jedoch ist darauf hingewiesen, daß Schlesien nicht zum habsburgischen Erbe zählen könne, da Karl VI. es nicht rechtmäßig besessen habe und es überdies ein rein männliches Lehen sei[154].

Ohne konkret auf die Pragmatische Sanktion einzugehen, erhob auch Ludewig in seinem *Rechtsgegründeten Eigenthum* die Behauptung, daß die preußischen Rechtstitel „ex pactis et prouidentia majorum"[155] erworben waren, zum Kernargument. Zusätzlich verwies er darauf, daß die betreffenden Gebiete als reine Mannlehen nicht auf eine Frau übergehen könnten[156]. Die weiteren preußischen Schriften bezogen diese Begründung der älteren Sonderrechte stets mit ein, ohne auf die oben genannte abstrakte Abgrenzung des preußischen Vorgehens gegenüber antipragmatischen Absichten zu verzichten[157].

---

152 Podewils an Friedrich, 7. November 1740, zitiert nach *G.B.Volz*, Protokoll 92.

153 Vgl. PC I 89, Friedrich an Podewils, 6. November 1740. Ein Antwortschreiben Podewils ist in der PC nicht enthalten; auch Koser verzeichnet nichts über die Reaktion des Ministers, vgl. PStSch I 57, Anm. 1.

154 Vgl. den Entwurf und die Fassung Podewils für das der Veröffentlichung zugrundeliegende Zirkularreskript, PStSch I 76-78.

155 PStSch I 117.

156 Vgl. ebenda 118.

157 Vgl. *Rescript an Pollmann*, PStSch I 87 f.; ebenso das oben genannte Reskript vom 28. Februar, ebenda 92 ff.; *Beantwortung der Gegeninformation*, ebenda 147 und 219; *Kurtze Remarquen*, ebenda 266.

Preußens Argumentationen setzten sich also keineswegs konsequent und konsistent in Gegensatz zu den übrigen Prätendenten – Coccejis Rechtsabhandlungen stellen vielmehr die bereits kurz nach dem Amtsantritt erfolgte Anerkennung Maria Theresias wieder in Frage[158]: Bereits in seiner ersten, im Februar 1741 veröffentlichten Schrift hatte der preußische Jurist deutlich anklingen lassen, daß Preußen die österreichische Erbfolgefrage als völlig ungeklärt betrachte – nachdrücklich betont er noch in den im August 1741 erschienen *Kurtzen Remarquen*: „Wenn eine Declaratio belli nöthig gewesen wäre, so würde man noch bis auf diese Stunde ungewiss sein, wem man die Denunciation insinuieren sollte, denn ob man schon die Garantie en faveur der Königin übernommen, so hat man dadurch weder denen übrigen Prätendenten noch sich selbst die auf dieses oder jenes Stück des ganzen Corporis habende Jura benommen [...]"[159].

Nachdem noch die *Declaration* betont hatte, daß Preußen die habsburgischen Interessen jederzeit zu unterstützen bereit sei, und im *Rescript an Pollmann* vom 20. Januar 1741 zum Beweis dieser Aussage auf die frühzeitige preußische Anerkennung Maria Theresias verwiesen worden war[160], erscheinen die preußischen Verlautbarungen zur Nachfolgefrage im Laufe des Frühjahrs 1741 in einem fast gegenteiligen Licht.

Auch hier scheint sich – ähnlich wie bei der Begründung der schlesischen Ansprüche – eine Wandlung der preußischen Argumentation in Anlehnung an die politisch-militärische Entwicklung anzudeuten. Aber ebenso wie Preußen in der Debatte um die schlesische Rechtsfrage seinen ursprünglich öffentlich eingenommenen Standpunkt trotz einiger Widersprüche zu verteidigen suchte, blieb auch das Verhältnis Preußens zur Pragmatischen Sanktion wesentlich ungeklärt:

Seit dem am 5. Juni 1741 unterzeichneten Bündnis mit Frankreich und dem Einfall der bayerisch-französischen Truppen in Oberösterreich bestand für Friedrich keine politische Dringlichkeit mehr, sich öffentlich von den antipragmatischen Mächten zu distanzieren. Dementsprechend antwortete Friedrich auch auf die erste diplomatische Mahnung hinsichtlich der Pragmatischen Sanktion: Als sich kurz nach der Unterzeichnung des preußisch-französischen Vertrages der englische und holländische Gesandte bei ihm einfanden und ihn unter Bezug auf die Bestimmungen der Pragmatischen Sanktion aufforderten, Schlesien zu räumen, ignorierte der

---

158 Bereits am 5. November hatte Friedrich ein förmliches Anerkennungsschreiben an Maria Theresia gesandt, vgl. *A. v. Arneth*, Maria Theresia I 101. Während Johann Gustav Droysen hierin einen – wenn auch vordergründigen, da Preußen nicht auf seiten der Antipragmatiker gestanden habe – Widerspruch zur preußischen Legitimation erkennt, bewertet Gustav Berthold Volz diesen Vorgang als politisch bedeutungslos, vgl. *J. G. Droysen*, Politik V 1, 153 f.; *G. B. Volz*, Protokoll 77, Anm. 1. Volz widerspricht hier Grünhagen, der die Anerkennung als Ergebnis von Podewils Einflußnahme und zusätzlich als Schwächung der juristischen Legitimationsargumentation Preußens betrachtet; Grünhagen geht jedoch nicht näher auf die Pragmatische Sanktion ein, vgl. *C. Grünhagen*, Rubikon.

159 PStSch I 266. Zu dem Hinweis auf die *Nähere Ausführung* vgl. ebenda 134 f.

160 Vgl. PStSch I 63 und 87.

preußische König diesen Hinweis in seiner Antwort völlig[161]. Dennoch stellte er sich auch nach der Klärung der politischen Fronten nicht offen auf die Seite der Anfechter der Pragmatischen Sanktion, sondern suchte – zumindest abstrakt – eine neutrale Position einzunehmen.

Indem Preußen allerdings die Durchsetzung von Sonderrechten geltend machte und die Gültigkeit der Pragmatischen Sanktion hinsichtlich dieser Titel bestritt, bewegte sich die preußische Argumentation durchaus auf der Ebene derjenigen Legitimationen, mit denen die übrigen Prätendenten zur Begründung ihrer Ansprüche gegen die Pragmatische Sanktion argumentierten[162]. Denn diese bestritten ebenso wie Preußen die Rechtswirksamkeit dieser Erbfolgeregelung für die von ihnen beanspruchten Titel aufgrund älterer Rechte; sie versuchten ihre Zustimmung zur Pragmatischen Sanktion und die in diesem Zusammenhang eingegangenen Verbindlichkeiten zu umgehen, indem sie sich auf die Rechtsformel „vorbehaltlich der Rechte Dritter" bezogen. Und wie die übrigen Prätendenten berief sich auch Preußen in den Deduktionen, die die Anrechte auf die schlesischen Herzogtümer beweisen sollten, auf den Grundsatz der Regredientenerbschaft[163]. Aber im Unterschied zu den sonstigen Anwärtern auf Teile oder auf die Gesamtheit des österreichischen Erbes bekannte sich Preußen nicht zu einer Anfechtung der Pragmatischen Sanktion.

In unserem Zusammenhang ist bemerkenswert, daß der Wiener Hof in seinen Antwortschriften auf die preußischen Ansätze zu einer grundsätzlichen Anfechtung der Pragmatischen Sanktion nicht einging, sondern wiederholt die unverbrüchliche Rechtsverbindlichkeit der preußischen Anerkennung dieser Erbfolgeregelung betonte[164]. In der publizistischen Auseinandersetzung um die Pragmatische Sanktion konzentrierte sich Österreich auf die öffentliche Widerlegung der bayerischen Argumentation; die publizistischen Reaktionen der Hofburg auf die Ansprüche des Wittelsbachers überragen an Anzahl und in der Gründlichkeit der rechtlichen Beweisführung die Publikationen sowohl gegen Preußen wie auch gegen die übrigen Prätendenten[165].

---

[161] Vgl. hierzu PStSch I 304 f. Die Antwort Friedrichs vom 15. Juni 1741 ebenda 305 f.

[162] Vgl. zu den Begründungen Bayerns, Sachsens, Spaniens und Sardiniens am ausführlichsten *Th. Thelen*; ohne die Ähnlichkeit der Argumentationen zu erwähnen, wertet Thelen vorsichtig, Preußen habe „genaugenommen" die Pragmatische Sanktion auch angefochten, vgl. ebenda 115. Vgl. auch *L. v. Ranke* SW XXVII 318 f. und 380 f.; *J.G.Droysen*, Politik V 1, 123 ff.; *K. Th. Heigel*, Ansprüche; *C. Hübner*.

[163] So ausdrücklich in der *Näheren Ausführung*, vgl. PStSch I 128. Der Grundsatz der Regredientenerbschaft geht auf das Vordringen römischer Rechtsvorstellungen zurück und postuliert im Gegensatz zu den germanischen Rechtstraditionen nicht den Vorrang der Tochter des letzten Besitzers, der sogenannten Erbtochter, sondern den Rückfall des Erbes an den ursprünglichen Erblasser, vgl. *K. Th. Heigel*, Ansprüche 37 ff.

[164] Vgl. *Th. Thelen* 115. Thelen äußert keine Vermutung über den Grund hierfür; er scheint allerdings anzunehmen, daß Bartenstein dieser Umstand entgangen sei.

[165] Vgl. ebenda, passim. So bezeichnet Thelen die österreichische Antwort auf die grundlegende spanische Prätentionsschrift als „oberflächlich und grob, fehlerhaft in der Urkunden-

Es ist plausibel, als Grund hierfür vor allem die bedrängte militärische Lage der Habsburgerin in der zweiten Jahreshälfte 1741 anzusehen, wie Theodor Thelen angenommen hat[166]; zusätzlich jedoch sind auch politische Beweggründe anzunehmen: Der Bestand der Habsburgermonarchie hing entscheidend davon ab, ob die Prätendenten an das habsburgische Erbe dem preußischen Beispiel folgen und ebenfalls zu den Waffen greifen würden. Daher hatte sich Österreich intensiv darum bemüht, eine einheitliche Front seiner Gegner zu verhindern. Deswegen hatte der Wiener Hof zum einen die bayerischen Ansprüche öffentlich bekämpft, diese aber zugleich nicht mit dem preußischen Vorgehen in Verbindung gebracht; zum anderen hatte er auf die Verbindlichkeit der Pragmatischen Sanktion verwiesen, um Dritte von der Nachahmung des preußischen Angriffs abzuhalten[167].

Aber nachdem Österreich die erste Feldschlacht gegen Preußen im April 1741 verloren hatte und die antipragmatische Koalition im Sommer desselben Jahres tatsächlich zustande gekommen war und nachdem auch die österreichischen Bemühungen um die gewünschte Waffenhilfe der Garanten vorläufig gescheitert waren, mußte sich die Wiener Politik nach diesen aktuellen politisch-militärischen Gegebenheiten ausrichten. Das wichtigste Anliegen der Hofburg galt nun gleichermaßen der militärischen wie der öffentlichen Abwehr des bayerisch-französischen Angriffs; die Auseinandersetzung um die Gültigkeit der Pragmatischen Sanktion wurde nun vor allem mit dem Bayern geführt[168]. Als zur Jahreswende 1741/42 durch den Ausschluß der böhmischen Kurstimme und aufgrund der Kaiserwahl des Wittelsbachers zudem reichsrechtliche und reichspolitische Debattenthemen aufkamen, konzentrierte sich die Wiener Propaganda vollends auf den Konflikt mit Karl VII[169]. Daß in den österreichischen Schriften gegen Preußen in der Folgezeit des Ersten Schlesischen Krieges Hinweise auf die Pragmatische Sanktion fehlen, scheint daher durch die gewandelten politischen Umstände bedingt zu sein.

----

widergabe", ebenda 144; auf das sächsische Manifest erschien keine eigentliche Antwort, hier hatte vielmehr die offizielle Entgegnung auf die bayerische *Gründliche Ausführung,* die österreichische *Vorläufige Beantwortung,* als Maßgabe zu dienen, vgl. ebenda 173. Gegen die sardinische Deduktion – die sich nach der Mitteilung Sardiniens an den Wiener Hof nur gegen die spanischen Prätentionen richte – veröffentlichte Österreich keine Entgegnungsschrift, vgl. ebenda 183.

166 Vgl. ebenda 172.

167 Vgl. hierzu allgemein Kapitel IV.1.b) dieser Studie. Dabei ist auch auf österreichischer Seite eine deutliche Diskrepanz zwischen der öffentlichen Haltung und der tatsächlich verfolgten Politik festzustellen: Denn Wien hatte zwar kategorisch erklärt, keiner Verletzung der Pragmatischen Sanktion und somit auch keiner Gebietsabtretung zustimmen zu können, machte aber gleichwohl auf diplomatischem Wege entsprechende Vorschläge an Bayern, vgl. *A. v. Arneth,* Maria Theresia I 327 ff.

168 Auf diese publizistischen Debatten können wir in unserem Zusammenhang nicht näher eingehen, vgl. dazu *Th. Thelen* 89 ff.

169 Zur Verknüpfung der erbfolgerechtlichen mit reichspolitischen Fragen vgl. Kapitel VI.1. dieser Studie.

Umgekehrt waren wahrscheinlich auch die öffentlichen preußischen Aussagen zur Pragmatischen Sanktion politisch motiviert: Vor dem Hintergrund noch ungeklärter politischer Koalitionen hatte sich Preußen zunächst nur recht unbestimmt geäußert und sein Verhältnis zur Pragmatischen Sanktion nicht definiert; die ausdrückliche Distanzierung von antipragmatischen Absichten Dritter erfolgte nur zu jenem Zeitpunkt, als Österreich durch die Einforderung der Garantie der Pragmatischen Sanktion konkrete politische und militärische Unterstützung im Kampf gegen Preußen zu erreichen hoffte. Es ist daher wahrscheinlich, daß dies vornehmlich aus dem Bestreben resultierte, eine derartige Unterstützung für Österreich zu verhindern; ohne die eigene Position konsequent zu entwickeln und sich dauerhaft festzulegen, argumentierte Preußen stets im Sinne politischer Opportunitäten.

Somit scheint auch die preußisch-österreichische Auseinandersetzung um die Pragmatische Sanktion – analog zum Abebben der öffentlichen Debatte um die schlesische Rechtsfrage – von den politischen Rahmenbedingungen bestimmt gewesen zu sein. Aber anders als im Hinblick auf die schlesische Rechtsfrage lebte die Debatte um die Pragmatische Sanktion zwischen Preußen und Österreich nicht wieder auf; während des Zweiten Schlesischen Krieges verwiesen die österreichische Schriften gegen Preußen nicht mehr ausdrücklich auf die Pragmatische Sanktion[170].

Zwar kam der Wiener Hof im direkten Vorfeld des Zweiten Schlesischen Krieges öffentlich noch einmal nachdrücklich auf die Rechtsverbindlichkeit der Anerkennung dieser Erbfolgeordnung zu sprechen, doch richtete sich dies nun nicht gegen Preußen, sondern gegen die französische Kriegserklärung[171]. Ebenso wie beim preußischen Einmarsch in Schlesien vier Jahre zuvor verzichtete Wien auch angesichts des Kriegszustands mit Frankreich auf eine öffentliche Einforderung der Garantie, behielt sich aber 1744 ausdrücklich weitere Schritte vor; so verwies Maria Theresia gegenüber neutralen reichsständischen Adressaten darauf, daß sie durchaus berechtigt sei, die Erfüllung der militärischen Beistandspflicht zu verlangen, versicherte aber zugleich, sich mit einer neutralen Haltung der Reichsstände zu begnügen, falls ihre Feinde sich entsprechend verhielten[172].

---

170 Vgl. Kapitel IV.2.b). In der zentralen österreichischen Entgegnung auf die preußische Kriegsbegründungwird die Pragmatische Sanktion überhaupt nicht erwähnt; nur in einer derjenigen Schriften, die an ein reichsständisches Publikum gerichtet waren, wird eingangs auf die Verbindlichkeit der Erbfolgeordnung verwiesen, hier allerdings im Zusammenhang eines allgemeinen Vorwurfs des Vertragsbruches an die verbündeten Gegner Habsburgs, vgl. *Zuschrift an den Schwäbischen Creyß=Convent* vom 22. September 1744, HHStA, KrA 382, o. fol.

171 Vgl. die österreichische *Ausführliche Beantwortung der Französischen Kriegs=Erklärung*, HHStA, KrA 382, o. fol.; Näheres in den Kapiteln VI.2. und IV.2.b) dieser Studie.

172 Vgl. *Zuschrift an den Schwäbischen Creyß=Convent* vom 22. September 1744, Originaldruck HHStA, KrA 382, o. fol.: „Sonder zweiffel wären Wir zufolge der Uns geleisteten Garantie auf deren Erfüllung sogleich zudringen befugt gewesen. Doch haben Wir Uns einsweils/unbeschadet dieser Unserer Befugnus/mit der genauen Neutralitäts=Beobachtung be-

Während der Wiener Hof also gegenüber Bayern und Frankreich weiterhin mit der Rechtsverbindlichkeit der Pragmatischen Sanktion argumentierte, vermied er dieses Debattenthema gegenüber Preußen. Es ist sehr wahrscheinlich, daß dies aufgrund der gleichfalls rechtsverbindlich festgelegten Abtretungsvereinbarung des Breslauer Friedens unterblieben ist.

2. Moral

Neben rechtlichen Themen spielte auch die Moral eine wichtige Rolle in den publizistischen Auseinandersetzungen zwischen Preußen und Österreich. Schon in ihren grundlegenden Staatsschriften zum Kriegsbeginn von 1740 und 1744 hatten beide Staaten zum Teil besonderes Gewicht auf moralisierende Argumente gelegt. So versuchte der Wiener Hof, den preußischen König als intriganten Friedensbrecher darzustellen; umgekehrt warf Preußen der Hofburg Hochfahrenheit und Herrschsucht vor[173]. Und ebenso wie die öffentliche preußisch-österreichische Auseinandersetzung um wichtige Rechtsfragen noch Monate nach Kriegsbeginn intensiv fortgeführt wurde, flammten immer wieder publizistische Debatten um politisch-moralische Fragen zwischen den Kriegsgegnern auf.

Aber anders als in der Debatte um die schlesischen Rechtstitel oder um die Pragmatische Sanktion behandeln diese Publikationen kein zusammenhängendes Sachthema, sondern befassen sich gezielt mit politischen oder diplomatischen Einzelereignissen und versuchen, auf diese Weise den Gegner durch die Veröffentlichung von sensationellen oder geheimen Nachrichten politisch-moralisch zu diffamieren.

a) Der Attentatsplan

Die erste dieser auf einen diffamierenden Zweck gerichteten Veröffentlichungen fällt in das Frühjahr 1741 und geht auf einen Befehl des preußischen Königs zurück. Am 5. März hatte dieser seinen Kabinettsminister angewiesen, für die Bekanntgabe eines angeblichen Attentatsplanes zu sorgen, den der Wiener Hof gegen ihn beabsichtigt habe. Friedrich befahl Podewils, dies sowohl durch die preußischen Diplomaten als auch durch die Zeitungen „mit behörigen Couleurs" bekanntzugeben[174].

---

gnüget/und verlangen dieselbe annoch nicht darvon zu verdringen/wann nur Unsere Feinde Sie bey dem darnach ausgemessenen Systemate ruhig lassen wollen".

[173] Vgl. hierzu ausführlich das Kapitel IV. dieser Studie.

[174] „Inzwischen halte ich doch vor nöthig, der Welt obgedachte indigne Proceduren des wienerischen Hofes gegen Mich [...] bekannt zu machen, dahero Ihr dann nicht nur Meinen Ministris am russischen, englischen, holländischen und französischen Hofe, auch wo es sonsten nöthig sein wird, davon nöthige Kenntniss geben, sondern auch denen publiquen Zei-

Unter der Überschrift „Berlin den 11. Martii" erschien daraufhin in den Berliner Zeitungen eine kurze Notiz[175]. Darin hieß es, die neuesten Nachrichten aus Schlesien meldeten, daß der Wiener Hof ein Attentat gegen den preußischen König geplant habe; im Kampfgebiet seien mehrere österreichische Spione und Banditen aufgegriffen worden, die entsprechende Absichten gestanden hätten. Sie hätten den Auftrag gehabt, entweder den jeweiligen Aufenthaltsort des preußischen Königs an die feindlichen Truppen zu verraten oder „sonst einige detestable Desseins wider Sr. Königl. Majestät geheiligte Person ins Werk zu richten"[176].

Außerdem habe einer dieser Spione ausgesagt, daß er dieses Vorhaben im österreichischen Hofkriegsrat beeidet habe – „und zwar in hoher Gegenwart eines grossen Prinzen". Besonders dies sei, wie in dem Artikel nachdrücklich betont wird, „noch entsetzlicher zu hören und kaum zu glauben".

Während der Name des betreffenden Prinzen in diesem Zeitungsartikel nicht genannt wurde, erhielten die preußischen Diplomaten hierzu konkrete Informationen: Ausführlicher und deutlicher als der Artikel berichtete ein Erlaß über den Vorfall, den das preußische Kabinett zur gleichen Zeit an seine Gesandten schickte[177].

In diesem Reskript wird nicht allein der Gatte Maria Theresias ausdrücklich als jener „grosse Prinz" bezeichnet, sondern zudem suggeriert, daß der behauptete Attentatsplan in den Zusammenhang des rücksichtslosen und hochfahrenden Gebarens des Wiener Hofes gehöre. Seit dem Beginn des schlesischen Konfliktes habe Österreich sich herablassend gezeigt und den preußischen König darüber hinaus in öffentlichen Schriften und diplomatischen Verlautbarungen unwürdig behandelt[178]. Bisher habe Friedrich dieses Verhalten ignoriert, doch nun habe der Wiener Hof sogar einen Anschlag auf sein Leben ausführen lassen wollen. Diesem verabscheuungswürdigen Plan werde dadurch die Krone aufgesetzt, daß einer der gefaßten Banditen gestanden habe, er sei im Wiener Hofkriegsrat und sogar in Gegenwart des Herzogs von Lothringen auf diesen Plan vereidigt worden[179]. Diese Beschreibung gipfelt in der Feststellung, daß ein solches Vorhaben in den Augen der Weltöffentlichkeit Schimpf und Schande über den Wiener Hof bringen müsse[180].

---

tungen das Nöthige davon mit behörigen Couleurs inserieren lassen wollt", Kabinettsschreiben an Podewils, 5. März 1741, zitiert nach PStSch I 293, vgl. auch PC I 202.

[175] Vgl. hierzu PStSch I 292 ff. Der Text des Artikels ebenda 295 f.

[176] Ebenda 296. Die folgenden Zitate ebenda.

[177] Dieser Erlaß vom 11. März 1741 ebenfalls abgedruckt in PStSch I 296 f.

[178] „[...] on me traite avec si peu de ménagement et d'une façon si indigne, tant par les écrits que cette cour publie contre moi, que par la bouche de ses ministres, qu'il n'y aurra point d'exemple qu'on ait poussé la rage aussi loin", PStSch I 296.

[179] „Mais ce qui met le comble à ces horreurs est que l'un de ces bandits qu'on a attrapés a avoué qu'il été obligé de prêter, même en présence du duc de Lorraine, dans le conseil aulique de guerre, un serment exprès pour cela, ce que j'ai cependant peine à croire", PStSch I 296.

[180] Vgl. ebenda 297: Diese Absichten „doivent couvrir la cour de Vienne de honte et d'opprobre aux yeux de tout l'univers".

Abschließend wird versichert, der preußische König bedauere, daß er diese unwürdigen österreichischen Anschlagspläne veröffentlichen müsse; aber da alles erwiesen sei, habe er geglaubt, seine Gesandten darüber informieren zu müssen. Das Reskript endet mit der Weisung an die auswärtigen Vertreter, nach eigenem Ermessen davon Gebrauch zu machen[181].

Kurz darauf verbreitete sich neben der Zeitungsmeldung auch der Text dieses Reskripts in den Zeitungen, wo er unter dem Drucktitel *Mémoire singé par le baron de Danckelmann*[182] firmierte. Dies erweckte den Eindruck, als habe der preußische Vertreter am Mainzer Erzstuhl, Baron von Danckelmann[183], dies als amtliche Note überreicht und veröffentlichen lassen.

Damit schien der schwere moralische Vorwurf gegen den Gatten Maria Theresias, der in der Zeitungsnotiz nur angedeutet worden war, nun ausdrücklich in den Rang einer offiziellen diplomatischen Beschwerde aufgerückt.

Die Hofburg reagierte prompt. Am 29. März 1741 erfolgte ein österreichisches Reskript, das die erhobenen Vorwürfe vehement bestritt und diese als erdichtet und unwürdig bezeichnete[184]. Maria Theresia distanzierte sich nicht nur von diesen Anklagen, sondern bekundete auch besondere Abscheu darüber, daß Preußen die Vorwürfe offiziell durch seine Gesandten habe vorbringen lassen. Obwohl das solcherart „ausgebreitete gifft"[185] sicherlich nur Empörung hervorrufen werde, habe man dennoch eine offizielle Note verfaßt, die als Antwort auf die preußischen Anklagen allen fremden Höfen förmlich überreicht werden solle[186]. Es wird versichert, daß man sich dabei im Unterschied zu Preußen keiner „so unziemlicher ausdrückungen bedienet" habe und überdies den Vorgang nicht dem König selbst, sondern seinem Kabinett zur Last lege.

Diese knappe Wiener Antwort ist ebenso wie das *Mémoire signé* dem Reskript als Beilage beigelegt[187]. Einleitend widerspricht Maria Theresia in dieser Antwort

---

[181] Der letzte Satz des Reskriptes vom 11. März 1741 lautet: „[…] j'ai cru vous en devoir informer, pour que vous en fassiez part là où vous êtes, et comme vous le jugerez à propos et convenable pour mes intérêts", PStSch I 297.
Reinhold Koser gibt jedoch an, dieses Reskript sei nicht dazu bestimmt gewesen, „in die Oeffentlichkeit zu gelangen oder an den fremden Höfen übergeben zu werden", vgl. ebenda 294. Eine solchermaßen einschränkende Weisung für den Gebrauch enthält das Reskript indessen nicht.

[182] Vgl. hierzu PStSch I 294.

[183] Christoph Daniel Danckelmann, vgl. Repertorium II 299.

[184] Vgl. HHStA, StA England 79, Konvolut „Maria Theresia an Ostein 1741, 23.3. bis 29.3.", o.fol.

[185] Ebenda.

[186] Das Reskript weist darauf hin, daß Maria Theresia sich angesichts des preußischen Vorgehens entschlossen habe, diese Antwort „Unseren sammentlichen Ministros zuzusenden, und jedem dieser antworth respective übergebung und austheilung auf den fuß, als es Preussischer seits zum ersten beschehen ist, anzubefehlen", ebenda. Die folgenden Zitate ebenda.

[187] Der Wortlaut des angeblichen *Mémoire signé*, das diesem österreichischen Reskript ohne Überschrift als Kopie beigelegt ist, ist identisch mit dem des preußischen Erlasses vom

zunächst der behaupteten Wiener Hochfahrenheit; unter Verweis auf die Anfang Januar von der Hofburg publizierte Antwortschrift an die preußischen Unterhändler Gotter und Borcke[188] und auf zwei Mandate, die kurz zuvor angeblich von preußischer Seite in Schlesien veröffentlicht wurden[189], behauptet sie im Gegenteil: Die österreichische Moderation sei nicht zu bezweifeln, umgekehrt aber lasse der Gegner diese vollständig vermissen. Dennoch glaube weder die Königin noch ihr Gatte, daß Danckelmanns *Mémoire signé* auf den preußischen König zurückgehe. Zur Entkräftung der darin erhobenen Vorwürfe betont Maria Theresia, daß sowohl ihre wie auch ihres Gatten hohe Gesinnung hinreichend bekannt seien; überdies seien die Anklagen „si mal inventée, qu'il n'est pas possible, qu'elle trouve aucune creance". Abschließend wird erklärt, die Königin und ihr Gatte ließen es bei dieser Antwort bewenden, da es unter ihrer Würde sei, sich gegen Anwürfe zu verteidigen, die nichts als Verachtung verdienten[190].

Maria Theresia reagierte also strikt auf diplomatischer Ebene und versuchte, die Vorwürfe in der Öffentlichkeit und gegenüber allen Höfen als bewußte Ehrverletzung darzustellen.

Die ersten Reaktionen aus den europäischen Hauptstädten schienen diese Bewertung zu bestätigen; am 30. März meldete der österreichische Vertreter am französischen Hof, daß Kardinal Fleury ihm gegenüber versichert habe, daß er einer solchen Anklage niemals Glauben schenken werde. Nach dem Bericht des Gesandten bezeugte der französische Kardinal sogar Abscheu darüber, daß Preußen – selbst wenn tatsächlich einer der Gefangenen angegeben habe, daß er ein Attentat habe ausführen sollen – dies überhaupt bekanntgebe[191]. Ähnlich distanziert-empörte und ungläubige Reaktionen der europäischen Kabinette meldeten auch andere österreichische Diplomaten[192].

---

11. März 1741. Die österreichische Antwort ist hierin überschrieben mit *Project Du Memoire à opposer à celui de mr. le Baron de Danckelmann.*, vgl. ebenda. Sie wurde unter dem Titel *Reponse de la Cour de Vienne au memoire de Mr. le Baron de Danckelmann* veröffentlicht, vgl. *Sammlung einiger Staatsschriften nach Ableben Karls VI.*, I 5.Stück, 472–475.

[188] Vgl. zu dieser *Extrait de la dépêche royale* betitelten Publikation des Wiener Hofes ausführlich Kapitel IV.1.b) dieser Studie.

[189] Vgl. hierzu PStSch I 326. Koser hat plausibel dargelegt, daß es sich dabei wahrscheinlich um Fälschungen von vermutlich nichtstaatlicher Seite handelte.

[190] Vgl. HHStA, StA England 79, Konvolut „Maria Theresia an Ostein, 1741 23.3. bis 29.3.", unfoliiert. Der letzte Satz der Antwort lautet: „C'en est assez dire, puisque tant la Reine, que le Grand Duc n'ont pas besoin de ce justifier d'une imputation, qui ne merite, que leur juste mepris".

[191] Vgl. Bericht Wasners an Maria Theresia vom 30. März 1741, HHStA, StA Frankreich 66, Konvolut „Wasner an Maria Theresia 1741 I–III", fol. 109-111'. Fleury habe gesagt, daß dies wahrscheinlich eine Erfindung sei, „welches die abscheulichste Sache wäre, die von der menschlichen Bosheit erdacht werden könnte. Solte aber auch in der That was solches von einem Chef des Bandits vorgegeben worden seyn, müsse nicht allein die sonnenklare falschheit eines solchen vorgebens, sondern auch zugleich jedermänniglich, so einen Schatten von Ehrlichkeit und gesunden Vernunfft besitzet, in die augen fallen, wie höchst unwürdig sich hierunter von Seiten Preussen betragen worden", ebenda fol. 110 f.

Dieser Attentatsvorwurf hat nicht nur die zeitgenössischen Gemüter erregt, sondern auch in der historischen Forschung zu einer Kontroverse zwischen Reinhold Koser und Alfred von Arneth geführt. Dabei waren sich beide Forscher über den faktischen Gehalt der preußischen Anklagen einig; unterschiedlich jedoch bewerteten sie die Frage, ob Preußen seine Vorwürfe gegen Franz Stephan offiziell habe veröffentlichen lassen. Dies ist auch für unsere Interpretation wichtig.

Tatsächlich hatte man auf österreichischer Seite beabsichtigt, den preußischen König in einem Handstreich gefangen zu nehmen; einem entsprechenden Versuch war Friedrich aber Ende Februar 1741 mit Glück entgangen[193]. Daß jedoch unter Beteiligung des Großherzogs ein Mordanschlag geplant gewesen sei, schließen beide aus[194]. Arneth urteilte deswegen, daß die von Preußen erhobene Anklage wahrscheinlich als „ein neuer Kunstgriff [anzusehen sei], um das streng verdammende Urteil, welches sein Ueberfall auf Schlesien in ganz Europa erfuhr, zu mildern und die öffentliche Meinung wider seine Gegner aufzureizen"[195]. Zudem behauptete er, die preußischen Diplomaten seien angewiesen worden, gegenüber den Staaten, bei denen sie akkreditiert waren, eine „förmliche Anklage gegen Franz Stephan zu erheben"[196].

Dem nun hat Koser widersprochen[197] und im Gegenteil den Nachweis zu führen gesucht, daß das vermeintlich von Danckelmann in Mainz publizierte *Mémoire signé* nicht auf dessen Veranlassung hin gedruckt worden sei, sondern nur durch eine

---

[192] So berichtet Reischach über die Wirkung des preußischen Vorwurfs in den Generalstaaten: „Es hat aber all die Sach so schlechten effect gemacht, daß jedermänniglich von dessen ungrund sogleich persuadiret gewesen, ja ein solches vielmehr widrig außgeschlagen und gelegenheit gegeben immer mehrers zu erkennen was man endlichen alles von Preussischer seiten zu erfinden und auszustreuen benöthiget seye, um die abneygung, welche die gantze welt über dero unternhemungen bezeiget einigermaßen zu vermindern, welcher efect jedoch dadurch keines weegs erreichet worden", Bericht Reischachs vom 14. April 1741, HHStA, StA Holland 41, Konvolut „Berichte Reischachs an Sinzendorff", fol. 181-182, hier 181 f. Ebenso meldete Scharffenstein aus Polen, es sei „überhaupt ganz gewiß, daß sothane Preussische Verunglümpffung allhier keine andere Würckung als den verdienten Abscheu und Verachtung nach sich ziehe", Bericht Scharffensteins vom 19. April 1741, ebenda, StA Polen II 19 fol. 73 f.

[193] Vgl. *R. Koser*, Friedrich I 298 f. sowie *A. v. Arneth*, Maria Theresia I 151 ff. Der betreffende Versuch war am 27. Februar bei Wartha gescheitert; die Idee dazu stammte von dem ehemaligen kaiserlichen Gesandten in Berlin und einstigem österreichischen Feldmarschall, Graf Seckendorf. Vgl. auch *A. v. Arneth*, Maria Theresia I 205 f.

[194] Vgl. *A. v. Arneth*, Maria Theresia I 205; *R. Koser*, Friedrich I 299. Koser bemerkt hier mit ausgesprochener Skepsis, daß einer der Gefaßten davon „fabelte". Bemerkenswerterweise fehlt ein solcher Hinweis in seiner Edition der preußischen Staatsschriften von 1877, vgl. PStSch I 292 f.

[195] *A. v. Arneth*, Maria Theresia I 205.

[196] *A. v. Arneth*, Maria Theresia I 206. Er gibt ferner an, daß Friedrich seinen Gesandten befohlen habe, die auswärtigen Kabinette mündlich und schriftlich über den Vorfall zu informieren.

[197] Vgl. hierzu PStSch I 294, Anm. 1. Arneths Annahme läßt sich in der Tat durch den Wortlaut des preußischen Reskripts nicht begründen.

Indiskretion des dortigen Gesandtschaftssekretärs in die Öffentlichkeit gelangt sei[198].

Nach Berichten der österreichischen Diplomaten zu urteilen, wurde das betreffende Reskript allerdings von verschiedenen preußischen Vertretern schriftlich – und zum Teil auch unterzeichnet – ausgegeben[199]. Bei Koser findet sich hierzu zwar der Hinweis, daß einer von ihnen, nämlich der Reichstagsgesandte Pollmann, dies später bestritten habe[200], und daß auch in Danckelmanns Berichten nichts dergleichen erwähnt sei[201], aber diese Einwendungen sind nicht überzeugend.

Denn obwohl nach den einander widersprechenden Akten nicht zu entscheiden ist, ob eine förmliche Bekanntmachung des Reskripts von preußischer Seite erfolgt ist, kann kein Zweifel an der grundsätzlichen Veröffentlichungsabsicht bestehen. Der König selbst hatte ja Podewils angewiesen, „der Welt obgedachte indigne Proceduren des wienerischen Hofes [...] bekannt zu machen"[202]; diesem Befehl folgend, hatte das Berliner Kabinett die Empfänger des Erlasses vom 11. März angewiesen, die darin enthaltenen Informationen nach eigenem Ermessen in Sinne der preußischen Interessen einzusetzen. Obwohl Friedrich selbst nicht vom Wahrheitsgehalt der Vorwürfe gegen Franz Stephan überzeugt war[203], ließ er sie dennoch

---

[198] Vgl. hierzu PStSch I 294 f. Gemeint ist Christian Ludwig Liscow, der seit Mitte Dezember 1740 als Sekretär des preußischen Gesandten Danckelmann in Mainz tätig war. Offenbar hat Liscow eine Abschrift des Reskripts an seinen Bruder in Hamburg geschickt, die sich daraufhin von dort aus ebenfalls weiterverbreitete. Nach Kosers Angaben wurde Liscow, der später auch von Danckelmann beschuldigt wurde, die Gesandtschaftskorrespondenz an den kursächsischen Vertreter Bünau weitergeleitet zu haben, im Sommer 1741 aus dem preußischen Staatsdienst entlassen.

[199] Bereits am 21. März berichtete der österreichische Reichstagsgesandte Palm, daß der brandenburgische Vertreter Pollmann seit drei Tagen dieses Reskript an alle Gesandtschaften – mit Ausnahme der österreichischen – austeile und die Diplomaten dringend um Einsendung an ihre jeweiligen Höfe bitte, vgl. den Bericht Palms vom 21. März 1741, HHStA, StK Regensburg öst. Gesandtschaft 90, Konvolut „Berichte 1741 III-IV", fol. 160-183', hier 186 ff. Auch der Wiener Gesandte im Haag berichtete, daß der dortige preußische Vertreter das königliche Reskript „ausgetheilet, auch allhier in originali der Republik Ministres producirt, und ein solches auch bey zerschiedenen anderen bewürcket" habe, vgl. Bericht Reischachs vom 14. April 1741, HHStA, StA Holland 41, Konvolut „Reischachs an Sinzendorff", fol. 181-182, hier 181'. Wasner meldete aus Paris, daß der Berliner Gesandte Chambrier dem französischen Ministerium „auf Befehl seines Königs" eine „förmliche Erklärung" über den Attentatsplan gegen Friedrich abgegeben habe, in der jedoch der Großherzog nicht namentlich genannt worden sei, vgl. Bericht Wasners vom 30. März 1741, ebenda, StA Frankreich 66, Konvolut „Wasner an Maria Theresia 1741 I-III", fol. 109-111', hier 109'. Aus Polen meldete der Wiener Vertreter, daß sein preußischer Kollege „ein von Pollmann unterzeichnetes Pro Memoria" verteilt habe, vgl. Bericht Scharffensteins vom 19. April 1741, ebenda, StA Polen II 19, Konvolut „Relationen 1741", fol. 73 f., hier 73.

[200] Vgl. PStSch I 294, Anm. 1: Koser gibt an, Pollmann habe sich in seinem Bericht vom 24. April gegen Zeitungsmeldungen, wonach er das Reskript „publiciert" habe, „vollständig gerechtfertigt".

[201] Vgl. ebenda 294.

[202] Friedrich an Podewils, 5. März 1741, PC I 202.

verbreiten und behauptete sogar, sie seien erwiesen[204]. Da er sie zusätzlich in Verbindung mit der angeblichen Wiener Hochfahrenheit schilderte, erscheint Arneths Vermutung plausibel; in der außenpolitisch noch ungeklärten Lage im Frühjahr 1741 ließ der preußische König diese Anklagen sehr wahrscheinlich zur Diskreditierung des Wiener Hofes lancieren.

b) Die Kleinschnellendorfer Konvention

Hatte Preußen durch die Veröffentlichung des vorgeblichen Attentatsplanes versucht, die politische Position Österreichs zu schwächen, so richtete sich der folgende Diffamierungsversuch gegen den preußischen König. Nun jedoch hatten sich die politischen Rahmenbedingungen zugunsten Friedrichs verändert.

Im Herbst 1741 schien Maria Theresia schon militärisch geschlagen zu sein, als sich ihr im Oktober durch den Abschluß eines geheimen Waffenstillstandes mit Preußen die Möglichkeit bot, sich mit ihrer einzigen Feldarmee gegen die vereinigten französischen, bayerischen und sächsischen Truppen zu behaupten[205].

Dieser Waffenstillstand war unter Vermittlung des englischen Gesandten Lord Hyndford zustande gekommen; im heimlichen Kontakt zwischen den Bevollmächtigten im preußischen und österreichischen Heerlager vor Neiße gelangte man am 9. Oktober 1741 zu einer Einigung. Diese Konvention von Kleinschnellendorf[206] faßte Hyndford in einem achtzehn Punkte umfassenden Protokoll zusammen. Darin war festgelegt, daß Maria Theresia ganz Niederschlesien inklusive der Stadt Neiße als souveränen Besitz an Preußen abtrete. Im Gegenzug verpflichtete sich Preußen, aus dem Krieg gegen die Habsburgerin und deren Verbündete auszuscheiden. Weiterhin war vorgesehen, diese Vereinbarung bis zum Jahresende zu einen endgültigen Friedensvertrag auszubauen sowie eine zweiwöchige Scheinbelagerung der Festung Neiße unter späterem ungehinderten Abzug der österreichischen Armee durchzuführen. Als letzter Punkt wurde auf Verlangen des preußischen Königs völliges Stillschweigen über die gesamte Übereinkunft vereinbart[207].

---

203 So schon *R. Koser*, Friedrich I 299.

204 So heißt es in dem betreffenden Reskript vom 11. März 1741: „Mais tout cela n'étant malheureusement que trop vrai et trop avéré [...]", PStSch I 297.

205 Zur militärischen Lage Maria Theresias vgl. *R.Koser*, Friedrich I 356 ff. sowie *Ders.*, Koalition, passim.

206 Deren Text laut der Niederschrift Hyndfords in PC I 371 f. Zu Carmichael Earl of Hyndford vgl. Repertorium II 157.

207 Vgl. PC I 372: Die österreichischen Bevollmächtigten Neipperg und Lentulus hätten gemeinsam mit Hyndford „promis sur notre parole d'honneur au roi de Prusse", „que ces présentes articles, dont on est convenu, seront gardés comme un secrèt inviolable".
Diese Forderung nach Geheimhaltung hatte Friedrich bereits am 28. September durch seinen Bevollmächtigten Oberst Goltz der österreichischen Seite übermitteln lassen, vgl. ebenda 356 f.

Doch schon vor dem endgültigen Abschluß der Konvention kamen erste Gerüchte über ein Waffenstillstandsabkommen zwischen Preußen und Österreich auf[208], und kurze Zeit später verbreitete sich offenbar von Sachsen aus auch der Text dieser Konvention[209]. Diese Gerüchte beruhten einerseits auf Indiskretionen von österreichischer Seite[210], andererseits wurden sie durch das auffallend passive Verhalten der preußischen Armee bei der Belagerung der Festung Neiße verstärkt[211].

Ähnliche Gerüchte über geheime Übereinkünfte oder gar Verträge waren im Laufe des Jahres schon verschiedentlich aufgekommen. So war im Oktober 1741 noch immer die Aufregung über einen angeblichen Vertrag zwischen Bayern und Frankreich virulent, von dem seit dem Sommer eine Druckfassung kursierte[212]. Dieser sogenannte Nymphenburger Vertrag beinhaltete die angebliche Zusicherung Karl Albrechts über französische Gebietsgewinne auf Kosten des Reiches; dafür solle Frankreich ihn notfalls mit Waffengewalt zum Kaisertum verhelfen. Die scheinbare Willfährigkeit des Wittelsbachers gegenüber vermeintlichen französischen Expansionsplänen löste sowohl unter den Reichsständen als auch bei den Seemächten große Besorgnis aus[213].

---

[208] Seit September 1741 kursierten Gerüchte über eine preußisch-österreichische Annäherung, vgl. hierzu *K. Th. Heigel*, Erbfolgestreit 209; zu angeblichen späteren Indiskretionen des Wiener Hofes vgl. unten.

[209] So berichtet der österreichische Vertreter im Haag, daß der holländische Vertreter in Dresden dem Vernehmen nach eine schriftliche Fassung der Konvention an die Generalstaaten gesandt haben soll, vgl. den Bericht Reischachs vom 7. November 1741, HHStA, StA Holland 42, fol. 505-506', hier 505'. Eine gedruckte Fassung der Kleinschnellendorfer Konvention scheint indessen zu dieser Zeit nicht verbreitet worden zu sein.

[210] Bereits am 19. Oktober berichtete der preußische Reichstagsgesandte Pollmann, daß seine österreichischen Kollegen diese geradezu bestätigten, vgl. PStSch I 315, Anm. 1. Unter dem gleichen Datum schrieb die Kaiserin Amalie an ihren Schwiegersohn Karl Albrecht von Bayern, daß eine Übereinkunft zwischen Österreich und Preußen erzielt worden sei; sie berief sich dabei auf den Wiener Hofkanzler Sinzendorff, vgl. *K. Th. Heigel*, Erbfolgestreit 213; *R. Koser*, Friedrich I 364.

[211] Vgl. hierzu *K. Th. Heigel*, Erbfolgestreit 212: Der Umstand, daß die österreichische Armee unter Neipperg unbedrängt abziehen konnte, sei „an sich zu auffällig, um nicht den Argwohn wachzurufen, daß vielmehr zwischen dem preussischen und dem österreichischen Hauptqaurtier eine geheime Abmachung vorliege". Ähnlich *A. v. Arneth*, Maria Theresia I 336. Einzig Droysen hat angenommen, die Scheinbelagerung sei auf eine Weise verlaufen, „daß die Welt an ihren Ernst glauben konnte", *J. G. Droysen*, Politik V 1, 351.

[212] Vgl. zum folgenden *K. Th. Heigel*, Erbfolgestreit 134 ff. Zur Auseinandersetzung um die zunächst auch noch von *A. v. Arneth*, Maria Theresia I 193 f., angenommene Echtheit des Vertrages vgl. auch *K. Th. Heigel*, Nymphenburger Vertrag; *J. G. Droysen*, Nymphenburger Vertrag.
Während bei Heigel die Verbreitung der Druckfassung nicht genau datiert, doch jedenfalls in den späten August 1741 gelegt ist, gibt Droysen an, diese sei erst Ende Oktober herausgekommen, vgl. *J. G. Droysen*, Politik V 1, 353 f.

[213] Vgl. *K. Th. Heigel*, Erbfolgestreit 136 f., der den bischöflich-augsburgischen Reichstagsgesandten Karg-Bebenburg mit der Feststellung zitiert, demnach stünden dem „geliebten deutschen Vatterland annoch vile fatalitaeten bevor".

Als nun zusätzlich das Gerücht über einen preußisch-österreichischen Friedens-schluß aufkam und sich hartnäckig hielt, drohte dies die politische Bewegungsfrei-heit Preußens erheblich einzuschränken. Denn zur gleichen Zeit verhandelte Fried-rich mit Frankreich insgeheim über seinen Beitritt zum bayerisch-sächsischen Par-tagetraktat, den die beiden Kurfürsten unter der Ägide Frankreichs am 19. Septem-ber 1741 geschlossen hatten[214]. In diesem Vertragswerk wurde zum einen die Aufteilung der zu erobernden habsburgischen Gebiete festgelegt und zum anderen die gemeinschaftliche Unterstützung der wittelsbachischen Kaiserkandidatur be-stimmt. Dabei hatte Friedrich bei den Prätendenten an das österreichische Erbe ei-nen höheren Preis für seine Mitwirkung ausgehandelt, als ihm in der Kleinschnel-lendorfer Konvention zugestanden worden war: Diese hatten ihm zum einen die französische Garantie für die preußischen Erwerbungen und zum anderen den Be-sitz der noch zu erobernden Grafschaft Glatz zugesagt[215].

Das Bekanntwerden der Kleinschnellendorfer Konvention gefährdete diesen Verhandlungserfolg. Leicht hätte Friedrich seinen Verbündeten als unzuverlässiger und daher untragbarer Bündnispartner erscheinen können; auf der anderen Seite hätte er lediglich über die Vereinbarung einer zukünftigen Abtretung verfügt, der Maria Theresia – wie er wohl wußte – nur aufgrund ihrer bedrängten Lage zuge-stimmt hatte[216].

Um die Gerüchte zu dämpfen und um die außenpolitische Reputation Preußens zu wahren, ließ Friedrich umgehend ein offizielles Dementi verbreiten. Am 4. No-vember 1741 erging ein Reskript, in dem die Existenz jedweder Übereinkunft mit Österreich bestritten wurde[217]. Solche Gerüchte würden von den Feinden Preußens ausgestreut, „pour semer la méfiance entre mes alliés et moi". Den Diplomaten wurde befohlen, entsprechende Behauptungen nachdrücklich zu bestreiten und au-ßerdem zu betonen, daß der preußische König nur im Einverständnis mit seinen Verbündeten Frieden mit Maria Theresia schließen werde.

In demselben Sinne äußerte sich Friedrich auch auf diplomatischer Ebene ge-genüber seinen Verbündeten; bereits am 29. Oktober teilte Eichel dem Kabinetts-minister mit, daß der König seinen Vertretern am kurbayerischen Hofe befohlen habe, die Gerüchte über ein Abkommen zwischen Preußen und Österreich „als eine schwarze und malitiöse Invention des wienerischen Hofes" auszugeben und diese „überall hautement zu dementiren"[218]. Außerdem versicherte Friedrich in eigen-

---

214 Vgl. hierzu *J. G. Droysen*, Politik V 1, 324 ff.

215 Zu den Bestimmungen der mehrschichtigen Verträge vgl. ebenda 351 ff. Im Protokoll der Konvention von Kleinschnellendorf fehlt demgegenüber die Aussicht auf eine internatio-nale Garantie der preußischen Eroberungen; ebenso beschränkt sich Preußen hierin ausdrück-lich auf Niederschlesien und verspricht, niemals mehr von Maria Theresia zu fordern, vgl. hierzu PC I 371 f., hier 371.

216 Koser bewertet es folgerichtig als schweren politischen Fehler, daß Friedrich die Kon-vention von Kleinschnellendorf überhaupt abgeschlossen hat, vgl. *R. Koser*, Friedrich I 367.

217 Vgl. PStSch I 315 ff. Der Text dieses Reskripts ebenda 316 f. Das folgende Zitat eben-da 316.

händigen Schreiben an mehrere Vertreter Frankreichs[219] sowie an den bayerischen und sächsischen Kurfürsten, daß er keinen Frieden mit der Habsburgerin geschlossen habe, und forderte die Empfänger auf, den „artifices usés de la cour de Vienne" keinen Glauben zu schenken[220].

Friedrich leugnete also in der Öffentlichkeit ebenso wie gegenüber seinen Verbündeten, daß er in irgendeiner Form Absprachen mit Maria Theresia getroffen habe. Das Gleiche hatte er bereits am 21. Oktober von Maria Theresia verlangt und zugleich gedroht, daß er sich an nichts gebunden fühle, falls dies nicht erfolge[221]. Der Wiener Hof jedoch ließ die Gerüchte nicht dementieren. Stattdessen sandte er ebenfalls am 21. Oktober ein Mémoire an den englischen Vermittler, das dem preußischen König vorgetragen werden sollte[222]. In dieser Note wird zwar versichert, daß der Wiener Hof das Geheimnis wahren werde; zugleich jedoch wird betont, daß bereits vor dem Eintreffen des Konventionsprotokolls Gerüchte über eine preußisch-österreichische Übereinkunft entstanden sein.

Die Kleinschnellendorfer Konvention ist bereits vielfach Gegenstand wissenschaftlicher Arbeiten gewesen; die betreffenden Autoren haben zwar hauptsächlich nach den Motiven geforscht[223], doch zugleich auch Hinweise für eine propagandistische Untersuchung zutage gefördert. So haben die preußischen Historiographen – allen voran Johann Gustav Droysen – angenommen, daß der Wiener Hof die Vereinbarung über die Geheimhaltung absichtlich nicht eingehalten habe, um Preußen politisch zu schaden[224].

---

218 Eichel an Podewils, 29. Oktober 1741, PC I 393 f., hier 394. Wenig später ging ein gleichlautender Befehl Friedrichs an Podewils ab, nunmehr alle preußischen Diplomaten entsprechend anzuweisen; dieser Befehl liegt dem oben genannten Reskript zugrunde, vgl. PC I 396.

219 So an Kardinal Fleury am 29. Oktober, vgl. PC I 392 f.; ebenso an den französischen Gesandten Valory am 31. Oktober, ebenda 394 f.; sowie an den französischen Marschall Belle-Isle am 8. November, ebenda 400.

220 Vgl. Friedrich an Karl Albrecht, 2. November 1741, PC I 398; Friedrich an August III., 8. November 1741, ebenda 399 f. Das obige Zitat stammt aus dem Schreiben an Karl Albrecht.

221 Der preußische Unterhändler bei den Verhandlungen, die zur Kleinschnellendorfer Konvention führten, Oberst Georg Konrad von Goltz, schrieb an den Vermittler Lord Hyndford: „Le Roi est dans une colère terrible, et Sa Majesté m'a ordonné de vous marquer que, si la cour de Presbourg ne redresse pas la chose, et si le secret n'est pas mieux gardé à l'avenir, Elle ne veux être tenue à rien", vgl. Goltz an Hyndford, 21. Oktober 1741, PC I 382 f., hier 382. Zu Goltz (1704-1747) vgl. ADB IX 355 f.

222 Dieses Mémoire referiert und auszugsweise zitiert bei *J. G. Droysen*, Politik V 1, 351 f. In den eingesehenen österreichischen Akten ist das betreffende Schriftstück nicht enthalten.

223 Vgl. *R. Koser*, Friedrich I 360 ff.; *Ders.*, Koalition; *Ders.*, Beziehungen 552 ff.; *A. Unzer*; *G. Senftner*.

224 Vgl. *J. G. Droysen*, Politik V 1, 352 f.; PStSch I 315; *R. Koser*, Friedrich I 364; vgl. ebenso *K. Th. Heigel*, Erbfolgestreit 212 f.

Alfred von Arneth hat dieser Annahme energisch widersprochen[225]. Die internen österreichischen Akten geben jedenfalls keinen Anhaltspunkt dafür, daß die Hofburg eine Weitergabe oder gar Veröffentlichung der betreffenden Informationen befohlen hat; sofern die Gesandten die Mitteilung der Konvention erhielten, wurde ihnen vielmehr Geheimhaltung auferlegt. Bartenstein bemerkt sogar in einem Vortrag vom 14. November 1741, daß man dem österreichischen Legationssekretär in England die Nachricht von der geheimen Abmachung mit Preußen nicht habe anvertrauen können, aber da der Gesandte selbst dies notwendig wissen müsse, so habe man – weil man auf dessen „Vorsichtigkeit und Verschwiegenheit" vertrauen könne – ein Geheimreskript für ihn erstellt[226]. Diese Zeugnisse schliessen selbstredend nicht aus, daß die Bekanntmachung dennoch durch österreichische Diplomaten oder sonstige Bedienstete erfolgte[227]; sie sprechen indessen gegen einen entsprechenden Befehl von offizieller Wiener Seite.

Gleichwohl scheint die Nachricht der Übereinkunft mit Preußen tatsächlich ursprünglich von Österreich verbreitet worden zu sein. Denn einzelne Bemerkungen in den diplomatischen Korrespondenzen deuten darauf hin, daß der Wiener Hof erst ab dem Zeitpunkt, als der österreichische General Lentulus das Protokoll der Konvention am 15. Oktober 1741 in Wien überreicht hatte, den Geheimhaltungsbefehl an seine Diplomaten ausgegeben hat[228]. So behauptet Bartenstein in einer diplomatischen Weisung an den Wiener Gesandten in London, daß die Hofburg vor der Ankunft von Lentulus „mithin von der arth, wie der König von Preussen daß werck abgehandlet wißen wolte" nicht informiert gewesen sei[229]. Doch diese Angabe ist unzutreffend, denn Preußen hatte bereits Mitte September ausdrücklich die Wahrung des Geheimnisses verlangt[230].

---

[225] Vgl. *A. v. Arneth*, Maria Theresia I 335 ff. Zum folgenden vgl. ebenda. Auch in den von uns untersuchten internen Akten und diplomatischen Korrespondenzen werden Arneths Ergebnisse bestätigt.

[226] Vortrag Bartensteins vom 14. November 1741, HHStA, StK Vorträge 52, Konvolut „1741 VII-XII", fol. 93-93', hier 93': „Nachdeme aber daß geheimnus der handlung mit Preussen dem Zoehrer nicht anvertraut werden kondte, und Wasner solches zu wissen nöthig hat, auch sich auff seine Vorsichtigkeit und Verschwiegenheit verlassen werden kan; So hat man daz weitere Rescript hierbey [...] aufgesetzt". Dementsprechend erging zwei Tage später ein geheimes Reskript, dessen Konzept den ausdrücklichen Vermerk trägt, daß es dem Legationssekretär nicht gezeigt werden sollte, vgl. Reskript an Wasner vom 16. November 1741, ebenda, StA England 80, Konvolut „Weisungen an Wasner 1741 II-XII", fol. 3-6.

[227] So gibt Reinhold Koser an, daß den österreichischen Diplomaten zwar eine Geheimhaltung befohlen worden sei, daß jedoch der überbringende Kurier die Nachricht des geheimen Waffenstillstands überall laut ausgerufen habe, vgl. *R. Koser*, Friedrich I 364.

[228] So heißt es in einem Reskript an den österreichischen Vertreter in England vieldeutig, Wien habe „nach des Lentulus ankunft das vollkommene geheime dießerorts, und zwar so gehalten, daß nicht einmahl Unsere sammentliche Conferenz-Ministri von deme, was bescehen, unterrichtet worden", vgl. Geheimreskript an Wasner vom 16. November 1741, HHStA, StA England 80, Konvolut „Weisungen an Wasner 1741 II-XII", fol. 3-6, hier 4'. Vor dem 15. Oktober wurde, so weit zu sehen ist, kein Geheimhaltungsbefehl erteilt.

[229] Geheimreskript an Wasner vom 16. November 1741, HHStA, StA England 80, Konvolut „Weisungen an Wasner 1741 II-XII", fol. 3-8', hier 3'.

Es erscheint naheliegend, daß die Hofburg zunächst keinen Anstand nahm, die bevorstehende Einigung mit dem preußischen König bekanntzumachen[231], und daß die anschließend befohlene Verschwiegenheit die bereits aufgekommenen Gerüchte, die rasch durch private Nachrichtenübermittlung verbreitet wurden, nicht mehr dämpfen konnten[232]. Gerade angesichts seiner bedrängten militärischen Lage und der bevorstehenden Kaiserwahl mußte der Wiener Hof ein großes Interesse daran haben, daß der Waffenstillstand mit Preußen im Reich bekannt würde[233]. Aber wie Koser überzeugend dargelegt hat, hatte Preußen seinerseits ein gleichsam nur auf den Augenblick berechnetes Interesse an der Einhaltung der Konvention von Kleinschnellendorf[234]. Am Wiener Hof hat man dies geahnt und befürchtet, man werde hintergangen; insbesondere das offizielle preußische Dementi nährte das Mißtrauen gegen Friedrich[235]. Obwohl man dem Preußenkönig keinen Anlaß geben wollte, die Konvention zu widerrufen, hielt man sich jedoch nicht auf ewig

---

230 Darauf hatte der preußische Unterhändler Goltz bereits vor dem 18. September gedrungen, wie der österreichische General Neipperg an Maria Theresia berichtete, vgl. Schreiben Neippergs vom 18. September 1741, auszugsweise zitiert in PC I 355, Anm. 1. Zehn Tage später erhob Goltz dieses „secret inviolable" zu Bedingung einer Übereinkunft, vgl. Goltz an Hyndford, 28. September 1741, ebenda 356 f.

231 Dies würde mit den frühzeitigen entsprechenden Mitteilungen der Kaiserwitwe und der – zumindest halboffiziellen – Bekanntmachung durch das österreichischen Armeejournal, von denen Droysen berichtet, übereinstimmen, vgl. J. G. Droysen, Politik V 1, 353.

232 Denn der österreichische Vertreter in den Generalstaaten berichtet am 31. Oktober erstmals von entsprechenden Nachrichten, die in „zerschiedene particular Brieff" am 27. Oktober eingelaufen seien, und daß „man durchaus wünscht, daß sie in belde confirmirt werde", Bericht Reischachs, HHStA, StA Holland 42, fol. 490-492', hier 490 und 490'. Auch Bartenstein merkt an, daß sich Friedensgerüchte „durch hauffige von der armée eingeloffene brieffe noch ehender ausgebreitet", vgl. Reskript an Wasner vom 16. November 1741, HHStA, StA England 80, Konvolut „Weisungen an Wasner 1741 II-XII" , fol. 3-8', hier 3'.

233 Dadurch wäre der unmittelbare Druck von den zu Habsburg neigenden Kurfürsten genommen worden, die sich nur widerwillig der französisch-preußischen Dominanz in der Wahlfrage fügten. So schloß der König von England als Kurfürst von Hannover am 27. September einen Neutralitätsvertrag mit Frankreich; als Preis für die Zusage seiner Kurstimme für den Wittelsbacher erhielt er die Neutralität Hannovers zugesichert. Im Zuge ihrer militärischen Überlegenheit waren die Antipragmatiker nun gewillt, die Wahl rasch durchzuführen; vgl. K. Th. Heigel, Erbfolgestreit 186 f.
Dementsprechend forderte das Wiener Mémoire vom 21. Oktober den preußischen König auf, sich durch eine offene Erklärung in der Frage der böhmischen Kurstimme und hinsichtlich eines Aufschubs der Kaiserwahl für die habsburgische Seite zu engagieren, vgl. J. G. Droysen, Politik V 1, 351.

234 Vgl. R. Koser, Friedrich I 361 ff. und Ders., Koalition. Nach Koser waren die militärischen Gesichtspunkte entscheidend für Friedrichs Entschluß. Aus Enttäuschung über die nachlässige französische Kriegführung habe er die Kleinschnellendorfer Konvention geschlossen und aus Freude über die Einnahme Prags am 26. November 1741 wieder aufgegeben.

235 Vgl. das Geheimreskript an Wasner vom 16. November: „Ob alles dieses [i.e. das preußische Dementi] nur beschehe, umb sich zur Zeit äußerlich zu verstellen? Oder aber ob Wir von ihm [i.e. der preußische König] hintergangen werden?", HHStA, StA England 80, Konvolut „Weisungen an Wasner 1741 II-XII", fol. 3-8', hier 8 f.

an diese Geheimhaltungszusage gebunden. So wurde der österreichische Vertreter am englischen Hof schon am 24. November ausdrücklich ermächtigt, in öffentlichen Schriften darüber zu berichten[236].

Knappe sechs Wochen nach der Kleinschnellendorfer Konvention entschloß sich der Wiener Hof also, diese Vorgänge für einen publizistischen Angriff gegen Preußen zu benutzen. Ob dies bereits im Winter 1741 tatsächlich geschehen ist, läßt sich nicht nachweisen; jedenfalls erschienen in diesen Monaten in englischen und holländischen Zeitungen mehrfach Meldungen über die Konvention und über damit zusammenhängende preußische Drohgebärden gegen holländisches Gebiet[237].

Während also für das Jahr 1741 lediglich der Wille, nicht aber eine erfolgte propagandistische Intiative von seiten des Wiener Hofes zu belegen ist, kam Österreich zweieinhalb Jahre später mit Nachdruck in öffentlichen Schriften auf die Kleinschnellendorfer Konvention zu sprechen. Als Beleg für den Vorwurf, daß der preußische König durch seinen Kriegseintritt von 1744 einen erneuten Friedensbruch begangen habe, druckte Wien in seiner offiziellen Entgegnung auf die preußische Kriegsbegründung das Konventionsprotokoll im Wortlaut ab[238]. Die Wiener Kommentare behandeln diese Konvention dabei nicht unter den damaligen tagespolitischen Gesichtspunkten, sondern suchen anhand dessen die politisch-moralische Anklage zu bekräftigen und zu beweisen, daß Friedrich schon immer ein treuloser Bündnispartner und latenter Friedensbrecher gewesen sei.

Preußen antwortete hierauf öffentlich mit der Behauptung, daß in Kleinschnellendorf lediglich unverbindliche Vorbesprechungen für einen möglichen Frieden abgehalten worden seien[239]; im Unterschied zum November 1741 leugnete Preußen nun also nicht mehr die betreffende Vereinbarung, sondern nur noch deren rechtsverbindlichen Charakter. Es mag dabei als ironischer Anklang an die ehemals vereinbarte Geheimhaltung gemeint sein, wenn die preußische *Widerlegung* darauf hinweist, daß der Wiener Hof sich bis dato nicht auf diese Absprache berufen habe[240].

---

236 Vgl. Reskript an Wasner von der Hand Bartensteins, 24. November 1741, HHStA, StA England 80, Konvolut „Weisungen an Wasner 1741 II-XII", fol. 9-10, hier 10: „Die unbilligkeit der sachen redet von sich selbsten, und hast Du Dir alle mühe zu geben, dieselbe und deren folgen nicht nur in des Hoffs, sondern auch untermeisten in der nation augen, durch kundthuung derer zu solchem ende diensahmen schrifften fallen zu machen".

237 Die weiteren Berichte des österreichischen Gesandten in England erwähnen jedenfalls nichts dergleichen; auch in den übrigen diplomatischen Korrespondenzen findet sich hierzu nichts. Daß die betreffende Meldung im Londoner *Daily Advertiser* vom 22. November auf Wasner zurückgeht, erscheint indessen unwahrscheinlich; vgl. hierzu und zu den anschließend in den Generalstaaten verbreiteten Gerüchten PStSch I 317 ff. Diese Gerüchte in Holland sind nach Hinweisen bei Koser von englischer Seite im Umlauf gesetzt worden, ebenda 322.

238 Vgl. hierzu im einzelnen Kapitel IV.2.b) dieser Studie; die betreffende Schrift heißt *Beantwortung der von Herrn Grafen von Dohna vorgelesenen Declaration*.

239 Vgl. hierzu Kapitel IV.2.a); der betreffende Abschnitt der preußischen *Widerlegung* in PStSch I 484.

Die Wiener Propaganda von 1744 war also mit Nachdruck darum bemüht, Preußen bei seinen Verbündeten durch den Hinweis auf Kleinschnellendorf in politisch-moralischer Hinsicht zu diskreditieren. Durch die Veröffentlichung dieser preußisch-österreichischen Separatvereinbarung von 1741 versuchte Wien wahrscheinlich, die lebhafte Entrüstung wiederzubeleben, die vor allem in Frankreich über den tatsächlichen preußischen Sonderfrieden mit Maria Theresia aus dem Jahre 1742 geherrscht hatte[241].

c) Die Affaire Botta

Ein weiteres politisches Ereignis sollte weite Kreise ziehen, das Preußen in mehreren anonymen Publikationen gegen Habsburg anführte. Aber anders als die beiden bisher geschilderten Diffamierungsversuche blieben diese Bemühungen nicht ohne konkrete Auswirkungen; sie schwächten vielmehr nachhaltig die außenpolitische Position der Höfe von Wien und London in St. Petersburg.

Den Anfang machte im August 1743 die Entdeckung einer angeblich von auswärtigen Mächten gelenkten Verschwörung am russischen Zarenhof[242]. Nachdem zunächst Gerüchte über eine preußische Beteiligung aufgekommen waren[243], richtete sich der Verdacht schon bald vornehmlich gegen den ehemaligen österreichischen Residenten am Zarenhof, Marquis Botta d'Adorno, der Rußland inzwischen verlassen hatte und seitdem am preußischen Hof akkreditiert war[244]. Die Zarin richtete nicht nur eine offizielle Beschwerde an den Wiener Hof und forderte die Bestrafung Bottas, sondern gab ihrer Empörung ebenso in einem gedruckten Manifest Ausdruck[245].

Diese Affaire suchte Preußen politisch zu nutzen; am 25. August schrieb der König an Podewils, dieses Ereignis sei „une de conjunctures les plus heureuses qui

---

[240] Vgl. PStSch I 484 f. Wien habe „nie etwas von obbemeldeter Convention auf das Tapis gebracht".

[241] Vgl. hierzu Kapitel VI.2.

[242] Vgl. hierzu *A. v. Arneth*, Maria Theresia II 320; Arneth spricht von „unbesonnenen Aeußerungen" eines jungen russischen Adeligen, die zu der betreffenden Anklage geführt hätten. Auch Koser bemerkt, daß die Gegner Habsburgs und Englands einen „Hochverratsprozeß" lediglich „in Szene" gesetzt hätten, vgl. *R. Koser*, Friedrich I 452.

[243] Vgl. PStSch I 384.

[244] Marquis Botta d'Adorno (1688-1747), vgl. zu ihm *C. v. Wurzbach* II 91.

[245] Vgl. *A. v. Arneth*, Maria Theresia II 321; *R. Koser*, Friedrich I 427 f. Wann genau diese Beschwerde erfolgte, ist aus den vorliegenden österreichischen Akten nicht ersichtlich, auch Arneth vermerkt nichts hierzu. Podewils meldet die russische Beschwerde am 7. September seinem König, vgl. PC II 418.
Das russische Manifest erschien kurz nach dem 2. Oktober, wie aus einen österreichischen Referat über eine Staatskonferenz hervorgeht, vgl. HHStA, StK Vorträge 53, Konvolut „1743 X-XI", fol. 9-12, hier 9. Eine Druckfassung dieses Manifestes liegt uns nicht vor.

puissent arriver pour la Prusse"[246]. So wies er seinen Gesandten am Zarenhof an: „[...] vous devez profiter du moment présent, si favorable pour mes intérêts, pour travailler de toutes vos forces afin de rendre les liaisons entre moi et la cour de Russie si parfaites que moi seul, à l'exclusion des autres, sois le plus favorisé"[247]. Dementsprechend ließ der preußische König in St. Petersburg die Annahme stützen, daß Botta tatsächlich der Urheber der besagten Intrige gewesen sei; und unter Bezug auf die ursprünglichen Gerüchte über eine preußische Mitwirkung an der Verschwörung führte er außerdem offiziell Beschwerde in Wien und legte Botta nahe, daß er seine Abberufung vom preußischen Hof erwirken solle[248]. Außenpolitische Vorteile erhoffte Friedrich sich aber nicht nur in Rußland selbst, sondern ebenso im Hinblick auf den englischen und österreichischen Einfluß im Reich, den er in Zusammenarbeit mit dem wittelsbachischen Kaiser zu vermindern bemüht war[249].

Preußen nutzte die Ereignisse in Rußland jedoch nicht nur auf diplomatischer Ebene; zugleich machte es diese bislang auf diplomatische Kreise beschränkte Affaire auch in der Öffentlichkeit bekannt.

Am 9. September 1743 teilte Eichel auf Befehl des Königs dem preußischen Kabinettsminister Borcke mit, daß eine entsprechende Veröffentlichung zu erfolgen habe[250]. In Gestalt eines lancierten Zeitungsartikels sollte diese sowohl in Holland als auch „überall in Teutschland" verbreitet werden. Dabei sollte der wirkliche Ursprung des Artikels unbedingt verborgen bleiben; Eichel betonte, es komme darauf an, daß dieser „ganz en secret" gedruckt werde, damit der preußische König „deshalb im Geringsten nicht compromittiert werden könnten".

Der daraufhin verfaßte *Extrait d'une lettre de Dresde du 10 septembre*[251] gibt vor, zuverlässige und genaue Informationen aus Rußland wiederzugeben, die der sächsische Hof von seinem dortigen Vertreter erhalten habe. Einleitend wird vermerkt, daß die Gerüchte über eine Verschwörung am Zarenhof tatsächlich zutreffend seien. Deren Umfang habe sogar noch größere Ausmaße angenommen als bisher vermutet, denn laut Aussage der Verhafteten sei der österreichische Gesandte Botta der eigentliche Urheber und Lenker der Verschwörung[252].

---

[246] Friedrich an Podewils, 25. August 1743, PC II 409.

[247] Friedrich an Mardefeld, 30. August 1743, PC II 411 f.

[248] Vgl. Eichel an Borcke, 9. September 1743, PC II 418 f.; der entsprechende Befehl an den preußischen Vertreter in Rußland vom 14. September ebenda 419. Am 25. September ließ der König Botta auffordern, seine Abberufung aus Berlin zu erwirken, vgl. ebenda 423 f. und 428 f.

[249] Vgl. ebenda 409 und 412; in beiden Fällen bringt Friedrich die russischen Ereignisse mit seinen reichspolitischen Zielsetzungen in Verbindung. Vgl. dazu insgesamt auch Kapitel IV.2.a) und VI.1.a).

[250] Vgl. Eichel an Borcke, 9. September 1743, PStSch I 384. Die folgenden Zitate ebenda. Dieses Schreiben ist auch in der PC II 418 f. enthalten.

[251] Vgl. PStSch I 386 f. Eine zeitgenössische Druckfassung des Artikel liegt nicht vor; Koser gibt den Text nach der ihm vorliegenden Reinschrift.

Wie der preußische König es befohlen hatte, beschränkt sich der Artikel jedoch nicht auf eine Anklage gegen die Person Bottas, sondern nimmt zudem die Höfe von Wien und London ins Visier: Die Zarin könne nicht annehmen, daß Botta ohne Auftrag seiner Königin gehandelt habe, und diese wiederum unternehme bekanntermaßen nichts ohne die englische Einwilligung[253].

Aus dem letzten Abschnitt ist die außenpolitische Zielsetzung dieser anonymen Publikation ebenfalls deutlich abzulesen: Unter Verweis auf die offizielle russische Beschwerde beim Wiener Hof konstatiert der Artikel eine wachsende Verstimmung der Zarin gegen Österreich. Abschließend sagt er voraus, daß die russische Bereitschaft zu einem Bündnis mit Maria Theresia aufgrund deren „vastes projets et vues dangereuses"[254] vollends geschwunden sei.

Entgegen der königlichen Anweisung, die Schrift sowohl von Holland aus als auch im Reich und besonders in den Reichsstädten zu verbreiten, sandte Podewils sie jedoch nur einem preußischen Vertreter zu, da er zu recht annahm, diese werde, wenn sie „nur einmal ohnvermerkt in des Publici Hände gebracht" sei, „dann sonder Zweifel ihren Lauf schon von selbsten nehmen"[255]. Aus Berichten preußischer Diplomaten geht hervor, daß die betreffende Schrift tatsächlich rege Abnahme fand und sich rasch verbreitete[256].

Wie die gezielte Verbreitung zeigt, suchte Preußen durch die Bekanntmachung des Verschwörungsvorwurfes vor allem unter den Reichsständen Mißtrauen gegen Österreich zu sähen. In dieselbe Richtung zielte eine weitere anonyme preußische Schrift, die die Affaire Botta erneut vorbringt; in der im Oktober 1743 verbreiteten *Lettre d'un gentilhomme François*[257] gilt die behauptete Bottasche Intrige nun als augenfälliger Beweis für die angeblichen herrschsüchtigen Absichten Wiens sowohl im Reich wie gegenüber den europäischen Nachbarn. Preußen setzte die Affaire Botta also sowohl gegenüber dem Zarenreich als auch im Rahmen seiner reichspolitischen Propaganda zur Diffamierung des Wiener Hofes ein.

Dieser bemühte sich, diesen Anklagen vor allem diplomatisch entgegenzutreten. Insgesamt entschied sich die Hofburg für eine mäßigende und zurückhaltende Re-

---

[252] Vgl. PStSch I 386: Der österreichische Gesandte „en avoit fourni la première idée et en avoit été le principal auteur".

[253] Vgl. *Extrait*, ebenda 386. Der entsprechende Befehl des Königs besagte, in dem Artikel solle behauptet werden, daß Botta die Verschwörung „en faveur der Königin Therese und mit Vorbewusst der englischen Faction angesponnen und unterhalten" hätte, vgl. Eichel an Borcke, 9. September 1743, ebenda 384.

[254] Ebenda 387.

[255] PStSch I 385. Das Zitat stammt aus der Weisung, mit der dem preußischen Gesandten in Frankfurt die Verbreitung des Artikels am 14. September 1743 befohlen wurde.

[256] Vgl. ebenda 385. Demnach wurde allerdings verschiedentlich der Name Bottas in den Zeitungsabdrucken nicht erwähnt.

[257] Vgl. PStSch I 394 ff. Text ebenda 397–401. Erwähnung Bottas ebenda 400. Vgl. zum außenpolitischen Zusammenhang dieser Schrift auch Kapitel IV.2.a) dieser Studie.

aktion. Zur Beschwichtigung der Zarin wurde eine förmliche Untersuchung der Angelegenheit unter Hinzuziehung des russischen Gesandten durchgeführt, die schließlich zur Bestrafung Bottas führte[258].

Im Hinblick auf das preußische Verhalten verfuhr die Hofburg ähnlich zurückhaltend, obwohl man Preußen für den eigentlichen Urheber der Affaire hielt. Besonders verärgert war man in Wien darüber, daß Preußen in der Reichsöffentlichkeit durch die Abberufung Bottas ein deutliches Mißtrauen gegen den österreichischen Gesandten zu erkennen gegeben hatte; überdies nahm man an, daß die Angelegenheit auf preußische Insinuationen zurückging. Bartenstein bemerkte in einem Vortrag an die Königin, daß man „diese höchst ärgerliche Begebenheit dem König von Preussen haubtsächlich zuzuschreiben habe" und beklagte die „zweydeutigkeit und falschheit seines betrags"[259].

Maria Theresia entschloß sich auf Anraten ihrer Staatskonferenz, den Rückberufungsbefehl an Botta in zweifacher Hinsicht als eine offizielle Verwahrung gegen die Verschwörungsvorwürfe einzusetzen: Erstens solle „zuvorderst kein mißbrauch darvon bey Rußland" gemacht werden können, und zweitens sollte dies als öffentliche Gegendarstellung zum preußischen Verhalten dienen.

Wie Preußen richtete sich auch der Wiener Hof dabei vornehmlich an die Reichsstände; um diese von der Unschuld Bottas zu überzeugen, gab die Hofburg am 14. Oktober 1743 in einem Zirkularreskript[260] ihrerseits eine ausführliche Schilderung der Umstände.

Ohne den preußischen König direkt anzugreifen, werden die Vorwürfe gegen Botta als vollständig unglaubwürdig dargestellt. Zunächst wird darauf hingewiesen, daß der russische Gesandte in Wien die ersten Gerüchte über eine Verschwörung noch als gegenstandslos bezeichnet habe, und daß der Verdacht erst später auf Botta gefallen sei. Obwohl Maria Theresia durchaus Anlaß zur Verstimmung habe, da Rußland die noch ungeprüften Vorwürfe gegen den österreichischen Vertreter bereits als feststehend publiziert habe, wolle sie sich zu einer umfassenden Untersuchung der Vorgänge verstehen und Botta gegebenenfalls auch bestrafen. Sie sei jedoch überzeugt, daß sich alle Vorwürfe als völlig grundlos erweisen würden.

Als Beilage ist in diesem Reskript Maria Theresias Abberufungsschreiben an den preußischen König vom 7. Oktober 1743 enthalten[261]. Auch hier erhebt die Königin keine direkte Anklage gegen Preußen; vielmehr drängt sie den preußischen König zu einer offiziellen Erklärung, ob er über Botta Klage zu führen habe.

---

258 Vgl. *A. v. Arneth*, Maria Theresia II 325 f.; *R. Koser*, Friedrich I 523.

259 Vortrag Bartensteins vom 5. Oktober 1743, HHStA, StK Vorträge 53, Konvolut „1743 X-XI", fol. 9-12, hier 9'. Das folgende Zitat ebenda fol. 9.

260 Abschriftlich durch den österreichischen Reichstagsresidenten eingesandt, vgl. Bericht Gurskis vom 29. Oktober 1743, HHStA, StK Regensburg öst. Gesandtschaft 102, Konvolut „Berichte 1743 X", fol. 867-887'; die Abschrift selbst ebenda fol. 883-886.

261 Vgl. ebenda, fol. 884 ff.

Aber ebenso wie der Wiener Hof im Oktober 1741 kein offizielles Dementi der Kleinschnellendorfer Konvention abgegeben hatte, unterblieb in der umgekehrten Situation des Jahres 1743 eine preußische Erklärung zur Affaire Botta. Preußen konzentrierte sich vielmehr darauf, die politischen Früchte seines Diffamierungsversuches durch den Ausbau seiner Beziehungen zu Rußland zu nutzen. Und so wie Preußen sich im Zusammenhang mit den Gerüchten über die Kleinschnellendorfer Konvention durch ein offizielles Dementi öffentlich zu rechtfertigen versucht hatte, bemühte sich auch der Wiener Hof, die negativen politischen Folgen der Affaire Botta noch im Jahre 1744 durch eine öffentliche Stellungnahme einzudämmen[262].

Sowohl Preußen als auch Österreich waren also stets bemüht, den Gegner politisch-moralisch ins Unrecht zu setzen. Neben den generell moralisierenden Argumentationen in den beiderseitigen Staatsschriften zu den jeweiligen Kriegsausbrüchen nutzen sie dazu auch die sich ihnen bietenden kleineren politischen Gelegenheiten, ihren Kontrahenten mittels einer gezielten Bekanntgabe prekärer Informationen in der Öffentlichkeit zu diskreditieren.

3. Religion

a) Die Konfessionsfrage in Schlesien

Im Unterschied zu den rechtlichen und politisch-moralischen Argumenten, die Preußen und Österreich schon unmittelbar zu Beginn der kriegerischen Auseinandersetzungen austauschten, ist der dritte Themenbereich, um den sich im weiteren Verlauf des Krieges die publizistischen Debatten zwischen den Gegnern drehten, in den ersten offiziellen Schriften nicht enthalten. Weder Preußen noch Österreich machten zu Beginn des Ersten oder Zweiten Schlesischen Krieges religionspolitische Motive geltend[263].

Als prägnantes Beispiel hierfür ist auf eine bemerkenswerte Korrektur in der preußischen Kriegslegitimation des Ersten Schlesischen Krieges hinzuweisen: Nachdem die ersten preußischen Schriften überhaupt nicht auf Religionsfragen eingegangen waren[264], erwähnte erstmals und einzig die Ludewigsche Deduktion

---

[262] Vgl. das Referat der Staatskonferenz, die der Königin im Jahre 1744 empfiehlt, die Untersuchung der Bottaschen Angelegenheit „der gantzen Welt durch den offentlichen druck" kundzutun; dies werde sowohl „zur vollständigen rechtfertigung des hiesigen betrags diensahm seyn, als bey der Czaarin ein nachdenken verursachen möchte", Vortrag vom 22. Mai 1744, HHStA, StK Vorträge 54, Konvolut „1744 IV-V", fol. 133-139', hier 137 f. Eine entsprechende Druckschrift liegt uns jedoch nicht vor.

[263] Vgl. zu den beiderseitigen Legitimationsargumentationen im einzelnen das Kapitel IV. dieser Studie. Zur Nachrangigkeit der konfessionellen Topoi gegenüber rechtlichen oder politisch-moralischen Wertungen vgl. Kapitel III.1.

der beanspruchten Rechtstitel unter anderem auch ein religiöses Motiv als Grund für den Einmarsch in Schlesien. In diesem *Rechtsgegründeten Eigenthum* heißt es, der preußische König müsse auch seiner Verantwortung für die evangelischen Einwohner Schlesiens gerecht werden, die unter dem habsburgischen „Religionseifer"[265] litten; aber der betreffende Hinweis ist schon in der nachfolgenden französischen Übersetzung dieser Abhandlung weggelassen[266] und wird auch von keiner der anderen preußischen Deduktionen ins Feld geführt[267].

Ebenso wie Preußen verzichtete auch Österreich in seinen offiziellen Entgegnungsschriften darauf, seinerseits ein aktives Eintreten für das katholische Bekenntnis geltend zu machen. Stattdessen wandte man sich an „jedes ohnpartheiische Gemüth, von was vor einer Religion selbiges immer sein möge"[268], um das preußische Vorgehen gegen Schlesien zu beurteilen. Ausdrücklich appelliert Maria Theresia in ihrem *Schreiben an die Reichsstände* vom 29. Dezember 1740 an die Hilfsbereitschaft ihrer Mitstände „ohne Unterschied der Religion" und behauptet, katholische und protestantische Stände seien gleichermaßen durch den preußischen Überfall betroffen[269].

Dieser Verzicht auf eine einseitig konfessionelle Propaganda scheint einerseits durch die noch ungeklärten politischen Bündnisse mit entweder katholischen oder protestantischen Staaten bedingt gewesen zu sein und andererseits in Rücksicht auf die je zur Häfte katholische und evangelische Bevölkerung Schlesiens erfolgt zu sein[270].

Obwohl also weder die preußische noch die österreichische offizielle Argumentation konfessionelle Motive als Ursache des schlesischen Konfliktes anführten, scheint in der breiten Öffentlichkeit eher eine gegenteilige Einschätzung geherrscht zu haben.

Denn wie wir aus Jordans Stimmungsberichten an den preußischen König erfahren, betrachtete man das schlesische Unternehmen in Berlin offenbar vor allem als Schutzmaßnahme für die dortigen Protestanten[271]. Ähnlich hatte schon vor dem

---

264 Weder die *Declaration* und das *Mémoire sur les raisons* noch das *Patent an die Schlesier* nennen religiöse Gründe, vgl. PStSch I 62 f.; 69 f. und 75 ff.

265 *Rechtsgegründetes Eigenthum*, PStSch I 103.

266 Vgl. ebenda 99. Angaben zu den Gründen für diese Auslassung macht Koser hier indessen nicht, er deutet aber an, daß dies auf die verbreiteten Religionskriegs-Gerüchte zurückzuführen sei, vgl. ebenda 279.

267 Vgl. hierzu besonders Kapitel V.1.a).

268 *Acten=maeßige und Rechtliche Gegen=Infomration*, PStSch I 172.

269 Vgl. *Project des Schreibens, so im Nahmen Ihro May. nach Regenspurg abzugehen hette*, HHStA, KrA 340, o.fol.

270 Vgl. zu den konfessionellen Verhältnissen Schlesiens *D. Mempel* 293. Ein weiteres Indiz für die These, daß der Einsatz von propagandistischen Leitideen von den jeweiligen Adressaten abhing, ist der Umstand, daß schon der Große Kurfürst empfahl, zur Beruhigung der schlesischen Katholiken Patente zu verbreiten, die ihrem Bekenntnis Schutz versprachen, vgl. *Th. Mommsen*, Vikariat 145.

Kriegsausbruch der österreichische Resident Dermerath nach Wien berichtet, daß in Berlin das Gerücht umgehe, Friedrich wolle sich zur Rechtfertigung seines beabsichtigten Einbruches in Schlesien eines angeblichen protestantischen Hilfsersuchens bedienen[272]. So pries auch eine britische Flugschrift aus dem Jahre 1741 den preußischen König als „this great Protestant Defender"[273].

Umgekehrt befürchtete man in katholischen Kreisen, der preußische König wolle in Schlesien einen Religionskrieg zugunsten der Protestanten führen. Papst Benedikt XIV. erließ am 11. Februar 1741 ein Breve, in dem er seine Sorge über die Erhaltung der katholischen Religion in Schlesien bekundete und die Fürsten des Reiches aufforderte, das katholische Bekenntnis zu schützen; die Zeitungen jedoch verbreiteten eine deutlich energischere Version der päpstlichen Stellungnahme, die ausdrücklich vor antikatholischen Absichten des Preußenkönigs warnte und zur Gegenwehr aufrief[274]. Vor allem in Polen fanden diese Gerüchte Glauben; dort erschien eine anonyme Schrift, die annehmen ließ, als habe es der preußischen König vor allem auf die katholische Kirche abgesehen[275]. Zahlreiche katholische Würdenträger flüchteten vor den anrückenden preußischen Truppen auf polnisches Gebiet[276].

Diese Besorgnisse unter den Katholiken Schlesiens und bei den katholischen Nachbarstaaten suchte der Wiener Hof in seinem Interesse zu nutzen. Während die Hofburg in ihren öffentlichen Stellungnahmen die eigene konfessionelle Indifferenz betonte, betrieb sie auf diplomatischer und lokalpolitischer Ebene eine zwar vorsichtige, aber durchaus lebhafte Religionspropaganda[277].

So berichtet der österreichische Gesandte in Frankreich im Februar 1741, er habe bei seinen Gesprächen mit den französischen Ministern Sorge getragen, „daß allenfalls hiervon kein übler gebrauch gemachet werden möge"; zugleich jedoch

---

[271] Vgl. die Schreiben Jordans an den König vom Dezember 1740, Œuvres XVII 74-78.

[272] Vgl. Bericht Dermeraths vom 1. Dezember 1740, HHStA, StK Preußen 33, fol. 78-81, hier 80': Der preußische König habe seit Wochen zahlreiche Spione und Emissäre nach Schlesien geschickt, „umb hernach in einem vermutlich herausgeben wollenden Manifest auff eine plausible arth anführen zu können, und die Ehrbare welt bethören zu wollen, als wann sothane Lands=Innwohner Ihn zu ihrem schutz aus Religions=Triebe, und weis was nicht was frivolen klagen vorgeladen, und Ihn als ihren Herrn erkennet hätten".

[273] Vgl. *M. Schlenke*, Argument 33.

[274] Vgl. hierzu *J. Burkhardt* 56 ff., besonders 59; PStSch I 278; dort ist ein Bericht der *Gazette d'Utrecht* hierzu auszugsweise zitiert. Das angebliche Breve vom 4. Februar verbreitete sich rasch in verschiedenen zeitgenössischen Sammelwerken, vgl. PStSch I 278, Anm. 2.

[275] Vgl. PStSch I 279. Die Schrift führt den Titel: *Aria, so auf den Einmarsch der preussischen Truppen nach Schlesien, besonders aber auf das schöne katholische Kirchengebet, worin viele Könige und Fürsten verlästert werden, von einem treuen Brandenburger entworfen worden*. Ein Abdruck liegt nicht vor.

[276] Vgl. ebenda.

[277] Vgl. hierzu PStSch I 275 ff.; *D. Mempel* 288; *M. Lehmann* II, passim; *J. Burkhardt* 56 ff.

habe er sich bemüht, „dem Cardinal den empfindlichen Stoß zu gemüth zu führen, welcher durch dieses Preussische unternehmen der Religion gegeben werde"[278].

Inoffiziell versuchte der Wiener Hof also, religionspolitische Befürchtungen bei katholischen Adressaten zu fördern. Auch Preußen machte seinerseits gegenüber Protestanten durchaus konfessionelle Motive für seinen Einmarsch in Schlesien geltend[279]. Während beide Staaten also in ihren offiziellen Staatsschriften nichts dergleichen anführten, betrieben sie auf diplomatischer Ebene gegenüber bestimmten Adressaten gezielt Religionspropaganda.

Auf die betreffenden Vorwürfe des Wiener Hofes reagierte Preußen mit mehreren öffentlichen Verlautbarungen, in denen es sich entweder offiziell gegen die betreffenden Vorwürfe verwahrte oder in denen es auf anonymen Wegen das Gegenteil zu behaupten trachtete.

Die erste dieser Schriften richtete sich an die katholischen Reichsstände. Als Verteidigung gegen die Religionskriegsvorwürfe sandte das Berliner Ministerium bereits am 7. Januar 1741 ein Reskript an den preußischen Reichstagsgesandten Pollmann[280], in dem dieser angewiesen wurde, das im Dezember 1740 publizierte *Patent an die Schlesier* im Reich bekanntzumachen, das die preußischen Truppen beim Einmarsch verteilt hatten. In diesem Patent hatte der preußische König den Adressaten versichert, er werde die Rechte aller Schlesier auch im Hinblick auf die verschiedenen Bekenntnisse achten[281]. Die erneute Publikation dieses Patentes sollte den katholischen Ständen des Reiches die Aufrichtigkeit der preußischen Beteuerung beweisen, daß man keineswegs eine Unterdrückung des Katholizismus beabsichtigte.

In entsprechender Absicht bemühte sich der Berliner Hof, auch auf die Polen einzuwirken. Nachdem eine diplomatische Mission zur Beruhigung der Polen ihr

---

[278] Bericht Wasners vom 6. Februar 1741, HHStA, StA Frankreich 66, Konvolut „Wasner an Maria Theresia 1741 I-III", fol. 1-12', hier 7.

[279] So ausdrücklich im Schreiben Friedrichs an Georg II. von England vom 30. Januar 1741, PC I 185 f., hier 186: Friedrich versichert, er vertraue fest auf die Freundschaft des englischen Königs und auf „les intérêts communs des princes protestants, qui demandent qu'on soutienne ceux qui sont opprimés pour la religion. Le gouvernement tyrannique sous lequel les Silésiens ont gémi est affreux, et la barbarie des catholiques envers eux inexprimable; si les protestants me perdent, il n'y a plus de ressource pour eux". Überdies befahl Friedrich bei seinem Einmarsch in Schlesien eine allgemeine kirchliche Fürbitte, um göttlichen Beistand für diesen „zum Besten der begränzten evangelischen Kirche unternommenen Feldzug" zu erbitten, zitiert nach *G.Jaeckel*, Bedeutung 92.
Desgleichen berichtete der österreichische Resident bei den Generalstaaten, der dortige preußische Vertreter habe konfessionelle Motive angedeutet, vgl. den Bericht Halloys vom 13. Januar 1741, HHStA, StA Holland 41, Konvolut „Berichte Halloys an Sinzendorff", fol. 58-61'. Die preußischen Weisungen an den Gesandten enthalten aber keine Hinweise auf religiöse Argumente, vgl. Friedrich an Raesfeld, 16. Dezember 1740, PC I 146 f.; sowie Friedrich an Raesfeld, 24. Dezember 1740, ebenda 156.

[280] Vgl. PStSch I 277 ff. Der Text dieses Reskripts ebenda 284 f.

[281] Vgl. *Patent an die Schlesier*, PStSch I 70.

Ziel verfehlt hatte[282] und die Gerüchte über antikatholische Pläne Friedrichs dort trotzdem virulent geblieben waren, wandte sich Preußen im März 1741 durch eine anonyme Publikation gezielt an die polnische Öffentlichkeit.

Im Auftrag von Podewils hatte Ludewig[283] diese Schrift bereits im Februar verfaßt; auf Befehl des Königs[284] wurde sie Anfang März in mindestens vierhundert Exemplaren gedruckt und anschließend im ostpreußischen und polnischen Raum verbreitet. Dabei achtete das Kabinettsministerium mit der bekannten Sorgfalt darauf, daß der amtliche Ursprung dieser Publikation nicht durch eine Nachlässigkeit bekannt werde; den Empfängern wurde eingeschärft, daß die Schrift keineswegs auf preußischem Gebiet zu verbreiten sei und daß ein etwaiger Nachdruck erst auf ausdrücklichen Befehl aus Berlin erfolgen solle. Erst als sich der gewünschte Erfolg eingestellt hatte und die Nachfrage nach der angeblich privaten Schrift stieg, wurde die Nachdruckgenehmigung am 11. April 1741 erteilt[285]. Außerdem erschien mindestens eine deutsche Übersetzung von dieser Schrift[286].

Unter dem Titel *Catholica Religio in tuto*[287] sollten hiermit die Befürchtungen widerlegt werden, als hege der preußische König im Konflikt um Schlesien auch Absichten wider die katholische Religion oder gar gegen Polen. Im Gegenteil wird betont, daß das katholische Bekenntnis auch in den brandenburgischen Ländern geschützt werde und daß es keine Religionsbeschwerden von seiten der dortigen Katholiken gebe. Es sei bekannt, daß der preußische König aus Überzeugung und Klugheit konfessionelle Toleranz übe und gleichermaßen für Evangelische wie Katholische eintrete. Daher sollte nicht ihm mit Mißtrauen begegnet werden, sondern vielmehr jenen, die religiöse Motive nur zum Schein in einem Konflikt anführten, der sich in Wirklichkeit um zivile Interessen drehe.

Ebenso nachdrücklich wird im folgenden darauf hingewiesen, daß Preußen keine antipolnischen Absichten verfolge. Stattdessen fühle sich der preußische König den Polen sehr verbunden und sei an einer freundschaftlichen Nachbarschaft interessiert. Während aber Preußen stets für die Freiheit Polens eintrete, suche

---

[282] Ende Februar 1741 hatte Friedrich seinen Adjutanten nach Polen gesandt, der über zahlreiche Verbindungen zu den dortigen Magnaten verfügte; dieser hatte die negative Stimmung jedoch nicht dämpfen können, vgl. PStSch I 280. Vgl. auch den Bericht des Königs hierüber an Podewils, Friedrich an Podewils, 1. März 1741, PC I 199 f.

[283] Zu Ludewig, der schon zuvor das *Rechtsgegründete Eigenthum* geschrieben hatte vgl. Kapitel IV.1.a) und V.1.a). Ob Podewils diesen Auftrag auf königliche Veranlassung erteilte, ist nicht festzustellen; Koser teilt hierzu nichts mit, vgl. PStSch I 280. Zur Verfasserschaft Ludewigs vgl. ebenda 282.

[284] Dieser Befehl ist in einem Schreiben Friedrichs an Podewils enthalten, vgl. Friedrich an Podewils, 1. März 1741, PC I 199 f., hier 199.

[285] Vgl. PStSch I 280 f.

[286] Vgl. ebenda 282. Diese Übersetzung führte den Titel *Die ungestörte Sicherheit der katholischen Religion*. Vorgeschlagen war auch eine Übertragung ins Französische und Polnische; ob dies geschehen ist, muß Koser offen lassen.

[287] Vgl. PStSch I 279 ff., Text ebenda 285-288.

Österreich die Krone Polens mit der Böhmens und Ungarns zu vereinen. Infolge-
dessen liege es auch im polnischen Interesse, wenn die Habsburgerin nun die ursprünglich brandenburgischen Gebiete an Preußen zurückgebe. Die Schrift schließt
mit einem Appell an die Polen, sich aus eigenem Interesse nicht für ein Einschrei-
ten auf österreichischer Seite verleiten zu lassen.

Das Hauptziel dieser anonymen Publikation bestand also darin, die Polen von
jeglicher aktiver Unterstützung für Maria Theresia abzuhalten. Die *Catholica Religio in tuto* richtete sich an katholische Adressaten und suchte diese für die eigene
politische Sache zu gewinnen.

Ähnlich war Österreich in der Auseinandersetzung um die schlesische Rechtsfrage verfahren; als Antwort auf eine der preußischen Abhandlungen publizierte
Wien die *Gedancken eines treuliebenden Schlesiers A.C.*[288], in denen ein angeblich
schlesischer Protestant gegen den preußischen Einmarsch nach Schlesien und dessen Begründung Stellung nahm. So wie diese Wiener Schrift den Anschein erwek-
ken sollte, als verfechte ein Angehöriger der jeweils anderen Konfession die eigene
Linie, hat auch Preußen in der *Catholica Religio in tuto* die konfessionelle Frage
mit den politischen Beziehungen verknüpft. Aus dem Blickwinkel eines polnischen Katholiken wird hierin nicht allein auf die Toleranz des Preußenkönigs verwiesen, die die Gerüchte um Religionskriegsabsichten *ad absurdum* führen sollte,
sondern zugleich auch die genuin politische polnisch-preußische Interessenge-
meinschaft gegen Habsburg betont.

Nachdem Preußen sich im Januar 1741 offiziell auf die Abwehr der gegnerischen Religionspropaganda beschränkt hatte, suchte es in der folgenden vorgeblich
privaten Publikation, diesen Vorwürfen vornehmlich durch eine politische Argumentation entgegenzutreten. Diese Tendenz setzt sich im Frühjahr 1741 auch in
offiziellen preußischen Schriften fort.

Diesmal publizierte Preußen zur Vorbeugung auf eventuelle gegnerische Vorwürfe offizielle Erläuterungen des eigenen Vorgehens. Anlaß war die vorüberge-
hende Gefangennahme des Fürstbischofs von Breslau und Neffen des Wiener Hof-
kanzlers, Kardinal Sinzendorf, der versucht hatte, an der Verteidigung Schlesiens
mitzuwirken, indem er Informationen über preußische Truppenbewegungen an
österreichische Militärs weitergeleitet hatte[289].

Am 29. März teilte der preußische König Podewils mit, daß er sich gezwungen
gesehen habe, den Kardinal wegen dessen antipreußischer Umtriebe verhaften zu
lassen. Gleichzeitig befahl er, diesen Vorgang durch die preußischen Gesandten bekannt zu machen, „damit nun diese Begebenheit von Meinen Feinden und Mir übel
wollenden nicht anders ausgebracht und vorgestellet werden möge, als die Sache
in der That beschaffen ist"[290].

---

288 Vgl. hierzu Kapitel V.1.a).

289 Philipp Ludwig von Sinzendorf (1699-1747); vgl. *C. v. Wurzbach* XXXV 24-26. Zum
Verhalten Sinzendorfs vgl. *K. F. Möhrs*; sowie neuerdings *J. Köhler*.

In seiner Antwort äußerte sich der Kabinettsminister besorgt über die möglichen Auswirkungen dieses Vorfalls; er befürchtete, daß das gewaltsame Vorgehen gegen einen hohen kirchlichen Würdenträger vor allem an katholischen Höfen mit Empörung aufgenommen werde[291]. Gleichwohl versicherte er, daß man Mittel und Wege zur Rechtfertigung der Festnahme finden werde[292].

Dies geschah umgehend. Der Minister selbst verfaßte rasch die betreffenden Schriften; die Gesandtschaften wurden bereits am 2. April in einem Rundschreiben über den Vorfall informiert, und zusätzlich publizierte Preußen ein fast gleichlautendes kurzes Flugblatt, das am 8. April auch im französischsprachigen *Journal de Berlin* erschien[293].

Unter dem Titel *D'Ottmachau, le 29 mars 1741* wird die Verhaftung des katholischen Kardinals hier ausschießlich politisch gerechtfertigt. Dieser habe sich trotz der Gunsterweise des preußischen Königs auf einen Briefwechsel mit dessen österreichischen Feinden eingelassen und sogar für diese spioniert. Über ein solches Verhalten sei der König zu recht irritiert; da Sinzendorf die ihm erwiesene Güte ausgenutzt habe, sehe er sich gezwungen, diesen auf Schloß Ottmachau festzuhalten. Dadurch solle dem Kardinal Gelegenheit gegeben werden, über sein Verhalten „si peu convenable à un prélat"[294] nachzudenken und es zu revidieren. Abschließend wird darauf verwiesen, daß der preußische König ausdrücklich befohlen habe, den Gefangenen würdig zu behandeln.

Preußen erläuterte die Ereignisse also gerade nicht unter kirchenpolitischen Aspekten; das kirchliche Amt des Gefangenen wird stattdessen nur in Bezug auf dessen Charakter erwähnt. Ebenso knapp und nüchtern wurde die zwei Wochen später erfolgte Freilassung Sinzendorfs in einem Zeitungsartikel verkündet[295].

Die Arretierung Sinzendorfs ist die erste direkte preußische Einflußnahme auf die katholische Kirche in Schlesien; im Rahmen der Untersuchung der generellen kirchenpolitischen Maßnahmen Preußens ist dieser Vorgang und auch das spätere propreußische Verhalten Sinzendorfs bereits mehrfach in der historischen Forschung behandelt worden[296]. Diese Arbeiten widmen sich dabei jedoch nicht der

---

[290] Friedrich an Podewils, 29. März 1741, PC I 218 f. Das betreffende Schreiben ist auch bei Koser fast vollständig abgedruckt, vgl. PStSch I 289 f.

[291] Tatsächlich bat Papst Benedikt XIV. die katholischen Mächte, sich für die Freilassung des Kardinals zu verwenden, vgl. ebenda 301.

[292] „Ainsi la chose étant faite, en trouvera moyen de la justifier, quoique, si j'ose le dire, j'aurois souhaité que V.M. eût pu se dispenser d'avoir recours à cette démarche", Podewils an Friedrich, 3. April 1741, zitiert nach PStSch I 300. In der PC ist die betreffende Antwort nicht enthalten.

[293] Vgl. PStSch I 298 ff., hier 300. Der Text des Flugblatts ebenda 302 f.

[294] PStSch I 303.

[295] Dieser Artikel unter dem Titel *Breslau, ce 18 d'avril 1741* ist abgedruckt in PStSch I 303. Er erschien in deutscher Fassung am 25. April auch in der *Berlinischen Zeitung*, vgl. ebenda 301. Über die Entstehung dieses Artikels teilt Koser nichts mit; auch der PC können hierzu keine Hinweise entnommen werden.

propagandistischen Darstellung der Vorgänge, die Gegenstand unserer Studie ist. Für uns ist indessen wichtig, daß Preußen schon die erste seiner kirchenpolitischen Maßnahmen nicht unter religiösen, sondern unter ausschließlich politischen Gesichtspunkten öffentlich rechtfertigt. Diesem Verfahren ist Preußen auch später gefolgt; verschiedentlich verzichtete man aber auch aus politischen Gründen auf eine Veröffentlichung[297].

Analog zur Erweiterung der preußischen Rechtsargumentation um politische Akzente stellen wir also fest, daß Preußen auch in der öffentlichen Auseinandersetzung um Religionsfragen im Laufe des ersten Kriegshalbjahres mehr und mehr politisch argumentiert. Und ähnlich wie die preußisch-österreichische Rechtsdebatte verschwand auch die schlesische Religionsfrage seit dem Sommer 1741 aus den beiderseitigen Publikationen[298].

Es ist anzunehmen, daß hierfür ebenso politische Umstände maßgebend gewesen sind. Denn mit dem Kriegseintritt Frankreichs und des Wittelsbachers wurde der Konflikt um Schlesien – und damit auch die dortige preußische Religionspolitik – als wichtigstes internationales Ereignis abgelöst. Die staatliche Propaganda um die schlesische Bekenntnisfrage scheint also durch die politischen Umstände diktiert gewesen zu sein.

Für diese These spricht auch, daß die beiderseitige Religionspropaganda in Schlesien zur Jahreswende 1744/45 vorübergehend wiederauflebte, als der schlesische Konflikt erneut für kurze Zeit ins Zentrum des Krieges gerückt war. Aber ebenso wie zu Beginn des Ersten Schlesischen Krieges vermieden sowohl Österreich als auch Preußen, sich als Vorkämpfer des jeweils eigenen Bekenntnisses darzustellen, und betonten, gleichermaßen für die katholischen wie für die protestantischen Rechte einzutreten.

Und wie schon hinsichtlich der schlesischen Rechtsfrage ging auch die Wiederaufnahme der Religionspropaganda von Österreich aus. In ihrem *Patent an die Schlesier* vom 1. Dezember 1744[299], das den Einmarsch ihrer Truppen auf schlesisches Gebiet begleitete, argumentierte Maria Theresia dabei auf einer allgemeinen religionsrechtlichen Grundlage: Sie führte den Versuch, das an Preußen abgetretene Land zurückzuerobern, unter anderem auf die Verletzung der im Breslauer Ver-

---

296 Vgl. hierzu neuestens die betreffenden Aufsätze von *G. Jaeckel; J. Köhler, D. Mempel, N. Conrads* und *A. Schindling* in dem Sammelband von *P. Baumgart*, Schlesien. Ebenso die älteren Arbeiten von *Th. Mommsen*, Vikariat und *K. F. Möhrs*; zusammengefaßt bei *J. Köhler* 273–278.

297 Vgl. hierzu vor allem *Th. Mommsen*, Vikariat 145 ff. Mommsen analysiert die Zielsetzung Friedrichs, in Schlesien ein „preußisch-katholisches Kirchenregiment" unter „Aufrechterhaltung der Staatssuprematie" einzuführen, und beschreibt die teils offen politisch argumentierenden, teils von jeglicher Publikation absehenden Maßnahmen, vgl. hierzu besonders ebenda 154.

298 Zur öffentlichen Debatte um die schlesische Rechtsfrage, die im Sommer 1741 abflaute und im Winter 1744 wiederauflebte, vgl. Kapitel V.1.a) dieser Studie.

299 Vgl. hierzu Kapitel IV.2.b) und V.1.b) dieser Untersuchung.

trag festgelegten katholischen und evangelischen Religionsrechte zurück; unter Berufung auf den sechsten Artikel dieses Friedensvertrages wird behauptet, daß der preußische König „nicht nur der Catholischen Religion/sondern auch denen der Augspurgischen Confession Zugethanen verschiedentlich zu nahe getretten"[300] sei.

Obwohl Maria Theresia sich tatsächlich in den Verhandlungen zum Breslauer Vorfrieden und Berliner Definitivfrieden vor allem für einen möglichst umfassenden Schutz des katholischen Bekenntnisses eingesetzt hatte[301], unterstrich sie nun öffentlich, für die Rechte beider Konfessionen einzutreten. Sie versprach ausdrücklich auch den evangelischen Einwohnern Schlesiens, daß sie deren bisherige Religionsfreiheiten schützen werde[302].

Auch Preußen wahrte in seinem Antwortpatent eine grundsätzliche konfessionelle Indifferenz. Es warf dem Wiener Hof umgekehrt vor, seinerzeit die Evangelischen unterdrückt zu haben, und betonte demgegenüber, daß Preußen, „seitdem Schlesien unter Unserer Botmässigkeit gestanden, beiderlei Religionsverwandten [...] überall gleichmässigen Schutz und Schirm"[303] habe angedeihen lassen.

Während sich Preußen hier noch gegen die österreichische Argumentation zu verteidigen suchte, zeigt die folgende preußische Schrift an, daß Friedrich seinerseits – wie schon im Ersten Schlesischen Krieg – keine konfessionellen Motive für sein offensives Vorgehen geltend machen wollte. Das preußische *Patent an die Stände und Unterthanen des Herzogthums Schlesien bisherigen österreichischen Anteils* vom 9. Januar 1745, das den preußischen Angriff auf das österreichische Restschlesien begleitete, erwähnte nämlich die Religionsfrage überhaupt nicht[304]. Stattdessen argumentierte Preußen hier in Anlehnung an die Ausweitung der schlesischen Rechtsfrage auf politischer Basis[305].

Die Religionsfrage in Schlesien ist sowohl für Österreich als auch für Preußen folglich kein vorherrschendes Leitmotiv während der Schlesischen Kriege gewesen. Beide Seiten betrieben offiziell keine konfessionelle Propaganda; mit Rück-

---

300 *Patent an die Schlesier*, HHStA, ÖA Schlesien 8, Konvolut 1, fol. 42-43', hier 42'.

301 Vgl. *D. Mempel* 296 f.

302 Vgl. *Patent an die Schlesier* vom 1. Dezember 1744, HHStA, ÖA Schlesien 8 Konvolut 1, fol. 42-43', hier 43: „[...] Wir werden Euch mit eben so viel wahrer Landes=Mütterlicher Liebe/als Unseren true=gehorsamsten Erb=Landen vorstehen/in Religions=Sachen Euch bey der durch den Westphalischen Friedens/und Alt=Ranstadtischen Convention bedungenen Freyheit erhalten/und wann ihr darwider etwann vorhin gekräncket wäret/nicht nur Eueren Beschwerden sofort abhelffen/sondern auch dasjenige/was zu Euerer Beruhigung gereichen kan/gnädigst anhören/und befundenen Dingen nach huldreichst gestatten".
Zu Inhalt und Durchführung der Altranstädter Konvention von 1707, die die protestantischen Religionsrechte in Abwehr der habsburgischen Rekatholisierungsabsichten festlegte, vgl. *D. Mempel* 291 f.

303 *Patent an die Schlesier* vom 19. Dezember 1744, PStSch I 530-532, hier 531.

304 Vgl. ebenda 533-535.

305 Vgl. hierzu Kapitel V.1.a) dieser Studie.

sicht auf die gemischtkonfessionellen Verhältnisse sowohl unter der schlesischen Bevölkerung wie auch bei den politischen Bündnispartnern betonten sie vielmehr, für die Rechte beider Bekenntnisse einzutreten.

Dennoch scheinen Bekenntnisfragen ein wirksames Agitationsmittel gewesen zu sein[306]; Österreich bemühte sich vor allem zu Beginn des Konfliktes um Schlesien, die Befürchtungen wegen eines möglichen preußischen Religionskrieges unter den Katholiken zu verstärken, um Unterstützung gegen Preußen zu erhalten. Umgekehrt hat auch Preußen gegenüber protestantischen Adressaten nicht auf inoffizielle religiöse Propaganda verzichtet; lediglich hinsichtlich des Konfliktes in Schlesien suchte es entsprechenden Vorwürfen zu begegnen, indem es eine religiöse Begründung vermied und stattdessen politisch argumentierte.

Da Preußen jedoch im Siebenjährigen Krieg auch offiziell umgekehrt verfuhr und sich eindeutig konfessionelle Motive zuordnete[307], scheint die Art und Weise der öffentlichen Auseinandersetzung um religiöse Themen während der Schlesischen Kriege durch die politischen Umstände bestimmt gewesen zu sein.

b) Die Säkularisationspläne

Die Verknüpfung von religiösen und politischen Themen in der öffentlichen Auseinandersetzung zwischen Preußen und Österreich beschränkte sich jedoch nicht auf die schlesische Bekenntnisfrage. Neben den angeblichen preußischen Religionskriegsabsichten in Schlesien lancierte der Wiener Hof auch Gerüchte über religionspolitische Pläne des preußischen Königs im Reich.

Der österreichische Sondergesandte im Reich, Graf Colloredo, und der böhmische Wahlgesandte in Regensburg verbreiteten auf Anweisung aus Wien zu Beginn des Jahres 1741 unter katholischen Reichsständen die Befürchtung, Preußen und Bayern intendierten die Säkularisation geistlicher Gebiete. Diese Warnungen richteten sich vor allem an den politisch noch unentschiedenen Bruder des bayerischen Kurfürsten, Kurfürst Clemens August von Köln, und an den Fürstbischof von Würzburg und Bamberg, die sie durchaus ernst genommen zu haben scheinen[308].

---

306 Vgl. hierzu M. *Schlenke*, Argument, der die Bedeutung der konfessionellen Übereinstimmung zwischen England und Preußen für die Annäherung zwischen beiden Staaten nachgewiesen hat. Umgekehrt ist von Karl VII. bezeugt, daß er aus konfessionellen Gründen Mißtrauen gegen den protestantischen Preußenkönig hegte, vgl. *K. Th. Heigel*, Tagebuch, Einleitung.

307 Vgl. PStSch III, passim.

308 Vgl. hierzu *K. Th. Heigel*, Erbfolgestreit 82 und 100; PStSch I 290. Daß die betreffenden Warnungen hinsichtlich des bayerischen Kaiserkandidaten ernst genommen wurden, zeigt ein Brief des Bischofs von Würzburg an seinen Bruder, den Kurfürsten von Trier vom 28. März 1741, in dem dieser die Erwartung ausdrückt, Karl Albrecht werde sich zur Stärkung seiner Hausmacht auf Kosten geistlicher Gebiete vergrößern müssen, vgl. *K. Th. Heigel*, Erbfolgestreit 123.

In Verbindung mit den unterstellten Religionskriegsabsichten in Schlesien und der behaupteten Ländergier des preußischen Königs sollte dies vor allem die katholischen Reichsfürsten zur Unterstützung Maria Theresias motivieren.

Um diesen politischen Folgen vorzubeugen, hatte Preußen bereits Anfang Januar 1741 vor allem gegenüber katholischen Reichsständen jegliche konfessionelle Parteilichkeit seines Unternehmens gegen Schlesien bestritten[309]. Um nun die zusätzlichen Befürchtungen hinsichtlich preußischer Absichten auf geistliche Territorien im Reich zu zerstreuen, erließ das Berliner Kabinett am 11. März 1741 ein Rundschreiben an seine Gesandten, das zur Veröffentlichung bestimmt war[310].

Darin wurden alle Gerüchte energisch dementiert, die Preußen Säkularisationspläne katholischer Bistümer im Reich unterstellten. Ausdrücklich bezeichnete Preußen den Wiener Hof als Urheber solcher Gerüchte und bestritt, jemals Forderungen auf geistliches Gebiet gestellt zu haben. Der preußische König wolle vielmehr „cultiver soigneusement une bonne amitié avec tous mes voisins, surtout dans l'Empire" und zum Beweis seiner Gegenbehauptung, daß er keinerlei „prétentions chimérique et injustes sur leurs États"[311] erhebe, habe er eine angeblich preußische Schrift über brandenburgische Ansprüche auf Teile der sächsischen Lausitz konfiszieren lassen.

Der Erlaß endet mit der nochmaligen generellen Versicherung, sämtliche Gerüchte dieser Art seien „aux dépens de la vérité et de tout ce qu'il y a de plus sacré"[312].

Die in diesem Reskript erwähnte Schrift trägt den Titel *Summaria Recensio* und war von einem Privatmann ohne amtlichen Auftrag verfaßt worden; offenbar durch ein Versehen war sie Anfang März in den *Berlinischen Nachrichten* angekündigt worden. Aber das Berliner Kabinettsministerium war weit davon entfernt, diese private Publikation für politisch unbedenklich zu halten; unmittelbar nach deren Bekanntwerden wurde nicht allein der Autor mit Strafe belegt, sondern auch sämtliche Restexemplare beschlagnahmt und zusätzlich der sächsische Hof in einer offiziellen Demarche über den nichtamtlichen Ursprung dieser Abhandlung und über die eingeleitete Verfolgung aufgeklärt[313].

Die *Summaria Recensio* enthält nicht etwa Ansprüche auf geistliches Gebiet, sie entwickelt vielmehr weitere preußische Rechtsforderungen auf Schlesien und die Lausitz. Daß Preußen diese Schrift im Zusammenhang mit seinem offiziellen De-

---

[309] Vgl. das oben behandelte *Rescript an Pollmann* vom 7. Januar 1741, PStSch I 284 f. Auch hinsichtlich der offiziellen Bekanntgabe der Verhaftung Sinzendorfs hatte Friedrich ausdrücklich befohlen, diese vor allem dem katholischen bayerischen Kurfürsten zuzuleiten, vgl. Friedrich an Podewils, 29. März 1741, PC I 218 f., hier 219.

[310] Vgl. PStSch I 289 ff., Text ebenda 291. Ein Befehl des Königs hierzu liegt nicht vor.

[311] Ebenda 291.

[312] Ebenda.

[313] Vgl. PStSch I 289 f.

menti etwaiger Säkularisationsabsichten verwirft, zeigt, daß auch hier – wie schon hinsichtlich des Religionskriegsvorwurfes – die politische Argumentation Vorrang hatte. Ohne auf den religionspolitischen Gehalt der Säkularisationsvorwürfe einzugehen, bestreitet Preußen diese nur in Verbindung mit generellen Gebietsforderungen.

In unserem Zusammenhang ist diese kurze öffentliche Auseinandersetzung um angebliche preußische und bayerische Säkularisationsabsichten zu Beginn des Ersten Schlesischen Krieges vor allem im Hinblick auf die österreichische Religionspropaganda interessant. Denn Wien richtete genau diesen Vorwurf anderthalb Jahre später nur an den wittelsbachischen Kaiser, ohne Preußen zu erwähnen; wiederum anderthalb Jahre später jedoch, zu Beginn des Zweiten Schlesischen Krieges, warf Österreich dies erneut und ausschließlich dem preußischen König vor[314].

Während aber die entsprechenden Gerüchte zu Beginn des schlesischen Konfliktes einer tatsächlichen Grundlage entbehrten, fußte die spätere Anklage des Wiener Hofes auf realen Gegebenheiten: Seit dem Spätsommer 1742 waren im vertraulichen diplomatischen Kontakt zwischen Preußen, England und dem Kaiser Überlegungen angestellt worden, ob ein Frieden zwischen dem Wittelsbacher und der Habsburgerin nicht auf der Grundlage einer Säkularisation geistlicher Gebiete zustande kommen könne. Nachdem Großbritannien den Breslauer Friedensschluß zwischen Preußen und Österreich vermittelt hatte, versuchte auch der Kaiser mit englischer Hilfe zu einem Frieden mit der Habsburgerin zu gelangen. Unter dem Eindruck österreichischer Waffenerfolge erörtete der kaiserliche Vertreter am englischen Hof seit November 1742 in mehreren Unterredungen mit dem britischen Premierminister Lord Carteret die Möglichkeiten zur friedlichen Beilegung des Konfliktes. Das wichtigste Hindernis hierfür stellte der beiderseitige territoriale Entschädigungsanspruch dar. Da der Kaiser auf der Rückgabe seiner Erblande bestand, die derzeit von Österreich besetzt waren, sollten zum Ausgleich einige süddeutsche Reichsbistümer zugunsten Maria Theresias säkularisiert werden.

Diese Vorgänge sind bereits mehrfach Gegenstand historischer Untersuchungen gewesen. Nachdem die ältere Forschung angenommen hatte, daß die Säkularisationsidee von dem wittelsbachischen Kaiser ausgegangen sei, haben Theo Volbehr und Walther von Hofmann nachgewiesen, daß die betreffenden Pläne ursprünglich von dem preußischen König stammten, der sie erstmals im August 1742 dem englischen Vertreter in den Generalstaaten vortragen ließ[315].

Im Rahmen unserer Fragestellung sind jedoch weniger die Hintergründe und Motive dieser Vorschläge von Interesse als vielmehr die öffentliche Debatte, die der Wiener Hof entfachte, seit ihm zu Beginn des Jahres 1743 die betreffende Idee

---

314 Vgl. zu den betreffenden Anklagen im Zweiten Schlesischen Krieg Kapitel IV.2.b) dieser Studie.

315 So im Rahmen der umfassenden Darstellungen bei *J. G. Droysen*, Politik V 2, 16 ff.; *A. v. Arneth*, Maria Theresia II 207 ff.; kurz erwähnt bei *R. Koser*, Friedrich I 419 f. In Einzelstudien bei *Th. Volbehr* und *W. v. Hofmann*.

bekannt geworden war. Dabei richtete sich die österreichische Publizistik ausschließlich gegen den wittelsbachischen Kaiser.

Denn Lord Carteret hatte das Säkularisationsprojekt als angeblich kaiserlichen Vorschlag an den österreichischen Gesandten Wasner weitergeleitet, der dies wiederum umgehend nach Wien berichtete[316]. Er meldete zudem, daß der britische Minister dem Wiener Hof anheim gestellt habe, nach eigenem Ermessen von den betreffenden Informationen Gebrauch zu machen[317].

Genau dies tat die Hofburg. Sie verwandte die Informationen für einen propagandistischen Angriff gegen die Integrität des wittelsbachischen Kaisers. In mehreren offiziellen und anonymen Publikationen versuchte Österreich einerseits den politischen Gehalt der bayerischen Forderungen und anderseits die religionspolitischen und reichsverfassungsrechtlichen Bedenklichkeiten des Säkularisationsprojektes insbesondere vor den katholischen Reichsfürsten darzulegen[318]. Dadurch sollte dem Kaiser die Unterstützung für seine Absicht entzogen werden, das Reich zu einem gemeinsamen Vorgehen gegen Österreich oder auch nur zu einer Vermittlung im Erbfolgekonflikt zu bewegen[319].

Zwar können wir uns im Rahmen unserer Fragestellung den Ursprüngen und Zielsetzungen dieser publizistischen Offensive Wiens gegen den Kaiser nicht ausführlich widmen, doch bieten die wenigen Hinweise in den österreichischen Akten hierzu wichtige Anhaltspunkte für eine Interpretation der Wiener Religionspropaganda. Denn wie ein überblicksartiger Vergleich der diesbezüglichen Wiener Publizistik gegen den Kaiser und gegen Preußen zeigt, setzte die Hofburg den Säkularisationsvorwurf gegen den Wittelsbacher im Jahre 1743 ebenso gezielt politisch ein, wie sie ihn zu Beginn des Zweiten Schlesischen Krieges gegen dem preußischen König ins Feld führte.

---

[316] Vgl. hierzu *W. v. Hofmann* 218 ff. Die entsprechenden Berichte des österreichischen Gesandten Wasner vom 21. Dezember 1742, HHStA, StA England 81, Konvolut „Berichte Wasner 1742 VII-XII", fol. 846-864, und vom 15. Januar 1743, ebenda 83, Konvolut „Berichte Wasner 1743 I-VI", fol. 43-57'[mehrfach foliiert].

[317] Vgl. *J. G. Droysen*, Politik V 2, 55 f. Nach Wasners Bericht hatte der britische Premier ihm ausdrücklich gestattet, „darvon jenen = alß ich wolte, oder gar keinen gebrauch nach belieben machen könte", hatte ihn jedoch zugleich gemahnt, „jedoch da schon zu verschiedenen mahlen von franckreich so wohl alß von dem vermeyntlichen Kayßer in offentlichen Schrifften vorgeben worden, daß Euer Königl. May. Sich keinen friedens=Vorschlägen fügen wolten, so könne allenfals villerwehntes puncto papier dienen, der wahr vor augen zu legen, unter was für schönen bedingnussen Euer Königl. May. der friede von Allerhöchst Deroselben feinden anerbotten werde [...]", Bericht Wasners vom 15. Januar 1743, HHStA, StA England 83, Konvolut „Berichte Wasner 1743 I-VI", fol. 43-57', hier 52 f.

[318] Vgl. zur österreichischen Religionspropaganda *Th. Volbehr* 266; *W. v. Hofmann* 232 f.; *J. G. Droysen*, Politik V 2, 60. Auf die politische Argumentation gegen das bayerische Friedensprojekt, die in der Flugschrift *Plan projetté de paix à faire* mündete, gehen diese Beiträge allerdings nicht ein; wir werden auf diese Schrift unten zu sprechen kommen.

[319] Zu den diesbezüglichen kaiserlichen Bestrebungen vgl. *R. Koser*, Friedrich I 409 ff.

Der Wiener Hof trennte nämlich in seiner publizistischen Offensive gegen den Kaiser – ausgerichtet nach der Konfession der jeweiligen Adressaten – die reichspolitischen von den religionsrechtlichen Aspekten des kaiserlichen Friedensprojektes: Während die von Reischach im Haag verfaßte und anonym verbreitete Flugschrift *Plan projetté de Paix à faire avec de remarques* die reichspolitische Seite des Projektes behandelte[320], befaßte sich das österreichische Zirkularreskript vom 13. Februar ausdrücklich mit den Säkularisationsplänen und befal den Gesandten, diese „nicht nur nicht geheim zu halten, sondern unter der hand sorgfältig auszubreiten"[321]. Zu diesem Zweck werden die Diplomaten aufgefordert, die betreffenden Informationen durch anonyme Druckschriften zu verbreiten[322].

In unserem Zusammenhang ist jedoch nicht allein diese gezielte Trennung der politischen und religiösen Propaganda von 1743 interessant, sondern vor allem der Umstand, daß man sich am Wiener Hof durchaus nicht darüber täuschte, daß der preußische König den betreffenden Plänen keineswegs abweisend gegenüberstand[323].

Aber die Hofburg unterließ einen entsprechenden Vorwurf an Preußen[324] und konzentrierte sich im Jahre 1743 vielmehr auf den Wittelsbacher als Hauptgegner.

Anderthalb Jahre später jedoch hatten sich die politischen Konstellationen verändert. Nun schwenkte auch die Wiener Religionspropaganda um und bedachte ausschließlich den preußischen König mit jenen Säkularisationsvorwürfen, ohne dabei den Kaiser zu erwähnen[325]. Die Hofburg richtete also auch die religiöse Propaganda an den politischen Gegegebenheiten aus, indem sie diese zu Beginn des Zweiten Schlesischen Krieges nicht mehr gegen den Wittelsbacher, sondern nur noch gegen ihren nunmehrigen wichtigsten Widersacher anführte.

---

320 Originaldruck dieser Schrift in HHStA, KrA 382, o.fol. Eine Druckfassung der deutschen Übersetzung unter dem Titel *Friedens=Vorschlag mit Anmerckungen* in HHStA, StK Regensburg öst. Gesandtschaft 98, Konvolut „Berichte 1743 II-III", hier als Beilage zum Bericht Palms vom 11. März 1743, fol. 279 ff. Wenig später meldet der österreichische Reichstagsvertreter, Reischach habe ihm zusätzlich ein französischsprachiges Druckexemplar dieser Schrift zugesandt, und er selbst werde für dessen weitere Verbreitung sorgen, vgl. Bericht Palms vom 25. März 1743, HHStA, StK Regensburg öst. Gesandtschaft 98, Konvolut „Berichte II-III", fol. 36-42'.

321 Weisung an Palm und mehrere andere österreichische Vertreter im Reich vom 13. Februar 1743, HHStA, StK Regensburg öst. Gesandtschaft 5, fol. 172-173'.

322 Vgl. ebenda, fol. 172'. Am 11. März meldet der Wiener Reichstagsvertreter, daß er diesen Aufträgen nachgekommen sei, ohne jedoch den Titel der betreffenden Schriften zu nennen, vgl. Bericht Palms vom 11. März 1743, HHStA, StK Regensburg öst. Gesandtschaft 98, Konvolut „Berichte 1743 II-III", fol. 276- 330'.

323 Vgl. *A. v. Arneth*, Maria Theresia II 299 f.

324 Droysen berichtet, der Wiener Hof habe anonyme „Wiener Zettel" verbreitet, in denen Preußen der Vorschlag der Säkularisationen zur Last gelegt werde, vgl. *J. G. Droysen*, Politik V 2, 61. Doch obwohl eine solche inoffizielle Kampagne Wiens gegen Preußen durchaus möglich ist, fanden sich in den österreichischen Akten keine Anhaltspunkte dafür.

325 Vgl. hierzu Kapitel IV.2.b) dieser Arbeit.

Doch zu Beginn des Zweiten Schlesischen Krieges führte dieser Vorwurf nicht mehr zu einer lebhaften öffentlichen Auseinandersetzung zwischen den jeweiligen Kontrahenten. Während der Wittelsbacher sich im Frühjahr 1743 beeilte, den betreffenden österreichischen Anklagen nachdrücklich entgegenzutreten und auch ein offizielles Dementi des britischen Ministers erwirkte[326], beschränkte sich Preußen im Jahre 1744 auf die kurze Entgegnung, daß Säkularisationen schon im Westfälischen Frieden vereinbart worden seien[327].

Dies ist ein weiteres Indiz für unsere These, daß neben den rechtlichen und politisch-moralischen Themen der publizistischen Auseinandersetzung auch die Konfessionsfrage von den politischen Begleitumständen abhängig war.

4. Exkurs – die Kriegsberichterstattung

Neben den oben geschilderten öffentlichen Debatten zwischen Preußen und Österreich um rechtliche, moralische und religiöse Fragen verdient ein weiteres Thema Erwähnung, das die beiderseitige Publizistik während der Schlesischen Kriege fortlaufend beschäftigte. Denn die Kriegsgegner veröffentlichten regelmäßig und in großer Anzahl Berichte über das militärische Geschehen.

Über die Vielzahl der von Preußen publizierten Kriegsberichte gibt die Edition der betreffenden Schriften Auskunft, die Johann Gustav Droysen erstellt hat[328]; so veröffentlichte Preußen allein im Ersten Schlesischen Krieg dreiundzwanzig Kriegsberichte, die meist in Gestalt einer *Lettre d'un officier prussien* erschienen. Für Österreich weisen verschiedene diplomatische Korrespondenzen ein ähnliches Ergebnis aus[329].

---

[326] Lord Carteret versicherte dem kaiserlichen Vertreter in einem später offiziell publizierten Schreiben vom 15. März, daß er selbst die erste Anregung von den Säkularisationsplänen getan habe, vgl. *Th.Volbehr* 274.
Diese Beteuerung Carterets hat sowohl Volbehr als auch Hofmann zu der Annahme geführt, daß die österreichischen Vorwürfe gegen den Kaiser tatsächlich unzutreffend gewesen seien; vgl. *Th. Volbehr* 274; *W. v. Hofmann* 231 f. Es erscheint indessen wenig überzeugend, hier von einer Falschdarstellung Wasners oder des Wiener Hofes auszugehen, denn immerhin vereinbarte die Hofburg mit England, von den Generalstaaten aus dieses kaiserliche Projekt in einer gemeinsam erstellten anonymen Schrift bekannt zu machen; dies ergeben die Weisungen und Berichte des Wiener Vertreters im Haag, Baron Reischach, vgl. die betreffende Weisung an Reischach vom 30. Januar 1743, HHStA, StA Holland 87, Konvolut „Weisungen 1743", fol. 7-9; die entsprechenden Berichte Reischachs über den Druck der Flugschrift *Plan projeté de paix à faire avec des remarques* vom 16. Februar sowie vom 2., 9. und 16. März 1743, ebenda 45, Konvolut „1743 I-VI", fol. 139-140', 148-150', 155-156' und 159-160'.

[327] So die preußische *Widerlegung*, vgl. PStSch I 490. Vgl. auch Kapitel IV.2.a).

[328] Vgl. *J. G. Droysen*, Kriegsberichte. Ergänzend dazu die Studie von *G. Scheele*.

[329] So vor allem diejenigen diplomatischen Aktenbestände, die aus den jeweiligen Gesandtschaftsarchiven entstanden und in deren Weisungen überaus viele gedruckte militärische Relationen enthalten sind; in unserem Fall betrifft dies HHStA, StA Frankreich 65 und 68,

Diese Publikationen enthalten sowohl detaillierte Schilderungen der entscheidenden Schlachten als auch Meldungen über kleinere Gefechte oder Truppenbewegungen. Die Schlachtenberichte erläutern dabei den Aufmarsch und die Stärke der eigenen und gegnerischen Truppenteile ebenso wie den genauen Ablauf und die Dauer der Schlacht, die Anzahl der Toten, Verwundeten und Gefangenen; insgesamt sind die betreffenden Relationen bemüht, das Ergebnis der Schlacht als für die eigene Seite möglichst günstig darzustellen[330].

Da sich diese militärischen Relationen aber meist auf die Information über kriegerische Ereignisse und Entwicklungen beschränken, sind sie für eine politische Interpretation wenig aufschlußreich und werden daher in unserer Untersuchung auch nicht ausführlich behandelt[331]. Im Rahmen unserer Fragestellung ist jedoch die Feststellung wichtig, daß beide Kriegsparteien sich diesem Thema intensiv widmeten.

Denn offenbar korrespondierte die beträchtliche Anzahl der gedruckten Kriegsberichte, die die staatliche Propaganda beider Seiten verbreitete, mit einem ausgesprochen regen Interesse der breiten Bevölkerung insbesondere am militärischen Geschehen. Vielfach findet sich in den Gesandtenberichten die dringende Bitte um eine offizielle militärische Relation; ähnlich häufig ist der Hinweis, daß entweder der Gegner oder private Nachrichtenschreiber bereits entsprechende Informationen ausgegeben hätten und daß man – sofern die Meldungen gegen die eigene Sache sprachen – auf deren Widerlegung hoffe[332].

---

passim. Zudem sind auch in den Kriegsakten zahlreiche Druckexemplare militärischer Relationen aufbewahrt, so beispielsweise die *Relation du Passage du Rhin* über den spektakulären Rheinübergang der österreichischen Armee unter Karl von Lothringen, vgl. HHStA, KrA 364, o.fol.

330 So bezeichnete die preußische *Relation de la bataille de Chotusitz*, J.G.Droysen, Kriegsberichte (1876) 358-364, hier 363, die Schlacht als „glorieux succès" für die preußischen Soldaten, während der Wiener Hof in seiner *Relation über die den 17. May 1742 ... bey Czaßlau vorgefallene Action* vor allem auf die zahlenmäßge Überlegenheit der Preußen hinwies und betonte, daß der Rückzug der eigenen Truppen geordnet und ohne feindliche Einwirkungen vor sich gegangen sei, also somit suggeriert, daß die Schlacht eigentlich unentschieden ausgegangen sei, vgl. den betreffenden Originaldruck in HHStA, StA Frankreich 68, Konvolut „Ulfeld an Gundl 1742 II-V", fol. 76-77. In einer zusätzlich publizierten vorgeblich privaten Relation unter dem Titel *Schreiben eines Officiers Ihrer zu Hungarn und Boheim Königlichen Majestät*, Originaldruck ebenda, fol. 80 f., wird sogar darauf hingewiesen, daß die gegnerischen Verluste doppelt so hoch gewesen seien wie die eigenen.
Zum tatsächlichen Ablauf dieser Schlacht, die Preußen den Breslauer Frieden einbrachte, vgl. *J.G.Droysen*, Chotusitz.

331 Auf eine Ausnahme hinsichtlich politischer Tendenzen einer mit militärischen Fragen befaßten Schrift, auf den preußischen *Wahrhafften Bericht*, PStSch I 536 ff., sind wir bereits im Zusammenhang mit den wichtigsten Topoi zu sprechen gekommen, vgl. hierzu Kapitel III.1.

332 So berichtet der österreichische Resident in Holland am 25. Mai 1742, daß Preußen die Nachricht eines überwältigenden Sieges über die Österreicher verbreite, und meldet, daß er selbst zwar noch hoffe, „daß dieße fatale nachricht wenigstens besten theils nicht gegründet seye; inzwischen aber hat dieselbe allhier schon einen schlimmen effect verursachet, und

Die staatliche Publizistik Preußens und Österreichs zu militärischen Ereignissen scheint also vor allem diesem Interesse nachgekommen zu sein; durch die Verbreitung militärischer Siegesnachrichten versuchten beide Seiten, die Zuversicht unter den eigenen Anhängern zu verstärken und die Stimmung im Lager des Gegners entsprechend zu dämpfen.

---

vielen welche zu rettung der gemeinen sach eyffer bezeiget den muth genohmen", Bericht Reischachs vom 25. Mai 1742, HHStA, Stk Holland 43, fol. 430-435', hier 431'. In einem nachfolgenden Bericht an Ulfeld betont der Gesandte nochmals: „Man ist hier sehr begiehrig die wahre beschehenheit von der bataille von Czaslau zu vernehmen, weillen von denen feinden allhier in offentlichen Druckh außgegeben worden, daß unßere armée auf das haupt geschlagen" worden sei, vgl. ebenda fol. 436.

Über die Wirkung der österreichischen Gegendarstellung, wie wir sie in Anm. 330 dargelegt haben, meldet Reischach, die Mehrheit sei nunmehr überzeugt, daß Preußen größere Verluste in dieser Schlacht davongetragen habe als Österreich, vgl. Bericht Reischachs vom 2. Juni 1742, ebenda, fol. 5-8, hier 5'.

VI. Die wichtigsten Adressaten

1. Opfer oder Nutznießer – das Reich

In dem von uns behandelten Zeitraum stellte das Reich eine wichtige politische Bezugsgröße der zeitgenössischen Publizistik dar, der sich private und staatliche Publikationen intensiv widmeten[1]. Sowohl Preußen als auch Österreich wandten sich in ihren grundlegenden Legitimationsschriften zu Kriegsbeginn stets auch an die Reichsstände[2]. Zudem sorgten sie auch in den nachfolgenden publizistischen Debatten dafür, daß ihre Schriften in der Reichsöffentlichkeit bekannt wurden[3].

Inhaltlich machten die Kontrahenten dabei je nach den wechselnden politisch-militärischen Machtverhältnissen unterschiedliche Akzente geltend: Die Angreifer suchten stets zu erweisen, daß das Reich entweder durch ihr Vorgehen nicht betroffen sei und sich deswegen auch nicht mit dem Konflikt befassen müsse, oder aber, daß man den eigenen Vorstoß gerade im Interesse und zum Wohle des Reiches unternehme und daher Unterstützung von den Reichsständen erwarte[4]. Demgegenüber reklamierten die angegriffenen Reichsstände die Hilfe der Reichsgemeinschaft gegen den Aggressor, indem sie ihm ein reichsverfassungswidriges Verhalten oder heimliche despotische Absichten unterstellten[5].

Doch wie im folgenden zu zeigen sein wird, blieb die öffentliche Auseinandersetzung zwischen Preußen und Österreich nicht auf diese allgemeinen reichspolitischen Leitlinien der Argumentationen beschränkt. In dem Maße, in dem die Habsburgerin sich im Erbfolgekonflikt nicht allein militärisch behaupten konnte, sondern auch zur Offensive im Hinblick auf die Reichspolitik überging und dies publi-

---

[1] Zur Bedeutung der reichspolitischen Leitmotive in der zeitgenössischen Publizistik vgl. grundlegend Kapitel III.1. dieser Studie. Zu den diesbezüglichen privaten Schriften vgl. *F. Wagner*, Reichsidee; *K. Lory*, passim; sowie *K. Th. Heigel*, Erbfolgestreit 46 ff., 149 ff. und 189 ff.

[2] Vgl. hierzu allgemein Kapitel IV. der vorliegenden Studie.

[3] Vgl. hierzu vor allem Kapitel V. dieser Arbeit.

[4] So die grundlegende reichspolitische Argumentation Preußens in seinen Kriegslegitimationen von 1740 und 1744, vgl. Kapitel IV.1.a) und IV.2.a). Die österreichische Rechtfertigung für das eigene offensive Vorgehen gegen den Wittelsbacher und gegen Frankreich von 1744 argumentierte ebenso, vgl. hierzu die betreffenden Hinweise in Kapitel IV.2.b) und VI.2.a).

[5] So die österreichische Entgegnung auf den preußischen Einfall in Schlesien von 1740, vgl. Kapitel IV.1.b). Auch der Kaiser reklamierte mit diesen Argumenten die Hilfe des Reiches gegen die österreichischen Truppen, vgl. hierzu unten.

zistisch vertrat, versuchte Preußen, diesen Erfolgen sowohl auf politischer Ebene als auch in der Öffentlichkeit entgegenzuwirken[6].

Daß der österreichische Erbfolgekonflikt eng mit reichsrechtlichen Fragen verknüpft sein würde, war schon vor dem Ausbruch der Feindseligkeiten absehbar. So entzündeten sich bereits kurz nach Maria Theresias Regierungsantritt die ersten reichsrechtlichen Debatten. Zentrales Thema dieser verschiedenen öffentlichen Erörterungen war die anstehende Kaiserwahl. Während sich die österreichfreundlichen Publikationen darum bemühten, die Wählbarkeit des Lothringers und die Berechtigung Maria Theresias zur Ausübung der böhmischen Kurstimme nachzuweisen, wurde beides in den Schriften der Gegenseite nachdrücklich bestritten[7].

Ein Jahr später schufen die antipragmatischen Verbündeten reichspolitische Fakten: Am 4. November 1741 beschloß das Kurfürstenkolleg den Ausschluß des kurböhmischen Votums bei der anstehenden Kaiserwahl und wählte im Januar des folgenden Jahres den bayerischen Kurfürsten einstimmig zum neuen Kaiser[8].

Beide Entscheidungen waren nur unter starkem französischem und preußischen Druck zustande gekommen; nachdem sich beide Staaten nicht nur zur Durchsetzung der wittelsbachischen Erbansprüche, sondern auch der Kaiserkandidatur verpflichtet hatten, bot sich im Herbst 1741 angesichts der militärischen Überlegenheit der antipragmatischen Koalition die Gelegenheit, auch die zu Habsburg neigenden Kurfürsten zur Stimmabgabe für Karl Albrecht zu zwingen[9].

Indem der Wittelsbacher als wichtigster Prätendent an das habsburgische Erbe nun zugleich den Kaiserthron einnahm, war der Erbfolgekonflikt handgreiflich mit der zukünftigen Reichspolitik verflochten. Dies scheint auch die Mehrzahl der Reichsstände erwartet zu haben: Schon im Dezember 1741 beschrieb der preußische Reichstagsvertreter Pollmann die Stimmung im Reich dahingehend, daß die Reichsfürsten befürchteten, das Reich werde durch den Ausschluß des böhmischen Votums und die Wahl Karl Albrechts zum Kaiser in die Erbfolgefrage hineingezogen[10].

---

6 Dabei können wir, wie schon mehrfach an anderer Stelle vermerkt, die eigentlichen publizistischen Auseinandersetzungen der Hofburg mit dem Wittelsbacher und die übrigen reichspolitischen und reichsrechtlichen Debatten in unserem Zusammenhang nicht ausführlich behandeln. Soweit diese bisher in der Forschung dargestellt wurden, vgl. zur öffentlichen Debatte um die Kaiserwahl, um das böhmische Votum sowie um die Herausgabe des Reichsarchivs K. Th. Heigel; Th. Thelen, passim; F. Wagner, Reichsidee; E. Fromm; PStSch I 338 ff.

7 Vgl. hierzu die in der vorigen Anmerkung zitierte Literatur. In welchem Maße es sich bei den dort angeführten Schriften um amtliche oder private Veröffentlichungen handelt, ist aufgrund der dürftigen Quellenlage nicht zu klären.

8 Vgl. K. Th. Heigel, Erbfolgestreit 237 f. und 252 ff.

9 Vgl. zu den verschiedenen Verflechtungen der politischen und militärischen Lage mit der Kaiserwahl besonders K. Th. Heigel, Erbfolgestreit, passim; knapp bei R. Koser, Friedrich I 410 f.

10 Vgl. K. Th. Heigel, Erbfolgestreit 244.

Genau dies geschah schon unmittelbar im Anschluß an die Kaiserwahl. Als sich im Frühjahr 1742 das Blatt zugunsten Maria Theresias gewendet hatte und sich ihre Truppen genau zum Zeitpunkt des Frankfurter Wahltages der kurfürstlich-bayerischen Residenzstadt München bemächtigen konnten, bat der neue Kaiser umgehend um Reichshilfe[11].

Aber auch der Wiener Hof wandte sich sofort an das Reich; Maria Theresia protestierte öffentlich gegen den Ausschluß der böhmischen Kurstimme und gegen die Kaiserwahl. Seit November 1741 hatte die Hofburg bereits mehrere Rechtsabhandlung veröffentlicht, die gegen die Suspension des böhmischen Votums energisch Einspruch erhoben[12]; zugleich verwahrte sich die Habsburgerin vorab gegen eine unter diesen Bedingungen vollzogene Kaiserwahl und kündigte an, daß sie eine unfreie Wahl nicht anerkennen werde[13].

Nachdem Maria Theresia also schon vor der Wahl ihren Protest öffentlich bekundet hatte, vollzog sie dies nach der Kaiserkür in einem förmlichen Rechtsakt. Bereits am 27. Februar 1742 war dem österreichisch-böhmischen Wahlgesandten in Antwort auf dessen Anfrage der Entwurf für eine Protestationsschrift zugeschickt worden[14]. Doch an der Hofburg versprach man sich von diesem formalen Schritt keinen konkreten Erfolg, bis nicht auch die österreichischen Waffen siegreich sein würden; daher wurde dem Gesandten befohlen, die Verwahrung bis auf weiteres nur unter den österreichfreundlichen Ständen bekanntzumachen, um deren positive Gesinnung zu stärken[15].

Doch schon kurz darauf nahm man von dieser zurückhaltenden Form der Bekanntgabe Abstand: Am 13. April 1742 beschloß die österreichische Staatskonferenz, die Protestation gegen die Kaiserwahl erstens offiziell bei dem Reichstag einzureichen und sie zweitens allen Reichsständen zuzuschicken[16]. Diese Rechtsver-

---

11 Dies geschah mittels mehrerer kaiserlicher Kommissionsdekrete an die Reichsversammlung, vgl. PStSch I 369. Nachdem der Wiener Hof das erste unbeantwortet gelassen hatte, erließ er auf alle folgenden umgehend Antwortreskripte, deren Originaldrucke in HHStA, KrA 381, passim, zu finden sind.

12 Vgl. hierzu *Th.Thelen* 127 ff.

13 Vgl. *A. v. Arneth*, Maria Theresia II 21.

14 Vgl. Weisung an die österreichische Gesandtschaft in Regensburg vom 27. Februar 1742, HHStA, StK Regensburg öst. Gesandtschaft 4, Konvolut „Weisungen 1741-1742", fol. 37-42'.
Zum Rechtsakt einer Protestation und seinem schrittweisen Wandel von einem rechtlichen zu einem politischen Instrument vgl. *H.-J. Becker*.

15 Weisung an die österreichische Gesandtschaft in Regensburg vom 27. Februar 1742, HHStA, StK Regensburg öst. Gesandtschaft 4, Konvolut „Weisungen 1741-1742", fol. 37-42', hier 42': „[...] also kombt es dermahlen nur auf eine vorlauffige vorbereitung zu sothaner absicht an: welche in dieser häcklichen begebenheit, und bey denen durch falsche ausstreuungen auch sehr niedergeschlagenen gemüthern, ohnedaß unentbehrlich ist. Ihr habt euch also diese verbreitung nach dem mehr- oder minderen vertrauen, so jedem Hof [...] zugewendet werden kan, besten fleisses angelegen seyn zu lassen".

wahrung wurde in Gestalt je einer Protestationsurkunde für Maria Theresias Reichsstandschaften Böhmen, Österreich und Burgund ausgefertigt und an die Regensburger Vertretung gesandt[17].

Nachdem aber zwei Versuche, die betreffenden Urkunden offiziell am Reichstag zu übergeben, gescheitert waren, da sowohl der diplomatische Vertreter des Mainzer Erzkanzlers als auch der Reichstagsvertreter des neugewählten Kaisers die Annahme der betreffenden Schriftstücke verweigert hatten[18], entschloß sich die Hofburg zu einem nachdrücklicheren Vorgehen:

Zum einen wurden die Urkunden nun auf dem Postweg an den Kurfürsten von Mainz gesandt und zum anderen in gedruckter Form sowohl im Reich wie in Europa verbreitet. Am 9. Mai 1742 schickte der Wiener Hof einen Runderlaß an seine Gesandten, in dem die drei Verwahrungsurkunden einschließlich zweier erläuternder Nachträge enthalten waren[19]. Ausdrücklich wurden die Diplomaten angewiesen, davon „den gehörigen gebrauch zu machen, und wo Du es für gut befindest, ein- und anderes stuck in das Frantzösische oder Englische übersetzt zu jedermanns wissenschaft zu bringen"[20].

---

[16] Vgl. hierzu das Konferenzprotokoll Bartensteins vom 13. April 1743, HHStA, StK Vorträge 52, Konvolut „1742 I-VI", fol. 109 f.; als Ergebnis der Besprechung ist hier festgehalten: „ChurMayntz muß dictiren laßen vermög der neuen wahlCapitulation. Protestation an alle Chur und Fürsten schicken".

[17] Vgl. Weisung an die österreichische Gesandtschaft vom 16. April 1743, HHStA, StK Regensburg öst. Gesandtschaft 4, Konvolut „Weisungen 1741-1742", fol. 104-131'.
Die einzelnen, in der Sache gleichlautenden Urkunden und ein zugehöriger Nachtrag sind in der betreffenden Druckschrift hintereinandergereiht und durchpaginiert, die Titel lauten *Königlich=Chur=Böhmische Verwahrungs=Uhrkund, Ertz=Herzoglich Oesterreichische Verwahrungs=Uhrkund* und *Hertzoglich=Burgundische Verwahrungs=Uhrkund* sowie *Nachtrag zu denen Ertz=Herzoglich Oesterreichischen und Hertzoglich=Burgundischen Verwahrungs=Uhrkunden*; darin ist nur die erste dieser Verwahrungsurkunden dem Wortlaut nach gedruckt, die übrigen sind unter genauer Bezeichnung der Abweichungen bezüglich der Titel Maria Theresias lediglich mit ihrer jeweiligen Überschrift aufgeführt; neu paginiert folgt der *Fernere Nachtrag zu denen Verwahrungs=Uhrkunden*, dieser Originaldruck als Beilage zur Weisung vom 9. Mai 1742 in HHStA, StA Frankreich 68, Konvolut „Ulfeld an Gundl 1742 II-V", fol. 51-55'.
Der *Fernere Nachtrag* auch als Einzeldruck in HHStA, KrA 381, fol. 317-322'. Dieser Nachtrag wurde am 20. April 1742 an die österreichische Reichstagsvertretung gesandt, vgl. HHStA, StK Regensburg öst. Gesandtschaft 4, Konvolut „Weisungen 1741-1742", fol. 132 f. Über die Entstehung dieses Nachtrags enthalten die österreichischen Akten keine weiteren Informationen.
Zugleich wurden diese Verwahrungsurkunden in der *Historischen Sammlung von Staats= chriften* I, 4. Abschnitt 111 ff. abgedruckt.

[18] Vgl. zu diesen Vorgängen *W. Hein* 88 ff.

[19] Dieser Erlaß, mit dem den Gesandten die Druckexemplare zugeschickt wurden, in HHStA, StK Regensburg öst. Gesandtschaft 4, Konvolut „Weisungen 1741-1742", fol. 148-149. Ebenso in HHStA, StA England 82, Konvolut „Maria Theresia an Wasner 1742 I-VII", fol. 9-18'; HHStA, StA Holland 86, fol. 144-146; HHStA, StA Frankreich 68, Konvolut „Ulfeld an Gundl 1742 II-V", fol. 51; ebenda fol. 54-66 ist ein Abdruck der drei Verwahrungsurkunden und der beiden Nachträge hierzu beigelegt.

Österreich hatte also zunächst versucht, seinen Protest gegen die Kaiserwahl an die betreffenden Reichsinstitutionen gelangen zu lassen. Nachdem diese Bemühungen gescheitert waren, setzte die Hofburg auf die publizistische Verbreitung ihrer Rechtsverwahrung. Ausdrücklich verwies Maria Theresia darauf, daß sie sich gezwungen gesehen habe, ihre Protestation zur Information der Reichsstände zu veröffentlichen, da ihr „alle andere Mittel abgeschnitten werden wollen/Ihre mit der allgemeinen Reichs= Ständischen Sicherheit/mit der Freyheit derer Reichs=Berathschlagungen/und dessen Grund=Verfassung engest=verknüpfte Beschwerden denen Teutsch=Patriotisch= Gesinnten Churfürsten/Fürsten/und Ständen durch andere Weege mitzutheilen"[21].

In diesen Verwahrungsurkunden wurde die „auf Ihro Chur=fürstl[iche] Durchl[aucht] zu Bayrn ausgefallen seyn sollende Wahl" ausdrücklich als „gantz null und nichtig"[22] bezeichnet. Zugleich betonte Maria Theresia jedoch mit Nachdruck, daß sich ihr Widerspruch nicht gegen den Ausgang der Kaiserwahl richte, sondern ausschließlich wegen der Umstände der Wahl erfolge. Denn diese sei erstens unter reichsverfassungswidrigem Ausschluß des böhmischen Votums und zweitens unter dem Druck der französischen Militärpräsenz im Reich vollzogen worden[23].

Die Habsburgerin verknüpfte also ihre Rechtsverwahrung gegen die Kaiserwahl mit dem politisch-militärischen Konflikt um die österreichische Erbfolge. Sie warf dem neu gewählten Reichsoberhaupt vor, den despotischen Absichten Frankreichs zu willfahren und „das Reich in Krieg seiner Privat=Händlen halber zu verwikkeln", indem er „das Teutsche Geld und Blut zur Ausführung derer Frantzösischen Vorhaben und Absichten"[24] einsetze. Demgegenüber unterstrich Maria Theresia, sie selbst kämpfe allein für die allgemeine Freiheit und für ihr Erbe. Dies ließ sie im ersten *Nachtrag* erneut betonen[25].

---

20 So in der Weisung an Wasner, vgl. HHStA, StA England 82, Konvolut „Maria Theresia an Wasner 1742 I-VII", fol. 9-18', hier 9'. Ein Abdruck einer solchen Übersetzung liegt uns indessen nicht vor; die Gesandtenberichten enthalten ebenfalls nichts hierzu.

21 *Fernerer Nachtrag*, HHStA, KrA 381, fol. 317-322, hier 317.

22 *Königlich=Chur=Böhmische Verwahrungs=Uhrkund*, Originaldruck in HHStA, StA Frankreich 68, Konvolut „Ulfeld an Gundl 1742 II-V", fol. 55 ff., hier p. 5.

23 Unter Bezug auf den bereits publizierten österreichischen *Acten=maeßigen Unterricht* bestreitet Maria Theresia die Rechtmäßigkeit der Suspension des kurböhmischen Votums und betont zugleich, daß sie „sich von dieser bestgegründeten Befugnuß durch die Ober=Macht derer Frantzösischen Waffen nicht verdringen" lassen werde, ebenda p. 4. Die in Frankfurt erfolgte Wahl sei also wegen des Ausschlusses der böhmischen Kurstimme ungültig und überdies „wegen derer in das Reich in hundert tausend Mann eingeführter fremder Kriegs=Völker [...] keine freye Wahl" gewesen, wie es in der Goldenen Bulle ausdrücklich vorgeschrieben sei, ebenda p. 5. Erneut wird im *Nachtrag* betont, daß sich der österreichische Protest „zuvorderist nicht auf der Wahl=Ausschlag/sondren auf die Arth/wie selbe mit Dero Ausschlüssung/mitten unter denen Frantzösischen Waffen/zuwieder des ersteren Reichs=Grund Gesätzes/vollbracht" worden sei, vgl. ebenda p. 11.

24 Ebenda p. 6 und 8.

Mit dieser gezielten publizistische Wendung an die Reichsstände versuchte der Wiener Hof, im Reich für die eigene Sache zu werben und dem neuen Kaiser die Unterstützung zu entziehen. Doch Wien wollte sich nicht allein auf die propagandistische Wirkung dieser Maßnahme verlassen. Unverändert blieb das wichtigste Ziel der Habsburgerin, ihre Protestation offiziell zur Kenntnis des Reiches zu bringen, wie sie gleichfalls in der veröffentlichten Staatsschrift ankündigte[26]. Anderthalb Jahre nach der Kaiserwahl war diese Gelegenheit gekommen.

Denn im April 1743 war der Mainzer Kurstuhl neu besetzt worden; bei dieser Wahl war es dem österreichischen Diplomaten Cobenzl gelungen, das Domkapitel für einen habsburgfreundlichen Kandidaten zu gewinnen[27]. Die Besetzung des wichtigen Erzkanzleramtes war für die Wiener Reichspolitik von großer Bedeutung, denn so wie die Bemühungen in der Wahlfrage nach anfänglich gutem Einvernehmen mit dem bisherigen Amtsinhaber später am Widerstand des Mainzers gescheitert waren[28], so erstrebte die Hofburg nun konkrete reichspolitische Vorteile aus der Neubesetzung: Dementsprechend ließ sich der Wiener Vertreter nicht nur von allen Bewerbern die Zusage geben, die Diktatur der habsburgischen Verwahrungsurkunden durchzusetzen[29], sondern begann kurz nach der Wahl im Auftrag seines Hofes, gemeinsam mit dem neuen Erzkanzler darauf hinzuarbeiten[30].

Dies gelang am 23. September 1743 in einer politisch ausgesprochen günstigen Situation für den Wiener Hof. Im Sommer 1743 war die militärische Überlegenheit der österreichischen Truppen im Reich offenkundig geworden; nach dem Sieg der vereinigten englischen, holländischen und österreichischen Truppen über die französische Armee in der Schlacht von Dettingen am 27. Juni 1743 schloß nicht allein der Kaiser eine Neutralitätskonvention mit der Habsburgerin[31], sondern die ge-

---

[25] Abschließend wird hierin betont, daß man Maria Theresias „moderateste/Friedfertigste und auf des Vatterlands Wahlfahrt eyfrigst gerichtete Gedancken über sammentlichen oben berührten Objectis dem Reich/und gantz Europa desto klarer" darlegen wolle, ebenda p. 12.

[26] Vgl. ebenda fol. 320: Entsprechend dem Befehl der Königin werde man „keinen anderen möglichen Weeg unversucht lassen/diese nemliche Verwahrungs=Uhrkunden und Nachträge auch dem zu Regenspurg zurückgebliebenen Chur=Mayntzischem Hrn. Legations-Secretario zu gleichem Ende behändigen zu lassen".

[27] Vgl. zu diesen Vorgängen und der unten geschilderten österreichischen Einflußnahme auf den Ausgang der Wahl die Studie von *A. C. Michels*.

[28] Zum Umschwung in der Politik des Mainzer Kurfürsten, der im Winter 1740 zunächst eine offizielle Wahleinladung an Maria Theresia gesandt hatte und auch noch mehrere Rechtsabhandlung zur Kurfrage mit ihr gemeinsam publiziert hatte, später aber energisch gegen Maria Theresias Haltung Stellung nahm, vgl. *Th. Thelen* 132 ff. und *K. Th. Heigel*, Erbfolgestreit 176 ff.

[29] Vgl. ebenda 50 f. Michels resümiert abschließend, Wien habe den neuen Mainzer Kurfürsten zu unehrlichen Zwecken mißbraucht, ebenda 62.

[30] Vgl. *R. Koser*, Friedrich I 438 f. Die diesbezüglichen Absprachen der Hofburg mit dem Mainzer Kurfürsten werden in den Berichten aus dem Reich und aus Regensburg ausführlich geschildert, vgl. HHStA, StK Reich 18, passim; HHStA, StK Regensburg öst. Gesandtschaft 99 und 100, passim.

schlagenen französischen Verbände zogen sich sogar vom Reichsgebiet auf franzö-
sischen Boden zurück. Diesen Rückzug über den Rhein begleitete und begründete
Frankreich mit einer offiziellen Erklärung, die der französische Vertreter de la
Nouë am 26. Juli 1743 dem Frankfurter Reichstag mitteilte[32].

Der Wiener Hof nahm diese Erklärung zum Anlaß, seine Verwahrungsurkunden
gegen die Kaiserwahl zur Diktatur zu bringen. Unter dem Vorwand, als lasse man
nur eine förmliche Antwort auf die französische Deklaration offiziell einreichen,
gelangten auf diese Weise auch die österreichischen Protestationen zu den Reichsakten, da sie als Anhang der Wiener Gegenerklärung beigefügt waren[33].

Dieser Vorgang wurde nun zum Gegenstand diplomatischer und publizistischer
Auseinandersetzungen zwischen Österreich und Preußen. Nachdem der preußische
König im Frühjahr 1742 nicht zur Publikation der österreichischen Verwahrungsurkunden Stellung genommen hatte, reagierte er auf die Diktatur dieser Schriftstücke
jedoch unwillig. Umgehend befahl er, seinen offiziellen Protest sowohl am Frankfurter Reichstag als auch an den Höfen von Wien und London zu vermelden[34]; zugleich ließ er diesen Vorgang in mehreren anonymen Veröffentlichungen negativ
beleuchten[35].

Im Unterschied zum Frühjahr 1742 leitete Preußen also im Spätsommer 1743
einen zunächst anonymen öffentlichen Angriff auf die Wiener Reichspolitik ein,
der im darauffolgenden Jahr zur offiziellen Kriegslegitimation avancierte[36]. Dieser

---

31 Zu dieser Konvention von Niederschönfeld, die der kaiserliche Oberkommandierende
Seckendorff mit den österreichischen Truppen am 27. Juni 1743 abschloß und die die Neutralität der bayerischen Verbände im österreichisch-französischen Krieg vorsah, vgl. *A. v. Arneth*, Maria Theresia II 355 ff. Vgl. hierzu auch die entsprechenden Bemerkungen in Kapitel
IV.2.a) dieser Studie.

32 Vgl. *Déclaration de Mr. de la Nouë* vom 26. Juli 1743, gedruckt als Beilage in der österreichischen Antwort auf diese Erklärung, auf die wir unten eingehen werden, HHStA, KrA
381, fol. 404.

33 Vgl. *R. Koser*, Friedrich I 434; *A. v. Arneth*, Maria Theresia II 303. Über die Vorbereitungen und Planung dieser Diktatur gegeben die internen österreichischen Akten keine Informationen, vgl. HHStA, StK Vorträge 53, passim.
In dem Originaldruck dieser österreichischen *Antwort auf die von Franckreich den 26. Julii 1743. zu Franckfurt übergebene Erklärung*, die in HHStA, KrA 381, fol. 404-407' aufbewahrt wird, sind allerdings weder die drei Verwahrungsurkunden, noch die beiden Nachträge
dazu enthalten. Ein geringfügig korrigierter Entwurf dieser Antwortschrift von der Hand Bartensteins in HHStA, StA Frankreich Varia 18, Konvolut „Nachtrag", fol. 5-8. Auf die Wiener
Argumentation gegen Frankreich werden wir in Kapitel VI.2. eingehen.

34 Vgl. hierzu die Weisung Friedrichs an seinen Vertreter in Wien, Friedrich an Dohna
vom 8. Oktober 1743, PC II 441 f., sowie den entsprechenden Befehl für den preußischen
Gesandten in England, Friedrich an das Departement der Auswärtigen Affairen, 13. Oktober
1743, ebenda 445 f.

35 Auf diese Reaktionen sind wir schon im Zusammenhang mit der grundlegegenden preußischen Kriegslegitimation des Zweiten Schlesischen Krieges eingegangen, vgl. hierzu Kapitel IV.2.a).

36 Zu diesen Zusammenhängen vgl. ebenfalls Kapitel IV.2.a). dieser Studie.

schrittweise Übergang zur publizistischen Offensive ist durch die wechselhaften reichspolitischen Entwicklungen seit der Kaiserwahl des Wittelsbachers zu erklären[37].

Denn der preußische König hatte zwar nachhaltigen Anteil an dieser Kaiserwahl gehabt, sich aber anschließend auf die Durchsetzung seiner schlesischen Interessen konzentriert. Nachdem er diese durch den Breslauer Friedensschluß hatte sichern können, hatte er den Kaiser in dessen Bemühungen, das Reich zum Eingreifen im Krieg gegen die Habsburgerin zu bewegen, zunächst eher zögernd unterstützt. Doch so vorteilhaft der preußisch-österreichische Separatfrieden für Friedrich anfänglich gewesen war, so sehr isolierte sich der preußische König dadurch von dem internationalen Konflikt und fand sich in den folgenden Monaten mehr und mehr in die politische Defensive gedrängt: Im Frühjahr 1743 scheiterten die preußischen Friedensvermittlungsversuche zwischen dem Kaiser und England aufgrund der öffentlichen Erregung, die der Wiener Hof durch seine publizistische Kampagne gegen die Säkularisationspläne bewirkt hatte[38]. Trotz des öffentlichen preußischen Einspruches gegen das Eindringen fremder Truppen in das Reichsgebiet kam zugleich die sogenannte Pragmatische Armee zustande, die seit April 1743 rheinaufwärts marschierte, im Mai die Umgebung von Frankfurt am Main erreichte und die den Kaiser allein durch ihre Präsenz im Juni 1743 zu erneuten Friedensverhandlungen zwang, welche jedoch scheiterten[39].

Inzwischen hatte sich auch die reichspolitische Machtverteilung zuungunsten des Kaisers entwickelt. Nach über einjährigen Beratungen hatte dieser zwar am 5. Juni 1743 die grundsätzliche Vermittlungsbereitschaft des Reiches im Konflikt mit Österreich erwirkt, doch verweigerten die Stände die geforderte Aufstellung einer Reichsarmee zur Durchsetzung dieser Vermittlung[40].

Nachdem der preußische König im Juni 1743 vergeblich darauf gedrängt hatte, zu den Friedensverhandlungen zwischen dem Kaiser und den Pragmatikern hinzugezogen zu werden[41], konzentrierte er sich nun auf die Reichspolitik, um dem drohenden politisch-militärischen Übergewicht der Habsburgerin und ihrer Verbündeten entgegenzuwirken[42].

Dabei argumentierte Preußen sowohl in den anonymen Schriften als auch in den diplomatisch erfolgten Widersprüchen gegen die Diktatur der österreichischen Verwahrungsurkunden, daß der Wiener Hof damit gegen die Reichsverfassung verstoßen habe und deutlich seine Absicht zu erkennen gegeben habe, das Reich und des-

---

37 Vgl. hierzu allgemein *R. Koser*, Friedrich I 409 ff.

38 Vgl. hierzu Kapitel V.3.b) der vorliegenden Arbeit; zum Zusammenhang zwischen dem Scheitern der entsprechenden Pläne und der allgemeinen Empörung unter den katholischen Reichsständen ausdrücklich *Th. Volbehr* 271; *W. v. Hofmann* 234 f.

39 Vgl. *A. v. Arneth,* Maria Theresia II 213 ff. und 296 ff.

40 Vgl. PStSch I 371 f.

41 Vgl. *R. Koser*, Friedrich I 426.

42 Vgl. hierzu auch Kapitel IV.2.a).

sen Oberhaupt zu unterdrücken; zugleich kündigte der preußische König an, er
werde ein solches Vorgehen als patriotisch gesinnter Reichsstand nicht dulden können[43].

Die Hofburg suchte diesen preußischen Drohungen durch eine mäßigende und
zurückhaltende Reaktion zu begegnen. So wie der Umschlag der preußischen Publikationen gegen Wien durch die veränderten politischen Umstände bedingt war,
ließ sich auch der Wiener Hof in seiner Antwort darauf von politischen Rücksichten leiten:

Man befürchtete, daß Preußen erneut in den Krieg eintreten würde, und war daher bemüht, dem König keinerlei Anlaß dazu zu liefern[44]. Deshalb verzichtete die
Hofburg im Jahre 1743 auf eine öffentliche Beschwerde über das preußische Verhalten, obwohl ein Schreiben Friedrichs an den Kaiser, in dem die Diktatur als
„scandaleuse et furtive"[45] bezeichnet wurde, auch im Druck herausgekommen
war[46].

Stattdessen wandte sich der Wiener Hof lediglich in Form einer diplomatischen
Note an das Berliner Kabinett, in der er die preußischen Beschwerden mit dem Argument zurückwies, daß Preußen im Breslauer Friedensvertrag Maria Theresia zugesichert habe, sie in ihrem Bemühen um die Durchsetzung ihrer reichsständischen
Rechte nicht zu hindern. Zu diesem Zeitpunkt seien dem preußischen König die im
Druck verbreiteten österreichischen Verwahrungsurkunden bereits bekannt gewesen, insofern könne er nun nicht dagegen protestieren[47]. Wie sehr Wien bemüht
war, die preußischen Anklagen nicht zu bekämpfen, sondern zu beschwichtigen,
zeigt der Umstand, daß die Hofburg dem sächsischen Kabinett gegenüber erläuterte, die betreffenden Vorwürfe beruhten lediglich auf Mißverständnissen[48].

---

43 „[...] je suis bien résolu de maintenir de toutes mes forces la dignité et l'honneur de
Votre Majesté Impériale, aussi bien que la validité de Son élection légitime, contre tous ceux
qui pourraient oser d'y porter la moindre atteinte", Friedrich an Karl VII. vom 8. Oktober
1743, PStSch I 393.

44 Zu den Besorgnissen über einen möglichen preußischen Kriegseintritt vgl. Kapitel
IV.2.b) dieser Studie. Die betreffende Zurückhaltung des Wiener Hofes ist exemplarisch in
einer Weisung an Palm vom 25. Oktober 1743 zu finden, vgl. HHStA, StK Regensburg öst.
Gesandtschaft 5, Konvolut „Weisungen 1743-1746", fol. 240-243.

45 Vgl. Friedrich an Karl VII., 8. Oktober 1743, PC II 440 f. Dasselbe Schreiben auch in
PStSch I 393.

46 Vgl. hierzu PStSch I 390 ff. Nach Kosers Untersuchungen ist zu vermuten, daß diese
Publikation nicht auf preußische, sondern auf kaiserliche Veranlassung geschah; dies fügt
sich genau in die publizistische Linie Preußens, das öffentlich nur in anonymer Form gegen
Wien Stellung nahm und sich ansonsten auf diplomatische Vorwürfe beschränkte. Für diese
These spricht auch, daß der preußische Vertreter am Kaiserhofe angewiesen wurde, sich über
die Veröffentlichung dieses Schreibens zu beschweren, vgl. ebenda 392.

47 Vgl. PStSch I 478. Als Datum ergibt sich nach den preußischen Akten der 23. Oktober
1743, die österreichischen Akten enthalten dazu keine genauen Hinweise; wir erfahren nur,
daß am 21. Oktober über die Wiener Reaktion auf die Dohnasche Beschwerde beraten wurde,
ohne daß hier Genaueres gesagt wird, vgl. Konferenzprotokoll Ulfelds vom 21. Oktober
1743, HHStA, StK Vorträge 53, Konvolut „1743 X-XI", fol. 58.

Während der Wiener Hof im Jahre 1743 also aus politischen Gründen darauf verzichtete, den preußischen Vorwürfen in der Öffentlichkeit entgegenzutreten, verfuhr er gegenüber den gleichlautenden kaiserlichen Anklagen jedoch ungleich aggressiver: Der Kaiser hatte am 25. September in einem eigenhändigen Schreiben an die Kurfürsten das österreichische und Mainzer Vorgehen scharf angegriffen und die Adressaten aufgefordert, die Verwahrungsurkunden wieder aus den Reichsakten entfernen zu lassen[49]. Dem widersprach Österreich öffentlich durch ein energisches Rundschreiben an seine Gesandten[50].

1743 vermied Österreich somit nur gegenüber Preußen eine öffentliche Antwort auf die reichspolitischen Vorwürfe. Im folgenden Jahr jedoch kam die Hofburg öffentlich auf die betreffenden Anklagen zu sprechen und wiederholte ihre bisher nur diplomatisch vorgetragene Argumentation. Als Antwort auf die preußische Kriegslegitimation[51] publizierte Österreich nun diejenige Note, die es im Herbst 1743 dem Berliner Hof hatte überreichen lassen[52].

Diese österreichisch-preußische Debatte ist in der historischen Forschung zwar schon mehrfach bewertet, aber noch nicht eingehend behandelt worden[53]. So hat Johann Gustav Droysen die österreichischen Verwahrungsurkunden als „Fußtritte" gegen das Reich bezeichnet, auf die die Acht hätte folgen müssen[54], während Alfred von Arneth zwar die „sehr entschiedenen" Formulierung zugab, aber im Ganzen Maria Theresias Berechtigung zu diesem Schritt unterstrich[55].

---

[48] Vgl. die Weisung an Esterhazy vom 9. November 1743, HHStA, StA Polen II 74, Konvolut „Expeditionen 1743", fol. 50-53'. Hierin wird dem Gesandten befohlen, die „verschiedenen auff einem bloßwärtigen mißverstand beruhenden anstände dortigen hoffs zu benehmen", ebenda fol. 50.

[49] Vgl. PStSch I 289 f.

[50] Das betreffende Reskript, das unter dem Titel *Pro Memoria* vermutlich zuerst in der *Gazette d'Amsterdam* erschien, liegt nicht bei den österreichischen Akten. Eine diesbezügliche Weisung an den Wiener Vertreter im Haag fehlt ebenfalls, aber der österreichische Reichstagsgesandte berichtete am 3. Januar 1744 von zwei seiner Ansicht nach bayerischen Gegenschriften auf diese Wiener Publikation, vgl. Bericht Gurskis vom 3. Januar 1744, HHStA, StK Regensburg öst. Gesandtschaft 103, o.fol.

[51] Preußen hatte sich in Verfolgung seiner öffentlichen Argumentationslinie in den anonymen Publikationen des Jahres 1743 im August 1744 als Grund für seinen Kriegseintritt auf die angeblich verfassungswidrige habsburgische Reichspolitik konzentriert, vgl. hierzu Kapitel IV.2.a).

[52] Vgl. die österreichische *Beantwortung der von Herrn Grafen von Dohna vorgelesenen Declaration*, in der das undatierte Promemoria als Anhang abgedruckt ist, HHStA, KrA 382, o.fol., hier Beilage p. 10-12.

[53] Dies geschah vor allem im Rahmen der historiographischen Auseinandersetzung um die Berechtigung der preußischen Kriegslegitimation von 1744, die wir bereits im Kapitel IV.2.a) vorgestellt haben.

[54] *J. G. Droysen*, Politik V 2, 185 sowie *Ders.*, Dresdner Friede 480. Er meinte zudem, die Urkunden seien „voll pedantischer Hoffahrt und ungezügelter Bitterkeit" verfaßt gewesen, *Ders.*, Politik V 2, 184. Auch Friedrich Meisenburg bewertete diese Schriften als „politische Verhetzung", die das „Maß des Zulässigen bei weitem überschritten", *F. Meisenburg* 36 f.

Im Rahmen unserer Fragestellung ist indessen weniger die Frage der reichsrechtlichen Zulässigkeit dieser österreichischen Protestation von Interesse als vielmehr der propagandistische Umgang damit. Und hierbei ist seit 1743 in der publizistischen Auseinandersetzung zwischen Preußen und Österreich ein auffallender
Wandel festzustellen: Nachdem Österreich mit seinem Protest gegen die Kaiserwahl zunächst nicht durchgedrungen war, veröffentlichte es die betreffenden
Schriftstücke im Druck; dagegen unternahm Preußen nichts. Als aber die Diktatur
der Verwahrungsurkunden gelungen war, erhob der preußische König sofort Einspruch.

Die öffentliche Auseinandersetzung zwischen Preußen und Österreich um den
Wiener Protest gegen die Kaiserwahl entzündete sich also nicht an der Rechtsverwahrung an sich, sondern vielmehr an deren Diktatur. Erst nachdem der Wiener
Protest somit reichsoffiziell geworden war, griff Preußen dieses Thema auf. Denn
nun war zu fürchten, daß Habsburg angesichts seiner militärischen Dominanz auch
konkrete reichspolitische Konsequenzen durchsetzen könnte. Es ist also wahrscheinlich, daß Preußen sich vom Jahre 1743 an einer aktiven reichspolitischen
Propaganda bediente, um gerade dies zu verhindern.

Dabei beschränkte sich der öffentliche preußische Widerspruch gegen das Wiener Vorgehen anfangs auf anonyme Publikationen; erst zu Beginn des Zweiten
Schlesischen Krieges erfolgte dies in offiziellen Schriften. Ähnlich zurückhaltend
reagierte auch die Hofburg im Jahre 1743: Sie verzichtete zunächst auf eine öffentliche Entgegnung und antwortete erst 1744 auf die nunmehr offiziell erhobenen
preußischen Vorwürfe. Wie schon an anderer Stelle dargelegt wurde, scheint dabei
sowohl die preußische als auch die österreichische Propaganda sehr wahrscheinlich
von den jeweiligen politischen Umständen geleitet worden zu sein[56].

Für diese These spricht auch ein weiterer Umstand: Wie zu zeigen sein wird,
verhielt sich Preußen im Jahre 1745 – in umgekehrter reichspolitischer Konstellation – ähnlich, wie der Wiener Hof es im Jahre 1742 getan hatte:

Nachdem der preußische König im Sommer 1744 ausdrücklich zur Verteidigung
des Kaisers an der Seite der kaiserlich-französischen Truppen in den Krieg eingetreten war[57], entriß ihm der Tod des glücklosen Wittelsbachers am 20. Januar 1745
diese reichspolitische Legitimationsgrundlage. Die preußischen Publikationen der
folgenden Monate hoben dementsprechend auch nicht mehr auf eine ständische
Pflichterfüllung gegenüber dem Reich ab, sondern behaupteten rein preußische Interessen im zwischenstaatlichen Konflikt mit Sachsen; kurze Zeit später schwenkten sie allerdings wieder um, denn unterdessen war im Reich eine neue Situation
entstanden.

---

55 *A. v. Arneth*, Maria Theresia II 303 f.

56 Vgl. hierzu die Kapitel IV.2.a) und IV.2.b) dieser Studie.

57 Vgl. hierzu und zum folgenden Kapitel IV.2.a).

Maria Theresia hatte inzwischen den Konflikt um die bayerischen Ansprüche an das habsburgische Erbe beilegen können, indem sie mit dem Sohn des ehemaligen Kaisers im Frieden von Füssen übereinkam, ihm die bayerischen Erblande zurückzugeben und als Gegenleistung dafür den völligen Verzicht auf wittelsbachische Erbansprüche und die bayerische Kurstimme für ihren Gatten Franz Stephan erhielt[58].

Damit endeten nicht allein die öffentlichen Debatten zwischen dem Wiener Hof und dem Wittelsbacher um die Erbrechtsangelegenheit und um die Wahlfrage; zugleich ebnete dieser Frieden der Habsburgerin den Weg zu ihrem wichtigsten reichspolitischen Ziel: Da nun ihr bis dahin wichtigster Konkurrent im Reich aus dem Krieg ausgeschieden war, konnte Maria Theresia nach mehreren Monaten intensiver diplomatischer Bemühungen, die auch publizistisch begleitet wurden, die Kaiserkandidatur ihres Gatten durchsetzen. Nachdem Kurmainz das böhmische Votum reaktiviert hatte, wurde Franz Stephan von Lothringen am 13. September 1745 mit sieben von neun Kurstimmen zum neuen Kaiser gewählt[59].

Die beiden fehlenden Stimmen stammten von Brandenburg und der Pfalz[60]. Die Wahlgesandten dieser Kurfürsten hatten die Stimmabgabe verweigert und den Wahlort vorzeitig verlassen. Nachdem der preußische Wahlgesandte Pollmann gemeinsam mit seinem pfälzischen Kollegen bereits im August durch vier Promemorien gegen den Ablauf dieser Kaiserwahl protestiert hatte, entschloß sich das Berliner Kabinett, diese Verwahrungen in einer bündigen und zusammenfassenden Schrift zu veröffentlichen.

Nach einem Entwurf, den Pollmann auf Aufforderung am 30. September 1745 eingesandt hatte, fertigte man in Berlin das *Reichssatzungsmäßige Betragen*[61] an, das schon am 11. Oktober an den preußischen Reichstagsvertreter zurückging, um dort gedruckt und unter den Reichsständen verbreitet zu werden.

Diese gemeinschaftliche preußisch-pfälzische Protestation gegen die Kaiserwahl versichert einleitend, man bezwecke damit „nicht anderst als die Aufrechterhaltung des theuersten Reichsgrund-, insonderheit des Wahlgesetzes der goldenen Bull Kaisers Caroli IV. und ihrer darin mit radicierten churfürstlich hohen Wahlgerechtsamen"[62].

Ebenso wie der Wiener Hof im Jahre 1742 nicht gegen das Ergebnis, sondern lediglich gegen die Umstände der vorangegangenen Kaiserwahl protestiert hatte,

---

[58] Vgl. hierzu *A. v. Arneth*, Maria Theresia III 8 ff.; *M. Schwann*; *J. Würdinger*; sowie neuestens *A. Schmid*, Bayern.

[59] Vgl. zu den diplomatischen Vorbereitungen *A. v. Arneth*, Maria Theresia III 96 ff.; *F. Meisenburg* 78 ff.; zu den reichsrechtlichen Fragen hinsichtlich der Reaktivierung des böhmischen Votums und zu den begleitenden publizistischen Debatten um die Kaiserwahl vgl. *E. Fromm* 66 ff.; *U. Kühne* 109 f.

[60] Vgl. zum folgenden PStSch I 543 ff.

[61] Vgl. ebenda 543. Der Text dieser Schrift ebenda 547-557.

[62] Ebenda 547.

so begründete auch die brandenburgisch-pfälzische Verwahrung von 1745 ihren Einspruch mit Verfahrensfragen: Sie behauptete, die Wiederzulassung der kurböhmischen Stimme durch Kurmainz sei widerrechtlich, da sie ohne Hinzuziehung des gesamten Kurkollegiums erfolgt sei. Da mehrere brandenburgische und pfälzische Proteste abgeschlagen worden seien und der Wahltag überdies unter dem Druck der herangezogenen österreichischen Truppen stattgefunden habe, stelle er nur eine „illegale und wirkungslose Versammlung"[63] dar. Um sich gegen den dergestalt „gewaltthätig präcipitierten Wahltag"[64] zu verwahren, hätten der der brandenburgische und der pfälzische Vertreter den Wahlort verlassen. Die Schrift endet mit einem Appell an die Reichsstände, daß sie dieses Verhalten als „teutsch-patriotisch erkennen und durchaus gut heissen" und deswegen unterstützen sollten[65].

Da diese Verwahrung in preußisch-pfälzischer Zusammenarbeit entstanden war, wurde sie nicht allein von Pollmann, sondern auch von Mannheim aus im Druck verbreitet. Wie sehr sich Preußen dabei um die reichsständischen Adressaten bemühte, erhellt aus einem herben Verweis an Pollmann: Dieser hatte jene Fassung drucken lassen, die zur Einreichung beim Mainzer Direktorium gedacht war und auf der er selbst – dem Herkommen und der botschafterlichen Rangfolge zuwider – an erster Stelle unterzeichnet hatte. In der von den Pfälzern verbreiteten Druckfassung ist dagegen die letzte Seite mit den Unterschriften weggelassen[66].

Das Berliner Kabinett tadelte Pollmann deswegen heftig und befahl ihm, die letzte Seite seiner Druckfassung auf eigene Kosten neu drucken zu lassen. Mit Blick auf die Wirkung dieser Ungehörigkeit setzte das Ministerium hinzu, es solle der Anschein vermieden werden, „als ob wir dergleichen Irregularität befohlen oder approbiert hätten"[67].

Eine österreichische Antwortpublikation auf diese preußische Verwahrung unterblieb[68]. Wahrscheinlich ist dies auf die rasante Entwicklung der politischen und

---

63 PStSch I 550.

64 Ebenda 555.

65 Vgl. ebenda 556 f., das Zitat 557.

66 Vgl. PStSch I 544 f.

67 Reskript an Pollmann vom 18. November 1745, zitiert nach PStSch I 545.

68 Die betreffenden österreichischen Akten enthalten jedenfalls nichts hierzu; weder in den internen Vorlagen und Konferenzprotokollen, noch in den Weisungen an die Reichstagsvertreter finden sich entsprechende Hinweise, vgl. HHStA, StK Vorträge 55, Konvolut „1745 VII-XII", passim; und ebenda, StK Regensburg öst. Gesandtschaft 5, passim. Es ist sogar möglich, daß dem Wiener das preußische *Reichssatzungsmäßige Betragen* nicht bekannt geworden ist, denn die Wiener Reichstagsvertretung sendet zwar zwei der vorherigen gedruckten preußisch-pfälzischen Promemorien ein, nicht aber die zusammenfassende Schrift, vgl. die Berichte vom 17. August und 14. September 1745, HHStA, StK Regensburg öst. Gesandtschaft 114, fol. 443-467' und 257-278'. Eine von Koser erwähnte anonyme Entgegnungsschrift scheint vom Mainzer Ministerium veranlaßt worden zu sein, vgl. PStSch I 544; Fromm gibt an, der Wiener Hof habe zu diesem Zweck das Wahlprotokoll drucken lassen, vgl. *E.Fromm* 76 Anm. 3; doch auch hierfür findet sich keine Bestätigung in den österreichischen Akten.

militärischen Ereignisse zurückzuführen, denn knapp anderthalb Monate nach der Veröffentlichung des *Reichssatzungsmäßigen Betragens* vereinbarten Österreich und Preußen im Frieden von Dresden nicht nur die Beendigung des Kriegszustandes, sondern zugleich erkannte der preußische König die Kaiserwahl Franz Stephans an[69].

Sowohl Österreich als auch Preußen beschränkten sich also nicht auf die Bekanntmachung ihrer allgemeinen Legitimationsschriften im Reich. Daneben wandten sie sich auch in speziellen Publikationen an die Stände; dabei ist die beiderseitige Reichspropaganda von Versuchen gekennzeichnet, das Reich einerseits für eine aktive Unterstützung der eigenen Politik in Anspruch zu nehmen sowie andererseits durch offizielle und öffentlich verbreitete Protestationen ebensolche Versuche des Gegners zu vereiteln. Die reichspolitische Propaganda scheint demnach ein von beiden Staaten gezielt eingesetztes Agitationsmittel gewesen zu sein.

Auch inhaltlich ist in der preußischen und österreichischen Reichspropaganda eine weitgehende Übereinstimmung festzustellen: Beide behaupten stets, im Interesse des Reiches und seiner Freiheiten und Grundgesetze zu handeln und warnen die Stände eindringlich vor den angeblich reichsverfassungswidrigen und unterdrückerischen Maßnahmen und Absichten des Gegners.

Doch zugleich stellen sich auch bemerkenswerte Unterschiede zwischen beiden Kontrahenten heraus: Während Österreich den Konflikt mit dem Reichsoberhaupt direkt mit seiner antifranzösischen Propaganda verbindet, konzentriert sich die preußische Verwahrung von 1745 ausschließlich auf die internen Vorgänge des Wahlgeschäfts, ohne eine außenpolitische Verbindung herzustellen.

Österreich gab seiner Reichspropaganda eine wesentlich antifranzösische Note und versuchte im nahtlosen Anschluß an diese Argumentation nach der Kaiserwahl Franz Stephans, einen Reichskrieg gegen Frankreich durchzusetzen[70]. Preußen dagegen hatte sich seinerseits nur kurzfristig auf ähnliche Weise bemüht, die Reichsstände gegen die Politik der Seemächte einzunehmen[71].

---

[69] Vgl. *R. Koser*, Friedrich I 533 ff.

[70] Vgl. *F. Meisenburg* 78 ff. Daß der Wiener Hof bis zum Friedensschluß mit dem Haus Wittelsbach in seiner Reichspropaganda bewußt auf die bayerisch-französische Verbindung hinwies, erhellt aus einem Vortrag Bartensteins; dieser betont, daß es zur Gewinnung der Reichsstände nötig sei, „in so lang die aussöhnung [i.e. mit dem Wittelsbacher] nicht erfolget ist, in allem, was zu publiciren kombt, nicht nur ChurBayern von Franckreich nicht zu trennen, sondern vielmehr die genauest Verknüpffung zwischen beede höffen zum nachtheil der ReichsgrundVerfassung so überzeugend, als möglich, in die augen fallen zu lassen", Vortrag Bartensteins vom 25. April 1744, HHStA, StK Vorträge 54, Konvolut „1744 IV-V", fol. 76-84', hier 83.

[71] So hatte die preußische Legitimation zu Beginn des Zweiten Schlesischen Krieges gleichermaßen die habsburgische und englische Politik als reichsfeindlich bezeichnet, vgl. hierzu Kapitel IV.2.a). Zuvor hatte Friedrich um die Jahreswende 1742/43 versucht, den Einmarsch der Pragmatischen Armee durch eine energische und reichspolitisch begründete Erklärung zu verhindern, diese jedoch wenig später zurückgezogen, vgl. hierzu das folgende Kapitel VI.2.

Diese unterschiedliche außenpolitische Ausrichtung der preußischen und österreichischen Reichspropaganda scheint dabei sowohl durch die politische Bündniskonstellation als auch durch die Ansichten der reichsständischen Adressaten bedingt gewesen zu sein. Denn eine antifranzösische Propaganda eignete sich zur Gewinnung der Reichsstände offenbar besonders gut, da im Reich eine lebhafte Abneigung und Mißtrauen gegenüber den Bourbonen herrschte[72].

Wahrscheinlich haben beide Staaten bewußt und je nach Möglichkeit auf diese
Stimmung zurückgegriffen, um im Reich für die eigene Politik zu werben: Österreich nutze dies im Erbfolgekrieg, während Preußen in diesem Zeitraum keine antifranzösische Reichspropaganda betrieb; im Siebenjährigen Krieg allerdings war
dies umgekehrt: Nun agitierte Preußen in Verbindung mit seiner reichspolitischen
Propaganda gegen das mittlerweile mit Österreich verbündete Frankreich, während
sich der Wiener Hof auf eine ausschließlich reichsrechtliche Gegenargumentation
konzentrierte[73]. Die außenpolitische Orientierung der beiderseitigen Reichspropaganda ist also vermutlich ebenfalls wesentlich durch die politischen Umstände bedingt.

2. Freunde und Feinde – die europäischen Staaten

Staatliche Propagandaschriften wurden grundsätzlich europaweit verbreitet[74].
So sorgten auch Preußen und Österreich dafür, daß ihre zentralen Publikationen sowohl zu Beginn des Ersten und Zweiten Schlesischen Krieges als auch in den
nachfolgenden Debatten nicht nur im Reich, sondern auch in den wichtigsten europäischen Staaten bekannt wurden[75].

Daneben jedoch richteten sich Preußen und Österreich mitunter in speziellen
Veröffentlichungen auch direkt an einzelne europäische Mächte, um deren politische Haltung zu beeinflussen. Nun können wir im Rahmen unseres Themas nicht
auf sämtliche dieser Staatsschriften ausführlich eingehen; wir konzentrieren uns

---

[72] Unter Anspielung auf diese Abneigung bemerkte Bartenstein im Jahre 1744: „Über das
legt sich im Reich niemand offentlich für Franckreich an laden, wohl aber hat ChurBayern
und Preussen darinnen viele anhänger, welche mithin per indirectum denen frantzösischen
absichten den nemblichen Vorschub [...] geben. Ja wan irgends wo der federkrieg nutzlich,
und nöthig ist; So ist es im Reich", Vortrag Bartensteins vom 25. April 1744, HHStA, StK
Vorträge 54, Konvolut „1744 IV-V", fol. 76-84', hier 78.
Diese Abneigung scheint auf die Kriege gegen Ludwig XIV. zurückzuführen zu sein; wie
Franz Bosbach nachgewiesen hat, deutete die österreichische Propaganda während des Spanischen Erbfolgekrieges das ursprünglich antitürkische Feindbild des Reichserbfeindes in dieser Zeit gegen Frankreich um, vgl. *F. Bosbach*, Erbfeind, passim.

[73] Vgl. hierzu PStSch III sowie *A. Brabant* I, passim. Zu diesem Wechsel der antifranzösischen Propaganda Preußens und Österreich vgl. auch *C. Hamacher*, passim.

[74] Vgl. hierzu die betreffenden Hinweise in Kapitel I. und II. der vorliegenden Studie.

[75] Vgl. hierzu vor allem die Kapitel IV. und V. dieser Arbeit.

vielmehr im folgenden auf die Grundlinien der jeweiligen Argumentationen sowie auf einzelne preußische und österreichische Publikationen an die Adresse Frankreichs, Englands und der Generalstaaten.

Dabei war auf preußischer Seite das Bemühen vorherrschend, auf die Verbündeten der Habsburgerin einzuwirken. Während sich in dem von uns untersuchten Zeitraum mehrere preußische Schriften an England und die Generalstaaten richteten, verzichtete Preußen jedoch gegenüber Frankreich fast völlig auf publizistische Einflußnahmeversuche[76]. Der preußische König konzentrierte sich stattdessen im Umgang mit dem eigenen Bundesgenossen auf die Diplomatie[77].

Im Sommer 1742 hatte er allerdings einmal erwogen, sich auch gegenüber der französischen Öffentlichkeit zu äußern, jedoch auf Anraten seines Ministers davon Abstand genommen. Dabei handelte es sich um einen Versuch, den preußischen Sonderfrieden mit Maria Theresia zu rechtfertigen. Denn Friedrichs eigenmächtiges Ausscheiden aus dem Krieg gegen die Habsburgerin hatte in Frankreich eine Welle der Entrüstung ausgelöst[78]. Da aber der französische Hof zur selben Zeit ebenfalls beabsichtigt hatte, nach Möglichkeit einen Separatfrieden mit der Österreicherin abzuschliessen, war Friedrich über die nunmehr gegen ihn erhobenen öffentlichen Anklagen der mangelnden Bündnistreue verärgert. Er entwarf eine anonyme Flugschrift, in der er sein Verhalten durch den umgekehrten Vorwurf an die Adresse Fleurys zu entkräften suchte[79]. Von der Veröffentlichung dieser Schrift sah der preußische König jedoch ab, da Podewils ihn gewarnt hatte, daß der Ursprung diese anonymen Anklage unzweifelhaft erkannt werde und womöglich in Frankreich noch mehr Unmut hervorrufen könne[80].

Preußen verzichtete 1742 also aus politischen Erwägungen darauf, öffentlich gegen die Vorwürfe von Seiten seines französischen Verbündeten Stellung zu nehmen, und konzentrierte sich wie schon zuvor auch in der Folgezeit auf eine diplomatische Einflußnahme.

---

[76] So verzeichnet Koser in seiner Edition zwar mehrere preußische Publikationen an die englische und holländische Adresse, keine hingegen, die sich an Frankreich gerichtet hätte, vgl. PStSch I passim. Als einzige Ausnahme ist hier die *Lettre de Mr. le Comte de *** à un ami* enthalten, die jedoch ungedruckt blieb, vgl. ebenda 328 ff.

[77] Vgl. *R. Koser*, Flugschrift 94 f. Auf die dort edierte Flugschrift aus der Feder Friedrichs werden wir unten zu sprechen kommen.

[78] Vgl. hierzu und zum folgenden *R. Koser*, Friedrich I 396 f.; *S.Skalweit* 61 ff.

[79] Vgl. *R. Koser*, Friedrich I 397; *Ders.*, Flugschrift 92. Der Titel dieser entworfenen Flugschrift lautete *Lettre de Mr. le Comte de *** à un ami*; zum Inhalt dieser Schrift teilt Koser mit, daß darin unter anderem die zaghafte Kriegführung Frankreichs und die Scheinheiligkeit der französischen Politik angegriffen werde.
Koser urteilt, Friedrich sei hierin „aus der Verteidigung zum Angriff, zur Anklage" übergegangen sei, vgl. *R. Koser*, Friedrich I 397. Wie aus den nachfolgend beschriebenen diplomatischen Rechtfertigungsschreiben Friedrichs an Fleury ersichtlich ist, argumentierte er auch gegenüber dem Leiter der französischen Außenpolitik auf diese Weise, vgl. ebenda 398.

[80] Vgl. *R. Koser*, Flugschrift 92.

Im folgenden Frühjahr jedoch ergänzte Friedrich diese Versuche durch eine von ihm selbst verfaßte, sehr kurze Flugschrift unter den Titel *Lettre écrite à Prague*, die Frankreich zu einer energischeren Kriegführung bewegen sollte[81]. Aber diese Schrift sollte wahrscheinlich ohnehin nur handschriftlich verbreitet werden[82]; und indem Friedrich diesen Appell zugleich durch eine diplomatische Eingabe an den französischen Hof vortragen ließ[83], wird deutlich, wie sehr er gegenüber Frankreich auf Diplomatie statt auf Publizistik setzte.

Die österreichische Publizistik dagegen befaßte sich lebhaft mit Frankreich. Dabei sind jedoch eine defensiv und eine offensiv ausgerichtete Phase voneinander zu unterscheiden: Bis zur französischen Kriegserklärung an Österreich vom April 1744 ließ der Wiener Hof in seiner antifranzösischen Propaganda bewußt eine große Zurückhaltung walten[84].

Denn obwohl es der Wiener Diplomatie zu Beginn des Erbfolgekonfliktes nicht gelungen war, Frankreich von einer militärischen Unterstützung antipragmatischer Absichten abzuhalten, hatte man in Wien bis zum Frühjahr 1744 die Hoffnung auf eine Verständigung mit dem französischen Hof nicht aufgegeben. Aus diesem Grund entschied sich die Hofburg für eine gemäßigte öffentliche Argumentation gegenüber Frankreich; sie verzichtete zwar nicht auf eine antifranzösische Agitation in Verbindung mit ihren reichspolitischen Auseinandersetzungen mit dem Wittelsbacher, doch wie am Beispiel der österreichischen Erwiderung auf eine Erklärung des französischen Reichstagsgesandten zu zeigen sein wird, argumentierte Wien dabei vorsichtig und gezielt.

In dieser Erklärung vom 26. Juli 1743 hatte der französische König dem Reich offiziell den Rückzug seiner Armeen mitteilen lassen. Da das Reich sich zur Vermittlung im Konflikt um die österreichische Erbfolge bereit erklärt habe, und weil Maria Theresia bereits mit dem Kaiser verhandele, sei die Anwesenheit der französischen Hilfstruppen im Reich nun nicht mehr erforderlich[85].

Die Wiener *Antwort auf die von Franckreich den 26. Julii 1743. zu Franckfurt übergebene Erklärung*[86], die am 23. September 1743 zusammen mit den öster-

---

[81] Vgl. *R. Koser*, Flugschrift. Der Text der Schrift ist ediert ebenda 95 f.

[82] Laut Kosers Angaben ist der Druck dieser Schrift aus den preußischen Akten nicht nachweisbar, vgl. ebenda 93; auch die österreichischen diplomatischen Korrespondenzen melden auffallenderweise nichts hiervon. Zugleich legt auch Friedrichs Befehl die Annahme nahe, daß der diese ohnehin nur handschriftlich zu verbreiten – oder gar in dieser Form als angebliche Publikation, wie es fast gleichzeitig mit einer anderen Schrift geschah, dem französischen Kabinett einzureichen – plante, denn er befahl, der Text solle durch eine unbekannte Hand abgeschrieben werden, vgl. ebenda 92 und 94.

[83] Vgl. ebenda 94.

[84] Vgl. zum folgenden auch die entsprechenden Hinweise in Kapitel IV.2.b) dieser Studie.

[85] Vgl. *Déclaration de Mr. de la Noüe*, HHStA, KrA 381, fol. 404. Meisenburg nennt diese Erklärung treffend eine „Verlegenheitslüge", *F. Meisenburg* 54.

[86] Originaldruck in HHStA, KrA 381, fol. 405-407'.

reichischen Verwahrungsurkunden zur Diktatur gelangte[87], versuchte vornehmlich, die französische Argumentation zu entkräften, und verzichtete auf eigene antifranzösische Invektiven. Es wird zwar betont, daß der Kriegseintritt Frankreichs zugunsten des Wittelsbachers in der Absicht erfolgt sei, einerseits die Ruhe und Sicherheit des Reiches zu stören und andererseits das Erzhaus zu unterdrücken; diese Ziele werden jedoch nicht der französischen Politik im Ganzen, sondern lediglich nicht genannten Einzelpersonen zugeschrieben, denen es aus „ehrgeizigen Privat=Absichten umb anzündung eines General-Kriegs=Feuers zu thun"[88] sei. Sowohl Kardinal Fleury als auch ein „grosser Theil der Französischer Nation"[89] werden hiervon ausdrücklich ausgenommen.

Die Wiener Antwortschrift war also darum bemüht, einerseits entschieden gegen die französische Politik Stellung zu nehmen, andererseits aber nicht durch heftige Anklagen eine zukünftige Verständigung mit Frankreich zu erschweren. Genau diese Gratwanderung in der öffentlichen Argumentation hatte die Königin befohlen, wie wir aus einem Bericht Bartensteins über die Abfassung dieser Schrift erfahren[90]. Demnach hatte Maria Theresia als Leitlinie für die Wiener Erklärung bestimmt, daß „einerseits bey franckreich thür und thor offen behalten, andererseits gleichwohlen das behörige erhoben werden solle"[91]; übereinstimmend mit ihren früheren Anweisungen hatte sie zudem befohlen, den Namen des französischen Marschalls Belle Isle[92], der im Entwurf als Hauptschuldiger genannt worden war, zu streichen. Der Staatssekretär bestätigte nun, daß er die Schrift gemäß den Befehlen Maria Theresias gemildert habe und daß kein Vertreter Frankreichs darin mehr namentlich angegriffen werde; doch zugleich plädierte er in diesem Punkt für ein energischeres Vorgehen. Er gab zu bedenken, daß ein Anknüpfungsversuch mit Frankreich ohnehin von den innerfranzösischen Gegnern Belle Isles betrieben werden müsse und daß „die speciale erwehnung des Bell=Isle in franckreich so wenig anstössig, daß sie vielmehr allda von der besten würckung ist, ohne von darumben bey Engelland im mindesten anzustossen"[93].

Bartenstein wünschte also keine grundlegende Änderung in der Ausrichtung der öffentlichen österreichischen Argumentation, sondern nur deren politische Konsequenz. Während der Staatssekretär die Königin im Sommer 1743 mit diesem Vorschlag nicht überzeugen konnte, so war er im folgenden Frühjahr offenbar erfolg-

---

[87] Vgl. hierzu das vorangegangene Kapitel.

[88] Vgl. *Antwort*, HHStA, KrA 381, hier fol. 405'.

[89] Ebenda fol. 406.

[90] Vgl. den Vortrag Bartensteins vom 13. August 1743, HHStA, StK Vorträge 53, Konvolut „1743 VII-IX", fol. 30 f.

[91] Ebenda fol. 30'.

[92] Zu Karl Ludwig Fouquet, Graf von Belle Isles, vgl. *A. v. Arneth*, Maria Theresia I 186 ff. Belle Isle war der entschiedenste Vertreter eines kriegerischen Kurses gegen Habsburg und seit 1741 offiziell als französischer Wahlgesandter im Reich tätig.

[93] Vortrag Bartensteins vom 13. August 1743, HHStA, StK Vorträge 53, Konvolut „1743 VII-IX", fol. 30 f., hier 30'.

reicher: Denn nun scheute der Wiener Hof nicht mehr davor zurück, den französischen Marschall ausdrücklich in öffentlichen Druckschriften anzugreifen. Als Reaktion auf eine kurbayerische Beschwerde an den Reichstag über das Verhalten der österreichischen Besatzung in Bayern publizierte Österreich im April 1744 ein Schreiben des französischen Marschalls vom Dezember des Jahres 1742, in dem dieser bemerkt hatte, die Stadt Prag bis auf den letzten Heller aussaugen zu wollen[94].

So wie in dieser Schrift die bisherige Wiener Zurückhaltung hinsichtlich Belle Isles aufgegeben wurde, kündigte sich zugleich der kurz darauf endgültig erfolgte Umschlag in der generellen Argumentation gegenüber Frankreich an. Denn in einem längeren Absatz wird hier erstmals das französische Verhalten nicht mehr vornehmlich unter reichspolitischen Gesichtspunkten, sondern in Hinblick auf den zwischenstaatlichen Konflikt mit Habsburg kritisiert[95]. Hierzu bemerkt ein Vortrag, daß man bei der Abfassung der Schrift zwar die Friedensbereitschaft und Mäßigung Maria Theresias betont habe, „zugleich jedoch die sach in ansehung des französischen betrags so starck, als menschmöglich ist, gefaßt"[96] habe.

Der endgültige Wandel in der österreichischen Argumentation gegenüber Frankreich trat ein, als der bisher schwelende Konflikt einem offiziellen Kriegszustand gewichen war: Nachdem Frankreich der Habsburgerin am 26. April 1744 den Krieg erklärt hatte, ließ die österreichische *Ausführliche Beantwortung der Französischen Kriegs=Erklärung* jegliche politische Rücksichten fallen und griff Frankreich als nunmehrigen Hauptgegner nachdrücklich an[97].

Während der Wiener Hof also bis zur französischen Kriegserklärung weitgehende Zurückhaltung beobachtet hatte und den wichtigsten Verbündeten seines wittelsbachischen Gegners nur im Zusammenhang mit der eigenen reichspolitischen Propaganda angegriffen hatte, schwenkte die Wiener Publizistik im Frühjahr 1744 zur Offensive um: Sie wandte sich nun nicht mehr gegen bestimmte Einzel-

---

94 Wie die österreichische Publikation im Kursivdruck zitiert, hatte Belle Isle geschrieben, man werde „d'en tirer jusqu'à la dernière obole", vgl. *Beantwortung des von der Chur= und Fuerstlich=Bayerischen Gesandtschaft zu Franckfurth den 17. Martii 1744. übergebenen Memorialis*, HHStA, KrA 382, o.fol., hier p. 6. Das ganze Schreiben ist als Beilage I im Anhang der Wiener Schrift abgedruckt.
Genau dieses Zitat verwandte Österreich später erneut in seiner offiziellen Entgegnungsschrift auf die französische Kriegserklärung, vgl. *Ausführliche Beantwortung der Französischen Kriegs=Erklärung*, ebenda, hier p. 13.

95 Vgl. *Beantwortung des von der Chur= und Fuerstlich= Bayerischen Gesandtschaft den 17. Martii 1744. übergebenen Memorialis*, HHStA, KrA 382, o.fol., hier p. 9.

96 Vortrag [ungezeichnet und undatiert, vermutlich Anfang Mai 1744], HHStA, StK Vorträge 54, Konvolut „1744 s.d.", fol. 81-89, hier 83.

97 Da wir bereits im Zusammenhang mit der österreichischen Kriegslegitimation des Jahres 1744 ausführlich auf den Inhalt dieser Schrift eingegangen sind, sei hier auf Kapitel IV.2.b) verwiesen. Ein lediglich sprachlich verbesserter Entwurf Bartensteins in HHStA, StA Frankreich Varia 18, Konvolut „französische Kriegserklärung betreffend", fol. 44-57.

personen, sondern gegen die französische Krone insgesamt und Kardinal Fleury im besonderen, dem Unaufrichtigkeit und Herrschsucht unterstellt wurde[98].

Daß Österreich jedoch trotz dieser offensive antifranzösischen Propaganda in Frankreich für die eigene Sache werben wollte, erhellt aus dem wiederholt zu findenden Hinweis in den Wiener Schriften, daß „ein grosser Theil der französischen Nation das Verfahren gegen Ihro Majestät ungescheut mißbilligte/und vielleicht im Herzen annoch verabscheuet"[99]. Die österreichische Publizistik richtete sich somit nicht allein an die Leiter der französischen Politik, sondern zugleich auch an die französische Bevölkerung.

Während sich der Preußenkönig also einer publizistischen Einflußnahme auf die Politik seines französischen Verbündeten enthielt, bemühte sich die Wiener Propaganda lebhaft um das gegnerische Frankreich. Zunächst ließ der Wiener Hof dabei im Hinblick auf eine mögliche Übereinkunft mit der Bourbonenmacht Zurückhaltung walten. Erst nach der französischen Kriegserklärung griff er die französische Staatsleitung öffentlich an, jedoch nicht ohne zusätzlich zu betonen, daß die Mehrheit der französischen Bevölkerung diese Ansicht teile.

Ähnlich verhielt sich Preußen gegenüber den Verbündeten Maria Theresias. Der preußische König versuchte durch gezielte Publikationen sowohl auf die englische als auch auf die holländische Haltung im Konflikt Einfluß zu nehmen. Dies geschah vornehmlich dann, wenn Maria Theresia konkrete Unterstützung von Seiten der Seemächte zu erwarten hatte. Besonders intensiv bemühte sich die preußische Publizistik seit 1744 um England. Der propagandistische Umgang mit dem Hauptverbündeten des Gegners war dabei ebenso wie die öffentliche österreichische Zurückhaltung gegenüber Frankreich durch politische Erwägungen bestimmt.

Die englische Publizistik war seit dem preußischen Einfall in Schlesien in ein pro-österreichisches und ein pro-preußisches Lager gespalten[100]. Ähnlich verhielt

---

[98] Vgl. *Ausführliche Beanwortung der Französischen Kriegs=Erklärung*, HHStA, KrA 382, o. fol., hier p. 10 f. Hier wird betont, daß die französische Staatsleitung sich „die so günstig angeschienenen Gelegenheit zu Nutzen zu machen" beschlossen habe, um die eigene „Herrschungs=Begierde" durchsetzten zu können. Ausdrücklich genannt sind neben Fleury auch Belle Isles und der französische Außenminister Amelot sowie die auswärtigen französischen Diplomaten Villeneuve und Castellane.

[99] Vgl. ebenda, p. 10. Diese Wendung an die französische Bevölkerung, von deren mehrheitlich guter Gesinnung man überzeugt sei, findet sich auch in der Wiener *Beantwortung des von der Chur= und Fuerstlich= Bayerischen Gesandtschaft den 17. Martii 1744. übergebenen Memorialis*, vgl. HHStA, KrA 382, o.fol., hier p. 9; und zwar direkt im Anschluß an die Vorwürfe gegen die Politik Frankreichs.
Vielleicht suchte der Wiener Hof durch diesen Hinweis auch nur dem kaiserlichen Vorwurf zu begegnen, daß Habsburg durch seine antifranzösische Propaganda ein „National=Vorurtheil" zu erkennen gebe, vgl. *Beantwortung des ... Memorialis*, ebenda, p. 8.

[100] Vgl. hierzu die Untersuchungen von Manfred Schlenke, der nachgewiesen hat, daß seit 1741 sowohl die offiziellen preußischen als dauch die Wiener Schriften in der britischen Presse verbreitet wurden und daß zudem zahlreiche anonyme Flugschriften – nach Schlenkes

es sich auch mit der englischen Politik im Erbfolgekonflikt. Die Inselmacht zahlte zwar Subsidien an die Habsburgerin, doch drängte sie Österreich schon im Jahre 1741 mehrfach zu einer Verständigung mit dem preußischen Widersacher[101]. Preußen hatte vor allem durch die Abtretung Schlesiens im Frieden von Breslau von dieser zwiespältigen britischen Politik profitiert; deshalb hatte sich der preußische Vertreter in London wahrscheinlich auf die Verbreitung der zentralen Schriften beschränken können und keine speziellen Publikationen an die englische Adresse herausgebracht[102].

Doch im November 1742 schwenkte die britische Regierung unter der Leitung von Lord Carteret um und begann, Maria Theresia entschieden zu unterstützen[103]. Dies veränderte die bisherige preußische Haltung gegenüber England. Bis zum Jahre 1744 vermied Preußen jedoch offizielle publizistische Einwendungen gegen die englische Politik; es beschränkte sich vielmehr auf eindringliche diplomatische Warnungen.

Diese Warnungen bezogen sich auf die britische Truppenhilfe für die Habsburgerin, die England im November 1742 beschlossen hatte. Aus Anlaß des bevorstehenden Einmarsches dieser sogenannten Pragmatischen Armee in das Reich hatte Friedrich zum Jahreswechsel 1742/43 eine offizielle Erklärung in London überreichen lassen, die aus reichspolitischen Gründen Einwände gegen das Vorgehen der Pragmatischen Verbündeten erhob[104]. Der preußische König betonte, daß die Reichsverfassung ebenso wie der Kaiser dadurch bedroht sei und daß er selbst dabei nicht gleichgültig bleiben könne. Und obwohl er darauf hinwies, daß die Mehrheit der Reichsfürsten gleichfalls in Unruhe versetzt sei, vermied er die Androhung von Konsequenzen und wies seinen Gesandten in England abschließend an, diese Erklärung wohlbedacht und höflich weiterzugeben[105].

Obwohl diese Erklärung bewußt in milder Form abgefaßt wurde und nicht zur Veröffentlichung bestimmt gewesen war[106], meldeten holländische und Frankfurter

---

Vermutungen privaten Ursprungs – diesen Konflikt bewerteten. Er resümiert: „Sowohl die ungarische Königin wie der preußische Monarch fanden ihre Ankläger und Verteidiger unter den englischen Publizisten", *M. Schlenke*, Urteil 213.

101 Bevor England im Breslauer Frieden die Abtretung Schlesiens für Preußen bei Maria Theresia durchgesetzt hatte, war der englische Vertreter in Wien Robinson schon im Sommer 1741 tätig geworden, vgl. hierzu *C. Grünhagen*, Robinson. Auf die entsprechenden britischen Dienste im Zusammenhang mit der Kleinschnellendorfer Konvention vom Oktober 1741 sind wir bereits an anderer Stelle eingegangen, vgl. Kapitel V.2.b).

102 So enthält die Edition der Preußischen Staatsschriften keine spezielle preußische Publikation an die englische Adresse aus diesem Zeitraum, vgl. PStSch I passim. Auch aus der von Schlenke erstellten Übersicht über die in England erschienenen Flugschriften erhalten wir hierzu keine anderslautenden Informationen, da diese weitgehend privaten Ursprungs sind, vgl. *M. Schlenke*, England 410 ff.

103 Vgl. *A. v. Arneth*, Maria Theresia II 201 ff.; PStSch I 563 f.

104 Diese Erklärung vom 18. Dezember 1742 ist abgedruckt in PStSch I 355 f.

105 Vgl. ebenda 356: „Vous aurez cependant grand soin de bien mesurer les termes dont vous userez en faisant ces insinuations, et de les rendre aussi polies qu'il est possible".

Zeitungen schon kurz darauf, daß Preußen offiziell erklärt habe, sich dem Marsch der Pragmatischen Armee mit Waffengewalt zu widersetzen[107]. Preußen ließ diese Berichte umgehend dementieren und dokumentierte damit, daß es zur Zeit noch keine öffentlichen Anklagen an die englische Adresse erheben wollte[108].

Anderthalb Jahre später jedoch gab der preußische König diese Zurückhaltung auf. Seit dem Beginn des Zweiten Schlesischen Krieges wandte sich Preußen direkt an die britische Öffentlichkeit, um gezielt die dortige innenpolitische Opposition gegen Lord Carteret und dessen antipreußische Politik zu unterstützen.

Begleitend zum *Exposé des motifs* vom August 1744 ließ der preußische König ein spezielles Reskript an seinen Vertreter in London abgehen, daß dieser in deutscher und in englischer Übersetzung vor Ort drucken und verbreiten sollte[109]. Dieses *Rescript an Andrié*[110] wiederholte die reichspolitischen Vorwürfe des *Exposé des motifs* und wandte diese gegen die Politik der britischen Regierung. Der preußische König begründete seinen Kriegseintritt mit der Behauptung, daß er die Unterdrückung des Kaisers und den Umsturz der Reichsverfassung, wie sie die Habsburgerin plane, nicht dulden könne. Anschließend appellierte er unter Hinweis auf die wahren englischen Interessen an die Briten, sich nicht auf Betreiben einiger weniger in die inneren Angelegenheiten des Reiches hineinziehen zu lassen[111].

Unmittelbar nach dem Erscheinen dieses ostensiblen Reskriptes und des *Exposé des motifs* in England erließ die britische Regierung ein Verbot an alle einheimischen Buchhändler, ausländische Flugschriften drucken zu lassen[112]. Dadurch wurden alle weiteren preußischen Versuche erschwert, durch anonyme Flugschriften Einfluß auf die englische Politik zu nehmen.

So versuchte der preußische Gesandte zwar, dieses Verbot zu umgehen und eine anonyme Flugschrift heimlich drucken zu lassen, die die preußische Argumentation des *Exposé des motifs* untermauern sollte, aber der angesprochene englische

---

[106] Vgl. ebenda 354 f. Der König selbst hatte den Text der Erklärung, die ursprünglich Drohungen enthalten hatte, mildern lassen.

[107] Vgl. hierzu PStSch I 351 ff. In einer vom Frankfurter *Avant Coureur* verbreiteten Fassung dieser angeblichen Erklärung hieß es, Preußen werde die Pragmatischen Verbündeten als Agressoren und Reichsfeinde betrachten und ihnen ein eigenes Truppenkontingent entgegensenden. Aus welcher Quelle die betreffenden Informationen stammten, ist ungewiß.

[108] Vgl. hierzu PStSch I 354 f. Preußen ließ sein Dementi sowohl diplomatisch als auch durch die Zeitungen verbreiten.

[109] Vgl. hierzu PStSch I 574 ff. Das Reskript ist im Original in französischer Sprache gefaßt; der Publikationsbefehl in einem Schreiben Eichels an Podewils vom 19. Juli 1744, auszugsweise zitiert ebenda. Zu den preußischen publizistischen Maßnahmen bei Ausbruch des Zweiten Schlesischen Krieges vgl. auch Kapitel IV.2.a) dieser Studie.

[110] Text in PStSch I 577-580. Zum folgenden vgl. ebenda.

[111] Vgl. ebenda 579. Dieser Passus gegen das englische Ministerium ist auf Vorschlag von Podewils in die Schrift aufgenommen worden.

[112] Vgl. hierzu PStSch I 625.

16*

Drucker weigerte sich[113]. Doch in Preußen ersann man einen Ausweg; nun beorderte das Berliner Kabinett den preußischen Geschäftsträger im Haag, die Schrift dort im Geheimen drucken zu lassen; auf dem Titelblatt dieser Ausgabe sollte dabei der Hinweis „suivant l'Exemplaire imprimé à Londres" hinzugefügt werden, um die Fiktion aufrechtzuerhalten, daß es sich um eine private britische Schrift handele[114]. Vorsorglich wurde auch der preußische Resident in Köln informiert, daß er sich bereit halten solle, falls der Druck in Holland Schwierigkeiten bereite. Tatsächlich verzögerte sich die Drucklegung allerdings solange, bis sich die politische Situation durch den Tod des Kaisers am 20. Januar 1745 gewandelt hatte und eine Veröffentlichung nicht mehr ratsam erschien[115].

Zuvor jedoch hatte Preußen sich erfolgreich bemüht, die Ansichten der englischen Opposition auch in der kontinentalen Öffentlichkeit zu verbreiten: Unmittelbar nach der Publikation der beiden preußischen Staatsschriften vom August 1744 war in England eine anonyme Flugschrift erschienen, die die preußische Haltung lebhaft unterstützte[116]. Friedrich befahl daraufhin, daß diese Schrift umgehend ins Französische übersetzt und anschließend auf dem Kontinent verbreitet werden sollte[117]. Prompt meldete Podewils, daß er dementsprechend eine preußische Neuauflage der Flugschrift nach Holland, nach Leipzig und ganz Deutschland versandt habe und daß diese eine starke Nachfrage erfahre[118].

Nachdem Preußen sich also in den ersten Jahren des Konfliktes nicht veranlaßt gesehen hatte, auf propagandistischen Wegen Einfluß auf die britische Politik zu nehmen, hatte es sich im Jahre 1744 sehr wohl darum bemüht, durch offizielle und inoffizielle Publikationen auf die englische Öffentlichkeit einzuwirken. Im folgenden Jahr konzentrierte sich der preußische König wiederum auf die Diplomatie im Umgang mit dem Inselstaat, denn inzwischen deutete sich nach dem Rücktritt Carterets ein erneuter Wechsel in der englischen Haltung gegenüber Preußen an, der schließlich zum Abschluß einer britisch-preußischen Konvention führte[119].

---

113 Vgl. hierzu PStSch I 624 f. Die angesprochene geplante Schrift trägt den Titel *Lettre des eaux d'Aix-la-Chapelle* und war Andrié am 28. Oktober 1744 zur Veröffentlichung zugesandt worden; ein Druck ist jedoch unterblieben.

114 Der betreffende Befehl an Otto Podewils im Haag wurde am 22. Dezember 1744 erteilt, vgl. PStSch I 631. Zum folgenden vgl. ebenda 631 f.

115 Dementsprechend wurde die Anfrage von Otto Podewils, ob er die Flugschrift trotzdem wie geplant publizieren solle, am 2. Februar 1745 verneint, vgl. PStSch I 632.

116 Vgl. PStSch I 581 ff. Dort auch zu der Debatte in der britischen Öffentlichkeit, die im Anschluß an den erneuten preußischen Kriegseintritt entstanden war. Die gennante Schrift trägt den Titel *Natural Reflexions on the present conduct of his Prussian Majesty* und stammte aus der Feder des Führers der englischen Opposition. Text ebenda 597-617.

117 Vgl. ebenda 594 f.

118 Vgl. Schreiben Podewils an den König vom 20. Oktober 1744, nach PStSch I 595.

119 Vgl. hierzu PStSch I 639 ff. Die dort für das Jahr 1745 abgedruckten Staatsschriften stellen denn auch rein diplomatische Dokumente dar, die wir im Rahmen unserer Untersuchung von propagandistischen staatlichen Druckerzeugnissen nicht näher behandeln.

Die preußische Publizisitik wandte sich also nur in jenem Zeitraum direkt an die englische Politik, als der Inselstaat Maria Theresia Truppen zur Verfügung stellte. Das Ziel dieser preußischen Propaganda war, eben jene Hilfe durch eine publizistische Unterstützung der innenpolitischen Opposition in England zu verhindern.

Daß Preußen ebenso bemüht war, durch gezielte Publikationen auf politische Entscheidungen in den Generalstaaten Einfluß zu nehmen, wird am Beispiel der *Lettre d'un Bourgeois de Dordrecht*[120] deutlich. Hier handelte es sich um einen publizistischen Versuch, dem Zustandekommen einer konkreten Unterstützung für Maria Theresia entgegenzuwirken.

Nachdem sich die Generalstaaten bisher einer direkten Waffenhilfe für die Habsburgerin entzogen hatten, trat im Frühjahr 1743 ein Wandel ein[121]: Angesichts der österreichischen Erfolge und des englischen Drängens kündigte sich an, daß sich die Republik tatsächlich mit einem eigenen holländischen Kontingent der Pragmatischen Armee anschließen würde. Das versuchte Preußen zu verhindern.

Am 14. April 1743 erhielt Podewils den Befehl[122], zu diesem Zweck eine Flugschrift verfassen und auf anonyme Weise in Holland verbreiten zu lassen. Der Minister ließ daraufhin die Schrift nach den inhaltlichen Vorgaben des Königs ausarbeiten. Der Entwurf kleidete das ganze in den Brief eines Domherrn, der seinem Amsterdamer Freund ein Gespräch schilderte, daß er mit englischen Offizieren geführt hatte. Friedrich lehnte diesen Titel als durchaus unglaubwürdig ab und wies Podewils am 20. April an, das fiktive Schreiben stattdessen einem holländischen Bürger zuzuschreiben; er wählte dazu die Stadt Dordrecht, die gegen die Truppenstellung protestiert hatte[123]. Zwei Tage später genehmigte der König die überarbeitete Fassung und befahl, die Schrift heimlich in Köln drucken und anschließend nach Holland gelangen zu lassen.

Die *Lettre d'un Bourgeois de Dordrecht* warnte die Generalstaaten nachdrücklich vor einem militärischen Engagement. Denn erstens führe England diesen Krieg nur zum Schein zugunsten Maria Theresias und beabsichtige in Wirklichkeit, die eigenen Handelsinteressen zum Nachteil der Holländer zu befördern und diese in den selbstauferlegten finanziellen und militärischen Ruin zu führen. Zweitens könnten sich die Briten jederzeit auf ihre Insel zurückziehen, und dann bliebe die Last des Krieges gegen Frankreich allein bei Holland. Drittens drohe den somit geschwächten Generalstaaten anschließend die Gefahr, sich dem englischen Willen

---

[120] Vgl. hierzu PStSch I 374 ff. Text ebenda 376-382. Vgl. hierzu auch *J.G.Droysen*, Flugschrift, der die Schrift gemeinsam mit anderen – aber vermutlich privaten Flugschriften – edierte.

[121] Vgl. hierzu *A. Beer*, passim.

[122] Dieses Schreiben Eichels an Podewils, das genaue Argumentationsanleitungen des Königs enthält, ist auszugsweise in PStSch I 374 zitiert. Zum folgenden vgl. ebenda.

[123] Vgl. ebenda 375. Dort auch Friedrichs ausdrückliche Begründung mit der Protestation Dordrechts.

fortan fügen zu müssen, denn Großbritannien wolle nicht weniger als Frankreich in Europa den Ton angeben.

Preußen strich also hierin also vor allem die kommerziellen und Selbsterhaltungsinteressen der Holländer heraus, um diese zu bewegen, die Truppenstellung noch im letzten Moment bei den entscheidenden Beratungen vom 17. bis 24. Mai abzulehnen. Ob diese Schrift überhaupt noch rechtzeitig in den Generalstaaten eintraf, ist aus den preußischen Akten nicht zu ermitteln[124]; jedenfalls wurde die Entscheidung zugunsten Maria Theresias dadurch nicht verhindert. Unabhängig von der Wirkung ist in unserem Zusammenhang allein der hiermit unternommene Versuch wichtig, durch publizistische Mittel auf die holländische Politik Einfluß zu nehmen.

Während sich der Preußenkönig also einer publizistischen Einflußnahme auf die Politik seines eigenen Verbündeten enthielt, versuchte er nachdrücklich, die Bündnispartner Maria Theresias durch propagandistische Maßnahmen von einer direkten Unterstützung der Habsburgerin abzuhalten. Die preußische Propaganda gegenüber den europäischen Staaten war also von konkreten politischen Zielen bestimmt.

Dies gilt gleichermaßen für die Wiener Publizistik. Aber Österreich beschränkte sich gegenüber seinen eigenen Verbündeten nicht auf eine diplomatische Einflußnahme. Aus Unzufriedenheit über die eher zögerliche Unterstützung durch die eigenen Bundesgenossen war die Hofburg zugleich bemüht, in England und Holland öffentlich für die eigene Sache zu werben.

Diese propagandistischen Maßnahmen wandten sich vornehmlich an die Bevölkerung der beiden Seemächte. Denn an der Hofburg war man überzeugt, daß das englische und das holländische Volk im Gegensatz zu ihren Regierungen uneingeschränkt auf Seiten Maria Theresias stünde[125]. So wie die österreichische Propa-

---

124 Vgl. PStSch I 375.

125 So klagte Bartenstein im Jahre 1744 über die englische Politik, an „gut klingenden außerungen hat es nie, wohl aber an denen darmit übereinstimmenden wercken jederzeit gemanglet", Vortrag Bartensteins vom 25. April 1744, HHStA, StK Vorträge 54, Konvolut „1744 IV-V", fol. 76-84', hier 76 f.
Mehrfach dagegen wird die Gesinnung der britischen und holländischen Bevölkerung in den internen österreichischen Akten ausdrücklich gelobt; so heißt es in einem ungezeichneten Vortrag vom April 1744, die noch immer ausstehende Kriegserklärung der Seemächte an Frankreich sei ein „untrügliches kennzeichen eines bey dem guberno, ungehindert der Englischen Nation und des Volcks in Holland rühmlichen eyffers, vordringen üblen willens gegen das durchlauchtigsten Ertzhaus", Vortrag vom 4. April 1744, HHStA, StK Vorträge 54, Konvolut „1744 IV-V", fol. 7-8, hier 7. Dies resultierte wahrscheinlich aus den entsprechenden Meldungen der Gesandten, so betonte Reischach über die Stimmung in Holland, daß sich „das ganze Land, besonders der gemeine man Euer Königl. May. allerhöchstes interesse sehr zu gemüth nehmet", Bericht Reischachs vom 5. Juni 1741, HHStA, StK Holland 43, fol. 5-8, hier 7'.
Diese Wiener Einschätzung scheint Arneth wiederzugeben, wenn er die Haltung der englischen Bevölkerung als einhellig pro-habsburgisch schildert, vgl. A. v. Arneth, Maria There-

ganda ihre Angriffe auf die französische Staatsleitung durch den Hinweis ergänzt hatte, daß die Mehrzahl der Franzosen gleichfalls über das Vorgehen der eigenen Regierung empört sei, versuchte sie auch auf die offizielle Politik der Seemächte einzuwirken, indem sie die nach ihrer Einschätzung andersgeartete Einstellung der Bevölkerung publizistisch unterstützte. Ähnlich wie Preußen argumentierte dabei auch Österreich nach dem „geschmack der nation"[126].

Nun geben uns die österreichischen Akten zwar keine genauen Informationen über bestimmte Veröffentlichungen, noch findet sich ein Originaldruck einer solchen speziell an die englische oder holländische Adresse gerichteten Schrift[127]. Doch unterrichten uns sowohl die internen Akten als auch die diplomatischen Korrespondenzen über die grundlegenden Ziele und Verfahrensweise der Wiener Propaganda gegenüber England und den Generalstaaten.

Demnach war die publizistische Einflußnahme des Wiener Hofes von generellen politischen Erwägungen bestimmt. Zum einen betont Österreich, daß es in seinen öffentlichen Beiträgen grundsätzlich Rücksicht auf die Belange seiner Bundesgenossen genommen habe[128]. Zum anderen richtete sich die Wiener Propaganda nach dem konkreten Verhalten der Seemächte; so wurden während des Jahres 1743, als die Pragmatische Armee unter englischer und holländischer Beteiligung zugunsten Maria Theresias in den Krieg eingriff, offenbar keine österreichischen Schriften an die Adresse der Seemächte publiziert[129]. Im folgenden Jahr jedoch befürchtete

---

sia I 199; der Nachweis, daß die britische Öffentlichkeit jedoch tatsächlich uneinheitlich über den schlesischen Konflikt urteilte, bei *M. Schlenke*, England; *Ders.*, Urteil.

[126] Bartensteins *Anmerckungen über den ehemaligen verlauff, und gegenwärtigen Stand der sachen in Europa*, HHStA, StK Vorträge 53, Konvolut „1743 s.d.", fol. 51-112', hier 111.

[127] Dies scheint vornehmlich dadurch bedingt zu sein, daß den betreffenden Gesandten weitgehend freie Hand gelassen wurde: Hinsichtlich der regen publizistischen Tätigkeit der österreichischen Vertretung im Haag haben wir dies schon in Kapitel II.2. dargelegt; diese Relationen enthalten keine Titel- oder Inhaltsangaben über bestimmte Publikationen, sofern Druckschriften oder Entwürfe zur Begutachtung nach Wien gesandt wurden, liegen diese nicht mehr bei den betreffenden Akten, vgl. beispielsweise das Schreiben Arembergs an Ulfeld vom 17. August 1742, in dem dieser berichtet, er habe es für „gedeylich zu seyn erachtet, beiliegende piece zum druckh befördern zu lassen", HHStA, StK Holland 43, fol. 226 (die betreffende Flugschrift fehlt bei den Akten).
Auch der Wiener Gesandte am englischen Hof wurde offenbar ermächtigt, eigenverantwortlich anonyme Flugschriften zu veröffentlichen; so wurde Wasner in einem Geheimreskript vom 16. November 1741 angewiesen, „unvermerkt und unter der hand" in England vor dem angeblich drohenden „ruin der nation und des Königs selbsten" zu warnen, HHStA, StA England 80, Konvolut „Weisungen an Wasner 1741 II-XII", fol. 3-6, hier 5'.

[128] Vgl. hierzu den bereits erwähnten Vortrag Bartensteins vom 13. August 1743, HHStA, StK Vorträge 53, Konvolut „1743 VII-IX", fol. 30 f., hier 30'. Vgl. hierzu auch einen undatierten Vortrag aus dem Frühjahr 1744, HHStA, StK Vorträge 54, Konvolut „1744 s. d.", fol. 91-94'; sowie ein Konferenzprotokoll vom 27. November 1744, ebenda, Konvolut „1744 IX-XII", fol. 31.

[129] So ist einem Referat vom April 1744 zu entnehmen, daß man seit einem Jahr keine Publikation gegenüber England mehr verfaßt habe, vgl. Vortrag vom 4. April 1744, HHStA, StK Vorträge 54, Konvolut „1744 IV-V", fol. 7-8, hier 7'.

man in Wien, daß die englischen und holländischen Gemüter kriegsmüde würden[130]; dementsprechend wurden die Wiener Vertreter in London und im Haag angewiesen, neben ihren diplomatischen Bemühungen „zu der nation mehrerer anfrischung"[131] auch publizistisch beizutragen.

Österreich bemühte sich also nicht nur gegenüber seinen Gegnern, sondern auch im Umgang mit seinen eigenen Verbündeten, durch gezielte Publikationen die jeweilige politische Haltung der Adressaten im eigenen Interesse zu beeinflussen.

Die propagandistische Einflußnahme Preußens und Österreichs auf die wichtigsten europäischen Staaten orientierte sich also weniger an den politischen Bündniskonstellationen, als vielmehr an den konkreten Umständen und Zielsetzungen der jeweiligen preußischen und österreichischen Politik. So wirkte Preußen nur dann durch gezielte Publikationen auf die Verbündeten der Habsburgerin ein, wenn es eine konkrete Hilfe für Maria Theresia zu verhindern galt. Wenn sich dagegen den preußischen Zielen keine wesentlichen Hindernisse von englischer und holländischer Seite entgegenstellten, verzichtete Friedrich ihnen gegenüber ebenso wie in Bezug auf Frankreich auf staatliche Propaganda.

Dieselben politischen Rücksichten galten auch für die Wiener Publizistik. So übte die Hofburg bis zu jenem Zeitpunkt öffentliche Zurückhaltung gegenüber Frankreich, bis angesichts der französischen Kriegserklärung an Österreich eine Verständigungsmöglichkeit mit der bourbonischen Krone in die Ferne gerückt war. Zugleich bemühte sich der Wiener Hof, auf seine eigenen Verbündeten propagandistisch einzuwirken, um diese zu einer tatkräftigeren Unterstützung zu veranlassen.

Die beiderseitige Propaganda gegenüber den europäischen Staaten war folglich ebenso wie ihre reichspolitische Publizistik unmittelbar durch die jeweiligen politischen Ziele diktiert.

---

130 Vgl. hierzu die vermutlich von Bartensteins verfaßten *Unschuldigen Gedancken* vom 21. Januar 1744, HH StA, StK Vorträge 54, Konvolut „1744 I-III", fol. 19-24, hier 21.

131 So die Formulierung in einer Weisung an den österreichischen Gesandten in England, vgl. Weisung an Wasner vom 3. Oktober 1744, HHStA, StA England 87, fol. 1-4', hier 4'.

VII. Politik und Propaganda –
Zusammenfassung der Ergebnisse

1. Während des Ersten und Zweiten Schlesischen Krieges betrieben Preußen und Österreich eine intensive politische Propaganda. Beide Seiten bemühten sich, durch die Verbreitung von offiziellen und inoffiziellen Druckschriften entweder für die eigene Sache zu werben oder dem Gegner keine Unterstützung zuteil werden zu lassen.

Insbesondere zu Kriegsbeginn herrschte offenbar ein starker öffentlicher Rechtfertigungsdruck; das allgemeine Interesse an den jeweiligen offiziellen Kriegslegitimationen scheint groß gewesen zu sein. Aber auch in anderen politisch entscheidenden Situationen häuften sich die beiderseitigen Publikationen. Es ergaben sich daher jeweils zu Beginn der kriegerischen Auseinandersetzungen und bei wichtigen politischen Themen regelrechte publizistische Debatten zwischen den Kontrahenten.

2. Mit Ausnahme eines offiziellen Kriegsmanifestes nutzen sowohl Preußen als auch Österreich alle sich bietenden Publikationsformen. Beide veröffentlichten sowohl offizielle Schriften, die sich an die Allgemeinheit richteten und die ihre amtliche Herkunft offen zu erkennen gaben, als auch anonyme Publikationen, die scheinbar von privater Seite veranlaßt und meist für bestimmte Adressaten gedacht waren.

Preußen und Österreich tauschten offizielle Deklarationen und umfangreiche Deduktionen aus und bekämpften sich durch amtliche Patente und militärische Relationen. Daneben veröffentlichten sie auch mittelbar diplomatische Schriftstücke, indem sie Reskripte an ihre auswärtigen Vertreter und Schreiben an andere Herrscher im Druck verbreiteten oder aber abgefangene oder diskrete gegnerische Relationen publizierten. Enthüllungen über heimliche gegnerische Absichten oder gezielte Invektiven an bestimmte Adressaten wurden daneben auch in anonymen Flugschriften oder in lancierten Zeitungsartikeln in der Öffentlichkeit verbreitet.

3. Die Planung, Abfassung und Verbreitung einer staatlichen Propagandaschrift erfolgte sowohl auf preußischer als auch auf österreichischer Seite stets auf Befehl oder in Abstimmung mit der obersten Staatsleitung. Die Verantwortlichen betrachteten staatliche Publizistik neben dem Krieg und der Diplomatie als selbstverständliches Mittel staatlicher Interessenvertretung. Sie handhabten dieses politische Instrument bewußt und setzten es gezielt ein.

Für den Einsatz oder den Verzicht auf staatliche Propaganda und für die inhaltliche Ausrichtung der einzelnen Schriften galten dabei bestimmte Regeln: Die Verantwortlichen sind davon ausgegangen, daß politische Propaganda Wirkung erzielte. Je nachdem, ob dadurch ein positiver Effekt oder negative Auswirkungen im Sinne einer Beförderung der eigenen Ziele oder einer Behinderung der gegnerischen Absichten zu erwarten stand, setzten sie publizistische Mittel ein oder nahmen davon Abstand.

Grundsätzlich wurde jeder aufsehenerregende militärische oder politische Schritt durch erläuternde Druckschriften begleitet. Daneben hielten es die Verantwortlichen für wichtig, daß gegnerische Veröffentlichungen nicht unbeantwortet blieben; dabei sollte die Entgegnung rasch erfolgen und entschieden formuliert sein. Zudem wurde darauf geachtet, daß die inhaltliche Tendenz der einzelnen Schriften auf die jeweiligen Adressaten abgestimmt wurde.

Die Verbreitung der Schriften geschah in den allermeisten Fällen durch die diplomatischen Gesandtschaften; diese sorgten weisungsgemäß für die Weitergabe vor Ort, indem sie Nachdrucke und Übersetzungen in die jeweilige Landessprache publizierten sowie in einigen Fällen den Abdruck der betreffenden Schriften in ortsansässigen Zeitungen erreichten.

4. Allen Schriften ist gemeinsam, daß sie in jeder Hinsicht eindeutig werten. Die eigenen Motive und Handlungen werden stets uneingeschränkt positiv dargestellt, die gegnerischen jedoch ausschließlich negativ beurteilt. Dies geschieht sowohl im Hinblick auf allgemeine herrscherliche Tugenden als auch hinsichtlich der politischen, rechtlichen und konfessionellen Bewertungen. Die Häufigkeit und die Gleichartigkeit dieser Topoi sprechen für die Überzeugungskraft, die ihnen zugeschrieben wurde, und mithin für ihre Bedeutung als politisches Leitmotiv.

Übereinstimmend geben alle untersuchten staatlichen Propagandaschriften an, eine gemäßigte, friedensliebende und verständigungsbereite Politik zu betreiben und sprechen dies umgekehrt dem Gegner ab. Zugleich werden die eigenen Ziele stets als in rechtlicher und politisch-moralischer Hinsicht einwandfrei dargestellt, während die gegnerischen Absichten entsprechend umgekehrt beschrieben werden. Besonders betont wird dabei das Eintreten für den Frieden und das Gleichgewicht in Europa sowie für den Erhalt der Reichsverfassung und der reichsständischen Freiheiten. Aufgrund der gemischtkonfessionellen Bündnisse der Schlesischen Kriege fehlen dagegen einseitige konfessionelle Leitmotive.

In der Kombination dieser Topoi mit der Erörterung des Konflikthergangs ergeben sich typische Argumentationslinien. Preußen berief sich zu Beginn des Ersten Schlesischen Krieges ebenso wie die anderen Prätendenten, die das österreichische Erbe angriffen, auf Sonderrechte, die es in der Gunst der Stunde und angesichts der mangelnden Wiener Verständigungsbereitschaft gewaltsam durchzusetzen gelte. Die österreichische Legitimation dagegen verknüpfte die eigene Sache mit Sicherheitsinteressen der Allgemeinheit und behauptete, für deren Wohl gegen einen Aggressor zu kämpfen.

Im weiteren Verlauf des Konfliktes wechselten diese Argumentationslinien. In überlegener Situation machte sich auch Österreich eine Gelegenheitsargumentation zu eigen und forderte im eigenen Interesse Wiedergutmachung des erlittenen Unrechts, während nun die Gegner Habsburgs behaupteten, im Sinne der allgemeinen Wohlfahrt zu handeln.

5. Die preußische Kriegslegitimation des Ersten Schlesischen Krieges machte angeblich unbestreitbare Rechtstitel geltend, die man in der Gunst der Stunde durchsetzen wolle. Ursprünglich hatte sich Preußen anstelle der Besitzrechte auf eine unumgängliche Prävention zum Schutz des eigenen Landes berufen wollen; die öffentliche Rechtfertigung wandelte sich jedoch von einer politisch akzentuierten Begründung zu einer rechtlichen Argumentation.

Dieser Wandel ist in der älteren und neuesten historischen Forschung unterschiedlich interpretiert worden. Reinhold Koser meinte, daß Podewils gegen den Willen des Königs zunächst die politische der rechtlichen Argumentation vorgezogen habe, bis Friedrich selbst zum Jahresende 1740 die Leitung der öffentlichen Rechtfertigung übernommen habe. Die neueste Forschung hat dagegen im Anschluß an Theodor Schieder angenommen, daß der preußische König im Jahre 1740 kein Interesse an einer öffentlichen Begründung seines Überraschungsschlages gegen Schlesien gehabt habe und daß er sich erst zum Jahreswechsel 1740/41 um eine publizistische Rechtfertigung bemüht habe. Es konnte jedoch dargelegt werden, daß beide Interpretationen einigen Quellenzeugnissen widersprechen. Die Arbeiten für die öffentliche Begründung des geplanten Einfalls in Schlesien erstreckten sich parallel zu den militärischen Vorbereitungen über sechs Wochen; wie schon Koser dargelegt hat, nahm der König persönlich daran Anteil und drängte nachdrücklich auf die rasche Veröffentlichung der preußischen Rechtsgründe.

Es ist außerdem nachzuweisen, daß der König die politische Argumentation guthieß, die Podewils ihm im Entwurf vorlegte. Der Minister hat also keineswegs die Befehle oder Ansichten des Königs mißachtet und die von diesem bevorzugte Rechtsargumentation wissentlich zurückgestellt. Er hat vielmehr in Abstimmung mit Friedrich die öffentliche Begründung entworfen und dabei seit November 1740 schrittweise die Rechtsansprüche einbezogen, die schließlich das Hauptargument der preußischen Kriegslegitimation des Ersten Schlesischen Krieges bildeten.

Die preußische Kriegsbegründung ist kontinuierlich entstanden. Im Zuge der hinzugewonnenen rechtlichen Informationen wandelte sie sich von einer rein politischen zu einer primär rechtlichen Argumentation.

6. Österreich orientierte seine publizistische Entgegnung auf die preußische Kriegslegitimation an den politischen Erfordernissen des entstehenden Erbfolgekonfliktes. In der öffentlichen Auseinandersetzung um Schlesien setzte der Wiener Hof die gleiche politisch-publizistische Strategie ein, die er schon gegenüber den erklärten und möglichen Prätendenten auf das habsburgische Erbe angewandt hatte.

Ebenso wie in seiner erbrechtlichen Auseinandersetzung mit dem Wittelsbacher trat der Wiener Hof erst dann öffentlich gegen Preußen auf, als sich der preußische

König als Gegner Maria Theresias durch den Einmarsch in Schlesien zu erkennen gegeben hatte. Und wie in der publizistischen Debatte mit dem Kurfürsten von Bayern argumentierte Österreich dabei auf einer positivrechtlichen Grundlage und bestritt jegliche preußische Rechtsansprüche. Durch die Veröffentlichung der diplomatischen Vergleichsanträge Preußens versuchte die Hofburg, Preußen öffentlich zu diskreditieren und politisch zu isolieren, um keine einheitliche Front der Gegner zustandekommen zu lassen. Die Wiener Kriegslegitimation des Ersten Schlesischen Krieges war also wesentlich defensiv motiviert.

7. In der öffentlichen Begründung des Zweiten Schlesischen wählte Preußen im Vergleich zur Kriegslegitimation von 1740 eine neue Argumentation. Es machte keine eigenstaatlichen Interessen und Sonderrechte mehr geltend, sondern bezog sich auf den Konflikt zwischen dem wittelsbachischen Kaiser und der Österreicherin. Der preußische König begründete seinen neuerlichen Kriegseintritt mit reichsständischen Verpflichtungen und behauptete, ausschließlich zur Verteidigung von Kaiser und Reich gegen die reichsverfassungswidrigen Bestrebungen des Wiener Hofes zu kämpfen.

Auch die preußische Kriegslegitimation vom August 1744 hat zu einer historiographischen Kontroverse geführt. Da der Preußenkönig im Gegensatz zu seinen öffentlichen Beteuerungen tatsächlich einen territorialen Gewinn erstrebte, hat ihm die österreichische Geschichtsschreibung Unaufrichtigkeit vorgeworfen. Die preußische Historiographie charakterisierte den Zweiten Schlesischen Krieg in weitgehender Übereinstimmung mit den publizistischen Argumenten Friedrichs dagegen als Defensivkrieg.

Es konnte indessen dargelegt werden, daß der preußische König die reichspolitische Legitimation des Zweiten Schlesischen Krieges aus dem Vorkriegsjahr übernommen hat, wie Reinhold Koser angedeutet hatte. Zur Gewinnung der Reichsstände setzte Preußen im August 1744 auf eine gezielt defensive und auf die Interessen des Reiches ausgerichtete Propaganda; außerdem achtete der preußische König genau darauf, daß auch das tatsächlich offensive Bündnis mit Frankreich und dem Kaiser diesem öffentlichen Erscheinungsbild gerecht wurde.

8. Österreich richtete seine Erwiderung auf die preußische Kriegslegitimation des Zweiten Schlesischen Krieges wiederum an seinem bisherigen eigenen öffentlichen Auftreten im Erbfolgekonflikt aus. Aber im Unterschied zum Beginn des Ersten Schlesischen Krieges befand sich der Wiener Hof nun in der Offensive.

Daher zielte die österreichische Gegenargumentation nicht mehr vornehmlich darauf ab, die preußische Legitimation zu entkräften und Preußen zu isolieren, sondern kombinierte im Gegenteil seine Antwort auf den preußischen Kriegseintritt mit seiner eigenen bisherigen öffentlichen Argumentation.

Nachdem zuvor zunächst der wittelsbachische Kaiser und im Anschluß an die französische Kriegserklärung Frankreich als Hauptgegner von der österreichischen Publizistik angegriffen worden waren, nahm seit August 1744 der Preußenkönig diesen Platz ein.

Im Unterschied zum Ersten Schlesischen Krieg leitete die Wiener Propaganda in der zweiten kriegerischen Auseinandersetzung um Schlesien in einer militärisch günstigen Situation zur Offensive über: Im Winter 1744 begleitete die Habsburgerin ihren Versuch, Schlesien zurückzuerobern, durch eine eigene Gegen-Kriegslegitimation. Diese offensive Wendung der österreichischen Legitimation war argumentativ bereits in den ersten Wiener Publikationen zu Kriegsbeginn angelegt: Aus der Behauptung, daß der preußische König den Breslauer Frieden gebrochen habe, folgerte Österreich angesichts der sich bietenden Gelegenheit nun seinerseits die Berechtigung, sich Schlesiens wieder zu bemächtigen.

9. In direkter Abhängigkeit zur politischen Aktualität des behandelten Themas entwickelten sich die verschiedenen publizistischen Debatten zwischen Preußen und Österreich. An erster Stelle rangierten hierbei Auseinandersetzungen um Rechtsfragen, die das erste Halbjahr des Ersten Schlesischen Krieges beherrschten.

Die historische Forschung hat sich hierbei im Wesentlichen mit der Frage der Berechtigung der preußischen Rechtsansprüche beschäftigt und die Entwicklung der beiderseitigen Argumentationen nicht behandelt; es konnte jedoch gezeigt werden, daß sich die preußische Rechtsargumentation nicht auf die ursprünglich beanspruchten vier schlesischen Herzogtümer beschränkte, sondern schon bald nach Kriegsbeginn ausgeweitet wurde. Die preußischen Deduktionen folgern aus der Gegenwehr des Wiener Hofes, daß man unrechtmäßig angegriffen worden sei und leiten daraus die Berechtigung zu weiteren Eroberungen ab, die nicht mehr mit besitzrechtlichen Ansprüchen gedeckt sind.

Genauso verfuhr die Wiener Gegen-Kriegslegitimation bei der Wiederbelebung der schlesischen Rechtsfrage im Zweiten Schlesischen Krieg. In der Offensive des Jahres 1744 argumentierte Österreich ebenfalls mit dem Kriegsrecht und erklärte, nach dem preußischen Angriff nicht mehr an die im Breslauer Frieden erfolgte Abtretung Schlesiens gebunden zu sein und zum Ausgleich des erlittenen Schadens weitere Eroberungen zu unternehmen.

10. Daß die propagandistischen Debatten durch die jeweilige politische Machtsituation bedingt waren, konnte auch am Beispiel der öffentlichen Auseinandersetzungen um die Gültigkeit der Pragmatischen Sanktion gezeigt werden. Preußen hat an den gesamten publizistischen Beiträgen zur österreichischen Erbfolgeregelung einen verschwindend geringen Anteil und äußerte sich nur dann in der Öffentlichkeit zu diesem Thema, wenn sich ankündigte, daß der Wiener Hof aus der Berufung auf die Verbindlichkeit der Pragmatischen Sanktion konkreten Vorteil ziehen könnte. Die preußischen Aussagen zur österreichischen Erbfolgeordnung sind uneinheitlich; einerseits ließ der preußische König verlauten, sein Vorgehen stehe nicht im Zusammenhang mit der Pragmatischen Sanktion und berühre diese überhaupt nicht, aber andererseits bestritt er deren Gültigkeit für die von ihm beanspruchten Rechtstitel und näherte sich damit den Argumentationen der Prätendenten an.

Österreich wiederum argumentierte grundsätzlich mit der Rechtsverbindlichkeit der Pragmatischen Sanktion, widmete sich dabei jedoch hauptsächlich den offen antipragmatisch auftretenden Prätendenten. Während des Ersten Schlesischen Krieges griff der Wiener Hof die preußischen Ansätze zur Anfechtung der Pragmatischen Sanktion nicht auf, um das preußische Vorgehen nicht in Zusammenhang mit den Absichten der übrigen Erbanwärter zu bringen; und nachdem Maria Theresia im Breslauer Frieden vom Unteilbarkeitsprinzip ihrer Länder hatte abweichen müssen, verzichtete die Wiener Propaganda im Zweiten Schlesischen Krieg gegenüber Preußen sogar auf die Betonung der Rechtsverbindlichkeit dieser Regelung, während sie dies in der Auseinandersetzung mit ihren übrigen Kontrahenten durchaus tat.

11. Neben den öffentlichen Debatten um rechtliche Themen befaßte sich die preußische und österreichische Publizisitk auch mehrfach mit Fragen der politischen Moral. Am Beispiel der angeblichen Attentatspläne gegen Friedrich, der Kleinschnellendorfer Konvention und der vermeintlichen Verschwörung Bottas konnte dargelegt werden, daß Sensationsnachrichten in lancierten oder anonymen Veröffentlichungen gezielt verbreitet wurden, um den Gegner zu diffamieren.

Zum Großteil inoffiziell waren auch die publizistischen Beiträge der beiden Mächte zu konfessionellen Fragen. Sowohl Preußen als auch Österreich bestritten öffentlich jegliche konfessionelle Einseitigkeit, warfen jedoch dem Gegner das Gegenteil vor. Im Ersten Schlesischen Krieg drehten sich die diesbezüglichen Auseinandersetzungen um die angeblichen preußischen Religionskriegs-Absichten in Schlesien. Zu Beginn des Zweiten Schlesischen Krieges verknüpfte sich dieses Thema mit reichsrechtlichen Fragen; in Antwort auf die preußische Kriegslegitimation von 1744 führte der Wiener Hof einen Vorwurf ins Feld, der bislang nur gegenüber dem Wittelsbacher erhoben worden war: Er bezichtigte den preußischen Monarchen, im Jahre 1742 die Säkularisation von Reichsbistümern geplant zu haben.

Während diese verschiedenen Debattenthemen in Verbindung mit der politischen Lage aufkamen und bei nachlassender Aktualität abebbten, beherrschten militärische Fragen die Gemüter fast permanent. Die Kriegsparteien publizierten eine Vielzahl von militärischen Relationen, die bis ins Detail Informationen über den Verlauf von Schlachten und Truppenbewegungen lieferten. Die große Zahl der Kriegsberichte dokumentiert das breite öffentliche Interesse an diesen Nachrichten; ansonsten aber sind die betreffenden Publikationen für eine politische Interpretation unergiebig.

12. Die wichtigsten Adressaten der preußischen und österreichischen Propaganda waren die Reichsstände einerseits und die europäischen Mächte andererseits. Österreich und Preußen richteten sich zusätzlich zu ihren grundlegenden Publikationen gezielt an das Reich sowie an Frankreich, England und die Generalstaaten. Die jeweiligen politischen Ziele waren ausschlaggebend für diese publizistischen Einflußnahmeversuche; sowohl die beiderseitige Reichspropaganda als auch das

öffentliche Auftreten gegenüber den europäischen Mächten war von den politischen Konstellationen bestimmt und erfolgte ausgerichtet nach den Interessen der Adressaten.

So wie sich der Wiener Hof im Jahre 1742 mit einer gedruckten Protestation gegen die Kaiserwahl des Wittelsbachers an die Reichsstände gewandt hatte, reagierte auch Preußen im Jahre 1745 auf die Wahl des Lothringers. Beide betonten ihre reichspatriotische Gesinnung und behaupteten, sich stellvertretend für die reichsständischen Rechte und Freiheiten insgesamt einzusetzen. Sie argumentierten, daß die Wahl erstens aufgrund reichsrechtlich nichtiger Beschlüsse zustandegekommen und zweitens unter Militärgewalt abgehalten worden sei.

Im Unterschied zu Preußen konnte Österreich in seiner Reichspropaganda auf das weit verbreitete Mißtrauen gegenüber Frankreich zurückgreifen, doch zugleich wahrte es bis zur offiziellen französischen Kriegserklärung öffentliche Zurückhaltung in seinen Angriffen auf die französische Politik. Preußen richtete sich umgekehrt immer dann mit gezielten Publikationen an die habsburgischen Verbündeten, wenn die Seemächte die Österreicherin direkt unterstützen wollten; es verzichtete indessen weitgehend auf eine publizistische Einflußnahme auf seinen eigenen Bundesgenossen. Dagegen bemühte sich Österreich aus Unzufriedenheit über die Politik seiner Partner, deren Haltung im eigenen Interesse zu beeinflussen.

Wie in allen anderen untersuchten Fällen der preußischen und österreichischen staatlichen Propaganda war auch in diesem Punkt die generelle politische Zielsetzung entscheidend.

13. Abschließend ist festzuhalten, daß Preußen und Österreich während des Ersten und Zweiten Schlesischen Krieges staatliche Propaganda gezielt als Instrument der internationalen Politik eingesetzt haben. Sie haben dabei mit ähnlichen Argumentationsmustern gearbeitet, die flexibel und konsequent der sich verändernden politischen und militärischen Lage angepaßt wurden. Insbesondere die Gleichartigkeit der verwandten Topoi und der Legitimationsargumentationen spricht dafür, daß Preußen und Österreich ihre Kriegspropaganda nach allgemein verbreiteten und anerkannten Leitlinien der politischen Moral ausgerichtet haben.

Es muß offen bleiben, ob dies auch für andere Zeiträume und Konflikte gilt. Aber nach den Ergebnissen der vorliegenden Studie empfiehlt sich der von Konrad Repgen angeregte Forschungsansatz für weiterführende und vertiefende historische Untersuchungen zu staatlicher Propaganda in der frühen Neuzeit.

Quellen- und Literaturverzeichnis

1. Schriftenverzeichnis

Anmerckungen 1740

Anmerckungen. ‖ Uber das / dem Publico gemain gemach= ‖ te / deß Wiennerischen Hofs Circular-Rescript an ‖ alle außwaertige Ministros, und neben anderen dabey aus dem ‖ Testament, und Codicill Kaysers Ferdinandi I.[mi] glorreichister ‖ Gedaechtnuß communicirte Extraect, die dermahlige ‖ Oesterreichische Erbfolge betreffend.

Q: Sammlung einiger Staatsschriften nach Ableben Karls VI. Band I, 1. Stück, S. 3-96; HHStA, KrA 381, fol. 60-68'.

Anmerckungen 1740

Chur=Bayerische ‖ Kurtze Anmerckungen ‖ über nebenstehendes ‖ Circular-Rescript.

Q: HHStA, KrA 381, fol. 1-11'.

Circular-Rescript 1740

Circular-Rescript ‖ An all die jenige Ministros, welchen die hiesige ‖ Zuschrift an Chur= Bayrn von 30. Septemb. ‖ mitgetheilet worden.

Q: HHStA, KrA 381, fol. 22-31'.

Declaration 1740

Declaration vom 13. Dezember 1740.

Q: PStSch I 62f.

Extract 1740

Extract ‖ Circular-Rescripts de dato Wienn den 10.ten ‖ Decembris Anno 1740. ‖ p.p.

Q: HHStA, KrA 381, fol. 32-35'.

Extract 1740

Extract ‖ Auß einem weiters er- ‖ folgten Wiennerischen ‖ Circular-Rescript ‖ de dato 21 Nov. ‖ 1740.

Q: HHStA, KrA 381, fol. 1-11'.

Mémoire sur les raisons 1740

Mémoire sur les raisons qui ont déterminé le Roi à faire entrer ses troupes en Silésie.

Q: PStSch I 75-78.

Patent an die Schlesier 1740

Patent, ‖ Wegen ‖ Des Ein-Marches ‖ Sr. Königl. Maiestät ‖ in Preussen ‖ Trouppen ‖ in das Hertzogthumb ‖ Schlesien.

Q: PStSch I 69-71.

Patent des Oberambtes in Schlesien 1740

Patent des Königl. Oberambtes in Schlesien in antworth auf jenes so abseithen Preußen wegen seines Einfalls in Schlesien herausgegeben worden, d.d. 18 Xbris 1740.

Q: [Reinschrift] HHStA, KrA 340, o. fol.

Rundschreiben an die Reichsstände 1740
Schreiben Friedrichs II. an die deutschen Reichsstände vom 13. Dezember 1740.
Q: PStSch I 65f.

Schreiben an die Reichsstände 1740
Project des Schreibens, so im Nahmens Ihro Mayestätt nach Regenspurg abzugehen hette.
Q: [Reinschrift] HHStA, KrA 340, o. fol.

Schreiben an die Generalstaaten 1740
Schreiben Friedrichs II. an die Generalstaaten vom 10. Dezember 1740.
Q: PStSch I 65f.

Zirkularreskript 1740
Zirkularreskript an die preußischen Gesandtschaften vom 13. Dezember 1740.
Q: PStSch I 65f.

Abregé des Droits 1741
Abregé ‖ des Droits de Sa Majeste le Roi de ‖ Prusse sur plusieurs Principautés & ‖ Seigneuries en Silésie.
Q: HHStA, Handschrift W 539, fol. 152-58.

Nähere Ausführung 1741
Nähere Ausführung ‖ Des in denen natürlichen und Reichs-Rechten ‖ gegründeten ‖ Eigenthums ‖ Des Königl. Chur-Hauses ‖ Preussen und Brandenburg ‖ auf die ‖ Schlesische Herzogthümer ‖ Jägerndorff, Liegnitz, ‖ Brieg, Wohlau, etc. ‖ und zugehörige Herrschaften. ‖ 1740.
Q: PStSch I 122-135.

Kurtzer Auszug der Beantwortung 1741
Kurtzer Auszug der Beantwortung Welche das Königliche Churhaus Preussen und Brandenburg Auf die Von dem Wienerischen Hoff publicierte so genandte Gegeninformation über das Rechtsgegründete Eigenthum auff die Vier Schlesische Herzogthümer ohnlängst herausgegeben.
Q: [Titel] PStSch I 139.

Kurtze Beantwortung der Näheren Ausführung 1741
Kurtze Beantwortung Der ferner zum Vorschein gekommenen Chur-Brandenburgischen Sogenannten Naehern Ausfuehrung Des in denen Natürl. und Reichs-Rechten gegründeten Eigenthums Des Königlichen Chur-Hauses Preußen, und Brandenburg Auf die Schlesische Herzogthümer Jägerndorff, Liegnitz, Brieg, Wohlau, Und zugehörige Herrschafften, Anno 1741.
Q: Sammlung einiger Staatsschriften nach Ableben Karls VI. Band I, 8. Stück, S. 895-940; HHStA, Handschrift W 539, fol. 247-258; [mehrere Drucktitel] PStSch I 220f.

Beantwortung der Gegeninformation 1741
Beantwortung ‖ Der so genannten Actenmässigen und rechtlichen ‖ Gegen- ‖ Information, ‖ über ‖ das Rechts-begründete ‖ Eigenthum ‖ Des ‖ Königlichen Chur-Hauses ‖ Preussen und Brandenburg ‖ auf die ‖ Schlesische Herzogthümer ‖ Jägerndorff, Liegnitz, Brieg, ‖ Wohlau etc. ‖ Anno 1741.
Q: PStSch I 140-219.

Deduction Ulterieure 1741

Deduction ‖ Ulterieure, ‖ Dans La Quelle On Prouve ‖ Par ‖ Le Droit Naturel ‖ Et Par ‖ Les Constitutions De L'Empire, ‖ Que Les Duchés ‖ De Jaegerndorf, Liegnitz, ‖ Brieg, Wohlau ‖ && ‖ Et Autres Seigneuries, ‖ Appartiennent ‖ En Pure Proprieté ‖ A La Maison Royale de Prusse ‖ Et Electorale De ‖ Brandenbourg ‖ 1740.
Q: [Drucktitel] PStSch I 121.

D'Otmachau 1741

D'Otmachau, le 29 mars 1741.
Q: PStSch I 302f.

Rechtsgegründetes Eigenthum 1741

Rechtsgegründetes ‖ Eigenthum ‖ Des ‖ Königlichen Chur-Hauses, ‖ Preussen und Brandenburg, ‖ Auf die Hertzogthümer und Fürstenthümer, ‖ Jägerndorff, Liegnitz, ‖ Brieg, Wohlau, ‖ und zugehörige Herrschafften ‖ in Schlesien. ‖ Im Jahr 1740.
Q: PStSch I 102-119.

Exposition Fidèle 1741

Exposition ‖ Fidèle, ‖ Des Droits Incontestables De La ‖ Maison ‖ Royale De Prusse, ‖ Et Electorale De Bran- ‖ Debourg, ‖ Sur plusieurs Principautés ‖ Duchés, & Seigneuries, ‖ De La ‖ Silésie. ‖ 1740.
Q: [Drucktitel] PStSch I 99.

Extrait de la dépêche royale 1741

Extrait de la dépêche royale du 15 novembre 1740 couché dans le protocole de la conférence à Vienne, le 3 janvier 1741, dans la chancellerie de la Cour. Extrait de la dépêche royale du 26 décembre 1740, protocolé dans la même conférence.
Q: PStSch I 81f.

Extrait de la Reponce 1741

Extrait ‖ De la ‖ Reponce ‖ Que la Cour de Berlin a faite à un Ecrit publié ‖ par la Cour de Vienne ‖ sous le Titre ‖ D'Information ‖ contre le Pretensions ‖ Du Roi De Prusse, ‖ touchant les quatre Duchés de la ‖ Silesie. ‖ 1741.
Q: HHStA, StK Regensburg öst. Gesandtschaft 91, Konvolut „Berichte 1741 VII-VIII", Beilage zum Bericht vom 1. August 1741; [Titel] PStSch I 140.

Gedancken 1741

Eines ‖ Treuliebenden Schlesiers ‖ A.C. ‖ Gedancken ‖ Ueber ‖ das Preussisch=Brandenburgische ‖ Rechts-Gegruendete ‖ Eigenthum ‖ Auf Jaegerndorf, Lignitz, Brieg ‖ und Wohlau etc. etc. ‖ In ‖ Schlesien. ‖ Im Jahr 1741.
Q: Europäische Staatskanzlei LXXX 182-218. [Drucktitel] PStSch I 137.

Acten=maeßige und Rechtliche Gegen=Information 1741

Acten=maeßige, und Rechtliche ‖ Gegen= ‖ Information ‖ Ueber ‖ das ohnlängst in Vorschein gekommene sogenannte ‖ Rechtsgegründete ‖ Eigenthum ‖ des ‖ Chur-Hauses Brandenburg ‖ Auf die Herzothümer, und Fürstenthümer ‖ Jägerndorff, Liegnitz, Brieg, Wohlau, ‖ Und zugehörige Herrschaften. ‖ In Schlesien. ‖ Anno 1741.
Q: Sammlung einiger Staatsschriften nach Ableben Karls VI. Band I, 7. Stück, S. 579-829; [Titel] PStSch I 137.

Information Juridique & conforme aux Actes 1741

Information Juridique & conforme aux Actes Contre l'Imprimé récemment publié Sous le titre Rechts-Gegründetes Eigenthum etc. Ou bien Droit de Proprieté bien fondé de la Maison Electorale de Brandenbourg Sur les Duchés & Principautés de la Silesie, Jagerndorf,

Lignitz, Brieg, Wolau , & Seigneuries y appartenantes. L'an 1741. A Vienne en Autriche, de l'Imprimerie Royale, chez Jean Pierre v. Ghelen.

Q: HHStA, Handschrift W 538, fol. 223-246.

Manifest 1741

Manifest, ‖ darinnen ‖ die Ursachen mit mehrern enthalten ‖ warum ‖ Ihro Majestaet ‖ der ‖ Koenig in Pohlen, ‖ und ‖ Churfuerst zu Sachsen ‖ Sich genoetiget gesehen / die Waffen zu ergreiffen ‖ in der Absicht, ‖ Dero Koenigl. Chur=Hauses ‖ vorzuegliche Gerechtsame ‖ auf die ‖ von weyl. Kaiser Carls des VI. Majestaet ‖ hinterlassene Koenigreiche und Laender bestmoeglichst zu ‖ vertheidigen und zu behaupten. ‖ Dresden, im Monath October 1741.

Q: HHStA, KrA 381, fol. 38-55'; Sammlung einiger Staatsschriften nach Ableben Karls VI. Band II, 24. Stück, S. 1068-1119.

Mémoire signé par le baron de Danckelmann

siehe Zirkularreskript 11. März 1741

Patrimonium Atavitum 1741

Patrimonium ‖ Atavitum ‖ Porussiae Regis ‖ Et ‖ Gentis Brandenburgicae ‖ In ‖ Quatuor Silesiae ‖ Ducatibus ‖ Jaegerndorf, ‖ Brieg, Liegnitz, ‖ Wohlau ‖ Cum Adnexis Pluribus Dynastiis. ‖ 1740.

Q: [Drucktitel] PStSch I 101.

Raisons qui prouvent évidemment 1741

Raison qui prouvent évidemment que l'expédition de S.M. Prussienne n'est nullement le cas où la cour de Vienne est en droit de réclamer les engagemens et l'assistence des puissances garantes de la Pragmatique Sanction.

Q: PStSch I 92-95.

Catholica Religio in Tuto 1741

Catholica Religio ‖ In Tvto ‖ Vicinia ‖ in Tvto ‖ Regni Poloniae ‖ Vindicatis Silesiae Dvcatibvs ‖ Adversus Avstriacam Vim. ‖ Anno 1741.

Q: PStSch I 285-288.

Kurtze Remarquen 1741

Kurtze Remarquen ‖ über die ‖ von Seiten der Königin in Ungarn, und ‖ Böheim Majestät ‖ Neuerlich publicirte ‖ Sogenante ‖ Kurtze Beantwortung ‖ Der Chur-Brandenburgischen ‖ Näheren Ausführung ‖ Des ‖ In denen Natürlichen und Reichs-Rechten ‖ gegründeten ‖ Eigenthums ‖ Des ‖ Königl. Chur-Hauses ‖ Preussen und Brandenburg ‖ Auf die ‖ Schlesische Hertzogthümer ‖ Jägerndorff, Liegnitz, Brieg, ‖ Wohlau, ‖ Und zugehörige Herrschafften. ‖ Anno 1741.

Q: PStSch I 221-266.

Reponse au memoire de Danckelmann 1741

Reponse de la Cour de Vienne au memoire de Mr. le Baron de Danckelmann.

Q: Sammlung einiger Staatsschriften nach Ableben Karls VI. Band I, 5. Stück, S. 472-475.

Rescript an Pollmann 20. Januar 1741

Rescript, ‖ Welches Ihro Königl. Maytt. von Preussen ‖ an Dero Ministrum zu Regensburg, ‖ den Geheimten Justitz-Rath ‖ von Pollmann, ‖ ergehen lassen. Anno 1741.

Q: PStSch I 84-90.

Rescript an Pollmann 7. Januar 1741
Rescript an den Comitialgesandten v. Pollmann in Regensburg, Berlin 7. Januar 1741.
Q: PStSch I 284f.; in Sammlung einiger Staatsschriften nach Ableben Karls VI. Band I, 4. Stück, S. 377f. unter dem Titel: Rescript Sr. Königl. Maj. in Preussen an Dero Gesandten in Regenspurg, Herrn von Pollmann, die Sicherheit der Catholischen Religion betreffend.

Summaria Recensio 1741
Summaria Recensio ‖ Praetensionum ‖ Sacrae Maiestatis Prussiae, S.R. ‖ Imp. Electoris, Et Marchionis ‖ Brandenburgensis ‖ In quosdam ‖ Silesiae ‖ Et Lvsatiae ‖ Tractus ‖ Filo historico seducta ‖ Interprete Rvd. Avg. Noltenio, Icto ‖ Tunc tua res agitur, paries quum proximus ardet ‖ MDCCXLI.
Q: [Drucktitel] PStSch I 267.

Zeitungsartikel 18. April 1741
Breslau, le 18 avril 1741.
Q: PStSch I 303.

Zeitungsartikel 11. März 1741
Berlin den 11. Martii 1741.
Q: PStSch I 295f.

Zirkularreskript 28. Februar 1741
siehe Raisons qui prouvent évidemment

Zirkularreskript 11. März 1741
Circularreskript an die preussischen Gesandtschaften, Berlin 11. März 1741.
Q: PStSch I 291; in Sammlung einiger Staatsschriften nach Ableben Karls VI. Band I, 4. Stück, S. 378f. unter dem Titel: Schreiben Sr. Königl. Maj. in Preussen an Dero Gesandten in Regenspurg, Herrn von Pollmann, die Dero hohen Person geschehen seyn sollende Nachstellungen betreffend, d.d. 11. Mertz 1741.

Zirkularreskript 4. November 1741
Circularrescript an die preussischen Gesandtschaften, Breslau 4. November 1741.
Q: PStSch I 316f.

Anmerckungen 1742
Churfuerstlich=Mayntzische ‖ Anmerckungen ‖ Auf das ‖ Koenigliche ‖ Circular-Rescript, ‖ sub Dato Wien, den 2. Febr. 1742 ‖ Gedruckt auf Chur=Fuerstlichen gnaedigsten ‖ Befehl. ‖ Mayntz, Anno MDCCXLII.
Q: HHStA, KrA 381, fol. 297-305'.

Fernerer Nachtrag 1742
Fernerer Nachtrag ‖ zu denen Verwahrungs-Uhrkunden so ‖ aus allerhoechstem Befehl Ihro Majest. der Koeni= ‖ gin zu Hungarn und Boeheim / Ertz=Hertzogin zu Oesterreich/ ‖ und Hertzogin zu Burgund / den 21. Aprilis 1742. dem ‖ Hochloebl. Chur=Mayntzischen Reichs=Directorio ha= ‖ ben uebergeben / von demselben aber nicht ange= ‖ nohmen werden wollen.
Q: HHStA, KrA 381, fol. 317-322.

Relation über die den 17. May ... bey Czaßlau vorgefallene Action 1742
Relation ‖ Uber die den 17. May 1742. zwischen der Kö= ‖ niglich= Hungarisch= und Böheimischen / und der Königl. ‖ Preussischen Armee bey Czaßlau vorgefallene Action.
Q: HHStA, StA Frankreich 68, Konvolut „Ulfeld an Gundl 1742 II-V", fol. 76-77.

Relation de la bataille de Chotusitz 1742
  Realtion de la bataille de Chotusitz.
  Q: J.G.Droysen, Kriegsberichte (1876), 358-364.

Schreiben eines Officiers 1742
  Schreiben eines Officiers Ihrer zu Hungarn ‖ und Böheim Königlichen Majestät d.d. Feld=
  Lager ‖ Haabern den 18. May.
  Q: HHStA, StA Frankreich 68, Konvolut „Ulfeld an Gundl 1742 II-V", fol. 80f.

Acten=maeßiger Unterricht 1742
  Acten=mäßiger Unterricht Die Chur=Böhmische Wahl=Stimme und deren Ausübung be-
  treffend. Benebst der Chur=Mayntzischen Erläuterungen.
  Q: Sammlung einiger Staatsschriften nach Ableben Karls VI. Band IV, 37. STück, S. 3-262.

Verwahrungsurkunden 1742
  Königlich=Chur=Böhmische Verwahrungs= ‖ Uhrkund. Ertz= Hertzoglich = Oesterreichische ‖ Verwahrungs=Urkund. Hertzoglich=Burgundische Verwahrungsurkund. Nachtrag
  zu denen Ertz=Hertzogl. ‖ Oesterreichischen / und Hertzoglich=Bur= ‖ gundischen Ver-
  wahrungs=Uhrkunden.
  Q: HHStA, StA Frankreich 68, Konvolut „Ulfeld an Gundl 1742 II-V", fol. 55-60.

Zirkularreskript 29. August 1742
  Circular-Rescriptum, ‖ So Seine Koenigl. Majestaet zu Hungarn ‖ und Boeheim/ Ertz-Her-
  tzogin zu Oesterreich etc. ‖ an sammentliche Dero Koenigl. Ministros an auswaer= ‖ tigen
  Hoefen allergnaedigst ergehen lassen. Wien den 29. Augusti 1742.
  Q: HHStA, KrA 381, fol. 323-326'.

Zirkularreskript 16. September 1742
  Circular-Rescriptum, ‖ So Seine Koenigl. Majestaet zu Hungarn ‖ und Boeheim/ Ertz-Her-
  tzogin zu Oesterreich etc. ‖ an sammentliche Dero Koenigl. Ministros an auswaer= ‖ tigen
  Hoefen allergnaedigst ergehen lassen. Wien den 16. Sept. 1742.
  Q: HHStA, KrA 381, fol. 335-336'.

Antwort auf die von Franckreich … übergebene Erklärung 1743
  Antwort ‖ Auf die von Franckreich den 26. Julii ‖ 1743. zu Franckfurt übergebene ‖ Erklä-
  rung.
  Q: HHStA, KrA 381, fol. 405-407'.

Déclaration 1743
  Déclaration de Mr. de la Nouë.
  Q: HHStA, KrA 381, fol. 404.

Extrait d'une lettre de Dresde 1743
  Extrait d'une lettre de Dresde, du 10 septembre 1743.
  Q: PStSch I 386f.

Friedens=Vorschlag 1743
  Friedens=Vorschlag ‖ mit ‖ Anmerckungen ‖ aus ‖ dem Französischen in das Teutsche ‖
  uebersetzt. ‖ 1743.
  Q: HHStA, StK Regensburg öst. Gesandtschaft 98, Konvolut „1743 II-III", fol 279ff.

Lettre d'un Bourgeois de Dordrecht 1743
  Lettre d'un Bourgeois de Dordrecht à un Negociant d'Amsterdam.
  Q: PStSch I 376-382.

Lettre d'un gentilhomme François 1743
   Lettre d'un gentilhomme François ‖ à ‖ un de ses amis.
   Q: PStSch I 397-401.

Plan projetté 1743
   Plan ‖ projetté de ‖ Paix à faire, ‖ avec des ‖ Remarques. ‖ A la Haie, ‖ Chés la Veuve de
   Charles le Vier, ‖ M.DCC.XLIII.
   Q: HHStA, Kra 381, fol. 414-421.

Anmerckungen 1744
   Anmerckungen ‖ Eines guten Teutschen Patrioten ‖ über die Schrift, ‖ Welche den Titel
   führet: ‖ Anzeige der Ursachen ‖ Welche Sr. Königl. Majestät ‖ in Preussen, ‖ bewogen
   haben, ‖ Des Röm. Kaysers Majestät ‖ Hülfs=Völcker zuzusenden. ‖ Gedruckt zu Cöln am
   Rhein ‖ Bey Pierre Marteau, 1744.
   Q: [Drucktitel] PStSch I 439.

Anzeige der Ursachen 1744
   Anzeige der Ursachen, ‖ Welche ‖ Se. Königl. Majestät ‖ bewogen haben, ‖ des Röm. Kay-
   sers Majestät ‖ Hülfs-Völcker ‖ zuzusenden.
   Q: [Drucktitel] PStSch I 438.

Beantwortung der von Herrn Grafen von Dohna vorgelesenen Declaration 1744
   Beantwortung ‖ Der von Herrn Grafen von Dohna ‖ Vor seiner Abreise vorgelesenen ‖ De-
   claration. ‖ Wien in Oesterreich / ‖ Gedruckt bey Johann Peter v. Ghelen / Königl. Hof=
   Buchdruckern. ‖ 1744.
   Q: HHStA, KrA 382, o. fol.

Ausführliche Beantwortung 1744
   Ausführliche ‖ Beantwortung ‖ Der ‖ Französischen ‖ Kriegs= Erklärung / ‖ Und ‖ Der von
   Malbran de la Noue unlängst ‖ zu Franckfurth übergebenen ‖ Declaration. ‖ Wien / ge-
   druckt bey Johann Peter v. Ghelen Königlichen ‖ Hof=Buchdruckern. 1744.
   Q: HHStA, KrA 382, o. fol.

Beantwortung des . . . Memorialis 1744
   Beantwortung ‖ Des ‖ Von der Chur= und Fuerstlich= ‖ Bayerischen Gesandschaft ‖ Zu
   Franckfurth den 17. Martii 1744. ‖ uebergebenen ‖ Memorialis. ‖ Wienn in Oesterreich / ‖
   Gedruck bey Joh. Peter v. Ghelen / Ihrer Koeniglichen Majestaet ‖ Hof=Buchdruckern.
   1744.
   Q: HHStA, KrA 382, o. fol.

Natürliche Betrachtungen 1744
   Natürliche Betrachtungen ‖ über ‖ das gegenwärtige Betragen ‖ Sr. Majestät ‖ Des ‖ Königs
   in Preussen: ‖ über ‖ den Antheil, welchen Engelland an den gegenwärtigen Unruhen im
   Reiche nimmt; ‖ über die Parthey, ‖ welche dasselbe dabey zu ergreiffen hat; ‖ über das
   Gleichgewicht in Europa, und über die Staats-Klugheit der Englischen Hanoveraner; ‖ wel-
   che alle ‖ aus dem Lesen des Rescripts und der Anzeige des Königs in Preussen ‖ die un-
   längst ‖ von Seinem Minister am englischen Hofe dem Herrn Andrie ‖ bekannt gemacht
   worden ‖ herfliessen. ‖ In einem Briefe an einen Edelmann ‖ auf dem Lande. ‖ Aus dem
   Englischen übersetzt. ‖ Cöln im Jahre 1744.
   Q: [Drucktitel] PStSch I 596.

Conseil d'ami 1744

Conseil ‖ D'Ami ‖ A Monsieur ‖ De Bartenstein. ‖ MDCCXXXXIV.

Q: PStSch I 520-527.

Exposé des motifs 1744

Exposé ‖ des motifs, qui ont obligé ‖ Le Roi ‖ de donner des trouppes ‖ auxiliaires ‖ à ‖ L'Empereur.

Q: PStSch I 442-447.

An Exposition of the Motives 1744

An ‖ Exposition ‖ Of the ‖ Motives, ‖ Which obliged the ‖ King ‖ To supply the ‖ Emperor ‖ With Auxiliaries.

Q: [Drucktitel] PStSch I 439.

Exposizione dei Motivi 1744

Exposizione ‖ Dei Motivi ‖ Che Obligane Il Re ‖ Di Dare Delle Truppe Ausiliarie ‖ All'Imperatore.

Q: [Drucktitel] PStSch I 439.

Lettre du baron de Spon 1744

Lettre du baron de Spon au comte de Seinsheim, ministre de S.M.Imp. à la Haye, de Berlin le 28. octobre.

Q: PStSch I 461-464.

Manifiesto de los Motivos 1744

Manifiesto ‖ De Los Motivos, ‖ Que Han Obligado Al Rey ‖ De Prusia ‖ A Dar Tropas ‖ Auxiliares ‖ Al Emperador. ‖ Con Privilegio Del Rey ‖ nuestro Senor. ‖ En Madrid: Se hallarà en la Imprenta de la Gaceta, ‖ en la Calle de Alcalà.

Q: [Drucktitel] PStSch I 439.

Memoriale 1744

Memoriale ‖ An eine Hochansehnlich=Allgemeine Reichs- ‖ Versammlung von der Chur= und Fuerstl. ‖ Bayerischen Gesandtschaft.

Q: HHStA, KrA 382, o. fol.

Ordonnance 1744

Ordonnance ‖ du Roi ‖ portant ‖ Declaration de Guerre ‖ contre ‖ La Reine de Hongrie. ‖ Du 26. Avril 1744.

Q: HHStA, KrA 382, o. fol.

Ordonnanz 1744

Ordonnanz ‖ Ihro Majestaet ‖ Des Koenigs in Franckreich ‖ Die ‖ Kriegs= ‖ Declaration ‖ Wider ‖ Ihro Majestaet ‖ Die Koenigin von Ungarn, ‖ Unterm dato den 26. April 1744. ‖ betreffend. ‖ Aus dem Französischen in das Teutsche uebersetzt.

Q: HHStA, StK Regensburg öst. Gesandtschaft 106, fol. 173-174.

Patent an die Schlesier 1. Dezember 1744

Wir Maria ‖ Theresia ‖ von Gottes Gnaden, ‖ zu Hungarn, Böheim, ‖ Dalmatien, Croatien, und Sclavonien ‖ Königin, Ertz=Hertzogin zu Oesterreich, ‖ Marggräfin zu Mähren, Hertzogin zu ‖ Lutzemburg, und in Schlesien, und Marg= ‖ gräfin zu Laußnitz, Vermählte Hertzogin zu Lothringen, und Groß=Hertzogin zu ‖ Toscana, etc. ect.

Q: HHStA, ÖA Schlesien 8, Konvolut 1, fol. 42-43'.

Patent an die Schlesier 19. Dezember 1744

Könglich Preussisches ‖ Patent ‖ an die sämtliche ‖ Stände und Unterthanen ‖ Des Hertzog-thums Schlesien, ‖ und ‖ Der Graffschaft Glatz, ‖ wodurch dieselben ernstlich gewarnet werden, sich ‖ durch die aufrührerischen Insinuationes des Wienerischen Hofes ‖ nicht irre machen zu lassen, sondern in der Pflicht- ‖ schuldigen Treue und Devotion, ‖ Gegen ‖ Se. Königl. Majestät, ‖ unveränderlich zu beharren. ‖ De Dato Berlin, den 19ten Decembris ‖ 1744. ‖ Berlin, Gedruckt bey dem Königl. Preuss. Hof-Buchdrucker, ‖ Christian Albrecht Gäbert.

Q: PStSch I 530-532.

Patent an die Böhmen 1744

Patent an die Einwohner von Böhmen, d.d. Peterswalde 25. August 1744.

Q: PStSch I 471f.

Patent an die Ungarn 1744

Patent an die Ungarn, d.d. Neustadt in Oberschlesien 3. September 1744.

Q: PStSch I 475f.

Natural Reflexions 1744

Natural Reflexions ‖ On The ‖ Present Conduct ‖ Of His ‖ Prussian Majesty: ‖ The Con-cern which England has, and Part the ought to take in ‖ the present Broils of the Empire; the Balance of Power ‖ and Polities of English H-ns; ‖ Arising ‖ From the Perusal of the King of Prussia Rescript an Manifesto, ‖ lately Published by Monsieur Andrié, Minister from Prussia ‖ at this Court. ‖ In a Lettre to a Gentleman in the Country. ‖ Plus apud nos vera ratio valet, quam vulgi opinio. ‖ Cic. Reflexions Naturelles ‖ Sur la ‖ Conduite Pre-sente ‖ De ‖ Sa Majesté Prussienne: ‖ Sur l'interêt que l'Angleterre peut avoir dans les Troubles présents de ‖ l'Empire, & sur le parti qu'il doit prendre à cet égard; sur la Balan- ‖ ce du Pouvoir en Europe, & sur la Politique des Anglois Hanoversisés; ‖ Qui Resultent ‖ De la Leture du Rescript & du Manifeste du Roi de Prusse, publié der- ‖ nièrement par Monsieur Andrié, Ministre de Prusse à cette Cour. ‖ Dans une Lettre écrite à un Gentil-homme de la Campagne. ‖ Londres, Imprimé pour M. Cooper, au Globe rue Pater-notre. ‖ 1744.

Q: PStSch I 597-617.

Refutation 1744

Refutation ‖ Du ‖ Mémoire ‖ Publié par la Cour de Vienne sous le Titre ‖ De ‖ Reponse A La Declara- ‖ Tion, Faite Par Le Comte ‖ De Dohna, ‖ Ministre de Sa Majesté ‖ Le Roi De Prusse. ‖ ou l'on fait voir ‖ L'insuffisance de Raisons allegués dans ce Mémoire, & la faus-seté des imputations ‖ dont il est rempli. ‖ Traduit sur l'Original Allemand. ‖ Imprimé à Berlin, chez Chretien Albert Gebert ‖ Imprimeur de la Cour. 1744.

Q: [Drucktitel] PStSch I 481.

Relation du Passage du Rhin 1744

Relation ‖ Du Passage du Rhin, par S.A.S. Mon- ‖ seigneur le Prince Charles de Lorraine & de Baar, apportée à S.A. ‖ S. Madame l'Archiduchesse, Gouvernante ‖ Generale de Pays-Bas, le 6. Juillet, par ‖ le Comte de Roziers Lieutenant Colonel ‖ du Regiment de Bernes, datée du Quar- ‖ tier general de Schreck, du 3. Juillet 1744.

Q: HHStA, KrA 364, o. fol.

Remarques 1744

Remarques d'un bon Patriote Allemand, ‖ Sur l'Ecrit intitulé, ‖ Exposé des motifs, qui ont obligé ‖ Le Roi de Pruse ‖ de ‖ donner des truoppes auxiliaires ‖ à ‖ L'Empereur. ‖ Imprimé à Cologne, chez Pierre Marteau. ‖ 1744.

Q: PStSch I 442-447.

Reponse 1744

Reponse ‖ a la ‖ Declaration ‖ de guerre ‖ e la France ‖ Et au second Memoire de ‖ Malbrau de la Nouë. ‖ A Vienne en Autriche, ‖ De l'Imprimerie Royale, chez Jean Piere van Ghelen. ‖ 1744.

Q: HHStA, KrA 382, o. fol.

Rescript an Andrie 8. August 1744

Rescrit ‖ De S.M. Le ‖ Roi de Pruse ‖ A ‖ M. D'Andrie, ‖ Son Ministere à la ‖ Cour d'Angleterre. ‖ A Rescript ‖ From H.M. the ‖ King of Prussia ‖ To ‖ Mr. d'Andrie, ‖ His Minister at the British Court, &c.

Q: PStSch I 577-580.

Rescript an Pollmann 8. August 1744

Rescriptum ‖ Seiner Königl. Majestät ‖ in Preussen ‖ an ‖ Ihren Chur- und Fürstlichen Comitial- ‖ Gesandten den etc. Pollmann ‖ de dato Berlin den 8ten Augusti 1744. ‖ Betreffend die Ursachen der Königli- ‖ chen Entschliessung, Ihro Kayser- ‖ lichen Majestät Hülffs-Völcker zu überlassen.

Q: [Drucktitel] PStSch I 440.

Rescript an Dohna 28. Juli 1744

Reskript an den bevollmächtigten Minister Grafen Dohna in Wien, Berlin 28. Juli 1744.

Q: PStSch I 466-469.

Ubersetzung deren Briefen 1744

Ubersetzung deren Briefen / welche sich in der an das ‖ Loebl. Schwaebische Kreiß=Convent dd. 16. October 1744. von ‖ Ihro zu Hungarn und Boeheim Koenigl. Majestaet erlassenen Zuschrift ‖ in Französischer Sprach befunden haben.

Q: HHStA, KrA 382, o. fol.

Ubersetzung deren Schrifften 1744

Ubersetzung deren Schrifften ‖ Welche sich bey der Beantwortung der vom ‖ Herrn Grafen von Dohna vor seiner Abreise ‖ vorgelegten Declaration in der Französischen ‖ Sprach befinden.

Q: HHStA, KrA 381, fol. 36-37'.

Verklaring der Redenen 1744

Verklaring der Redenen, welke zyne Koninglyke Majesteit van Pruissen bewogen hebben, om aan den Keizer Hulptroupen te gewen.

Q: [Titel] PStSch I 439.

Widerlegung der Beantwortung 1744

Widerlegung ‖ Der, in der ‖ Winerischen Beantwortung, ‖ Der ‖ Von dem Königl. Preussischen Ministro, ‖ Graffen von Dohna, ‖ geschehenen Declaration ‖ enthaltenen ‖ Schein-Gründe, ‖ und ‖ Unstatthaften Beschuldigungen ‖ Berlin ‖ Gedrucket bey dem Königl. Preuss. Hof-Buchdrucker, Christian Albrecht Gäbert ‖ 1744.

Q: PStSch I 482-494.

Zirkularreskript 18. Juli 1744
Circular-Rescript, ‖ So Ihro Koenigl. Majestaet zu Hungarn ‖ und Boeheim / Ertz=Hertzo-gin zu Oesterreich ‖ an Dero Koenigl. Ministros an auswaertigen Hoefen ‖ allergnaedigst ergehen lassen. ‖ 18. Juli 1744.
Q: HHStA, KrA 382, o. fol.

Zuschrift an den Schwäbischen Creyß=Convent 22. September 1744
Zuschrift ‖ Ihro zu Hungarn und Boeheim ‖ Koeniglichen Majestaet ‖ An den ‖ Zu Ulm dermahlen versamleten ‖ Loebl. Schwaebischen ‖ Creyß-Convent. ‖ dd. Wien den 22. Septembris 1744.
Q: HHStA, KrA 382, o. fol.

Zuschrift an den Schwäbischen Creiss=Convent 16. Oktober 1744
Zuschrift ‖ Ihro zu Hungarn und Böheim ‖ Königlichen Majestät ‖ An den ‖ zu Ulm dermahlen versamleten ‖ Löbl. Schwäbischen ‖ Creiss-Convent ‖ d.d. Wien, den 16. Octobris 1744.
Q: PStSch I 501-512.

Wahrhaffter Bericht 1745
Wahrhaffter Bericht, ‖ Von denen von den feindlichen ‖ Oesterreichischen und Sächsischen ‖ Trouppen, in Schlesien ‖ gegen ‖ dessen Einwohner, ‖ begangenen grausahmen und enormen Excessen. ‖ Bresslau 1745.
Q: PStSch I 538-542.

Reichssatzungsmäßiges Betragen 1745
Reichs-Satzungs-mäßiges ‖ Betragen ‖ Der Beyden ‖ Königl. Preussisch- und Chur-Brandenburgisch- ‖ und Chur-Pfältzischen ‖ Wahl-Gesandtschafften ‖ bey dem jüngstvorgewesenen ‖ Wahl-Convent ‖ zu Franckfurth am Mayn.
Q: PStSch I 547-557.

Manifest contre la Cour de Dresde 1745
Manifeste ‖ Du Roi, ‖ contre La Cour De Dresde. ‖ Berlin, l'An 1745.
Q: PStSch I 692-697.

Manifest gegen den Chur-Sächsischen Hof 1745
Manifest ‖ Sr. Königl. Majestät ‖ in Preussen, ‖ gegen ‖ den Chur-Sächsischen Hof ‖ Berlin 1745.
Q: [Drucktitel] PStSch I 688.

Patent an die Stände und Unterthanen des Herzogthums Schlesien 9. Januar 1745
Königl. Preussisches Patent an die Stände und Unterthanen des Herzogthums Schlesien bisherigen österreichischen Antheils, de dato Berlin 9. Januar 1745.
Q: PStSch I 533-535.

2. Ungedruckte Quellen

HAUS-, HOF- und STAATSARCHIV WIEN (HHStA)

Staatskanzlei (StK), Vorträge
Kart. 50 (Konferenzprotokolle und Referate 1740 IX-XII)
       52 (Konferenzprotokolle und Referate 1741 I - 1742 XII)
       53 (Konferenzprotokolle und Referate 1743)
       54 (Konferenzprotokolle und Referate 1744)
       55 (Konferenzprotokolle und Referate 1745)
       56 (Konferenzprotokolle und Referate 1746 I-IX)
       57 (Konferenzprotokolle und Referate 1746 X-XII)
       58 (Konferenzprotokolle und Referate 1747)

Staatskanzlei, Reich
Kart. 10 (Berichte Colloredo 1739, 1740)
       11 (Berichte Colloredo 1741 I-VII)
       12 (Berichte Cobenzl 1741 I-VII, Wucherer 1741 I-VIII)
       13 (Berichte Wucherer 1741 IX - 1742 II)
       14 (Berichte 1741 (Beilagen))
       15 (Wahlprotokoll 1741/42)
       16 (Berichte Cobenzl 1742)
       17 (Berichte Cobenzl 1743 I-III)
       18 (Berichte Cobenzl 1743 IV-XII)
       19 (Berichte Kitzing, Ramschwag 1743 VIII-XI, Cobenzl 1744 I-X)
       20 (Berichte Cobenzl 1744 XI-XII, Ramschwag 1744 V-XII)
       21 (Berichte Harrach 1744 XI-XII, Colloredo, Gündel, Hagen 1745)
       22 (Berichte Cobenzl 1745)
       23 (Berichte Ramschwag 1745 I-V)
       24 (Berichte Ramschwag 1745 VI-XII, Harrach 1745 I)
       25 (Berichte Hagen, Hagenbach, Verlet 1746)
       227 (Weisungen Colloredo 1737-1741)
       228 (Weisungen Cobenzl, Wucherer, Ramschwag, Harrach 1742-1745)
       229 (Weisungen Cobenzl, Wucherer, Ramschwag, Harrach 1746-1748)

Staatskanzlei, Regensburg österreichische Gesandtschaft
Kart. 4 (Weisungen 1738-1740, 1741-1742)
       5 (Weisungen 1743-1746)
       6 (Weisungen 1747-1755)
       89 (Berichte 1740 XI-XII, 1741 I)
       90 (Berichte 1741 IIIV)
       91 (Berichte 1741 V-VIII)
       92 (Berichte 1741 IX-XI)
       93 (Berichte 1741 XII, 1742 I-II)
       94 (Berichte 1742 III-V)
       95 (Berichte 1742 VI-VIII)
       96 (Berichte 1742 VIII-X)
       97 (Berichte 1742 XI-XII, 1743 I)
       98 (Berichte 1743 II-IV)

99 (Berichte 1743 IV-VI)
100 (Berichte 1743 VII-VIII)
101 (Berichte 1743 IX-X)
102 (Berichte 1743 X-XII)
103 (Berichte 1744 I-II)
104 (Berichte 1744 II-III)
105 (Berichte 1744 III-IV)
106 (Berichte 1744 V-VI)
107 (Berichte 1744 VII-VIII)
108 (Berichte 1744 VIII-IX)
109 (Berichte 1744 X)
110 (Berichte 1744 XI-XII)
111 (Berichte 1745 I-II)
112 (Berichte 1745 III-IV)
113 (Berichte 1745 V-VI)
114 (Berichte 1745 VII-XII)
115 (Berichte 1746 I-VII)

Staatskanzlei, Preußen
        Kart.   33 (Berichte 1739-1740)
                 34 (Korrespondenzen 1741-1743)
                 35 (Weisungen, Berichte 1743)
                 36 (Weisungen, Berichte 1744)
                 37 (Korrespondenzen 1746, 1747)
                 38 (Korrespondenzen 1747)
                 39 (Korrespondenzen 1748)

Staatskanzlei, Preußen Collectanea
        Fasz.   201 (Varia 1700-1759)
                 202 (Varia 1761-1806)

Staatskanzlei, Interiora Personalia
        Kart.   1 (Personalia A-B)
                 2 (Personalia C-D)
                 3 (Personalia E-F)
                 4 (Personalia G-Ha)
                 5 (Personalia Herg-Kli)

Staatskanzlei, Noten an die Hofkanzlei
        Kart.   1 (Noten 1741-1753)

Staatskanzlei, Friedensakten (FrA)
        Kart.   50 (Friede von Breslau/Berlin 1742)
                 51 (Friede von Dresden 1745)
                 52 (Friede von Dresden 1745)

Staatenabteilung (StA), Hollandica
        Kart.   30 (Varia 1737-1756)

Staatenabteilung, Holland

Kart. 41 (Berichte 1740 IX - 1741 IV)
42 (Berichte 1741 V - 1742 II)
43 (Berichte 1742 III-VIII)
44 (Berichte 1742 IX-XII, Berichte und Weisungen Seinsheim 1742 III - 1744 VII)
45 (Berichte 1743)
46 (Berichte 1744)
47 (Berichte 1745)
86 (Weisungen 1736-1742)
87 (Weisungen 1743-1745)
88 (Weisungen 1746)
89 (Weisungen 1747)
90 (Weisungen 1748-1753)

Staatenabteilung, England

Kart. 75 (Korr., Weisungen 1740 VI-XII)
77 (Korr., Berichte 1739, 1740 I-XII)
78 (Korr., Berichte 1741 I-XII)
79 (Korr., Weisungen 1741 I-III)
80 (Korr., Weisungen 1741 IV-XII)
81 (Korr., Berichte 1742 (Wasner))
82 (Korr., Weisungen 1742)
83 (Korr., Berichte 1743)
84 (Korr., Weisungen 1743)
85 (Korr., Berichte 1744 I-VII)
86 (Korr., Berichte 1744 VIII-XII)
87 (Korr., Weisungen 1744)
88 (Korr., Berichte 1745 I-XII)
89 (Korr., Weisungen 1745)

Staatenabteilung, England Varia

Kart. 9 (Varia 1735-1748)
10 (Varia 1745-1758)

Staatenabteilung, Frankreich

Kart. 62 (Berichte 1740 IX-XII, Weisungen 1740 I-III)
65 ((Weisungen 1740 XI-XII, 1741)
66 (Berichte 1741)
67 (Berichte 1742)
68 (Weisungen 1742-1744)
69 (Berichte 1743)
70 (Berichte 1744-1745, 1749)

Staatenabteilung, Frankreich Varia

Kart. 17 (Varia 1738-1742/43)
18 (Varia 1736-1749)
19 (Varia 1750-1751)
20 (Varia 1752 I-VIII)

Staatenabteilung, Frankreich Druckschriften
        Kart.   2 (1700-1748)

Staatenabteilung, Polen II (neuere Akten)
        Kart.   18 (Berichte 1739-1740)
              19 (Berichte 1741-1742)
              20 (Berichte 1743, 1744 I-IX)
              21 (Berichte 1744 X-XII, 1745)
              72 (Weisungen 1739, 1741 I-IV)
              73 (Weisungen 1741 V-XII)
              74 (Weisungen 1742-1745)

Staatenabteilung, Polen III (Specialia)
        Kart.   26 (Varia 1699-1767)

Kriegsakten (KrA)
        Fasz.   337 (1740 VIII-XII)
              338 (1741)
              339 (1739-1740)
              340 (Öst. Successionskrieg, Erster Schl. Krieg 1740-1741)
              341 (Öst. Successionskrieg, Erster Schl. Krieg 1741-1742)
              344 (1741)
              345 (1742 I-VIII)
              346 (1742 IX-XII)
              347 (1743 I-IX)
              348 (1743 X-XII)
              349 (1744 I-VII)
              350 (Zweiter Schl. Krieg 1744 VIII-XII)
              351 (Zweiter Schl. Krieg 1745)
              352 (KrA in genere 1746)
              353 (KrA in genere 1747)
              354 (KrA in genere 1748)
              364 (1744)
              365 (1744-1745)
              376 (1744-1746)
              377 (1742-1748)
              381 (Druckschriften)
              382 (Druckschriften)
              383 (Intercepte)

Große Correspondenz (GC)
        Fasz.   247 (Ulfeld-Franz Stephan 1742)
              265 (Bartenstein, Knorr, Cobenzl 1742-1752)
              312 (Bartenstein, Knorr, Cobenzl 1742-1752)
              322 (Olenschlager, Bartenstein, Knorr, Cobenzl 1742-1752)
              400 (Bartenstein-Ulfeld 1742-1746)

Nachlaß (NL) Kannegießer
        Kart.   3

Reichskanzlei (RK), Vorträge
        Fasz. 6d (Vorträge 1735-1756)

Reichskanzlei, Deduktionen
        Fasz. 71
                83
                86
                126
                170
                228

Österreichische Akten (ÖA), Schlesien
        Kart. 8 (Konv. 1: Schlesien 1740-1758)

Flugschriften
        Kart. 3 (1709-1750)

Handschrift W 539 „Miscellanea Politica et Publica 1740-1745"

3. Gedruckte Quellen und Literatur

Acta Borussica, Denkmäler der Preußischen Staatsverwaltung im 18. Jahrhundert, Abt. A, Bd. VI 1, Einleitende Darstellung der Behördenorganisation und allgemeinen Verwaltung in Preußen beim Regierungsantritt Friedrichs II. von Otto Hintze, hsg. von der Preußischen Akademie der Wissenschaften, Berlin 1901.

Allgemeine Deutsche Biographie, hsg. durch die Historische Commission bei der Königlichen Akademie der Wissenschaften, Leipzig 1875ff.

Andreas, Willy: Das Theresianische Österreich und das achtzehnte Jahrhundert. Ein Festvortrag, München/Berlin 1930.

Aretin, Karl Otmar von: Friedrich der Große, Freiburg/Basel/Wien 1985.

– Das Reich. Friedensgarantie und europäisches Gleichgewicht 1648-1806, Stuttgart 1986.

Arneth, Alfred von: Maria Theresias erste Regierungsjahre Bd.e I-III, Wien 1863-1865.

– (Hg): Maria Theresia und Joseph II. Ihre Korrespondenz samt Briefen Josephs an seinen Bruder Leopold Bd.e I-III, Wien 1867-1868.

– (Hg): Zwei Denkschriften der Kaiserin Maria Theresia, in: AÖG 47/1871, 287ff.

– (Hg): Maria Theresia und Marie Antoinette. Ihr Briefwechsel, Paris/Leipzig/Wien 1868.

– Johann Christoph Bartenstein und seine Zeit, Wien 1871.

– (Hg): Briefe der Kaiserin Maria Theresia an ihre Kinder und Freunde Bd.e I-IV, Wien 1881.

Aus der Zeit Maria Theresias. Tagebuch des Fürsten Johann Josef Khevenhüller-Metsch, kaiserlichen Obersthofmeisters 1742-1780, hsg. von Rudolf Graf Khevenhüller-Metsch und Hanns Schlitter Bd.e I-VIII, Leipzig/Wien 1910-1972.

Bardong, Otto: Friedrich der Große. Ausgewählte Quellen zur Geschichte der Neuzeit Bd. XXII, Darmstadt 1982.

Bauer Wilhelm: Die öffentliche Meinung in der Weltgeschichte, Potsdam 1930.

– Die öffentliche Meinung und ihre geschichtlichen Grundlagen, Tübingen 1914.

Baumert, Paul: Die Entstehung des deutschen Journalismus in sozialgeschichtlicher Betrachtung. Phil. Diss. Berlin 1928, Altenburg 1928.

Baumgart, Peter: Epochen der preußischen Monarchie im 18. Jahrhundert, in: ZHF 6/1979, 287-316.

– Friedrich der Große als europäische Gestalt, in: Analecta Fridericiana, hsg. von Johannes Kunisch, Berlin 1987 (= ZHF Beiheft 4), 9-31.

– Fridericiana. Neue Literatur aus Anlaß des zweihundersten Todestages König Friedrichs II. von Preußen, in: HZ 245/1987, 363-388.

– Schlesien im Kalkül Friedrichs II. von Preußen und die europäischen Implikationen der Eroberung des Landes, in: Kontinuität und Wandel. Schlesien zwischen Österreich und Preußen, hsg. von Peter Baumgart, Sigmaringen 1990, 3-16.

Baumgart, Winfried: Der Ausbruch des siebenjährigen Krieges. Zum gegenwärtigen Forschungsstand, in: Militärgeschichtliche Mitteilungen 11/1972, 157-165.

Beaulieu-Marconnay, Carl von: Ein sächsischer Staatsmann des achtzehnten Jahrhundert: Thomas Freiherr von Fritsch, in: Archiv für die Sächsische Geschichte 9/1871, 251-324 und 337-380.

Becker, Hans-Jürgen: Protestatio, Protest. Funktion und Funktionswandel eines rechtlichen Instruments, in: ZHF 5/1978, 385-412.

Beer, Adolf: Holland und der österreichische Erbfolgekrieg, in: AÖG 46/1871, 299-418.

Behnen, Michael: Der gerechte und der notwendige Krieg, in: Staatsverfassung und Heeresverfassung in der europäischen Geschichte der frühen Neuzeit, hsg. von Johannes Kunisch, Berlin 1986, 43-106.

Beidtel, Ignaz: Geschichte der österreichischen Staatsverwaltung 1740-1848 Bd. I: 1740-1792. Innsbruck 1896.

Beller, Elmer A.: Propaganda in Germany during the Thirty Years' War, Princeton 1940.

Berindei, Dan: Friedrich der Große und die rumänischen Fürstentümer 1740-1777, in: Deutschland und Europa in der Neuzeit, Festschrift für Karl Otmar von Aretin Bd. I, Stuttgart 1988, 325-346.

Berney, Arnold: Über das geschichtliche Denken Friedrichs des Großen, in: HZ 150/1934, 86-115.

– Friedrich der Große. Entwicklungsgeschichte eines Staatsmannes, Tübingen 1934.

Bernheim, Ernst: Lehrbuch der historischen Methode, Leipzig 1908.

Berns, Jörg Jochen: Der nackte Monarch und die nackte Wahrheit. Auskünfte der deutschen Zeitungs- und Zeremoniellschriften des späten 17. und frühen 18. Jahrhunderts zum Verhältnis von Hof und Öffentlichkeit, in: Daphnis 11/1982, 315-349.

Bethke, Erhard (Hg): Friedrich der Große. Herrscher zwischen Tradition und Fortschritt, Gütersloh 1985.

Böning, Holger: Die Genese der Volksaufklärung und ihre Entwicklung bis 1780, Sigmaringen 1990.

Born, Karl Erich: Der Wandel des Friedrich-Bildes in Deutschland während des 19. Jahrhunderts, Phil. Diss. (masch.) Köln 1953.

Born, Marie: Die englischen Ereignisse der Jahre 1685-1690 im Lichte der gleichzeitigen Flugschriftenliteratur Deutschlands, Phil. Diss. Bonn 1919.

Bosbach, Erika: Die ‚Rêveries politiques‘ in Friedrichs des Großen Testament von 1752, Köln/Graz 1960.

Bosbach, Franz: Monarchia Universalis. Ein politischer Leitbegriff der frühen Neuzeit, Göttingen 1988.

– (Hg): Feindbilder. Die Darstellung des Gegners in der politischen Publizistik des Mittelalters und der Neuzeit, Köln/Wien 1992.

– Der französische Erbfeind. Zu einem deutschen Feindbild im Zeitalter Ludwigs XIV., in: Ders., Feindbilder 117-139.

Böttcher, Diethelm: Propaganda und öffentliche Meinung im protestantischen Deutschland 1628-1636, in: ARG 44/1953, 181-203 und 45/1954, 83-99.

Brabant, Artur: Das Heilige Römische Reich teutscher Nation im Kampf mit Friedrich dem Großen, Bd. I, Berlin 1904.

Branig, Hans: Preußen und Rußland während des ersten schlesischen Krieges. Phil. Diss. Greifswald 1930.

Braubach, Max: Die österreichische Diplomatie am Hofe des Kurfürsten Clemens August von Köln 1740-1756, in: AHVN 111/1927, 1-80; 112/1928, 1-70.

– Der Aufstieg Brandenburg-Preußens 1640 bis 1815. Freiburg i. Br. 1933.

– Versailles und Wien von Ludwig XIV. bis Kaunitz. Die Vorstadien der diplomatischen Revolution im 18. Jahrhundert, Bonn 1952.

– Johann Christoph Bartensteins Herkunft und Anfänge, in: Ders., Diplomatie und geistiges Leben, Gesammelte Abhandlungen, Bonn 1969, 337-384.

– Hat Friedrich der Große die Wiedervereinigung Elsaß-Lothrigens mit Deutschland verhindert?, in: Ders., Diplomatie und geistiges Leben, Gesammelte Abhandlungen, Bonn 1969, 464-481.

– Eine Satire auf den Wiener Hof aus den letzten Jahren Kaiser Karls VI., in: Ders., Diplomatie und geistiges Leben, Gesammelte Abhandlungen, Bonn 1969, 385-436.

Broicher, Elisabeth Charlotte: Der Aufstieg der preußischen Macht 1713 bis 1756 in seiner Auswirkung auf das europäische Staatensystem, Phil. Diss. Köln 1955.

Buchli, Hanns: 6000 Jahre Werbung. Geschichte der Wirtschaftswerbung und der Propaganda Bd.e I-III, Berlin 1962.

Büchsel, Hans Wilhelm: Das Volk im Staatsdenken Friedrichs des Großen, Breslau 1937.
Burkhardt, Johannes: Abschied vom Religionskrieg. Der Siebenjährige Krieg und die päpstliche Diplomatie, Tübingen 1985.

Bussmann, Walter: Friedrich der Große im Wandel der europäischen Urteils, in: Ders., Wandel und Kontinuität in Politik und Geschichte. Ausgewählte Aufsätze zum 60. Geburtstag , hsg. von Werner Pöls, Boppard 1973, 255ff.

– Der Aufstieg Preußens. Eine Herausforderung Deutschlands und Europas, in: Preußen-eine Herausforderung, hsg. von Wolfgang Böhme, Karlsruhe 1981, 27-42.

Butterfield, Herbert: The reconstruction of an historical episode. The history of the enquiry into the origins of the Seven Years' War, Glasgow 1951.

Büttner, Karl Heinz: Die Reichspolitik des Grafen Friedrich Carl von Schönborn als Fürstbischof von Würzburg und Bamberg, in: Berichte des Historischen Vereins zu Bamberg 87/ 1941, 1-107.

Carlyle, Thomas: Geschichte Friedrichs des Zweiten, genannt der Große, Berlin 1924.

Cauer, Eduard: Zur Literatur der Polemik gegen Friedrich den Großen, in: PJbb 12/1863, 1-18.

– Zur Geschichte von Breslau im Jahr 1741, in: Zeitschrift des Vereins für Geschichte und Alterthum Schlesiens 3/1860, 59-82.

– Ueber die Geheimnisse des sächsischen Kabinets. Ende 1745 bis Ende 1756, in: ZpGLk 3/ 1866, 275-282.

– Zur Geschichte und Charakteristik Friedrichs des Großen. Vermischte Aufsätze, Breslau 1883.

– Über die Flugschriften Friedrichs des Großen aus der Zeit des Siebenjährigen Krieges, Potsdam 1865.

Church, William F.: Cardinal Richelieu and the reason of state, Princeton 1972.

Cloeter, Hermine: Johann Georg Trattner. Ein Großunternehmer im Theresianischen Wien, Graz/Köln 1952.

Conrad, Hermann: Recht und Verfassung des Reiches zur Zeit Maria Theresias. Aus den Erziehungsvorträgen für Erzherzog Joseph, in: HJb 82/1963, 163-186.

– Recht und Verfassung des Reiches zur Zeit Maria Theresias. Die Vorträge zum Unterricht des Erzherzogs Joseph in Natur- und Völkerrecht sowie im deutschen Staats- und Lehnsrecht. Wien 1964.

– Staatsgedanke und Staatspraxis des aufgeklärten Absolutismus, Opladen 1971.

Conrads, Norbert: Politischer Mentalitätswandel von oben. Friedrichs II. Weg vom Gewinn Schlesiens zur Gewinnung der Schlesier, in: Kontinuität und Wandel. Schlesien zwischen Österreich und Preußen, hsg. von Peter Baumgart, Sigmaringen 1990, 219-236.

Consentius, Ernst: Friedrich der Große und die Zeitungszensur, in: PJbb 115/1904, 220-249.

– Die Berliner Zeitungen während der französischen Revolution, in: PJbb 117/1904, 449-488.

Corterier, Peter: Der Reichstag. Seine Kompetenzen und sein Verfahren in der zweiten Hälfte des 18. Jahrhunderts, Jur. Diss. Bonn 1972.

Dann, Uriel: Hannover und England 1740-1760. Diplomatie und Selbsterhaltung, Hildesheim 1986.

Diederichs, Peter: Kaiser Maiximilian als politischer Publizist, Jena 1932.

Dienstl, Wolfgang: Flugschriften zum Spanischen Erbfolgekrieg mit besonderer Beachtung des Entwicklungsstandes von Öffentlichkeit und öffentlicher Meinung in den beteiligten Ländern und Staaten, Phil. Diss. (masch.) Wien 1987.

Diesner, Hans-Joachim: Machiavelli – Rechtfertigung oder Entlarvung der Macht, in: Renaissancehefte 1/1992, 36-50.

Dietrich, Reiner (Hg): Die politischen Testamente der Hohenzollern, Köln/Wien 1986.

Disselnkötter, Heinrich: Beiträge zur Kritik der Histoire de mon temps Friedrichs des Grossen, Phil. Diss. Bonn 1885.

Dove, Alfred: Deutsche Geschichte 1740-1745, Gotha 1883.

Dresler, Adolf: Newe Zeitungen, Relationen, Flugschriften, Flugblätter, Einblattdrucke von 1470 bis 1820, Katalog 70 Antiquariat J. Halle, München 1929.

Droysen, Hans: Beiträge zu einer Bibliographie der prosaischen Schriften Friedrichs des Großen, in: Wissenschaftliche Beiträge zum Jahresbericht des Königstädtischen Gymnasiums zu Berlin, Heft 2, Berlin 1905.

- Beiträge zur Textkritik einiger Werke Friedrichs des Großen aus Voltaires handschriftlichem Nachlasse, in: Zeitschrift für französische Sprache und Litteratur 30/1906, 118-131.

- Tageskalender Friedrichs des Großen vom 1. Juni 1740 bis 31. März 1763, in: FbpG 29/1916, 95-157.

- (Hg): Nachträge zu dem Briefwechsel Friedrichs des Großen mit Maupertuis und Voltaire nebst verwandten Stücken, Leipzig 1917.

Droysen, Johann Gustav: Zur Quellenkritik der deutschen Geschichte des siebzehnten Jahrhunderts, in: Forschungen zur deutschen Geschichte IV, Göttingen 1864, 13-55.

- Zur Schlacht von Chotusitz, in: Abhandlungen der königlichen Akademie der Wissenschaften zu Berlin aus dem Jahre 1872, phil.-hist. Klasse, Berlin 1873, 129-290.

- Über eine Flugschrift von 1743, in: Abhandlungen der königlichen Akademie der Wissenschaften zu Berlin aus dem Jahre 1872, phil.-hist. Klasse, Berlin 1873, 93-127.

- Geschichte der preußischen Politik V 1-2, Leipzig 1874 und 1876.

- Kriegsberichte Friedrichs des Großen aus den beiden schlesischen Kriegen, in: Beihefte zum preußischen Militärwochenblatt 1875, 237-268; 1876, 305-364; 1877, 85-212.

- Über Friedrichs politische Stellung im Anfange des schlesischen Krieges, in: Abhandlungen zur neueren deutschen Geschichte VI, Leipzig 1876, 263-283.

- Die Berliner Zeitungen im ersten Jahrzehnt Friedrichs des Großen, in: ZpGLk 13/1876, 1-38.

- Der Nymphenburger Vertrag von 1741, in: Abhandlungen zur neueren Geschichte V, Leipzig 1876, 227-262.

- Friedrich der Große und Maria Theresia nach dem Dresdner Frieden, Berlin 1878.

- England und Preußen 1740-1746, in: ZpGLk 17/1880, 502-534.

– Friedrichs des Großen trois lettres au public. Vortrag der Berliner Akademie der Wissenschaften, Berlin 1884.

Duchhardt, Heinz: Philipp Karl von Eltz, Kurfürst von Mainz, Erzkanzler des Reiches (1732-1743). Studien zur kurmainzischen Reichs- und Innenpolitik, Mainz 1969.

– Protestantisches Kaisertum und Altes Reich. Die Diskussion um die Konfession des Kaisers in Politik, Publizistik und Staatsrecht, Wiesbaden 1977.

– Altes Reich und europäische Staatenwelt 1648-1806, München 1990.

– Absolutismus - Abschied von einem Epochenbegriff? in: HZ 258/1994, 113-122.

Duncker, Max: Eine Flugschrift des Kronprinzen Friedrich, in: ZpGLk 8/1871, 23-54.

Ecker, Richard: Die Entwicklung der Königlich Preußischen Regierung von 1701 bis 1758, Phil. Diss. Königsberg 1908.

Eisenhardt, Ulrich: Die kaiserliche Aufsicht über Buchdruck, Buchhandel und Presse im Heiligen Römischen Reich Deutscher Nation, Karlsruhe 1970.

Engelsing, Rolf: Analphabethentum und Lektüre. Zur Sozialgeschichte des Lesens zwischen feudaler und industrieller Gesellschaft, Stuttgart 1973.

Erdmann, Carl: Die Anfänge der staatlichen Propaganda im Investiturstreit, in: HZ 154/1936, 491-512.

Etzin, Franz: Die Freiheit der öffentlichen Meinung unter der Regierung Friedrichs des Großen, in: FbpG 33/1921, 89-129 und 293-326.

Europäische Staats-Cantzley Darinnen zum Behuff der neuesten Politischen= Kirchen= und Reichs=Historie was sowohl in Religions=Angelegenheiten Merckwürdiges vorgefallen als in Staats= und Reichs=Geschäfften vor kurzem abgehandelt worden und zum Vorschein gekommen ist Bd.e LXXIXff., Frankfurt a.M./Leipzig 1740ff.

Everth, Erich: Die Öffentlichkeit in der Außenpolitik von Karl V. bis Napoleon, Jena 1931.

[Faber, Anton]: Europäische Staatskanzlei siehe Europäische Staatskanzlei.

Fechner, [Hermann]: Ueber Friedrich's des Grossen Theorie der auswärtigen Politik, in: Programm des städtischen Gymnasiums zu Breslau für das Schuljahr Ostern 1875 bis Ostern 1876, Breslau 1876, 1-34.

Feder, Alfred: Lehrbuch der geschichtlichen Methode, Regensburg 1924.

Feine, Hans Erich: Zur Verfassungsentwicklung des Heiligen Römischen Reiches seit dem Westfälischen Frieden, in: ZRG Germ. Abt. 52/1932, 65-133.

Fellner, Thomas: Die österreichische Zentralverwaltung, bearb. von Heinrich Kretschmayr, I. Abt. 1. Bd.: von Max I. bis zur vereinigten österreichischen und böhmischen Hofkanzlei 1749, Wien 1907.

Fester, Richard: Vorstudien zu einer Biographie der Markgräfin Wilhelmine von Bayreuth, in: FbpG 14/1901, 481-529.

– Die Erlanger Zeitung im siebenjährigen Kriege, in: FbpG 15/1902, 180-188.

Fischer, Heinz-Dietrich (Hg): Deutsche Zeitungen des 17. bis 20. Jahrhundert, München 1972.

- Monarchische Propaganda der Karolinger in der Historiographie, in: Publizistik 11/1966, 131-144.

Fischer, Wolfram / *Stadelmann,* Rudolf: Die Bildungswelt des deutschen Handwerks um 1800. Studien zur Soziologie des Kleinbürgers im Zeitalter Goethes, Berlin 1955.

Fitte, Siegfried: Religion und Politik vor und während des Siebenjährigen Krieges. Wissenschaftliche Beilage zum Jahresbericht des Sophien-Gymnasiums zu Berlin Ostern 1899, Berlin 1899.

Flitner, Andreas: Die politische Erziehung in Deutschland. Geschichte und Probleme 1750-1880, Tübingen 1957.

Fred, W.: Briefe der Kaiserin Maria Theresia. In deutscher Übersetzung von Hedwig Kubin Bd.e I-II, München/Leipzig 1914.

Frensdorff, Ferdinand: Reich und Reichstag. Ein Beitrag zur Geschichte der deutschen Rechtsprache, Leipzig 1910.

Fromm, Elias: Die Kaiserwahl Franz I. Ein Beitrag zur deutschen Reichsgeschichte des achtzehnten Jahrhunderts, Phil. Diss. Jena 1883, Gnesen 1883.

Fürnrohr, Walter: Der Immerwährende Reichstag zu Regensburg. Das Parlament des Alten Reiches, Regensburg 1963.

Furetière, Antoine: Dictionnaire universelle contenant généralement tous les mots fançois tant vieux que modernes & les Termes de Sciences & des arts Bd. III, ND der Ausgabe Den Haag 1727, Hildesheim/New York 1972.

Galera, Karl Siegmar: Voltaire und der Antimachiavell Friedrichs des Großen, Halle 1926.

Gehlsdorf, Hermann: Preußische und österreichische Reichspolitik im Jahrzehnt vor dem siebenjährigen Kriege, Nauen 1905.

Geisler, Erich: Die Preßgesetzgebung Friedrichs des Großen im Hinblick auf seine Stellung zu Naturrecht und Aufklärung, Phil. Diss. Greifswald 1921.

Gericke, Wolfgang: Glaubenszeugnisse und Konfessionspolitik der brandenburgischen Herrscher bis zur Preußischen Union. 1450 bis 1815, Bielefeld 1977.

Gersmann, G. / *Schroeder,* C.: Zensur, Zensoren und Zensierte im Ancien Régime, in: „Unmoralisch an sich…" Zensur im 18. und 19. Jahrhundert, hsg. von Herbert G. Göpfert und Erdmann Weyrauch, Wiesbaden 1988, 119-148.

Geschichte des Interregni nach Absterben Kayer Carls des VI. Worinnen die merckwürdigste Begebenheiten, so sich seit dem Todt Kayserlicher Majestät […] im Römischen Reich zugetragen, erzehlet, und die in solcher Zeit gemein=gemachte Acta Publica mitgetheilet werden Bd.e I-II, Frankfurt a. M. 1742.

Gestrich, Andreas: Absolutismus und Öffentlichkeit. Politische Kommunikation in Deutschland zu Beginn des 18. Jahrhunderts, Göttingen 1994.

Gooch, George Peabody: Friedrich der Große. Herrscher, Schriftsteller, Mensch, Göttingen 1951.

Görisch, Wilhelm: Friedrich der Große in den Zeitungen. Beiträge zur Beurteilung Friedrichs durch die Zeitgenossen, Phil. Diss. Berlin 1907.

Görlich, Ernst Joseph: Grundzüge der Geschichte der Habsburgermonarchie und Österreichs, Darmstadt 1970.

Gross, Hanns: Empire and Souvereignity. A history of the public law literature in the Holy Roman Empire 1599-1804, Chicago 1973.

Gross, Lothar: Die Geschichte der deutschen Reichshofkanzlei, Wien 1933.

- Die Reichspolitik der Habsburger, in: Neue Jahrbücher für deutsche Wissenschaft 13/1937, 197-213.

Grünhagen, Colmar: Zwei Demagogen im Dienste Friedrichs des Großen, in: Abhandlungen der Schlesischen Gesellschaft für vaterländische Cultur, philosophisch-historische Abtheilung, Heft 1, Breslau 1861, 55-99.

- Die Sendung Robinsons ins preussische Lager Anfang August 1741, in: PJbb 36/1875, 490-515.

- Berliner Nachrichten aus dem Beginn der schlesischen Kriege. Ende October bis Ende December 1740, in: ZpGLk 13/1876, 369-389.

- Geschichte des Ersten Schlesischen Krieges nach archivalischen Quellen dargestellt Bd.e I-II, Gotha 1881.

Gschliesser, Otto: Der Reichshofrat 1559-1806, Wien 1942.

Guglia, Eugen: Maria Theresia.Ihr Leben und Ihre Zeit Bd. I, München/Berlin 1917.

Günter, Heinrich: Das evangelische Kaisertum, in: HJb 37/1916, 376-393.

Haas, Helmut: Der Kampf zwischen Maria Theresia von Österreich und Friedrich dem Großen von Preußen in der deutschen und französischen Geschichtsschreibung, Phil. Diss. (masch.) Wien 1949.

Habermas, Jürgen: Strukturwandel der Öffentlichkeit. Untersuchungen zu einer Kategorie der bürgerlichen Gesellschaft, Phil. Diss. Marburg 1961, Neuwied/Berlin 1962.

Haeseler, Jens: Ein Wanderer zwischen den Welten. Charles Etienne de Jordan (1700-1745), Phil. Diss. Halle/Wittenberg 1991, Sigmaringen 1993.

Haller, Johannes: Die deutsche Publizistik 1668-1674. Ein Beitrag zur Geschichte der Raubkriege Ludwigs XIV., Heidelberg 1892.

Hamacher, Clemens August: Die Beurteilung der Franzosen in den deutschen Zeitungen und in der deutschen Publizistik während der drei Schlesischen Kriege, Phil. Diss. Bonn 1915.

Hammerstein, Notker: Jus und Historie. Ein Beitrag zur Geschichte des historischen Denkens an deutschen Universitäten im späten 17. und 18. Jahrhundert, Göttingen 1972.

- Karl VII. und Frankfurt am Main, in: Archiv für Frankfurts Geschichte und Kunst 57/1980, 19-48.

Hantsch, Hugo: Reichsvizekanzler Friedrich Karl Graf von Schönborn (1674-1746), Augsburg 1929.

- Die Entwicklung Österreich-Ungarns zur Großmacht, Freiburg i. Br. 1933.

Hartmann, Peter Claus: Karl Albrecht - Karl VII. Glücklicher Kurfürst, unglücklicher Kaiser, Regensburg 1985.

Hartmann, Stefan: Die Beziehungen Preußens und Dänemarks 1688-1789, Köln/Wien 1983.

Hauser, Otto: England und Friedrich der Große, in: Neue Forschungen zur brandenburgisch-preußischen Geschichte 8, Köln/Wien 1987, 137-149.

Headley, John M.: The emperor and his chancellor. A study of the imperial chancellery under Gattinara, Cambridge 1983.

Heigel, Karl Theodor: Die Ansprüche des Kurfürsten Karl Albert von Bayern auf die österreichische Erbfolge, Nördlingen 1874.

– Der österreichische Erbfolgestreit und die Kaiserwahl Karls VII., Nördlingen 1877.

– (Hg): Das Tagebuch Kaiser Karls VII. aus der Zeit des Österreichischen Erbfolgekrieges, München 1883.

– Zur Geschichte des sogenannten Nymphenburger Tractats, in: Sitzungsberichte der philosophisch-philologischen und historischen Classe der k.b. Akademie der Wissenschaften zu München 1884, Heft 1, München 1884, 211-245.

Hein, Max (Hg): Briefe Friedrichs des Großen Bd.e I-II, Berlin 1914.

Hein, Wilhelm: Der Regensburger Reichstag 1740-1745, Phil. Diss. (masch.) Wien 1953.

Heinrich, Gerd: Geschichte Preußens, Frankfurt a.M./Berlin/Wien 1981.

Hennings, Fred: Und sitzet zur linken Hand. Franz Stephan von Lothringen, Gemahl der selbstregierenden Königin Maria Theresia und römischer Kaiser, Wien/Berlin/Stuttgart 1961.

Heydemann, Viktor: Friedrichs des Großen Antimachiavell, in: HVjS 21/1923, 60-75.

– Friedrichs des Großen prosaische und dichterische Schriften während des Siebenjährigen Krieges, in: HVjS 23/1926, 338-371.

– Staats- und Flugschriften aus dem Anfange des Siebenjährigen Krieges, in: FbpG 41/1928, 302-330.

– Flugschriften der Jahre 1757 und 1758, in: HVjS 25/1931, 461-468.

Hinrichs, Carl (Hg): Friedrich der Große und Maria Theresia. Diplomatische Berichte von Otto Christoph Graf von Podewils, königlich preußischer Gesandter am österreichischen Hofe in Wien, Berlin 1937.

Hintze, Otto: Behördenorganisation siehe Acta Borussica.

– Der österreichische und der preußische Beamtenstaat im 17. und 18. Jahrhundert. Eine vergleichende Betrachtung, in: HZ 86/1901, 401-444.

– Die Hohenzollern und ihr Werk. 500 Jahre vaterländische Geschichte, Berlin 1915.

Historische Sammlung von Staats=Schriften zur Erläuterung der neuesten Welt= und Teutschen Reichs=Geschichten unter Kayser Carln dem VII. Bd.e I-III, Frankfurt a. M. 1744, 1745 und 1747.

Hofmann, Walther von: Das Säkularisationsprojekt von 1743, Kaiser Karl VII. und die Römische Kurie, in: Riezler-Festschrift. Beiträge zur bayerischen Geschichte, hsg. von Karl Alexander von Müller, Gotha 1913, 213-259.

Hohenemser, Paul: Flugschriftensammlung Gustav Freytag, Hildesheim 1966.

Hölscher, Lucian: Öffentlichkeit, in: Geschichtliche Grundbegriffe. Historisches Lexikon zur politisch-sozialen Sprache in Deutschland IV, hsg. von Otto Brunner, Werner Conze und Reinhart Koselleck, Stuttgart 1978, 413-467.

Holtz, [Ernst]: Friedrichs des Grossen Darstellung der Ursachen des österreichischen Erbfolge- und des schlesischen Krieges, in: Neunter Jahresbericht über die zu Entlassungs-Prüfungen berechtigte Höhere Bürger-Schule zu Riesenburg, Graudenz 1879, 3-24.

Hönig, Edeltraut: Kaiser Maiximilian I. als politischer Publizist, Phil. Diss. (masch.) Graz 1970.

Hrazky, Josef: Johann Christoph Bartenstein, der Staatsmann und Erzieher, in: MÖStA 11/1958, 221-251.

Hubatsch, Walther: Das Problem der Staatsräson bei Friedrich dem Großen, Göttingen 1956.

– Österreich und Preußen 1740-1848, in: Deutschland und Österreich, hsg. von Robert A. Kann und Friedrich E. Prinz, München/Wien 1980, 89-109.

– Friedrich der Große und die preußische Verwaltung, Köln/Berlin 1973.

Hubatschke, Harald: Die amtliche Organisation der geheimen Briefüberwachung und des diplomatischen Chiffrierdienstes in Österreich, in: MIÖG 83/1975, 352-413.

Hübner, Carl: Zur Geschichte der kursächsischen Politik beim Ausbruche des österreichischen Erbfolgestreites, Phil. Diss. Leipzig 1892.

Jaeckel, Georg: Die Bedeutung der konfessionellen Frage für die Besitzergreifung Schlesiens durch Friedrich den Großen, in: Jahrbuch für Schlesische Kirche und Kirchengeschichte N. F. 34/1955, 78-121.

– Zur friderizianischen Kirchenpolitik in Schlesien, in: Jahrbuch für Schlesische Kirche und Kirchengeschichte 54/1975, 105-155.

Jedlicka, Ludwig (Hg): Maria Theresia in ihren Briefen und Staatsschriften, Wien 1955.

Jentsch, Irene: Zur Geschichte des Zeitungslesens in Deutschland. Mit besonderer Berücksichtigung der gesellschaftlichen Formen des Zeitungslesens, Phil. Diss. Leipzig 1937.

Jessen, Hans: Wilhelm Gottlieb Korn, in: Deutsche Presseverleger des 18. bis 20. Jahrhunderts, hsg. von Heinz-Dieter Fischer, München 1975, 48-54.

– Die Anfänge der friderizianischen Nachrichtenpolitik, in: Zeitungswissenschaft 15/1940, 305-321.

– Die Nachrichtenpolitik Friedrichs des Großen im Siebenjährigen Kriege, in: Zeitungswissenschaft 15/1940, 632-664.

Johnson, Hubert C.: Frederick the Great and his Officials. New Haven/London 1973.

Just, Leo: Die römische Kurie und das Reich unter Kaiser Karl VII. (1740-45), in: HJb 52/1932, 389-400.

Kaeber, Ernst: Die Idee des europäischen Gleichgewichts in der publizistischen Literatur vom 16. bis zur Mitte des 18. Jahrhunderts, Berlin 1907.

Kainrath, Maria: Die geistlichen Reichsfürsten im Österreichischen Erbfolgestreit 1740-1746, Phil. Diss. (masch.) Wien 1950.

Kallbrunner, Josef (Hg): Kaiserin Maria Theresias politisches Testament, Wien 1952.

Kann, Robert Adolf: Werden und Zerfall des Habsburgerreiches, Graz/Köln/Wien 1962.

– Kanzel und Katheder. Studien zur österreichischen Geistesgeschichte vom Spätbarock zur Frühromantik, Wien/Freiburg/Basel 1962.

– Geschichte des Habsburgerreiches 1526-1918. Köln/Wien/Graz 1977.

– Die Staatsauffassung des maria-theresianischen Reformabsolutismus, in: Österreich im Zeitalter der Aufklärung, hsg. von Erich Zöllner, Wien 1983, 5-15.

Karg-Bebenburg, Theo von: Karl VII. und die Konvention von Niederschönfeld, in: Festgabe für Grauert 1910.

Kelsen, Hans: Unrecht und Unrechtsfolge im Völkerrecht, in: Zeitschrift für öffentliches Recht 12/1932, 481-608.

Kirsch, Peter Anton: Zum Verhalten des päpstlichen Stuhls bei der Kaiserwahl Karls VII. und Franz I. im Jahre 1742 und 1745, in: HJb 26/1905, 43-83.

– Die Anerkennung der Erbrechte Maria Theresias durch den Heiligen Stuhl, in: HJb 26/1905, 334-339.

Klaits, Joseph: Printed propaganda under Louis XIV. Absolute monarchy and public opinion, Princeton 1976.

Klaproth, Christian August Ludwig / *Cosmar,* Carl Wilhelm: Der königlich preußische und kurfürstliche brandenburgische Staatsrat, Berlin 1905.

Klawitter, Willy: Geschichte der Zensur in Schlesien, Breslau 1934.

Kleinheyer, Gerd: Die kaiserlichen Wahlkapitulationen. Geschichte, Wesen und Funktion, Karlsruhe 1968.

Kleinschmidt, Arthur: Karl VII. und Hessen, in: Forschungen zur Geschichte Bayerns 10/1903, 1-38.

Klingenstein, Grete: Kaunitz contra Bartenstein. Zur Geschichte der Staatskanzlei 1749-1753, in: Beiträge zur neueren Geschichte Österreichs, hsg. von Heinrich Fichtenau und Erich Zöllner, Wien 1974, 243-263.

– Institutionelle Aspekte der österreichischen Außenpolitik im 18. Jahrhundert, in: Diplomatie und Außenpolitik Österreichs, 11 Beiträge zu ihrer Geschichte, hsg. von Erich Zöllner, Wien 1977, 74-93.

Klopp, Onno: Der König Friedrich II. und die deutsche Nation, Schaffhausen 1860.

– Wie man in Deutschland Religionskriege macht, Frankfurt a. M. 1864 (Sonderabdruck aus den Historisch-Politischen Blättern 53).

– Friedrich der Grosse? Bonn 1912.

Klueting, Harm: Die Lehre von der Macht der Staaten. Das außenpolitische Machtproblem in der „politischen Wissenschaft" und in der praktischen Politik im achtzehnten Jahrhundert, Berlin 1986.

Knuttel, W. P. C.: Catalogus von de pamfleten-verzameling berustende in de Konigklijke Bibliothek, 8 Bd.e s'Gravenhage 1889-1920, ND 10 Bd.e Utrecht 1980.

Koch, Max: Der deutsche Reichstag während des siebenjährigen Krieges 1756-1763, Phil. Diss. (masch.) [Bonn] 1950.

Köhler, Hans-Joachim: Fragestellung und Methoden zur Interpretation frühneuzeitlicher Flugschriften, in: Flugschriften als Massenmedien der Reformationszeit, hsg. von Hans-Joachim Köhler, Stuttgart 1981, 1-27.

– Erste Schritte zu einem Meinungsprofil der frühen Reformationszeit, in: Martin Luther. Probleme seiner Zeit, hsg. von Volker Press und Dieter Stievermann, Stuttgart 1986, 244-281.

– Die Erforschung der Flugschriften des frühen 16. Jahrhunderts als Beitrag zur Presse- und Kommunikationsforschung, in: Presse und Geschichte II, München 1987, 21-56.

Köhler, Joachim: Zwischen den Fronten. Anmerkungen zur Biographie der Breslauer Fürstbischöfe Sinzendorf (1732-1742) und Schaffgotsch (1747-1795), in: Kontinuität und Wandel. Schlesien zwischen Österreich und Preußen, hsg. von Peter Baumgart, Sigmaringen 1990, 273-285.

König, Theo: Hannover und das Reich 1740-1745, Phil. Diss. Bonn 1938.

Kopp, Fritz: Die Reichsjuristen und die Entwicklung der Reichspolitik vom Westfälischen Frieden bis zum Hubertusburger Frieden, Phil. Diss. (masch.) Berlin 1936.

Koser, Reinhold (Bearb.): Preußische Staatsschriften, siehe Preussische Staatsschriften.

– Der Kanzleienstreit. Ein Beitrag zur Quellenkunde der Geschichte des dreißigjährigen Krieges, Halle 1874.

– Die ersten Lebensbeschreibungen Friedrichs des Großen, in: ZpGLk 14/1877, 218-255.

– Friedrich der Große bis zum Breslauer Frieden, in: HZ 43/1880, 66-104.

– Friedrich der Große und der zweite schlesische Krieg, in: HZ 43/1880, 242-287.

– Zur Geschichte der Beziehungen zwischen Preußen und Frankreich 1741 und 1742, in: ZpGLk 17/1880, 535-574.

– Preußen und Rußland im Jahrzehnt vor dem Siebenjährigen Kriege, in: PJbb 47/1881, 285-305; 466-493.

– Aus der Korrespondenz der französischen Gesandtschaft zu Berlin 1746-1756, in: FbpG 6/1883, 451-481; 7/1884, 71-96.

– Zur Geschichte der „Histoire de mon temps" Friedrich's des Großen, in HZ 52/1884, 385-406.

– (Hg): Briefwechsel Friedrichs des Großen mit Grumbkow und Maupertuis (1731-1759), Leipzig 1898.

– Eine Flugschrift Friedrichs des Großen von 1743, in: Hohenzollern-Jahrbuch 1905, 91-96.

– Brandenburg-Preußen im Kampf zwischen Imperialismus und Libertät, in: HZ 96/1906, 193-242.

– Preußisch-englische Verhandlungen von 1743 wegen der Reichsneutralität, in: Festgabe Karl Zeumer, Weimar 1910.

– Geschichte König Friedrichs des Großen Bd.e I-IV, Stuttgart/Berlin 1913.

– Der Zerfall der Koalition von 1741 gegen Maria Theresia, in: FbpG 27/1914, 169-188.

Koser, Reinhold / *Droysen,* Hans (Hgg): Briefwechsel Friedrichs des Großen mit Voltaire I-III, Leipzig 1908, 1909, 1911.

Koszyk, Kurt: Vorläufer der Massenpresse. Ökonomie und Publizistik zwischen Reformation und Französischer Revolution, München 1972.

Kovacs, Elisabeth: Österreichische Kirchenpolitik in Schlesien 1707 bis 1790, in: Kontinuität und Wandel, Schlesien zwischen Österreich und Preußen, hsg. von Peter Baumgart, Sigmaringen 1990, 239-256.

Kowalewski, Karl: Friedrich der Große in der Beurteilung der deutschen Geschichtsschreibung von 1851 bis 1870. Phil. Diss. (masch.) Hamburg 1951.

Kretschmayr, Heinrich: Geschichte von Österreich, Wien/Leipzig 1937.

– Maria Theresia, Leipzig 1938.

Kühling, Theodor: Der Assoziationsplan von 1743/44 mit besonderer Berücksichtigung der Stellungnahme Friedrichs des Großen, Phil. Diss. Bonn 1914.

Kühne, Ulrich: Geschichte der böhmischen Kur in den Jahrhunderten nach der Goldenen Bulle, in: Archiv für Urkundenforschung 10/1928, 1-110.

Kunisch, Johannes: Der kleine Krieg. Studien zum Heerwesen des Absolutismus, Wiesbaden 1973.

– Staatsverfassung und Mächtepolitik. Zur Genese von Staatenkonflikten im Zeitalter des Absolutismus, Berlin 1979.

– Hausgesetzgebung und Mächtesystem. Zur Einbeziehung hausvertraglicher Regelungen in die Staatspolitik des ancien régime, in: Der dynastische Fürstenstaat. Zur Bedeutung von Sukzessionsordnungen für die Entstehung des frühmodernen Staates, hsg. von Johannes Kunisch, Berlin 1982, 49-80.

– (Hg): Expansion und Gleichgewicht. Studien zur europäischen Mächtepolitik des ancien régime, Berlin 1986.

– La guerre - c'est moi! Zum Problem der Staatenkonflikte im Zeitalter des Absolutismus, in: ZHF 14/1987, 407-438.

– Friedrich der Große, in: Analecta Fridericiana, hsg. von Johannes Kunisch, Berlin 1987 (= ZHF Beiheft 4), 33-54.

Kurth, Karl: Grundzüge der friderizianischen Nachrichtenpolitik im 1. und 2. Schlesischen Kriege, in: Zeitungswissenschaft 15/1940, 606-631.

Lehmann, Max (Hg): Preußen und die katholische Kirche seit 1640 Bd.e I-IV, Leipzig 1878-1883.

Leitzke, Max: Neue Beiträge zur Geschichte der preußischen Politik und Kriegführung im Jahre 1744, Phil. Diss. Heidelberg 1898, Berlin 1898.

Lhotsky, Alphons: Maximilian I., in: *Ders.,* Das Haus Habsburg, Wien 1971, 278-282.

Liechtenstein, Maria Benedicta: Die politischen Streitschriften nach dem Tode Karls VI., mit besonderer Berücksichtigung jener Schriften, die den Standpunkt Österreichs vertreten, Phil. Diss. (masch.) Wien 1938.

Lindemann, Margot: Deutsche Presse bis 1815. Geschichte der deutschen Presse Teil 1, Berlin 1969.

Lory, Karl: Friedrich der Große in der süddeutschen Flugschriftenliteratur, in: Zeitschrift für Bücherfreunde 1/1898, 519-528.

Madsack, Erich: Der Antimachiavell. Ein Beitrag zur Entstehungsgeschichte und Kritik des Antimachiavell, Berlin 1920.

Mandlmayr, Martin C. / *Vocelka,* Karl G.: „Christliche Triumphfreude über herrliche Victorien und stattliche Kriegsprogressen". Die Eroberung Ofens 1686. Eine Fallstudie über Zahl, Verbreitung und Inhalte propagandistischer Medien in der frühen Neuzeit, in: Südost-Forschungen 44/1985, 99-138.

Mandrou, Robert: Staatsräson und Vernunft 1649-1775, Frankfurt/Berlin/Wien 1976, 57-72.

Marschalck, Juliane: Argumentation mit Geschichte in frühneuzeitlichen Flugschriften. Ein Forschungsbericht, in: Flugschriften als Massenmedien der Reformationszeit, hsg. von Hans-Joachim Köhler, Stuttgar 1981, 225-241.

Masur, Gerhard: Deutsches Reich und deutsche Nation im 18. Jahrhundert, in: PJbb 229/1932, 1-23.

Mattern, Joseph: Friedrich's des Großen Wirksamkeit in Schlesien. Phil. Diss. Jena 1875, Gleiwitz 1875.

Mayer, Anton: Wiens Buchdrucker-Geschichte 1482-1882 Bd.e I-II, Wien 1883 und 1887.

Mediger, Walther: Friedrich der Große und Rußland, in: Neue Forschungen zur brandenburgisch-preußischen Geschichte 8, Köln/Wien 1987, 109-136.

Meinecke, Friedrich: Die Idee der Staaträson in der neueren Geschichte, München/Berlin 1924.

– Die Staatsräson einst und heute, in: Teubners Quellensammlung für den Geschichtsunterricht III 22, Leipzig/Berlin 1932.

– Des Kronprinzen Friedrich Considérations sur l'état présent du corps politique de l'Europe, in: HZ 117/1917, 42-73.

Meisenburg, Friedrich: Der deutsche Reichstag während des österreichischen Erbfolgekrieges (1740-1748), Phil. Diss. Bonn 1931.

Mempel, Dieter: Der schlesische Protestantismus vor und nach 1740, in: Kontinuität und Wandel. Schlesien zwischen Österreich und Preußen, hsg. von Peter Baumgart, Sigmaringen 1990, 287-306.

Merk, Walther: Der Gedanke des Gemeinen Besten in der deutschen Staats- und Rechtsentwicklung, in: Festschrift für Alfred Schultze, hsg. von Walther Merk, Weimar 1934, 415ff.

Meyer, Gerhard: Friedrich der Große in der öffentlichen Meinung Hannovers, in: Jahrbuch der Albertus-Magnus Universität Königsberg 8/1958, 143-171.

Michael, Wolfgang: Die Entstehung der Pragmatischen Sanktion, Basel 1929.

– Das Original der Pragmatischen Sanktion Karls VI., in: Abhandlungen der preußischen Akademie der Wissenschaften, phil.-hist. Klasse, Berlin 1929, 3-58.

Michels, Adolf Carl: Die Wahl der Grafen Johann Friedrich von Ostein zum Kurfürsten und Erzbischof von Mainz (1743), Phil. Diss. Bonn 1930, Darmstadt 1930.

Mieck, Ilja: Die Staaten des westlichen Europa in der friderizianischen Außenpolitik, in: Geschichte als Aufgabe, Festschrift für Otto Büsch zu seinem 60. Geburtstag, hsg. von Wilhelm Treue, Berlin 1988, 83-100.

Mikoletzky, Hanns Leo: Österreich. Das große 18. Jahrhundert, Wien/München 1967.

Mischke, Ricarda: Die Entstehung der öffentlichen Meinung im 18. Jahrhundert, Phil. Diss. (masch.) Hamburg 1958.

Mittenzwei, Ingrid: Friedrich II. von Preußen. Eine Biographie, Köln 1980.

Möhrs, Karl Friedrich: Friedrich der Große und Sinzendorff, Fürstbischof von Breslau 1740-1747, Königsberg 1885.

Mommsen, Theodor: Die Gründung des katholischen Vikariats in Berlin, in: PJbb 39/1877, 141-156.

Mönch, Walter: Voltaire und Friedrich der Große, Stuttgart/Berlin 1943.

Müller, Klaus: Das kaiserliche Gesandtschaftswesen im Jahrhundert nach dem Westfälischen Frieden (1648-1740), Bonn 1976.

Müller, Leonhard: Die Breslauer politische Presse von 1742-1861. Nebst einer Übersicht über die Dekade von 1861-1871, Breslau 1908.

Münkler, Herfried: Staatsräson und politische Klugheitslehre, in: Pipers Handbuch der politischen Ideen, hsg. von Iring Fetscher und Herfried Münkler, Bd. 3, München/Stuttgart 1985, 23-72.

– Im Namen des Staates. Die Begründung der Staasräson in der frühen Neuzeit, Frankfurt a. M. 1987.

Münzer, Emmanuel: Die brandenburgische Publicistik unter dem Großen Kurfürsten, in: Märkische Forschungen 18/1884, 223-288.

Neuwinger, Rudolf: Friedrich der Große. Theologische Streitschriften, Berlin 1941.

Nürnberger, Richard: Friedrich der Große als Staatsmann, in: Neue Forschungen zur brandenburgisch-preußischen Geschichte 8, Köln/Wien 1987, 93-108.

Oestreich, Gerhard: Reichsverfassung und europäisches Staatensystem 1648-1789, in: *Ders.,* Geist und Gestalt des frühmodernen Staates, Berlin 1969, 235-252.

Oncken, Wilhelm: Das Zeitalter Friedrichs des Großen, Berlin 1881.

Orlich, Leopold von: Geschichte der schlesischen Kriege nach Original-Quellen Bd.e I-II, Berlin 1841.

Oeuvres de Frédéric le Grand, Bd.e I-VII und XVI-XXVII, hsg. von Johann David Erdmann Preuss, Berlin 1846-1856.

Otto, Ulla: Die Problematik des Begriffs der öffentlichen Meinung, in: Publizistik 11/1966, 99-130.

Petrie, Charles: Diplomatie und Macht. Eine Geschichte der internationalen Beziehungen 1717-1933, Zürich/Freiburg 1950.

Philipp, Albrecht: Preußen im Lichte eines Durchreisenden vor dem zweiten Schlesischen Kriege, in: FbpG 25/1912, 240-243.

Pittius, Erich: Die politische Tagespresse Schlesiens. Phil. Diss. Heidelberg 1914.

Politische Correspondenz Friedrichs des Grossen Bd.e I-IV, bearb. von Reinhold Koser, hsg. von der Preußischen Akademie der Wissenschaften, Berlin 1879-1880.

Pommerin, Reiner: Bündnissystem und Mächtepolitik. Österreich und der Aufstieg Rußlands im achtzehnten Jahrhundert, in: ZHF 1986, Beiheft 2, 113-164.

Portzek, Hans: Friedrich der Große und Hannover in ihrem gegenseitigen Urteil. Phil. Diss. Göttingen 1954, Hildesheim 1958.

Posch, Josef: Die Kaiserwahl Franz I. 1745, Phil. Diss. (masch.) Wien 1949.

Posner, Max: Zur literarischen Tätigkeit Friedrichs des Großen. Erörterungen und Actenstükke. Genesis der Histoire de mon temps und der brandenburgischen Denkwürdigkeiten, in: Miscellaneen zur Geschichte König Friedrichs des Großen, Berlin 1878, 205-494.

– (Hg): Frédéric II., Histoire de mon temps, Leipzig 1879.

Press, Volker: Friedrich der Große als Reichspolitiker, in: Friedrich der Große, Franken und das Reich, hsg. von Heinz Duchhardt, Köln/Wien 1986, 25-56.

– Das wittelsbachische Kaisertum Karls VII., in: Land und Reich. Probleme und Perspektiven bayerischer Geschichte, hsg. von Andreas Kraus. Festgabe für Max Spindler zum 90. Geburtstag, Bd. 2, München 1984, 201-234.

– Frankreich und Bayern von der Reformation bis zum Wiener Kongreß, in: Deutschland und Frankreich in der frühen Neuzeit. Festschrift für Hermann Weber zum 65. Geburtstag, hsg. von Heinz Duchhardt und Eberhard Schmitt, München 1987, 21-70.

Preuss, Johann David Erdmann (Hg): Oeuvres de Frédéric le Grand siehe Oeuvres.

Preussische Staatsschriften aus der Regierungszeit König Friedrichs II. Bd.e I-III; Bd. I und II bearb. von Reinhold Koser, hsg. von Max Duncker und Johann Gustav Droysen, Berlin 1877 und 1885; Bd. II bearb. von Otto Krauske, hsg. von Heinrich von Sybel und Gustav Schmoller, Berlin 1892.

Pribram, Alfred Francis: Franz Paul Freiherr von Lisola - 1613-1674 - und die Politik seiner Zeit, Leipzig 1894.

Prignitz, Christoph: Vaterlandsliebe und Freiheit. Deutscher Patriotismus von 1750 bis 1850, Wiesbaden 1981.

Rall, Hans: Friedrich der Große und das Werden des deutschen Nationalgefühls, in: Gelbe Hefte 11/1934, 65-82.

– Friedrich der Große und die Kaiserkrone, in: FbpG 52/1940, 355-358.

Ranke, Leopold von: Zwölf Bücher preußischer Geschichte VII-XII (= SW XXVII-XXX), Leipzig 1874-1875.

Rauch, Anton: Kaiser und Reich im Jahrhundert nach dem Westfälischen Frieden, Phil. Diss. München 1931, Ochsenfurt 1933.

Rauch, Moritz: Die Politik Hessen-Kassels im Österreichischen Erbfolgekrieg bis zum Dresdner Frieden, in: Zeitschrift des Vereins für hessische Geschichte und Landeskunde N. F. 23/1898, 1-138.

Raumer, Friedrich von: König Friedrich II. und seine Zeit (1740-1769). Nach den gesandtschaftlichen Berichten im britischen Museum und Reichsarchive, Leipzig 1836.

Reinhardt, Rudolf: Die Reichskirchenpolitik Papst Benedikts XIV., in: RQ 60/1965, 259-268.

Reinöhl, Fritz: Geschichte der K.u.K. Kabinettskanzlei, MÖStA Erg.bd. 7, Wien 1963.

– Die Übertragung der Mitregentschaft durch Maria Theresia an Großherzog Franz Stephan von Lothringen und Kaiser Joseph II., in: MIÖG Erg.bd. 11, 650-661.

Repertorium der diplomatischen Vertreter aller Länder seit dem Westfälischen Frieden (1648) Bd. II, hsg. von Friedrich Hausmann, Zürich 1950.

Repgen, Konrad: Die Historiker und das Reichskonkordat. Eine Fallstudie über historische Logik, in: *Ders.*, Von der Reformation zur Gegenwart, hsg. von Klaus Gotto und Hans Günter Hockerts, Paderborn 1988, 196-213.

– Kriegslegitimationen in Alteuropa. Entwurf einer historischen Typologie, in: *Ders.*, Von der Reformation zur Gegenwart, hsg. von Klaus Gotto und Hans Günter Hockerts, Paderborn 1988, 67-83.

– Antimanifest und Kriegsmanifest. Die Benutzung der neuen Drucktechnik bei der Mainzer Stiftsfehde 1461/63 durch die Erzbischöfe Adolf von Nassau und Diether von Isenburg, in: Studien zum 15. Jahrhundert, Festschrift für Erich Meuthen Bd. II, hsg. von Johannes Helmrath und Heribert Müller, München 1994, 781-803.

Reymann, Gottfried: Die Geheimreise Matthias Bahils nach Ungarn im Jahre 1756, in: Jahrbuch der Gesellschaft für die Geschichte des Protestantismus im ehemaligen Österreich 60/1939, 75-80.

Richter, Johannes (Hg): Die Briefe Friedrichs des Großen an seinen vormaligen Kammerdiener Fredersdorf, Berlin 1926.

Ritter, Gerhard: Friedrich der Große. Ein historisches Profil, Leipzig 1936.

– Staatskunst und Kriegshandwerk Bd. I: Die altpreußische Tradition (1740-1890), München 1954.

Rohmer, Dietrich: Vom Werdegang Friedrichs des Großen. Die politische Entwicklung des Kronprinzen, Greifswald 1924.

Roloff, Gustav: Friedrich und das Reich zwischen dem ersten und zweiten Schlesischen Kriege, in: FbpG 25/1932, 445-490.

Ropes, Arthur R.: Frederick the Great's Invasion of Saxony and the Prussian „Memoire raisonné", 1756, in: Transactions of the Royal Historical Society, New Series V, London 1891, 157-175.

Rosenlehner, August: München und Wien 1925/26, in: Forschungen zur Geschichte Bayerns 14/1906, 65-94; 171-191.

Sammlung Einiger Staats=Schriften Welche nach Ableben Kayser Carls des VI. zum Vorschein gekommen Und die Gegenwärtige wichtige Staats= Angelegenheiten von Teutschland betreffen Bd.e I-IV, o. O. 1741-1742.

Sapper, Gustav: Beiträge zur Geschichte der preußischen Politik und Strategie im Jahre 1744, Phil. Diss. Marburg 1891.

Sautai, Maurice: Les Préliminaires de la Guerre de la Succession d'Autriche, Paris 1907.

– Les Débuts de la guerre de la Succession d'Autriche, Paris 1909.

Schäfer, Arnold: Graf Brühl und Friedrich der Große, in: HZ 16/1866, 114-125; 15/1866, 116-164.

– Zur Geschichte der katholischen Propaganda in der Zeit des siebenjährigen Krieges, in: HZ 25/1871, 108-118.

Schäfer, Christoph: Staat, Kriche, Individuum. Studie zur süddeutschen Publizistik über religiöse Toleranz von 1648 bis 1851, Frankfurt a. M. 1992.

Schaller, Hans Martin: Politische Propaganda Kaiser Friedrichs II. und seiner Gegner, Germering 1965.

Schaube, Adolf: Zur Entstehungsgeschichte der ständigen Gesandtschaften, in: MIÖG 10/1889, 501-522.

Scheele, Georg: Die ‚Lettres d'un officier prussien‘ Friedrichs des Großen, Phil. Diss. Straßburg 1889.

Schenda, Rolf: Volk ohne Buch. Studien zur Sozialgeschichte der populären Lesestoffe 1770-1910, München 1977.

Schieder, Theodor: Die deutsche Geschichtswissenschaft im Spiegel der HZ, in: HZ 189/1959, 1-104.

– Macht und Recht. Der Ursprung der Eroberung Schlesiens durch König Friedrich II. von Preußen, in: Hamburger Jahrbuch für Wirtschafts- und Gesellschaftspolitik 24/1979, 235-251.

– Friedrich der Große und Machiavelli. Das Dilemma von Machtpolitik und Aufklärung, in: HZ 234/1982, 265-294.

– Friedrich der Große. Ein Königtum der Wiedersprüche, Darmstadt 1987.

Schilling, Heinz: Höfe und Allianzen. Deutschland 1648-1763, Berlin 1989.

Schindling, Anton: Friedrich der Große und das reichische Deutschland, in: Friedrich der Große. Sein Bild im Wandel der Zeiten, hsg. von Wolfgang Kaiser, Frankfurt a. M. 1986, 13-24.

– Friedrichs des Großen Toleranz und seine katholischen Untertanen, in: Kontinuität und Wandel. Schlesien zwischen Österreich und Preußen, hsg. von Peter Baumgart, Sigmaringen 1990, 257-272.

Schlenke, Manfred: England und das friderizianische Preußen 1740-1763. Ein Beitrag zum Verhältnis von Politik und öffentlicher Meinung im England des 18. Jahrhunderts, Freiburg/München 1963.

– Das friderizianische Preußen im Urteil der englischen öffentlichen Meinung 1740 bis 1763, in: GWU 14/1963, 209-220.

– England blickt nach Europa: Das konfessionelle Argument in der englischen Politik um die Mitte des achtzehnten Jahrhunderts, in: Aspekte der deutsch-britischen Beziehungen im Laufe der Jahrhunderte, Ansprachen und Vorträge zur Eröffnung des Deutschen Historischen Instituts in London, hsg. von Paul Kluke und Peter Alter, Stuttgart 1978, 24-45.

– (Hg): Preußische Geschichte. Eine Bilanz in Daten und Deutungen, Freiburg/Würzburg 1991.

Schmid, Alois: Bayern und die Kaiserwahl des Jahres 1745, in: Festschrift für Andreas Kraus zum 60. Geburtstag, Kallmünz 1982, 257-276.

– Max III. Josef und die europäischen Mächte. Die Außenpolitik des Kurfürstentums Bayern von 1745-1765, München 1987.

Schmidt, Eberhard: Staat und Recht in Theorie und Praxis Friedrichs des Großen, in: Festschrift der Leipziger Juristenfakultät für Dr. Alfred Schulze zum 19. März 1936, Leipzig 1938, 80-150.

Schmücker, Lore: Reichsrechtliche Probleme bei der Kaiserwahl Karls VII. 1740-1742, Phil. Diss. (masch.) Mainz 1954.

Schneider, Friedrich: Pressefreiheit und politische Öffentlichkeit. Studien zur politischen Geschichte Deutschlands bis 1848, Neuwied/Berlin 1966.

Schöllgen, Gregor: Sicherheit durch Expansion? Die außenpolitischen Lageanalysen der Hohenzollern im 17. und 18. Jahrhundert im Lichte des Kontinuitätsproblems in der preußischen und deutschen Geschichte, in: HJb 104/1984, 22-45.

– Die Macht in der Mitte Europas. Deutsche Außenpolitik von Friedrich dem Großen bis zur Gegenwart, München 1992.

Schottenloher, Karl: Flugblatt und Zeitung. Ein Wegweiser durch das gedruckte Tagesschrifttum, Berlin 1922.

Schröcker, Alfred: Die Deutsche Nation. Beobachtungen zur politischen Propaganda des ausgehenden 15. Jahrhunderts, Lübeck 1974.

Schulze, Winfried: Reich und Türkengefahr im späten 16. Jahrhundert. Studien zu den politischen und gesellschaftlichen Auswirkungen einer äußeren Bedrohung, München 1978.

Schwann, Mathieu: Der Tod Kaiser Karls VII. und seine Folgen, in: FbpG 13/1900, 405-432.

Schwerdfeger, Josef: Eine Denkschrift des (nachmaligen Kaisers) Franz Stephan, in: AÖG 85/1898, 357-378.

Scott, Hamish M.: Verteidigung und Bewahrung: Österreich und die europäischen Mächte 1740-1780, in: Maria Theresia und ihre Zeit, hsg. von Walter Koschatzky, Salzburg/Wien 1979, 47-55.

Seefrid, Theodor: Friedrich der Große und die deutsche Nation von den Anfängen bis zum Hubertusburger Frieden, Phil. Diss. Frankfurt 1925.

Seeländer, Otto: Graf Seckendorff und die Publizistik zum Frieden von Füssen 1745, Phil. Diss. Berlin 1883.

Segl, Peter: Die Feindbilder in der politischen Propaganda Friedrichs II. und seiner Gegner, in: Feindbilder. Die Darstellung des Gegners in der politischen Propaganda des Mittelalters und der Neuzeit, hsg. von Franz Bosbach, Köln/Wien 1992, 41-71.

Senftner, Georg: Sachsen und Preußen im Jahre 1741, zugleich ein Beitrag für Klein-Schnellendorf, Phil. Diss. Berlin 1904.

Siemsen, August: Kur-Brandenburgs Anteil an den kaiserlichen Wahlkapitulationen von 1689-1742, Weimar 1909.

Skalnik, Robert: Der Publizist und Journalist Johann Peter von Ludewig und seine Gelehrten Anzeigen. Phil. Diss. (masch.) [München] 1956.

– Johann Peter von Ludewig (1668-1743), in: Deutsche Publizisten des 15. bis 20. Jahrhunderts, hsg. von Heinz-Dieter Fischer, München/Berlin 1971, 77-86.

Skalweit, Stephan: Das Problem von Recht und Macht und das historiographische Bild Friedrichs des Großen, in: GWU 2/1951, 91-106.

– Frankreich und Friedrich der Große. Der Aufstieg Preußens in der öffentlichen Meinung des ‚ancien régime‘, Bonn 1952.

– Das Zeitalter des Absolutismus als Forschungsproblem, in: Deutsche Vierteljahresschrift für Literatur und Geistesgeschichte 35/1961, 298-315.

Solf, Elisabeth: Die Reichspolitik des Kurfürsten Johann Friedrich Karl von Ostein von seinem Regierungsantritt (1743) bis zum Ausbruch des Siebenjährigen Krieges, Phil. Diss. Frankfurt a.M., Berlin 1936.

Sommerfeld, W. v.: Die äußere Entstehungsgeschichte des ’Antimachiavell’ Friedrichs des Großen, in: FbpG 29/1916, 457-470.

Stenzel, Gustav Adolf Harald: Geschichte des preußischen Staates Bd. IV, Hamburg 1851.

Stievermann, Dieter: Politik und Konfession im 18. Jahrhundert, in: ZHF 18/1991, 177-200.

Sturminger, Alfred: Politische Propaganda in der Weltgeschichte. Beispiele vom Altertum bis in die Gegenwart, Salzburg/Wien/Leipzig 1938.

– 3000 Jahre politische Propaganda, Wien 1960.

Talkenberger, Heike: Kommunikation und Öffentlichkeit, in: Internationales Archiv für Sozialgeschichte der Literatur, Sonderheft 6, Forschungsreferate, 3. Folge 1994.

Thelen, Theodor: Der publizistische Kampf um die pragmatische Sanktion und Erbnachfolge Maria Theresias (1731-1748), Phil. Diss. (masch.) Mainz 1956.

Treitschke, Heinrich von: Das politische Königtum des Anti=Machiavell, in: PJbb 59/1887, 341-354.

Turba, Gustav: Die Geschichte des Thronfolgerechtes in den habsburgischen Ländern bis zur pragmatischen Sanktion unter Kaiser Karl VI. 1156 bis 1732, Wien/Leipzig 1903.

– Die Grundlagen der pragmatischen Sanktion, in: Wiener Staatswissenschaftliche Studien 10/1912, 443-768.

– Die Pragmatische Sanktion. Authentische Texte samt Erläuterungen und Übersetzungen, Wien 1913.

Ukena, Peter: Tagesschrifttum und Öffentlichkeit im 16. und 17. Jahrhundert in Deutschland, in: Presse und Geschichte Bd. I, München 1977, 35-53.

Unzer, Adolf: Die Konvention von Klein-Schnellendorf (9. Oktober 1741), Phil. Diss. Kiel, Frankfurt a. M. 1889.

Vierhaus, Rudolf: „Patriotismus" - Begriff und Realität einer moralisch-politischen Haltung, in: Deutsche patriotische und gemeinnützige Gesellschaften, hsg. von Rudolf Vierhaus, München 1980, 9-29.

– Staatsverständnis und Staatspraxis Friedrichs II. von Preußen, in: Analecta Fridericiana, hsg. von Johannes Kunisch (= ZHF Beiheft 4), Berlin 1987, 75-90.

– Politisches Bewußtsein in Deutschland vor 1789, in: *Ders.,* Deutschland im 18. Jahrhundert, Göttingen 1987, 183-201.

– Deutschland im achtzehnten Jahrhundert, Göttingen 1987.

Vildhaut, Heinrich: Über die Quellen der Histoire de mon temps Friedrichs des Grossen, Phil. Diss. Münster 1880.

Vocelka, Karl G.: Fehderechtliche „Absagen" als völkerrechtliche Kriegserklärungen in der Propaganda der frühen Neuzeit, in: MIÖG 84/1976, 378-410.

– Die politische Propaganda Kaiser Rudolfs II. (1576-1612), Wien 1981.

Volbehr, Theo: Der Ursprung der Säcularisations Projekte in den Jahren 1742/43, in: Forschungen zur Deutschen Geschichte 26/1886, 263-281.

Volz, Gustav Berthold: Friedrich Wilhelm I. und die preußischen Erbansprüche auf Schlesien, in: FbpG 30/1918, 55-67.

– Das Rheinsberger Protokoll vom 29. Oktober 1740, in: FbpG 29/1916, 67-93.

– (Hg): Friedrich der Große und Wilhelmine von Baireuth Bd. II, Berlin und Leizig 1926.

– (Hg): Briefwechsel Friedrichs des Großen mit seinem Bruder Prinz August Wilhelm, Leipzig o. J. [1927].

Wagner, Alfred: Das friderizianische Preußen im Urteil der zeitgenössischen englischen Geschichtsschreibung, Phil. Diss. (masch.) Tübingen 1953.

Wagner, E.: Der Einfluß der Politik auf die Kriegführung Friedrichs des Großen im Ersten und Zweiten Schlesischen Kriege, in: Wissen und Wehr. Monatshefte, Erstes Heft, Berlin 1930, 1-21.

Wagner, Ferdinand: Die europäischen Mächte in der Beurteilung Friedrichs des Großen, in: MIÖG 20/1899, 397-443.

Wagner, Fritz: Kaiser Karl VII. und die grossen Mächte, Stuttgart 1938.

– Stimmen zur Reichsidee unter Kaiser Karl VII., in: Stufen und Wandlungen der deutschen Einheit, hsg. von Kurt von Raumer und Theodor Schieder, Stuttgart/Berlin 1943, 97-113.

Wagner, G.: Maximilian I. und die politische Propaganda, in: Ausstellung Maximilian I. Innsbruck, Katalog, Innsbruck 1969, 33-46.

Wagner, Hans: Die Zensur in der Habsburgermonarchie (1750-1810), in: Salzburg und Österreich. Festschrift für Hans Wagner zum 60. Geburtstag, Salzburg 1982, 223-238.

Walter, Friedrich: Die Geschichte der österreichischen Zentralverwaltung in der Zeit Maria Theresias (1740-1748), in: Die österreichische Zentralveraltung, hsg. von Heinrich Kretschmayr, II. Abt. 1. Bd. Wien 1938.

– (Hg): Maria Theresia. Urkunden, Briefe, Denkschriften, München 1942.

– Männer um Maria Theresia, Wien 1951. Walter, Friedrich (Hg): Maria Theresia, Briefe und Aktenstücke in Auswahl, Darmstadt 1968.

Walther, Andreas: Die neuere Beurteilung Kaiser Maiximilians I., in: MIÖG 33/1912, 320-349.

Wandruszka, Adam: Maria Theresia und der österreichische Staatsgedanke, in MIÖG 76/1968, 174-188.

Wangermann, Ernst: The Austrian Achievement 1700-1800, London 1973.

Weber, Matthias: Das Verhältnis Schlesiens zum Alten Reich in der Frühen Neuzeit, Phil. Diss. Stuttgart 1989.

Weber, Hermann: Die Politik des Kurfürsten Karl Theodor von der Pfalz während des Österreichischen Erbfolgekrieges (1742-1748), Bonn 1956.

– Zur Legitimation der französischen Kriegserklärung von 1635, in: HJb 108/1988, 90-113. Weigelt, Carl: 150 Jahre „Schlesische Zeitung", 1742-1892. Ein Beitrag zur vaterländischen Kultur-Geschichte, Breslau 1892.

Weis, Eberhard: Das Konzert der europäischen Mächte in der Sicht Friedrichs des Großen seit 1740, in: Deutschland und Europa in der Neuzeit, Festschrift für Karl Otmar Freiherr von Aretin zum 65. Geburtstag Bd. I, Stuttgart 1988, 315-324.

Weismann, Christoph: Die Beschreibung und Verzeichnung alter Drucke. Ein Beitrag zur Bibliographie von Druckschriften des 16. bis 18. Jahrhunderts, in: Flugschriften als Massenmedien der Reformationszeit, hsg. von Hans-Joachim Köhler, Stuttgart 1981, 447-614.

Weiss, Joseph: Der Streit über den Ursprung des Siebenjährigen Krieges, in: HJb 18/1897, 311-321 und 831-848.

Welke, Martin: Zeitung und Öffentlichkeit im 18. Jahrhundert, in: Presse und Geschichte Bd. I, München 1977, 71-99.

– Höfische Repräsentation und politische Propaganda - Voraussetzung eines positiven Fürstenbildes? Hof und Herrschaft der ersten Romanovs in der zeitgenössischen Presse, in: Daphnis 11/1982, 377-397.

– „. . . zu Österreichs Gloria durch Publicität mitzuwürcken." Zur Pressepolitik des Kaiserhofes im Reich im achtzehnten Jahrhundert, in: Mediengeschichte. Forschung und Praxis, Festgabe für Marianne Lunzer-Lindhausen zum 65. Geburtstag, hsg. von Wolfgang Duchkowitsch, Wien/Köln/Graz 1985, 173-192.

Wendorf, Hermann: Die Considérations sur l'état présent du corps politique de l'Europe. Friedrichs des Großen erster Versuch in der Außenpolitik, in: HZ 163/1941, 519-546.

Wiese, Erwin von: Die englische parlamentarische Opposition und ihre Stellung zur auswärtigen Politik 1740-1744, Phil. Diss. Göttingen 1883.

Wiesflecker, Hermann: Kaiser Maximilian I. Bd. V, München 1986.

Wilke, Jürgen: Nachrichtenauswahl und Medienrealität in vier Jahrhunderten. Eine Modellstudie zur Verbindung von historischer und empirischer Publizistikwissenschaft, Berlin/New York 1984.

– Auslandsberichterstattung und internationaler Nachrichtenfluß im Wandel, in: Publizisitik 31/1986, 53-90.

– Zeitungen und ihre Berichterstattung im langfristigen Vergleich, in: Presse und Geschichte Bd. II, München 1987, 287-305.

Wittichen, Paul: Machiavell und Antimachiavell, in: PJbb 119/1905, 480-494.

Wohlfeil, Rainer: Reformatorische Öffentlichkeit, in: Literatur und Laienbildung im Spätmittelalter und in der Reformationszeit, hsg. von Ludger Grenzmann und Karl Stackmann, Stuttgart 1984, 41-52.

Würdinger, Josef: Der Ausgang des Österreichischen Erbfolgekrieges in Bayern, in: Oberbayerisches Archiv 46/1889/90, 51-207.

Wurzbach, Constant von: Biographisches Lexikon des Kaiserthums Österreich, Wien 1856-1891.

Wuttke, Heinrich: Friedrichs des Großen Besitzergreifung von Schlesien II. Leipzig 1845.

Zedler, Johann Heinrich: Grosses und vollständiges Universal-Lexikon aller Wissenschaften und Künste Bd. XXXIX, Leipzig 1744.

Ziechmann, Jürgen (Hg): Panorama der friderizianischen Zeit. Friedrich der Große und seine Epoche, Bremen 1985.

Ziegel, W[ihlhelm]: Die Ursachen des zweiten schlesischen Krieges, in: Programm des Königlichen und Gröning'schen Gymnasiums zu Stargard in Pommern, Stargard 1883, 3-26.

Ziekursch, Johannes: Sachsen und Preußen um die Mitte des achtzehnten Jahrhunderts. Ein Beitrag zur Geschichte des Österreichischen Erbfolgekrieges, Breslau 1904.

Zöllner, Erich (Hg): Österreich im Zeitalter des aufgeklärten Absolutismus, Wien 1983.

– (Hg): Öffentliche Meinung in der Geschichte Österreichs, Wien 1979.

– (Hg): Geschichte Österreichs, 7. Aufl. München 1984.

Zwiedineck-Südenhorst, Hans von: Die öffentliche Meinung in Deutschland im Zeitalter Ludwigs XIV. 1650-1700, Stuttgart 1888.

– Die Anerkennung der Pragmatischen Sanktion Karls VI. durch das deutsche Reich, in: MIÖG 16/1895, 276-341.

Personen-, Orts- und Sachregister

Im folgenden sind häufig vorkommende Begriffe wie beispielsweise Propaganda, Publizistik oder die Schlesischen Kriege nicht aufgeführt. Nicht aufgenommen wurden weiterhin Friedrich der Große und Maria Theresia. Die Titel von zeigenössischen Zeitungen und Staatsschriften sind wie im laufenden Text kursiv gesetzt. Verweise auf Fußnotentexte der betreffenden Seite sind mit (Fn) gekennzeichnet.

Abregé des Droits 152 (Fn)
Advertiser, Daily 200 (Fn)
Amalie, Kaiserin 195 (Fn), 199 (Fn)
Amelot, Jean-Jacques de Chaillou 138 (Fn), 241 (Fn)
Amsterdam 245
Andrié, Jean Henri de Gorgier 180 (Fn), 244 (Fn)
Anmerkungen, Kurtze Chur=Bayerische, über nebenstehendes Circular-Rescript 63 (Fn)
Ansbach, Markgraftschaft 120
Antimachiavell 22
Antwort auf die von Franckreich ... übergebene Erklärung 64 (Fn), 67 (Fn), 228 (Fn), 238
Aremberg, Leopold Wilhelm von 50 (Fn), 247 (Fn)
Aria, so auf den Einmarsch der preussischen Truppen 207 (Fn)
Armee, Pragmatische 12, 108, 109, 227, 229, 235 (Fn), 242-245, 247
Augsburg 13 (Fn), 195 (Fn)
August III. siehe Kurfürst von Sachsen
Ausführung, Gründliche 186 (Fn)
Ausführung, Nähere 57 (Fn), 152, 155, 161, 163 (Fn), 168 (Fn), 184 (Fn), 185 (Fn)

*B*amberg 214
Bartenstein, Johann Christoph von 30 (Fn), 34-42, 50, 51, 54, 63, 90 (Fn), 92 (Fn), 94 (Fn), 95 (Fn), 99, 101 (Fn), 126 (Fn)-128 (Fn), 134 (Fn), 135-138 (Fn), 142, 143 (Fn), 153, 154, 157 (Fn), 185 (Fn), 198-200 (Fn), 204 (Fn), 225 (Fn), 228 (Fn), 235 (Fn), 236 (Fn), 239, 240 (Fn), 246 (Fn), 247 (Fn)
Batthyány, Karl von 38, 134 (Fn)
Bayern 11-13, 25, 39, 47, 54, 63, 79, 86, 90-93, 96, 101-103, 108, 111, 115, 132-134 (Fn), 143, 145 (Fn)-147, 150, 160 (Fn), 176 (Fn), 178-180, 188, 195, 214, 240
Bayreuth 38, 120
Beantwortung der Gegeninformation 57 (Fn), 60 (Fn), 155, 159, 160, 163, 169, 177 (Fn), 183 (Fn)
Beantwortung der von Herrn Grafen von Dohna vorgelesenen Declaration 57 (Fn)-61 (Fn), 63 (Fn), 115-117 (Fn), 128-132 (Fn), 135, 137 (Fn), 138, 140, 142, 143, 147 (Fn), 148, 200 (Fn), 231 (Fn)
Beantwortung des ... Memorialis 60 (Fn), 62 (Fn), 145 (Fn), 146 (Fn), 149 (Fn), 240 (Fn), 241 (Fn)
Beantwortung, Ausführliche, der Französischen Kriegs=Erklärung 61 (Fn), 63 (Fn)-65 (Fn), 69 (Fn), 130 (Fn), 131 (Fn), 145, 146, 149 (Fn), 187 (Fn), 240, 241 (Fn)
Beantwortung, Kurtze, der Näheren Ausführung 57 (Fn), 155
Beantwortung, Vorläufige 186 (Fn)
Belle Isle, Charles Louis Auguste de Fouquet 122 (Fn), 138 (Fn), 197 (Fn), 239-241 (Fn)
Benedikt XIV., Papst 207, 211 (Fn)
Berg 84
Bericht, Wahrhaffter 61 (Fn), 220 (Fn)
Berlin 43, 72, 82, 93, 114, 127, 128, 139 (Fn), 151, 152, 155, 161, 162, 165, 166

(Fn), 180 (Fn), 192 (Fn), 202 (Fn), 206, 209

Betragen, Reichssatzungsmäßiges 233-235

Binder, Friedrich von 51 (Fn)

Böhmen 13, 54, 103, 104, 107, 111, 113, 119, 121, 126 (Fn), 127 (Fn), 134, 138 (Fn), 139 (Fn), 148, 149, 156, 163 (Fn), 168, 169, 170, 176, 178, 180 (Fn), 182, 210, 225

Borcke, Caspar Wilhelm von 83-86, 97 (Fn), 98, 101, 102 (Fn), 106, 109, 119, 122 (Fn), 152 (Fn), 164 (Fn)-166, 178, 180 (Fn), 181 (Fn), 191, 202, 203 (Fn)

Botta, Antonio Ottone d'Adorno 126 (Fn), 127 (Fn), 153 (Fn), 163, 165, 166 (Fn), 201-205

Breslau 23, 61 (Fn), 81 (Fn), 172, 210

Brieg 153 (Fn), 156, 158 (Fn)

Bulle, Goldene 99, 226 (Fn), 233

Bülow, Friedrich Gotthard von 180 (Fn)

Bünau, Heinrich von 193 (Fn)

Burgund 225

Carteret, John 145 (Fn), 216, 217, 219, 242-244

Castellane, Michel Ange de 241 (Fn)

Chambrier, Jean 74 (Fn), 182 (Fn), 193 (Fn)

Circular-Rescript an all die jenige Ministros 58 (Fn)

Circular-Rescriptum, 16. September 1742 65 (Fn), 69 (Fn)

Clemens August siehe Kurfürst von Köln

Cobenzl, Karl von 227

Cocceji, Samuel von 51, 152, 155, 158 (Fn), 160, 161, 163, 168, 169, 184

Colloredo, Rudolf Joseph von 91, 127, 166 (Fn), 214

Conseil d'ami 40, 117 (Fn)

Considérations 22

Coureur, Avant 243 (Fn)

Danckelmann, Christoph Daniel 190, 192, 193

Dänemark 94 (Fn)

Declaration 45 (Fn), 46, 68 (Fn), 72, 73, 75, 77, 78, 82-85, 87, 94, 95, 100, 151 (Fn),

153, 158 (Fn), 167 (Fn), 178 (Fn), 184, 206 (Fn)

Déclaration de Mr. de la Nouë 108 (Fn), 144 (Fn), 228 (Fn), 238 (Fn)

Defense, A, of the Rights 154 (Fn)

Dermerath, Franz von 93 (Fn), 152 (Fn), 153 (Fn), 165 (Fn)-167 (Fn), 207

Dettingen 108, 227

Dohna, Christoph Delphius 114, 127, 128, 130, 131, 133 (Fn), 135 (Fn), 136, 177

Dordrecht 245

Dresden 86, 104, 195 (Fn)

Eichel, August Friedrich 105-107 (Fn), 113 (Fn)-115 (Fn), 125 (Fn), 127 (Fn), 139 (Fn), 196, 197 (Fn), 202, 203 (Fn), 243 (Fn), 245 (Fn)

Eichstätt 129 (Fn)

Eigenthum, Rechtsgegründetes 60 (Fn), 61 (Fn), 74 (Fn), 151-153, 155, 158-160, 162, 164, 168, 183, 206, 209 (Fn)

Elisabeth I., Zarin 201, 203, 205 (Fn)

Elsaß 124 (Fn), 127 (Fn), 134

England 12, 14 (Fn), 23, 29 (Fn), 37 (Fn), 39, 50 (Fn), 72, 74, 91 (Fn), 94 (Fn), 97, 104, 107 (Fn), 109, 111, 114, 124, 136 (Fn), 139 (Fn), 142, 145 (Fn), 154, 159, 176, 180 (Fn), 181 (Fn), 198, 200 (Fn), 201 (Fn), 216, 219 (Fn), 228 (Fn), 229, 237, 239, 242-248 (Fn), 254

Erbansprüche, bayerische 88, 89, 92, 94, 103, 179, 182, 185, 186, 223, 233

Erbansprüche, sächsische 179, 185 (Fn)

Erbansprüche, spanische 185 (Fn)

Erbfolgekrieg, Österreichischer 11 (Fn), 19, 29, 35 (Fn), 68, 70, 107, 110, 115, 116, 133, 139, 144-147, 149, 150, 175, 222, 236, 238, 242, 251, 252

Erbfolgekrieg, Spanischer 14 (Fn), 236 (Fn)

Erbfolgestreit, Jülich-Bergischer 182

Erklärung des Herrn de la Nouë 64 (Fn)

Esterházy, Nikolaus Galántha von 231 (Fn)

Eßlinger 52 (Fn)

Europa 11, 25 (Fn), 55 (Fn), 64, 104, 119, 140 (Fn), 141 (Fn), 192, 225, 227 (Fn), 236, 246, 248, 250

Exposé des motifs 46, 52 (Fn), 60 (Fn), 64 (Fn)-66 (Fn), 104-107, 117, 128, 129, 132, 243

Exposition fidèle 151 (Fn)

Extract Auß einem weiters erfolgten Wiennerischen Circular-Rescript 63 (Fn), 93 (Fn)

Extract Circular-Rescripts 58 (Fn), 60 (Fn), 92 (Fn)

Extrait d'une lettre de Dresde 202

Extrait de la dépêche royale 98-101, 161, 162, 176 (Fn), 181, 191 (Fn)

Ferdinand I., Kaiser 88, 92, 156, 157

Finckenstein, Karl Wilhelm Finck von 180 (Fn)

Fleury, André Hercule de 91, 182, 191, 197 (Fn), 208, 237, 239, 241

Frankfurt am Main 38 (Fn), 52 (Fn), 105, 117 (Fn), 129 (Fn), 203 (Fn), 226 (Fn), 229, 242

Frankfurt an der Oder 82

Frankreich 12-14, 18, 23, 29 (Fn), 36 (Fn), 39, 41, 56 (Fn), 63, 64, 66 (Fn), 86, 91-94, 97, 98, 100-102, 108-112, 120, 124, 132, 135, 138, 140 (Fn)-146, 149, 150, 153 (Fn), 179, 180, 182, 184, 187, 188, 195-199 (Fn), 201, 207, 212, 217 (Fn), 222 (Fn), 226, 228, 235-241, 245, 246, 248, 252, 254, 255

Franz Stephan von Lothringen 12, 13, 26, 37, 39 (Fn), 85, 95, 97, 149, 152 (Fn), 164 (Fn), 179 (Fn), 189, 191-193

Friede von Aachen 13

Friede von Berlin 108, 213

Friede von Breslau 12, 24, 39, 61 (Fn), 81 (Fn), 85 (Fn), 108, 113-116, 120, 121, 126, 128-130, 132, 133, 145, 147 (Fn)-149, 169-173, 188, 201, 212, 213, 216, 220 (Fn), 229, 230, 237, 242, 253, 254

Friede von Dresden 13, 135 (Fn), 235

Friede von Füssen 13, 233

Friede, Westfälischer 117, 120, 219

Friedens=Vorschlag mit Anmerckungen 218 (Fn)

Friedrich Wilhelm I., Kurfürst von Brandenburg 18, 77 (Fn), 156, 157, 162 (Fn), 181, 206 (Fn)

Gäbert 52 (Fn), 172 (Fn)

Gazette d'Amsterdam 231 (Fn)

Gazette d'Utrecht 207 (Fn)

Gedancken, Eines treuliebenden Schlesiers A.C. 154, 162, 210

Gegen=Information, Acten=maeßige und Rechtliche 57 (Fn), 59 (Fn), 153-155, 157 (Fn), 162, 176 (Fn), 206 (Fn)

Generalstaaten 12, 14 (Fn), 29 (Fn), 37 (Fn), 39, 49, 72, 94 (Fn), 97, 107 (Fn), 135 (Fn), 137 (Fn), 141 (Fn), 152, 167 (Fn), 176 (Fn), 180 (Fn), 192 (Fn), 195 (Fn), 199 (Fn), 200, 202, 203, 208 (Fn), 216, 219 (Fn), 220 (Fn), 237, 242, 244-247, 254

Georg II., König von England 151 (Fn), 159 (Fn), 176 (Fn), 199 (Fn), 208 (Fn)

Ghelen, Johann Peter van 52 (Fn)

Glatz 147 (Fn), 170, 171, 196

Goltz, Georg Konrad von 84-86, 194 (Fn), 197 (Fn), 199 (Fn)

Gotter, Gustav Adolf von 87 (Fn), 97 (Fn), 98, 101, 102 (Fn), 151 (Fn), 159 (Fn), 163-167 (Fn), 178, 181 (Fn), 191

Gregor VII., Papst 17

Groschlag, Friedrich Karl von 166, 167, 182

Gundl, Paul Anton von 220 (Fn), 225 (Fn), 226 (Fn)

Gurski 14 (Fn), 204 (Fn), 231 (Fn)

Gutenberg, Johannes 43

Haag 13 (Fn), 14 (Fn), 30 (Fn), 49 (Fn), 50 (Fn), 141, 142 (Fn), 153 (Fn), 193 (Fn), 195 (Fn), 218, 231 (Fn), 244, 247 (Fn), 248

Halloy, Andreas Johannes 153 (Fn), 208 (Fn)

Hamburg 193 (Fn)

Hannover 121 (Fn), 139 (Fn), 141 (Fn), 199 (Fn)

Histoire de la guerre de sept ans 42

Histoire de mon temps 28 (Fn), 54 (Fn), 81 (Fn), 87, 112, 118, 155 (Fn), 167 (Fn)

Historie, Politische, der Staatsfehler 54 (Fn)

Holland siehe Generalstaaten

Hyndford, Carmichael of 194, 197 (Fn), 198 (Fn)

Ilgen, Heinrich Rüdiger von 54 (Fn), 81 (Fn)

Information Juridique & conforme aux Actes 153 (Fn)

Italien 37

Jägerndorf 93 (Fn), 152 (Fn), 156

Jordan, Charles Etienne de 23 (Fn), 36, 81, 206, 207 (Fn)

Journal de Berlin 72, 211

Kaiserwahl Franz Stephans 12, 13, 233, 235, 255

Kaiserwahl Karl Albrechts 65, 69, 108, 116, 123, 132 (Fn), 147, 149, 186, 199 (Fn), 223, 224, 226-229, 232, 255

Kannegießer, Hermann Lorenz 51, 154

Karg-Bebenburg, Friedrich Karl von 195 (Fn)

Karl IV., Kaiser 233

Karl V., Kaiser 17, 18

Karl VI., Kaiser 11, 12, 49 (Fn), 75, 76, 79, 86, 88, 174, 183

Karl VII., Kaiser 12, 58 (Fn), 61, 67, 65, 69, 104, 107-127, 131 (Fn), 133, 138-146, 186, 202, 216-218, 222 (Fn), 223, 225, 227, 229-232, 242-244, 252, 254

Karl Albrecht, Kurfürst von Bayern (siehe auch Karl VII.) 53 (Fn), 59 (Fn), 61 (Fn), 63 (Fn), 86, 88, 92, 93, 144, 180 (Fn), 195 (Fn)-197, 212, 214, 223, 235 (Fn), 252

Karl von Lothringen 134, 135 (Fn), 137 (Fn), 148 (Fn), 149, 220

Kaunitz, Wenzel Anton von 147 (Fn)

Kinner, Franz Wilhelm 154 (Fn)

Kinsky, Leopold Ferdinand von

Klinggraeffen, Johann Samuel von 111 (Fn), 117 (Fn), 120 (Fn), 121 (Fn), 125 (Fn), 180 (Fn)

Knorr, Georg Christian von 35 (Fn), 51, 154

Koalition, antipragmatische 12, 103, 147, 181, 186, 223

Koch, Ignaz von 35 (Fn), 51 (Fn)

Köln 105, 155, 244

Konvention von Altranstädt 213 (Fn)

Konvention von Kleinschnellendorf 12, 108, 115, 128, 129, 138 (Fn), 194-201, 205, 242 (Fn), 254

Konvention von Niederschönfeld 108, 227, 228 (Fn)

Krieg, Dreißigjähriger 18

Krieg, Siebenjähriger 21 (Fn)-24 (Fn), 28 (Fn), 33 (Fn), 38 (Fn), 46, 51 (Fn), 67 (Fn), 214, 236

Kriegserklärung, englische, an Frankreich 41, 246

Kriegserklärung, französische, an Österreich 34 (Fn), 41, 49 (Fn), 61 (Fn)-63 (Fn), 110, 123, 124, 144-146, 187, 238, 240, 241, 248, 252, 255

Kriegserklärung, holländische, an Frankreich 246

Kriegserklärung, österreichische, an Frankreich 41

Kriegserklärung, preußische, an Österreich 47, 87, 110, 118, 125, 129, 161, 170, 184

Kurfürst von Bayern siehe Karl Albrecht

Kurfürst von Köln 141 (Fn), 214

Kurfürst von Mainz 64 (Fn), 89, 147 (Fn), 190, 225, 227, 231, 233, 234

Kurfürst von der Pfalz 109, 120, 233

Kurfürst von Sachsen 88, 89 (Fn), 125 (Fn), 196, 197

Kurfürst von Trier 214 (Fn)

Kurstimme, böhmische 12, 89, 103, 117, 122, 130, 186, 199 (Fn), 223, 224, 226, 233, 234

Lausitz 104, 160, 215

Leipzig 244

Lentulus, Rupert Scipio von 194 (Fn), 198

Leopold I., Kaiser 157, 162 (Fn)

Lettre d'un Bourgeois de Dordrecht 245

Lettre d'un gentilhomme François 110, 203

Lettre d'un officier prussien 219

*Lettre de Mr. le Comte de *** à un ami* 237 (Fn)

Lettre des eaux d'Aix-la-Chapelle 244 (Fn)

Lettre du baron de Spon 117 (Fn)

Lettre écrite à Prague 238

Liechtenstein, Josef Wenzel von 92 (Fn), 94 (Fn), 102 (Fn)

Liegnitz 153 (Fn), 156, 158 (Fn)

Liscow, Christian Ludwig 193 (Fn)
Lisola, Franz Paul von 18
Loë 158 (Fn)
London 14 (Fn), 105 (Fn), 115, 181, 198, 201, 203, 228, 242, 244, 248
Ludewig, Joahnn Peter von 40 (Fn), 51 (Fn), 80-82, 151, 153, 154, 158 (Fn)-160, 168, 205, 209
Ludwig XIV., König von Frankreich 17, 18, 55 (Fn), 75, 236 (Fn)
Ludwig XV., König von Frankreich 141 (Fn), 145
Lüttich 33 (Fn)

Mähren 13, 126 (Fn), 134 (Fn), 148, 170
Mainz 166 (Fn), 192
Manifest, russisches 201
Manifest, sächsisches 62 (Fn), 63 (Fn), 68 (Fn), 186 (Fn)
Manifeste contre la Cour de Dresde 125 (Fn)
Mannheim 234
Manteuffel, Otto Jakob von 166 (Fn)
Mardefeld, Axel von 107 (Fn), 113 (Fn), 202 (Fn)
Maximilian I., Kaiser 17
Mémoire signé 190-192
Mémoire sur les raisons 45 (Fn), 74, 75, 87, 159 (Fn), 167 (Fn), 177, 178 (Fn), 182 (Fn), 183, 206 (Fn)
Metz 139 (Fn)
München 13 (Fn), 37, 180 (Fn), 224
Münsterberg 159 (Fn)

Nachrichten, Berlinische 215
Nachtrag zu denen Verwahrungs=Uhrkunden 225 (Fn), 226
Nachtrag, Fernerer, zu denen Verwahrungs=Uhrkunden 60 (Fn), 225 (Fn), 226 (Fn)
Napoleon 17
Neapel 147 (Fn)
Neipperg, Wilhelm Reinhard von 194 (Fn), 195 (Fn), 199 (Fn)
Neiße 194, 195
Newcastle, Thomas of Holles 145 (Fn)
Niederlande, österreichische 39, 147 (Fn)

Niederschlesien 125 (Fn), 147 (Fn), 159, 170, 194, 196 (Fn)
Nouë, Denis Malbran de la 228
Nürnberg 38 (Fn)

Oberschlesien 125 (Fn)
Oppeln 153 (Fn), 159
Ordonnance du Roi 61 (Fn)-63 (Fn), 124 (Fn), 145 (Fn)
Ormera, Carlo Francesco Ferrero di Rosario 147 (Fn)
Ostein, Heinrich Karl von 100 (Fn), 152 (Fn), 154 (Fn), 190 (Fn), 191 (Fn)

Pactum mutuae successionis 11 (Fn)
Palm, Karl Josef von 41 (Fn), 49 (Fn), 52 (Fn), 53 (Fn), 94 (Fn), 139 (Fn), 142 (Fn), 154 (Fn), 218 (Fn), 230 (Fn)
Paris 92, 124 (Fn), 193 (Fn)
Partagetraktat 196
Patent des Königl. Oberambts in Schlesien 96
Patent an die Einwohner von Böhmen 107
Patent an die sämtlichen Stände und Unterthanen des Herzogthums Schlesien 171
Patent an die Schlesier (1740) 82, 87, 96, 167 (Fn), 178 (Fn), 206 (Fn), 208
Patent an die Schlesier (1744) 61 (Fn), 63 (Fn), 69 (Fn), 148, 149 (Fn), 170-172, 212
Patent an die Stände und Unterthanen des Herzogthums Schlesien 63 (Fn), 69 (Fn), 125 (Fn), 173, 213
Patrimonium atavitum 152 *(Fn)*
Pforte, Ottomanische (siehe auch Türkei) 145 (Fn)
Plan projetté de Paix à faire 217 (Fn)-219 (Fn)
Plettenberg, Friedrich Christian von 94 (Fn), 136, 137 (Fn)
Podewils, Heinrich von 32, 36, 49, 50, 54, 72-87, 100, 101 (Fn), 105-107, 109, 113 (Fn)-115 (Fn), 119, 122 (Fn), 125 (Fn), 127 (Fn), 139 (Fn), 151, 152 (Fn), 155, 159-161, 163 (Fn), 165, 166, 176 (Fn)-178 (Fn), 180 (Fn)-184 (Fn), 188, 197 (Fn), 201, 202 (Fn), 209-211 (Fn), 215 (Fn), 237, 243 (Fn), 245, 251
Podewils, Otto von 244

Pogarell, Johann Kaspar von 51 (Fn)
Polen 14 (Fn), 29 (Fn), 52, 94 (Fn), 118 (Fn), 137 (Fn), 180 (Fn), 192 (Fn), 193 (Fn), 207-210
Pollmann, Adam Heinrich von 50, 57 (Fn), 59 (Fn), 68 (Fn), 178 (Fn)-180 (Fn), 193, 195 (Fn), 208, 223, 233, 234
Prag 148 (Fn), 199 (Fn), 240
Pro Memoria 58 (Fn)
Protokoll, Rheinsberger 76, 77, 83 (Fn), 164 (Fn), 174, 176, 179

Raesfeld, Johann Peter von 180 (Fn), 208 (Fn)
Raisons qui prouvent évidemment 44 (Fn), 177 (Fn), 178
Ratibor 153 (Fn), 159
Reflexions, Natural 61 (Fn), 244 (Fn)
Refutation Du Mémoire 115 (Fn)
Regensburg 29 (Fn), 86, 94, 137, 153, 179, 224 (Fn), 227 (Fn)
Regredientenerbschaft 185
Reich, Römisches 11, 12, 38, 52 (Fn), 64-66, 69, 72, 91, 96, 99, 104, 108-111, 114, 116, 118 (Fn)-120, 122-127, 130, 132, 135, 140-147, 162 (Fn), 166 (Fn), 168, 181, 195, 199, 202, 203, 208, 214, 215, 218 (Fn), 222, 225-227, 229, 232, 235, 236, 238, 239, 242, 243, 252, 254
Reichsstände 22, 66, 91, 104, 121-124, 126, 130, 141-143 (Fn), 149, 150, 168, 187, 195, 203, 204, 208, 222-227, 234-236, 252, 254
Reichstag 12, 24, 50, 94, 105 (Fn), 109, 121, 144 (Fn)-146, 178, 224, 225, 228, 240
Reischach, Judas Thaddäus von 39 (Fn), 42 (Fn), 49, 50 (Fn), 135 (Fn), 137 (Fn), 142 (Fn), 192 (Fn), 193 (Fn), 195 (Fn), 199 (Fn), 218, 219 (Fn), 221 (Fn), 246 (Fn)
Relation de la bataille de Chotusitz 220 (Fn)
Relation du Passage du Rhin 220 (Fn)
Relation über die ... bei Czaßlau vorgefallene Action 220 (Fn)
Religio, Catholica, in tuto 52 (Fn), 209, 210
Remarquen, Kurtze 57 (Fn), 156, 160 (Fn), 178 (Fn), 183 (Fn), 184
Remarques d'un bon Patriote 46 (Fn), 66 (Fn), 105-107

Reponse à être lüe 64 (Fn)
Rescript an Andrié 243
Rescript an Dohna 114 (Fn)
Rescript an Pollmann 59 (Fn), 62 (Fn), 68 (Fn), 87 (Fn), 100 (Fn), 159, 162, 167 (Fn)-169 (Fn), 177, 178 (Fn), 182-184, 215 (Fn)
Revolution, französische 20
Rheinsberg 73 (Fn), 76, 160 (Fn)
Richecourt, Heinrich Hyacinth 127 (Fn)
Richelieu, Armand Jean du Plessis 18
Robinson, Thomas 242 (Fn)
Rothenburg, Friedrich Rudolf von 112 (Fn), 124 (Fn)
Rudolf II., Kaiser 14 (Fn), 19
Rundschreiben an die Reichsstände 73, 151 (Fn), 163, 167 (Fn), 178 (Fn)
Rußland 72, 94 (Fn), 97 (Fn), 99, 107, 113 (Fn), 114 (Fn), 119, 202, 204, 205

Sachsen 11, 12, 47, 56 (Fn), 61 (Fn), 68 (Fn), 76, 79, 86, 91 (Fn), 98, 100-103, 118, 125, 134, 147 (Fn), 176 (Fn), 179, 180, 185 (Fn), 232
Sagan 159
Säkularisation, -spläne 12, 24, 60 (Fn). 67, 105 (Fn), 109, 117, 131, 132, 136, 214-219, 229, 254
Sanktion, Pragmatische 11, 15, 25, 37, 45 (Fn), 74, 75, 84, 88, 90, 91 (Fn), 94, 96, 99, 100, 149, 157 (Fn), 160 (Fn), 168 (Fn), 174-177, 181-188, 253, 254
Sardinien 86, 88, 91 (Fn), 102, 111, 185 (Fn), 186 (Fn)
Scharffenstein, Josef Philipp 137 (Fn), 154 (Fn), 192 (Fn), 193 (Fn)
Schmettau, Samuel von 122 (Fn), 138-143 (Fn), 146
Schreiben an die Generalstaaten 73, 151 (Fn), 178 (Fn)
Schreiben an die Reichsstände 60 (Fn), 61 (Fn), 63 (Fn), 94-97, 99, 100, 160 (Fn), 162 (Fn), 168 (Fn), 176 (Fn), 182 (Fn), 206
Schreiben des Herrn General von Schmettau 138 (Fn)
Schreiben eines Officiers 220 (Fn)
Schweden 18, 94 (Fn)

Schwerin, Kurd Christoph von 76, 77, 160 (Fn), 181 (Fn)

Schwiebus 153 (Fn), 156, 157

Seckendorf, Johann Wilhelm Gottfried von 141, 192 (Fn)

Seemächte (siehe auch England, Generalstaaten) 97, 99, 124, 176, 180, 195, 235, 241, 246, 247, 255

Senckenberg, Heinrich Christian von 52 (Fn)

Sicherheit, Die ungestörte, der katholischen Religion 209 (Fn)

Sinzendorf, Philipp Ludwig von, Fürstbischof von Breslau 210, 211, 215 (Fn)

Sinzendorff, Philipp Ludwig von, österreichischer Hofkanzler 91, 97 (Fn), 99, 153 (Fn), 154 (Fn), 192 (Fn), 193 (Fn), 195 (Fn), 208 (Fn)

Sizilien 147 (Fn)

Spanien 11, 86, 88, 91 (Fn), 102, 178, 185 (Fn)

St. Petersburg 201, 202

Starhemberg, Gundacker von 90 (Fn), 91 (Fn), 98 (Fn), 99, 128 (Fn)

Summaria Recensio 160 (Fn), 215

Törring, Ignaz Felix Josef von 65 (Fn)

Toskana 147 (Fn)

Traun, Otto Ferdinand 148 (Fn)

Troppau 93 (Fn), 152 (Fn)

Truchseß, Friedrich Sebastian Wunibald 181 (Fn)

Turin 115

Türkei (siehe auch Ottomanische Pforte) 18, 236 (Fn)

Ubersetzung deren Briefen 142 (Fn)

Ubersetzung deren Schrifften 138 (Fn)

Ulfeld, Corfiz Anton von 30 (Fn), 34 (Fn)-36 (Fn), 41 (Fn), 49 (Fn)-51 (Fn), 127, 128 (Fn), 134 (Fn), 136 (Fn), 138 (Fn), 220 (Fn), 221 (Fn), 225 (Fn), 226 (Fn), 230 (Fn), 247 (Fn)

Ulm 122, 123 (Fn), 139

Ungarn 52, 65 (Fn), 66 (Fn), 109, 114 (Fn), 118 (Fn), 121, 127, 182, 210

Union, Frankfurter 66 (Fn), 104, 109, 111, 117 (Fn), 118, 120, 121, 127, 130, 133, 138, 143, 147 (Fn)

Unterricht, Acten=maeßiger 35 (Fn), 50 (Fn), 226 (Fn)

Valory, Guy Louis Henri de 197 (Fn)

Verfahren, Unbilliges 43 (Fn)

Vertrag, Nymphenburger 195

Vertrag, Wormser 105 (Fn), 111, 115

Verwahrungs=Uhrkund 225 (Fn)

Verwahrungsurkunden, österreichische 12, 22 (Fn), 60 (Fn), 108, 109, 130, 147 (Fn), 225, 227-232, 239

Villeneuve, Louis Sauveur Renaud de 241 (Fn)

Vockerodt, Johann Gotthilf 50, 114

Voltaire, François Marie Arouet 81 (Fn)

Wallenrodt, Johann Ernst von 113 (Fn)

Warschau 153 (Fn)

Wartha 192 (Fn)

Wasner, Ignaz Johann von 50 (Fn), 92, 94 (Fn), 97 (Fn), 102 (Fn), 136 (Fn), 139 (Fn), 142 (Fn), 153 (Fn) 191 (Fn), 192 (Fn), 198 (Fn)-200 (Fn), 208 (Fn), 217, 219 (Fn), 225 (Fn), 247 (Fn), 248 (Fn)

Weingarten, Leopold von 127 (Fn)

Widerlegung 59 (Fn)-61 (Fn), 114-117, 125, 200, 219 (Fn)

Wien 43, 49, 50, 54 (Fn), 83-87, 91, 93, 102, 106 (Fn), 113 (Fn), 115, 126 (Fn), 128 (Fn), 152-154 (Fn), 161-166, 169, 181, 198, 201, 203, 207, 217, 228

Wohlau 153 (Fn), 156, 158 (Fn)

Würzburg 214

Zeitung, Berlinische 211 (Fn)

Zeitungsartikel *"Berlin den 11. Martii"* 189

Zeitungsartikel *"Breslau, ce 18 d'avril 1741"* 211 (Fn)

Zeitungsartikel *"D'Ottmachau, le 29 mars 1741"* 211

Zoehrern, Anton von 154 (Fn), 198 (Fn)

Zuschrift, 16. Oktober 1744 62 (Fn), 65 (Fn), 117 (Fn), 140-143, 147 (Fn)

Zuschrift, 22. September 1744 65 (Fn), 66 (Fn), 117 (Fn), 139, 140, 147 (Fn), 150, 187 (Fn)